산은 물
물은 산

산은 물 물은 산

발행일   2020년 12월 9일

지은이   정영화
펴낸이   손형국
펴낸곳   (주)북랩
편집인   선일영   편집   정두철, 윤성아, 최승헌, 배진용, 이예지
디자인   이현수, 김민하, 한수희, 김윤주, 허지혜   제작   박기성, 황동현, 구성우, 권태련
마케팅   김회란, 박진관, 장은별
출판등록   2004. 12. 1(제2012-000051호)
주소   서울특별시 금천구 가산디지털 1로 168, 우림라이온스밸리 B동 B113~114호, C동 B101호
홈페이지   www.book.co.kr
전화번호   (02)2026-5777   팩스   (02)2026-5747

ISBN   979-11-6539-493-6 03220 (종이책)   979-11-6539-494-3 05220 (전자책)

이 도서의 국립중앙도서관 출판예정도서목록(CIP)은 서지정보유통지원시스템 홈페이지(http://seoji.nl.go.kr)와
국가자료공동목록시스템(http://www.nl.go.kr/kolisnet)에서 이용하실 수 있습니다.
(CIP제어번호: CIP2020044553)

금강경과
함께하는
참 나로의
행복여행

산은 물
물은 산

정영화 지음

내 안의 부처를 밝히는 지혜의 횃불, 금강경
그 진리를 오늘에 되살리다!

북랩 book Lab

❀ 추천사 ❀

금강반야바라밀경(金剛般若波羅密經)은 범어로는 Vijra-cchdika-Prajna-Paramita-Sutra이다. 그 의미는 Vajra[금강; Diamond; 벼락]+cchedika[자르다]+Prajna[반야; 깨달음에 의한 지혜]+Paramita[바라밀; 번뇌와 미혹이 사라진 저 언덕에 이르다]+ Sutra[경]라는 뜻이다. 그러므로 전체적으로는 '금강처럼 견고하며 날카로운 깨달음의 지혜로 모든 번뇌와 고통을 잘라 없애고 깨달음의 저 언덕에 이르게 하는 가르침의 경전'이라는 뜻이다.

금강경은 2세기경 인도에서 성립된 대반야경 중에서 대표적인 경전 중의 하나로서, 공(空)이라는 용어를 사용하지 않으면서도 불교의 핵심사상인 공(non-abiding)의 이치를 드러낸다. 부처님의 10대 제자 가운데 공(空)의 이치를 가장 잘 터득하여 해공제일(解空第一)로 일컬어지는 장로 수보리(須菩提; Subhuti) 존자가 부처님께 법을 청하고 부처님께서 수문설법(隨聞設法)하시는데, 금강경은 이러한 여리실견분(如理實見分) 제오에서부터 마지막 응화비진분(應化非眞分) 제삼십이까지 총 27가지의 질문에 막힘없이 명확하게 설명하는 대승경전으로, 오늘날 가장 많이 수지 독송되고 있는 경전 중의 하나이다.

경전의 내용은 고요한 곳에서 홀로 수행하는 것보다 복잡한 일상 생활 속에서 일어나는 모든 탐착의 굴레에서 벗어나 마음을 어떻게 다스려야 청정심을 갖게 되며, 머무는 바 없이(無住), 형상이 형상 아님(無我, 無相)을 깨달아 마침내 윤회의 고통에서 벗어나 행복하게 살아갈 수 있는지에 대한 길을 뚜렷이 제시하고 있다. 한마디로 요약한다면 금강경은 삶의 고통에서 벗어나 지혜롭고 행복하게 사는 길을 열어 주시는 부처님의 가르침으로서 우리가 겪고 있는 고통의 원인을 콕 짚어내어 그 해결점을 명확하게 제시하고 있다.

오늘날 불교를 알고자 하는 사람은 늘어나고 있으나 부처님의 가르침을 제대로 배우지 못하는 안타까운 즈음에 본 『산은 물, 물은 산』이라는 제하(題下)에, '금강경과 함께하는 참 나로의 행복여행'이라는 부제의 금강경 해석서를 통하여, 우리들의 일상생활 속에서 집착과 욕심 없이 살아가는 방법을 자세하게 설명하고 있음은 참으로 반가운 일이다.

저자는 시인이면서 수필가이고, 명리학자이며 또한 생활풍수 등여러 분야에 걸쳐 아주 해박한 지식을 겸비한 낭만 필객으로 소납과는 젊은 학창 시절의 추억을 아름답게 가꾸어 지닌 소중한 벗이다. 이 책을 읽다 보면 자신도 모르는 사이에 현실 속에서 마주하는, 대상에 집착 없는 마음으로 살아가는 자신을 발견하게 될 것이며, 그리하여 현실에 만족하여 늘 새롭게 시작하는 마음으로 편안하고 행복하며, 지혜롭고 원만한 인간관계 속에서 자연스럽게 진리를 깨닫게 될 것임을 확신한다.

본 책은 신세대 불자들은 물론 불교를 잘 알지 못하는 일반인들도 이해하기 쉽게 이야기하듯 재미있게 읽을 수 있도록 저술한 저자의 배려심 가득한 필력이 돋보이는 책이다. 불교학자가 아니면서도 부처님의 가르침을 명료하게 해석하는 저자의 해박한 불교 지식에 수행자로서 한편 부끄러움과 존경심을 감출 수 없다.

책을 통한 불법 전파에 남다른 사명감을 가지고 집필해 주신 저자 무극(無極) 정영화 선생에게 심심한 경의를 표하며, 이 세상에 존재하는 모든 이들이 고통에서 벗어나 행복하게 살아가길 진심으로 기원한다.

불기 2564년 경자년 9월
보문선원 선원장 慧性 本覺 합장

보문선원 선원장 慧性 本覺

❀ 머리말 ❀

　2016년에 출간한 졸저 『부처님 한잔해요』(창조와지식)가 많은 독자들로부터 분에 넘치는 찬사와 격려를 받았습니다. "불교의 언저리만 맴돈 지 여러 해 만에 정말 쉽고도 명쾌한 불교 전반에 대한 인식을 새롭게 한 계기가 되었다."라는 어느 독자분의 편지는, 원고를 탈고하느라 밤을 지새운 여러 날들의 고통을 환희로 거듭나게 하는 충분한 격려가 되었습니다.

　그리고 "딱딱한 경서가 아닌 전원생활에서의 명상 에세이 형식이라 부담 없이 반야심경의 진수를 느낄 수 있었다."라는 독자분이 있었는가 하면, "감히 네가 뭔데 하나님의 독생자 주 예수 그리스도의 실존을 부정하느냐."라며, 저를 적그리스도의 반열에 올려놓고, 결국 천국으로 가는 길은 주 예수 그리스도로 말미하지 않고는 불가함을 역설하는 감동(?)의 사연도 있었습니다.

　많은 분들의 진솔하고도 진지한 종교관과 삶의 성찰을 느낄 수 있었고, 그럴수록 저의 작은 노력도 인간 존재의 실존 문제로 방황하는 현대인에게 조금의 위안과 이정표가 될 수 있겠다는 확신을 가지기에 이른 것입니다. 따라서 불법의 지혜를 빌려 우리 사는 이 세상이 조금이라도 더 정신적으로 풍성해지기를 바라며, 다 함께 피안의 꽃동산에 이르는 길을 만드는 일에 흙 한 줌 보태겠다는 각오로 이 책은 쓰였습니다.

물론 지난 저의 졸저 말미에 「반야심경과 함께하는 시인의 전원일기」에 이어 『금강경』, 『화엄경』, 『법화경』과 함께하는 전원일기도 집필하겠다는 약속의 실천이기도 하지만, 의외로 주변에는 가까운 진리의 길을 외면하고, 애써 혼돈과 방황의 가시밭길을 숙명처럼 가는 분들이 많았습니다.

한 생각 바꾸는 일이 지구를 들었다 놓는 일보다 어렵다는 말이 있습니다만, 왜 저리도 고귀한 자신의 영혼을 고정관념의 틀에 저당 잡히고, 노예의 삶을 이어가려는지 안타까운 생각이 많았던 겁니다. 그래서 그 해결의 실마리를 금강경에서 찾을 수 있음을 뒤늦게 깨닫고는 저 스스로 각자(覺者)라도 된 양 금강경 바이러스 보균자가 되기로 마음먹고, 부족한 능력이지만 금강경 해설서를 세상으로 내보내게 되었습니다.

인간의 이름으로 지어진 모든 형상은 허망한 것이니 이들 상(相)이, 상(相)이 아님을 함께 볼 수 있다면 내가 곧 부처고, 여래임을 알리는 사자후를 접하고는 한동안 2만 볼트 전압에 감전된 듯 정신이 없었던 기억이 새롭습니다.

우리들은 어떤 물상을 특정화하여, 의식의 개념에 저장해 두는 고정관념에 젖어 있습니다. 산은 산이어야만 하고, 물은 물이어야만 한다는 사념의 틀에서 벗어나 산은 물을 품고, 물은 산 그림자를 품었으니 산이 곧 물이요, 물이 곧 산임을 금강경은 웅변하고 있기에, 이 책의 제목도 『산은 물, 물은 산』으로 지어졌습니다.

금강경은 많은 스님·선지식과 불교학자에 의해 한자와 한글로 번역되고 이를 해설한 책은 수백 종이 넘습니다만, 시골 촌부인 자연인의 입장에서 생각하고 견해를 밝힌 책은 만나보질 못했습니다.

저의 짧은 생각이지만 경전은 더 많은 사람에 의해 시대의 요구에 부응하는 해설과 번안이 이루어져 한 분이라도 더 불법의 진리를 접하게 되면 그것이 곧 불국으로 가는 은혜의 지름길이 펼쳐지는 것이라 믿고 있습니다. 따라서 이 책에서는 경의 해석보다는 시공을 초월하여 각박한 현대를 살아가는 우리들에게 금강경이 시사(示唆)하고자 하는 진리의 메시지는 무엇인가를 짚어보고자 합니다.

금강석보다도 더 견고한 마음으로, 결코 상(相)을 내지 않는 무아의 경지를 밝히는 일이 알량한 저의 역량으로는 버거운 작업일 수밖에 없을 테지만, 무명시인인 시골 촌부가 느낀 금강경의 울림은 어떻게 다가오는지를 관찰하시는 것도 독자 여러분의 새로운 불연(佛緣)에 의한 환희심이 되리란 소망을 가져봅니다.

반야심경이 중생을 차안에서 피안으로 태우고 가는 반야용선의 항로와 항해술을 밝힌 경전이라면, 금강경은 어떠한 풍파와 난관에도 흔들리지 않는 견고한 반야용선 그 자체를 건조하는 조선술에 해당하는 경전이라 할 수 있을 것입니다.

따라서 이 책으로 인연한 여러분과 저의 만남 자체가 인생이라는 항로를 같이 헤쳐나가야 하는 법우가 되어, 니르바나의 꽃향기 백억만 나유타 겁에 퍼지는 시공 인연의 시작이 되기를 삼보 전 합장하면서, 지금부터 금강석 같은 견고한 금강경의 진리의 바다를 향해 출항의 고동을 울립니다.

차 례

| 제2부 |

금강경과 함께하는 시인의 명상에세이   65

제/1/부

금강경 이야기

금강경은 화엄경, 법화경과 더불어 대승불교의 3대 경전 중 하나로 받들어지고 있는 경전으로서, 대반야경 600권 가운데 577권의 「능단금강분」이 독립되어 전승된 경전을 이릅니다. 공사상(空思想)을 핵심 주제로 가르치면서도 '공'이란 단어가 한 번도 나오지 않으며, 단순히 부정을 위한 부정이 아니라 철저한 무아에서 대 긍정의 진리를 도출해 내는 숨 막히는 전개를 보면서 "부처님, 당신은 도대체!"란 시쳇말이 절로 떠오르는 전율을 느끼게도 하는 경전입니다.

그래서 우리나라는 물론 중국, 일본의 거의 모든 교종과 선종에서 반야심경과 함께 근본 소의경전으로 채택하고 있는 만큼, 그 내용이 맑고 순수하여 그 깊이를 가늠할 수 없는 경전이라 할 수 있겠습니다.

금강이란 한마디로 다이아몬드를 뜻합니다. 그리스어로 '정복할 수 없다'는 뜻의 아다마스(adamas)에서 유래된 다이아몬드는 탄소 원자와 탄소 원자가 끝없이 만나 단일 원자 결합으로만 물질이 이루어진, 지구상에서 가장 단단한 물체이면서, 찬연한 빛을 발하는 보석이고 보면 금강경이 상징하는 신묘막측한 사유의 깊이는 헤아릴 수 없음을 짐작게 합니다.

세상의 그 어떤 강한 것으로도 자를 수 없고, 무엇보다도 찬연히 빛나는 절대적 진리, 그 진리의 핵심이 금강경에 녹아 있는 것입니다. 우리는 부처님과 수보리존자의 선지식 그리고 5세기 초에 이 경전의 원문을 한역(漢譯)한 쿠차국 출신의 선도승 구마라집 덕분에 힘들이지 않고, 비교 불가인 절대 진리의 결정체 금강경을 쉽게 접할 수 있게 된 것입니다.

물론 구마라집 이전에도 최초로 한역을 시작한 승려로는 후한 시대에 중국으로 들어온, 지금의 이란 땅에 있던 파르티아제국인 안식국(安息國)의 안세고(安世高)와 지루가참(支婁迦讖)이 있었습니다만, 문자의 기반이 다르고 소리 나는 대로 한자어로 옮긴 음운이 많은 탓에 매우 난해하여 경전으로서의 전파가 어려웠던 것입니다.

금강경 제15분 '지경공덕분(持經功德分)'에서 부처님이 설하신 것처럼, 금강경을 수지·독송하는 공덕은 갠지스강에 있는 모래알 수만큼의 목숨으로 백천만 억겁을 보시한다 해도 미치지 못할 불가해한 공덕이라 하였습니다.

번역자에 따라 글자 수는 상당수 차이가 나지만 구마라집 번역본의 금강경은 대체로 5천여 글자의 한자로 이루어져, 우리는 이 글자 안에서 우주 최고의 핵심 진리인 금강의 지혜를 얻을 수 있게 된 것입니다.

5천여 글자라고는 하지만 금강경을 단 한 글자로 함축하라면 '공' 하나로 줄일 수 있고, 나아가 공을 있게 하는 바탕에는 한결같이 무아(無我)를 설하고 있어 아주 간결하면서도 그 뜻은 깊고 심오하다 하겠습니다.

불교 신도분이라면 금강경의 구성과 내용 그리고 사상의 저류까지를 이미 알고 계시리라 믿습니다만, 금강경의 세계를 처음 접하는 분을 위해 금강경의 얼개를 이야기 형식으로 풀어보도록 하겠습니다.

　물론 이 책의 제2부 금강경 32분의 각론을 같이 공부하는 것으로도 금강경에 대한 전체적 이해는 충분하리라 믿습니다. 그러나 금강경을 보다 깊이 연찬하여 우리 스스로가 진리의 주인공이 되겠다는 서원을 세우기 위해 제1부 금강경 이야기 편도 같이 읽으며 나누는 장이 되었으면 하는 바람입니다.

제1장

금강경은 어떤 경전인가?

(제1절) 금강경이 불교의 기본 경전이 되기까지

대승불교 경전의 분류는 천태종 지자대사(智者大師)의 오분법(五分法) 분류를 많이 따르는데 반야부, 열반부, 법화부, 화엄부 그리고 이를 제외한 모든 경전을 방등부로 크게 분류하지만, 절대적인 기준이 있는 것은 아닙니다.

금강경은 반야부 600권 중 577권이 독립된 경전으로서, 원명은 「금강반야바라밀경」 또는 「능단반야바라밀다경」 등으로 불립니다. 반야심경의 큰 흐름이 '공'인 것처럼, 금강경도 일관되게 공사상을 견지하고 있으나, 반야심경은 부처님의 위신을 빌린 관자재보살이 부처님의 제자인 지혜 제일 사리불에게 피안에 이르는 길을 설한 경전이고, 금강경은 부처님과 수보리존자의 문답을 통해 절대 진리인 공사상을 설한 경전이라 보면 되겠습니다.

불경의 명칭(제목)을 붙이는 데는 몇 가지 원칙이 있습니다. 「지장경」, 「아미타경」처럼 부처님이나 보살의 명칭을 경전 이름으로 삼는 경우와 '반야', '바라밀다'처럼 법을 이름으로 삼는 경우 그리고 '금강', '화엄'처럼 비유를 이름으로 삼는 경우가 있고, 이를 복합하여 경전의 명칭으로 삼기도 하는데, 「금강반야바라밀다경」은 비유(금강석)와 불법(반야+바라밀)을 중첩하여 명칭으로 붙인 경전이라 하겠습니다.

여기서 경(經)은 '꿰뚫어 연결한다'는 뜻을 지니고 있으니 즉, 금강경은 피안에 이르는 길을 꿰뚫는 금강석 같은 지혜의 경전이라 해석할 수 있습니다.

금강경은 대승불교 초기에 다른 경전들보다 비교적 일찍 성립된 것으로 보고 있습니다. 대체로 부처님이 55세에서 75세 사이에 설한 내용일 것이라는 게 불교계의 정설로 받아들여지고 있지요.

우리나라에는 언제 전래된 것인지 정확한 문헌은 없으나, 『삼국사기』 '신라본기' 권4에 보면 신라 진흥왕 26년(565)에 진나라의 사신 유사(劉思)와 승려 명관(明觀)이 불교의 경전과 논장 등 2,700여 권을 가져왔다는 사실이 기록되어 있어 동시대에 금강경이 전래된 것이 아닌가 추측할 수 있습니다.

전체 내용이 공사상을 가르치고 있으면서도 '공'이라는 용어를 한 번도 사용하지 않은 금강경은, 설법 내용에 대승과 소승을 특정할 수 있는 어떠한 내용도 없는 것으로 미루어 볼 때 부파불교와 대승불교의 대립 이전에 성립된 경전일 것으로 추정할 수 있습니다.

우리가 접하는 금강경은 지금의 신장위구르 자치구에 존재했던 쿠차국의 왕족 출신 승려 구마라집(쿠마라지바 또는 구마라습으로도 불립니다)의 번역본 「금강반야바라밀경(金剛般若波羅蜜經)」을 모본으로 한 것입니다. 이후 다음 도표에서 보는 것처럼 금강경은 여러 스님에 의해 한역(漢譯)되기에 이르는데, 그 내용은 직역과 의역 등 번역자의 기술적(記述的)인 면에서 외형적인 상당한 차이를 보이지만, 전개의 큰 흐름은 같습니다.

세월이 흐르면서 중국과 우리나라에서도 끊임없이 금강경의 번역본과 주석본이 출간됩니다만, 금강경이 전파된 경로는 이렇다는 정도로만 이해해 두시면 되겠습니다. 사실 고대국가에서 불경의 번역이나 역경의 출간 사업은 엄청난 재정적 지원과 노력 없이는 불가능한 국가적 프로젝트이기도 하였습니다. 그래서인지 많은 황제와 권력자가 역경 사업을 통해 자신의 정치이념에 불교사상을 접목시켜서 통치자의 위상을 부처의 반열로 끌어올리고, 백성을 선무하고자 한 역사도 적지 않습니다.

중국 역사상 유일한 여자 황제였던 측천무후도 의정 스님을 통해 수많은 역경 사업과 불법 선양에 전폭적 지원을 아끼지 않았습니다. 황제와 그의 아들을 한 몸으로 모신 후궁으로서 자신의 권력을 위해 친아들도 일거에 폐위시키고, 정적을 무참히 도륙하는 공포정치로 마침내 황제에 올랐던 측천무후, 손자뻘의 잘생긴 청년 3,000명을 밤의 쾌락 도구로 삼았던 여황제가 이처럼 불법을 선양한 불제자였다니, 아이러니한 역사의 두 얼굴이 아닐 수 없네요.

금강경은 5천여 글자로 이루어져 우리가 전체 경전을 읽는 데는 30분이면 족하지만 앞서 기술한 것처럼 그 키워드는 단 한 글자, '공(空)'으로 귀결되는 아주 명쾌하고도 핵심적 내용만 설한 경전이라 하겠습니다.

〈금강경의 한역자와 시대순〉

번역자	번역시기	제목	비고
구마라집 스님	402년 요진 때	금강반야바라밀경	쿠차국 출신
보리류지 스님	509년 북위 때	금강반야바라밀경	남인도 출신
진제 스님	562년 진나라 때	금강반야바라밀경	삼국시대 촉나라 출신
달마급다 스님	606년 수나라 때	금강능단반야바라밀경	남인도 출신
현장 스님	660년 당나라 때	능단금강반야바라밀다경	『서유기』의 삼장법사
의정 스님	703년 당나라 때	불설능단금강반야 바라밀다경	능단금강경이 라고도 함

(제2절) '공(空)'이란 과연 무엇일까?

　대승불교의 근본 사상이 원융무애한 공사상을 법으로 하는 몸통에, 자비와 지혜의 두 날개로 날아가는, 스스로 깨닫고 행하는 종교인 만큼 '공(空, sunya)'이란 과연 무엇인가 하는 명제를 짚어볼 중요한 순서가 기다리고 있군요. 공! 독자 여러분께서는 공을 어떻게 정의하시렵니까? 물론 사전적 정의에 의하면 '인간을 포함한 일체 만물에 고정불변하는 실체가 없다는 사상' 정도로 쉬운 정의를 내릴 수 있겠습니다. 그러면 실체가 없다는 말은 또 어떻게 설명해야 할까요? 여기에서의 실체는 단순히 형상(색)의 있고 없고가 아닌, 그 실체를 있게 하는 어떠한 고정불변의 잡을 수 있는 실체가 없다는 뜻이라 정의해 봅니다.

　공은 결코 부정의 뜻이 아닙니다. '나'라고 하는 실체가 없어 본래 공하니, 내가 받을 고통 또한 원래 공하여 없다는 것이 공인데, 대단히 중요한 부분이 아닐 수 없습니다. 잘못된 아상과 이기심, 망상으로부터 한 생각만 벗어나게 하면 궁극적으로 모든 고통을 여의고 자유로워지지 않겠습니까? 마치 칠흑 같은 암흑이라도 일점 횃불을 밝히면 일거에 어둠을 물리칠 수 있듯이 이 길을 밝히는 데 금강경의 참뜻이 있는 것입니다.

　삼라만상의 모든 존재론적 현상은 인연의 조건으로 생멸을 반복할 뿐 그것을 있게 하는 불변의 자성(自性)은 있을 수 없기 때문에 거기에 '나'라는 자아가 끼어들 수 없으니 곧 무아(無我)라 하는 것입니다. 이것이 바로 부처님께서 깨달은 연기론적(緣起論的) 세계관이며, 공사상의 핵심이기도 하지요. 일체 현상은 모두가 고정됨이 없이 상호의존적 관계에서 원인과 결과로 존재하므로, 스스로의 성품이 없어 유무의 양극단을 떠난 공이 되는 것입니다. 의상대사의 「법성게」 "진성심심극미묘(眞性甚深極微妙) 불수자성수연성(不守自性隨緣成)" 즉, "참된 성품 깊고 깊어 지극히도 오묘하니, 자기 성품 벗어나서 인연 따라 이뤄지네."에서와 같이 자신이 관여할 수 있는 성품은 어디에도 있을 수 없습니다. 14대 달라이라마로 등극한 '텐진 가초'는 말합니다.

> "'나'는 다른 것에 의존해 이름 붙여진 존재이기 때문에 자립적으로 존재하는 독립적인 '나'가 될 수 없다. 제 스스로의 힘으로 존재하는 독립적인 '내'가 없는 이러한 비실재(非實在)를 '나'의 무자성이라 한다. 이러한 맥락에서 '나'는 어떤 실재하는 토대에 의존할 수밖에 없는 본성에 의해 존재하기 때문에 '내'가 없다고 하는 것이다."

매우 쉽고도 적절한 표현으로 자아와 자성의 존재론적 궁극을 설명하고 있습니다. 실제로 우리는 자신의 의지에 의해 태어난 것이 아니며, 나를 있게 한 것은 자성이 아니라 조건에 의한 결합일 뿐이므로 무아라 하는 것입니다. 그러나 무아는 단순히 현 존재의 유무를 따지는 것이 아니고, 모든 현상의 존재가 의존성에 바탕한 무자성에 근거하므로, 공의 성품은 허무주의가 아니란 점을 분명히 새겨야겠습니다.

부정의 끝에서 대 긍정을 피워내는 것이 금강경의 하나 된 전개 방식입니다. '공'하여 '공'하고, 또 '공'한 것이 '공'이며, 그 공한 것까지 멸하여 상의 발현을 원천 차단하는 것이 진정한 보살도라는 가르침을 우리들은 금강경에서 끊임없이 접하게 될 것입니다.

원래 '공(空)'이란 글자는 구멍 '혈(穴)'에 장인 '공(工)'이 더해진 글자로, 구멍 속에 장인이 숨어서 천지의 작용을 빚어낸다는 뜻이니 이 때의 구멍이 인(因)이고, 장인이 연(緣)이 됩니다. 공에 해당하는 영어 단어로는 empty를 굳이 들 수 있겠습니다만, 영어의 empty는 비어 있는 상태 또는 부존재(不存在)를 뜻하는 것인 만큼, 단순한 부정을 뜻하는 것이 아닌, 현상계의 자성적 실체 없음을 공으로 본 금강경의 '공' 사상과는 대체할 수 없음을 알 수 있겠습니다.

공이란 단어는 산스크리트어의 'sunya(순야-음역으로는 무야)'로, 구마라집이 한자로 공이라 처음 번역한 것인데, 인도 수학에서는 제로, 곧 영(零)을 의미하기도 합니다. 숫자 '0'은 양수도 아니고 음수도 아니지만, 이 '0'이 없으면 숫자의 진법은 더 나아갈 수 없듯이, '0'은 음과 양 어디에도 포함되지 않으면서 모두에 포함되는 우주의 존재론적 근원이 되는 것입니다. 그래서 고정된 실체는 없지만 없음을 없게 하는 작용은 우주 공간에 무한히 편재되어 있음을 알아야겠습니다.

전개가 조금 어려워졌나요? 그러나 걱정하실 필요는 없습니다. 금강경은 너무나 쉬운 경전이며, 써진 글자 중 서로 다른 글자는 약 550여 자밖엔 되지 않을 뿐 아니라, 진언(眞言)이나 전문용어도 없으니 글자를 몰라도 듣고, 따라 독송하며 그 마음을 내기만 하면 우주 최고의 진리를 자연스레 체득하여, 더 이상의 번뇌에 물들지 않도록 부처님께서 미리 코디를 해 두셨다니 우리는 그저 불은에 감사드리며 금강경을 내 것으로 만들면 되겠습니다.

(제3절) 혜능대사의 출가 인연이 된 금강경

여기쯤에서는 선종 육조(六祖)가 된 혜능대사의 출가에 얽힌 설화를 짚고 넘어가야 할 것 같군요. 혜능대사의 출가에 얽힌 설화는 너무도 유명하여 불교에 관심 있는 대부분의 독자께서는 한 번쯤 들어보셨을 것입니다. '육조가 된 나무꾼 혜능' 설화를 소개하는 것도 금강경의 전반을 이해하는 데 큰 도움이 될 듯하여 여기에 옮겨봅니다.

혜능대사는 당 태종 12년(638년)에 중국 남부지방에서 가난한 농부의 아들로 태어났는데 속가의 성은 노 씨였습니다. 세 살 때 아버지를 여의고 소년 시절부터 나무를 해다 팔아서 근근이 홀어머니를 봉양하면서 살았는데, 그는 교육을 거의 받지 못했지만 마음 씀씀이가 남다르고 효성이 지극했다고 전합니다.

하루는 그가 시장에 나무를 팔러 가는 길에 탁발하는 스님의 독경 소리를 듣게 되는데, 그때 '마땅히 머무는 바 없이 그 마음을 낼지니라(응무소주 이생기심 應無所住 而生其心).'라는 금강경 제10분 「장엄정토분(莊嚴淨土分)」 구절에서 문득 그는 전율처럼 느껴지는 깨달음을 얻었다고 하지요.

깨달음이란 이처럼 지식이나 학문, 신분에 관계없이 전광석화처럼 순간에 오는 것인가 봅니다. 일반적으로는 불문에 들어와 불도를 깨달아가는 것이 구도의 과정이지만, 혜능은 스스로 청정한 신심을 일으켜 중생의 불성이 평등하다는 도를 먼저 깨닫고 불문에 들어간 케이스라고 하겠는데, 홀연히 마음을 깨우친 혜능이 스님에게 물었습니다.

"스님께서 외는 경이 무슨 경입니까?"

"금강경이라오."

"그 경을 어디서 얻으셨습니까?"

"나는 이 경을 황매현 동선사에서 구했다오. 그 절에는 오조(五祖) 홍인(弘忍)대사가 교화하고 계신데, 이 금강경을 잘 읽고 실천하면 견성성불(見性成佛)하게 된다기에 나도 열심히 독송하고 있는 중이라오."

달마대사를 초조로 하는 중국 선불교의 육조 혜능대사의 출가 동기가 바로 금강경의 인연 공덕 때문이었군요. 어머니의 봉양을 이웃 사람들에게 부탁하고, 수천 리 순례의 길을 가는 혜능의 불타는 구도의 길은 그 자체가 참선이요, 용맹정진이었을 것입니다. 혜능이 오조 홍인대사를 만나 육조의 법통을 이어가기까지 숱한 고난의 일화는 지금도 생생하게 전해오고 있습니다. 천신만고 끝에 동선사에 도착한 혜능에게 홍인대사가 묻습니다.

"너는 어디서 왔으며 무엇을 구하고자 하느냐?"

"저는 영남 땅 신주에 사는 백성이온데, 멀리까지 와서 스님을 뵙고자 함은 오직 부처님이 되고자 함입니다."

"너는 영남 사람이니 오랑캐가 아니냐? 어떻게 네가 부처님이 될 수 있다는 말이냐?"

"사람에게는 비록 남북이 있을 것이나 불성에 어찌 남북이 있겠나이까? 오랑캐인 제가 비록 스님과 같지 않겠지만, 불성에 무슨 차별이 있겠나이까?"

"오랑캐인 주제에 제법 똑똑한 체하는구나. 후원에 가서 일이나 하여라."

"제가 생각하기에, 제 마음 스스로 항상 지혜를 내어, 본 성품에서 떠나지 않는 것, 그것이 바로 복을 짓는 일이라 여겨지는데 다시 무슨 일을 하라 하십니까?"

"어허! 아는 소리 말고 방앗간에 가서 방아나 찧도록 하래도!"

혜능의 법기를 알아본 홍인대사가 짐짓 딴지를 거는 대목도 재미있지만, 혜능의 견고한 불심과 강직한 서원이 느껴지지 않습니까? 이후 혜능은 사찰의 온갖 궂은일을 하면서 각고의 세월을 보내게 되지요. 당시에는 믿음 자체보다 달마대사의 법통을 잇는 종단 내의 종권 다툼이 치열할 때여서 누가 육조가 되느냐를 놓고, 자칫 혜능의 법기가 경쟁 도반의 시기심 때문에 해를 당할 수도 있겠다는 상황을 의식한 홍인대사의 '혜능 일병 구하기 작전'이었을 것임을 짐작할 수 있겠습니다. 어느 날 홍인대사께서 방앗간에 들러 방아를 찧는 혜능에게 말합니다.

"내 너의 견해가 쓸 만하다고 생각하지만 악한 이들이 너를 해칠까 걱정되어 일부러 너를 찾아 얘기하지 않는 것을 알고 있느냐?"

"예, 제자도 스승님의 뜻을 짐작하고 있었나이다."

이 일이 있은 뒤, 홍인대사는 제자들을 모두 불러놓고 말하였습니다.

"죽고 사는 일이 가장 큰일인데, 겨우 복이나 닦고 있어서야 되겠느냐? 너희들은 이제 스스로의 지혜를 살펴 자기 본심인 반야의 성품을 가지고 각자 게송을 하나씩 지어 오너라. 만일 큰 뜻을 깨우친 사람이 있으면, 발우와 가사를 전하여 제6대 조사로 삼으리라."

그때에 제자들은 누구나 수제자인 신수(神秀)가 오조 홍인대사의 의발을 전수받아 육조가 되리라 생각하고 있었는데, 신수는 고심 끝에 다음과 같은 게송을 짓습니다.

　　몸은 깨달음의 나무　　　　　　　(身是菩提樹 신시보리수)
　　마음은 밝은 거울　　　　　　　　(心如明鏡臺 심여명경대)
　　언제나 털고 또 닦아　　　　　　　(時時勤拂拭 시시근불식)
　　티끌 먼지 없도록 하리.　　　　　　(勿使惹塵埃 물사야진애)

　　이 게송을 본 홍인대사는, "이 게송에 의지하여 도를 닦으면 악도에는 떨어지지 않을 것이요, 큰 이익이 있으리라"라고 제자들에게 말하고, 조용히 신수를 불렀습니다.

　　"이 게송을 보니 너는 아직 본성을 알지 못하였구나. 다만 문 밖에 이르렀을 뿐, 아직 문 안에는 들어오지 못했다. 그러한 견해로는 무상대도를 구한다 해도 얻지 못할 것이니, 더욱 수행에 힘써라."

　　그렇지만 모든 대중은 신수의 게송을 자랑스레 외고 다녔는데, 한 사미승이 외는 소리를 우연히 들은 혜능도 글을 아는 대중에게 부탁하여, 신수의 게송에 대한 자신의 게송을 글로 남기니 '본래무일물(本來無一物)'의 다음 게송입니다.

　　깨달음에는 본래 나무가 없고　　　　(菩提本無樹 보리본무수)
　　밝은 거울 또한 형체가 아닌 것　　　(明鏡亦非臺 명경역비대)
　　본래에 한 물건도 없거늘　　　　　　(本來無一物 본래무일물)
　　어느 곳에 먼지가 일어나리오.　　　　(何處惹塵埃 하처야진애)

글도 모르고 방아나 찧던 혜능의 이 게송을 본 대중들이 집단 경기를 일으켰을 광경은 안 봐도 비디오일 거란 생각이 들지 않습니까? 신수는 본성의 접근 방법에 대한 수행의 본질을 읊었을 뿐이나 혜능은, "본성이란 몸도, 마음도 없는 일체무일물이라 실체가 없는 것, 인연의 결합으로 잠시 생멸하는 신기루와 같은 본성에 무슨 티끌 먼지가 낄 수 있겠는가."라며, 존재론적 현상에 대한 실체적 접근을 경계하고 있습니다.

푸른 하늘에 구름이 끼고, 안개가 덮인 것이 어찌 하늘의 실체일 수 있겠습니까? 아마도 이 한 방의 게송만으로도 혜능의 육조 입격은 차고도 넘칠 것 같은 생각을 가져봅니다. 신수와 혜능의 격을 따지는 건 의미가 없을 터이나, 신수의 게송이 얕고 깊은 순서에 따라 점진적으로 수행하여 깨달음에 이르는 점오(漸悟)의 법문이라면, 혜능의 게송은 점진적인 과정을 거치지 않고 단번에 깨달음을 일구는 돈오(頓悟)법문이라 이해하면 좋을 듯하군요. 그러나 이 게송을 본 홍인대사는 아직 견성에 먼 게송이라며 일소에 부친 뒤 그다음 날, 홍인대사가 몸소 방앗간으로 와서 말합니다.

"쌀은 다 찧었느냐?"

"이미 찧은 지는 오래되었사오나, 아직 키질을 못 하였나이다."

우리들에게는 선문답으로 들리는 이 대화를 마친 홍인대사는 지팡이로 방아를 세 번 치고는 뒷짐을 지고 말없이 나갔는데, 이는 삼경에 자신을 찾아오라는 말이었습니다. 혜능이 그 뜻을 알고 한밤 삼경에 스승을 찾아뵙고 예배하니, 홍인대사는 둘레를 병풍으로 가리고 「금강경」을 설법합니다. 의발 전수를 위한 보안 유지 차원임을 알 수 있겠는데, 이처럼 선종의 역사에도 믿음보다는 실질적 교권의 상징인 조사 자리를 탐하는 흑역사가 있었던 것입니다.

"마땅히 머무는 바 없이 그 마음을 쓸지니라." 하는 자신의 출가 인연이 된 금강경의 구절에 이르러 혜능은 다시 크게 깨닫고 스승에게 아뢰기를,

"어찌 제 성품이 본래 나고 죽지 않음을 알았겠습니까? 어찌 제 성품이 본래 흔들림 없음을 알았겠나이까? 어찌 제 성품이 본래 가득 차 있음을 알 수 있었겠습니까? 어찌 성품이 만 가지 법을 냄을 알았겠습니까?"

스승의 법문에 감동한 혜능이 법열에 잠겨 견성(見性)의 발원을 사뢰어 올리자, 홍인대사가 말했습니다.

"본 성품을 알지 못하면 법을 배워도 유익함이 없고, 제 성품을 알면 그것이 곧 대장부요, 천상과 인간의 스승이며 부처이니라."

이 말과 함께 홍인대사는 부처님으로부터 내려온 가사와 발우를 혜능에게 전하게 됩니다.

"이제 너는 육조가 되었다. 법을 잘 받들고 널리 중생을 제도하여라. 달마대사께서 처음 이 땅에 오셨을 때 사람들이 믿음이 없었으므로 가사와 발우를 전하여 믿음의 표시로 삼았느니라. 그러나 이제 사람들은 믿음에는 관심이 없고 가사와 발우만을 탐하니, 이후로는 전하지 말도록 하여라. 나쁜 무리들이 너를 해칠까 걱정되는구나. 앞으로 불법이 너로 말미암아 크게 일어나리라. 나는 삼 년이 지나면 이 세상을 떠날 것이다. 너는 되도록 남방으로 가거라. 그리고 때가 되기 전에는 절대로 말하지 말라. 불법을 일으키는 일이 쉽지 않으리라."

혜능은 홍인대사에게 하직 인사를 올리고 계속 남쪽을 향해 나아가면서 혜능의 의발을 탈취하기 위한 신수 일파의 추격과 온갖 위험을 따돌리고, 후일 조계산 보림사를 열어 온 중국에 선풍을 크

게 드날리게 되니 중국 남선종(南禪宗)의 종조가 되었고, 마지막까지 혜능과 육조의 경쟁을 벌였던 신수의 점오법통은 북선종(北禪宗)이 되었지요.

달마대사로부터 시작된 중국의 선(禪)은 혜능 대에 이르러서, 대상의 모양이나 불성의 근본에 집착하지 않는 자재(自在)로운 참선을 강조하며 크게 중흥했고, 당나라의 임제선사로 이어진 법통이 우리나라로 전파되어 오늘날 우리 불교계의 중심 뿌리로 자리 잡는 계기가 되었던 것입니다. 한편 혜능의 조사어록이라 할 수 있는 「육조단경」은 선종의 텍스트로 이어져 오고 있지요.

사실 달마대사를 조종으로 하는 선종은 기존의 정통 불교 차원에서 보면 다분히 이단적이고, 반항적인 불교 집단이라 볼 수도 있겠습니다. 마치 참된 인간 교육은 격식화된 제도권의 교실에 있지 않고, 우리들 삶과 자연 속에 있다는 대안학교의 논리처럼, 직지인심과 불립문자를 내세워 교외별전을 강조한 선불교의 종지(宗旨)가 이와 같은 맥락이 아니었을까 생각해 봅니다.

금강경의 본질을 알아보기 위한 장에서 이처럼 장황히 혜능대사와 선종의 역사를 서술하는 이유는 「금강경」은 공사상에 입각하여, 집착 없이 보살행을 실천하는 가르침을 중심 내용으로 하고 있거니와 선불교의 중흥조로 숭앙받는 육조 혜능대사의 '무상(無相)을 머리로 삼고, 무주(無住)를 몸으로 삼으며, 묘유(妙有)를 팔다리(用)로 삼는다.'라는 무주상법이 곧 금강경의 핵심 사상인 때문임을 상기해 주시기 바랍니다.

제2장

금강경의 사상과 사유방식

(제1절) 금강경의 근본 사상은 무엇일까?

금강경이 세상에 나오지 않았어도 인류의 문명은 발전해 왔을 것입니다. 그러나 금강경이 없는, 물질과 문명의 화려한 세상은 마치 꽃향기 전혀 없는 종이꽃의 화원을 연상케 하지 않겠습니까? 21세기의 초입에 진입해 있는 지금의 세계는 인공지능 AI(Artificial Intelligence)가 모든 분야의 인류의 삶에 기여함을 넘어 인간의 자리를 대체하여, 인간 부재의 부작용을 우려하는 목소리가 나오고 있는 실정입니다.

1645년 파스칼라인이라고 불리는 톱니바퀴를 이용한 인류 최초의 기계식 계산기가 세상에 나온 지 300년이 걸려 트랜지스터 반도체 컴퓨터가 세상에 나오게 됩니다. 그로부터 약 반세기 여 만에 인간이 가르치지 않아도 스스로 학습하고 미래 상황을 예측까지 하는 '딥 러닝(Deep Learning)' 기반의 지능 컴퓨터로 진화하였고, 이제 곧 기존의 인공신경망보다 nx^2의 상상을 초월하는 강력한 양자 인공지능으로의 업그레이드가 목전에 와 있습니다.

이들 인공지능에 의한 인류의 미래사회에 대하여서는 건강, 노동, 문명 등에 있어 인류의 삶의 질에 최고의 번영과 행복을 가져다주리라는 희망적 메시지가 있는가 하면, 반대급부가 부르는 절망의 메시지 등 몇 가지 시나리오가 제시되어 있습니다. 가장 끔찍한 것은 이들 인공지능의 추론 기능이 은하계를 넘어 우주의 심층부를 향해 저들의 자아의식을 확대해 간다는 상상하기 싫은 부분이라 하겠습니다.

인간이 만든 인공지능이 스스로 진화를 하고, 인간성과 신성(神性)이 배제된 컴퓨터 기호가 우주의 질서를 지배한다면! 그것은 상상하는 것만으로도 끔찍한 생각이 들지 않습니까? 반복적인 지능의 훈련은 인간의 6식(六識)을 초월하여, 영성의 습(習)을 만드는 아뢰야식의 8식(뒤에 다시 설명이 나옵니다.)에 도달하게 되고, 스스로의 행위 종자에 의해 인연의 윤회를 할 것이란 걸 생각해 보는 지적(知的) 우려는 참담함 그 자체가 아닐 수 없습니다.

2019년 9월 8일 자 중앙일보는 "이미 미국에서는 AI를 숭배하는 종교까지 생겨났거니와 자율 주행 트럭 Otto의 창업자 안토니 레반도프스키는 2015년에 AI를 신으로 예배하는 것을 목표로 '미래의 길'이라는 종교단체를 설립했으며, 인간보다 수십억 배나 똑똑할 AI가 신이 아니고 무엇이겠냐."라는 주장을 보도한 바 있습니다.

호흡과 맥박 없이도 스스로 생각이 일어나 무한히 복제되고, 무한정 생성되는 인연물로 우주의 질서가 지배된다면 그때는 '일체중생 개유불성(一切衆生 皆有佛性)'의 진리의 벽에도 금이 가지 않을까 저 자신 매우 혼란을 느낍니다.

신의 영역일 수밖에 없었던 생명 탄생과 죽음의 메커니즘도, 유전자 편집과 논리회로의 칩 조작으로 죽음의 일시도 정확히 맞출 수 있는, 이른바 맞춤 생명을 수시로 바꿔 입을 수 있는 생명 시장이 이미 시도되고 있으니 말입니다.

실제로 2018년 말 중국의 젊은 과학자 허젠쿠이에 의해 유전자 가위 기술이라 불리는 유전자 편집에 의한 디자이너 베이비(Designer Baby) 루루와 나나 2명의 아기가 세계에서 처음으로 출생되지 않았습니까? 세계의 생명과학계에서는 판도라의 상자를 열었다며 일제히 규탄하고 있지만, 인간 복제와 유전자 가위질은 이미 보편적 기술의 단계에까지 진행되어 있는 실정입니다. 뭐, 저의 여생에서야 복제된 저의 가족이나 친지를 만나야 할 그럴 일이야 없을 테니 논지를 돌려 부처님이 금강경을 설하던 당시의 인류 문명 수준에 대해 잠시 짚어보렵니다.

지금으로부터 약 2,500년 전이라면 대체로 후기 청동기 내지 초기 철기시대에 해당하는 시기로서, 끊임없는 지배 복종의 전쟁 속에서도 인간의 문명은 매우 저급한 시대였기 때문에 상대적인 영성은 더욱 순수하였고, 신앙을 추구하는 신본(神本) 정신은 높을 수밖에 없을 때였습니다. 따라서 종교와 정치가 합작해낸 제정일치의 이념이 인권을 옭아매고 있었던 거지요. 이러한 신본주의 즉, 헤브라이즘은 서양에서는 유대교에서 기독교로 이어지며, 중세의 르네상스 시대에 이르기까지 인류의 문명은 교회 권력에 송두리째 예속되어 있지 않았습니까?

천동설을 절대 신봉하며, 면죄부와 천국행 티켓을 팔던 교회의 흑역사는 기독교인들의 아킬레스건이 되고 있지만, 지금껏 역사적 실존 여부로부터 자유롭지 못한 예수의 허명을 팔아 천당과 영생의 패키지 상품을 팔고 있던 16세기로부터, 수천 년 전 이미 부처님께서는 '범소유상 개시허망 약견제상비상 즉견여래(凡所有相 皆是虛妄 若見諸相

非相 即見如來)' 즉 '무릇 형상 지어진 뛰어난 모습이란 모두가 허망한 것일 뿐이니 상(相)과 상(相)이, 상(相)이 아님을 함께 본다면 곧 여래(부처 또는 해탈)를 볼 수 있을 것이니라.'라며, 금강경의 핵심 사상인 사구게를 설하였던 것입니다.

이는 천당이니 지옥과 해탈이 외재적인 것이 아니라, 인간 본래의 불성에 내재된 우주심에 기인함을 선포한 인간 해방의 위대한 혁명이라 아니할 수 없습니다. 인류가 슬기인간(호모사피엔스)으로 이 땅에 온 이후 이렇듯 인간 본연의 고귀한 영성의 해방을 부르짖은 선지식이 어디에 있었습니까? 하나님이나 어떤 절대자의 전지전능한 권능으로써가 아닌, 스스로 번뇌에 물들지 않는 대반야의 절대적 지혜를 깨달아, 분별심과 무명이 끊어진 피안의 땅으로 건너가게 하는 다이아몬드 같은 견고한 진리를 밝혀놓은 경전이 곧 금강반야바라밀경이라고 꼭 기억해 두시기 바랍니다. 이처럼 금강경은, 하늘의 피조물이라는 원죄 의식에 사로잡혀 수수 천년을 속죄양으로 살아왔던 인류에게 스스로 껍질을 깨고 날아오르라는 사자후의 함성이었던 것입니다.

아이러니하게도 유럽의 인류가 인간 정신을 각성하게 된 계기는 14세기 유럽 인구의 1/3을 죽음으로 몰고 간 흑사병 때문이었다는 사실을 들어보셨는지요? 페스트로 잘 알려진 이 흑사병이 창궐하던 당시에도 민중은 자신의 생명을 교회와 신부를 통해 하늘에 신탁(神託)하여 치료코자 했습니다. 교회는 이들을 성령의 위신을 빌려 기도 의식으로 치료해 준다는 명목으로 대가를 받곤 했지만, 전염병으로 인한 사망자는 어둡고 습한 환경의 설치류들이 많은 수도원의 성직자가 오히려 많았던 점에서 신탁에 대한 민중 의식의 각성이 시작된 것입니다. 14세기부터 17세기에 걸쳐 창궐한 흑사병으로 인해 인류는 혹독한 대가를 치르긴 했지만, 합리적 이성에 입각한 인간 정신과 과학적 사고에 눈을 뜨는 혁명적 계기가 되기도 하였습니다.

아픈 만큼 성숙한다는 말이 여기서도 통했을까요? 1665년, 이 시기에 아이작 뉴턴이 다니던 케임브리지 대학도 흑사병으로 인해 휴교에 들어갔고, 뉴턴은 고향인 울즈소프로 내려가 혼자서 수학, 역학, 물리학, 광학 등에 대한 깊은 연구와 심오한 사유에 침잠하게 됩니다. 사과가 떨어지는 것을 보고 만유인력의 개념을 창안했다는 일화는 사실 여부를 확인할 방법은 없으나, 뉴턴은 우주 삼라만상의 모든 물체는 상호 간의 질량의 곱에 비례하고, 상호 간의 거리의 제곱에 반비례하는 중력이 존재한다는 위대한 과학적 성과를 이룰 수 있었던 것입니다. 이 방정식으로 인해 모든 천체의 변화와 운동을 설명할 수 있는 혁명적 계기가 되었던 것인데요, 이런 이유에서 과학사에서는 이때의 1665~1666년을 '기적의 해'라 부르게 된 것이지요.

오늘날 인류가 누리는 과학적 번영은, 코페르니쿠스가 씨앗을 뿌리고, 갈릴레이가 싹을 틔워, 뉴턴이 꽃을 피워서 아인슈타인이 열매를 맺은 과학적 사고의 산물이라 아니할 수 없습니다. 안타깝게도 여기에 한국인은 이름을 얹지 못했네요. 아인슈타인이 특수상대성이론을 발표한 1905년의 우리 대한제국은 국민 교육을 담당할 학교 자체가 없던 그야말로 미개의 문맹국이었습니다.

물론 서당과 학당, 향교, 지금의 대학에 해당하는 성균관 등이 있었지만, 그마저도 사대부나 집안 형편이 나은 계층만 다닐 수 있었고, 교과과정도 공자 왈, 맹자 왈의 한자문화에 기반한 성리학적 이념에 치우친 뜬구름 잡는 식의 이론교육을 받으며 선민의식에 길들여지고 있었으니, 국리민복을 담보할 국민 교양과 과학적 탐구 정신은 그 싹을 틔울 수도 없었던 것이지요. 물론 실학파와 실사구시(實事求是)에 눈을 뜬 신지식인도 있었지만, 그들은 세도정치의 아웃사이더로 사회의 불만 계층 정도로 치부하는 분위기였지요.

당연히 민초의 생활상은 수축(獸畜)과 다름없는 생존 자체에 급급한 시대였거니와, 90%의 백성은 글자를 알 일도, 알 수도 없는 문맹국이었으니 고도의 문명을 향해 약진하던 열강에 의해 나라가 먹히지 않는 것이 오히려 이상한 상황이 아니었습니까? 맹목적 국수주의자나 반일종족주의자들로부터는 돌팔매 당할 말일지는 모르겠으나, 우리가 일본의 식민지가 되어 국민 교육과 국가 인프라의 구축 같은 문명의 혜택을 볼 수 있었던 것은 어쩌면 감사해야 할 일이 아닌가 하는 생각을 해 봅니다.

만약 일본이 청일전쟁과 러일전쟁에서 패했더라면 어김없이 우리는 중국이나 러시아의 변방 내지는 속국이 되어 공산화의 수순을 밟아왔을 것이라는 역사적 가상은 생각조차도 하기 싫은 최악의 시나리오가 아니겠습니까? 일본의 침략전쟁을 옹호하거나, 조국 독립을 위해 생애를 바친 애국지사들의 고귀한 정신을 폄훼하고자 하는 뜻이 아님은 잘 아시리라 믿습니다.

금강경의 근본 사상을 생각해 보는 논지와는 조금 벗어난 역사 이야기가 되었습니다만, 뉴턴은 지구가 사과를 끌어당긴다는 생각에 앞서, 사과도 지구를 끌어당긴다는 생각으로, 보이는 것은 보이지 않는 것에 연유한다는 금강경으로의 발상적 전환에 그 맥이 닿아 있음을 알 수 있습니다.

삼라만상의 모든 행위와 법칙은 보이지 않는 중력이 좌우하는 질서에 기인하는 것이기 때문에 부처님은 '약견제상비상(若見諸相非相)

이면 즉견여래(卽見如來)라', 그러니까 보이는 것은 보이지 않는 것과 같고, 보이는 것 또한 보이지 않는 것이니 이 둘을 하나로 볼 수 있다면 곧 여래(진리)를 볼 수 있다는 우주의 솔성(率性)을 진즉에 밝히신 겁니다.

뉴턴이 금강경을 접했을 리는 만무할 것이나, 사고의 통시성(通時性)은 수천 년을 건너와 이렇듯 선지식으로부터 후학에 이어져 있음을 알 수 있는 것도 우리가 금강경을 공부하는 또 다른 환희라 할 것입니다. 우리는 알아야겠습니다. 금강경을 읽고 사경하며 염송하면서도, 이처럼 인간 본연에 내재된 위대한 불성을 깨달아 극락도, 지옥도 없는 현생의 참자아를 참구하여, 견고한 진리의 문을 스스로 열고 들어가는 금강경의 사상을 알아가는 것이 중요하다는 것을 말입니다.

그 길을 금강경은 너무도 쉽고 간결하게, 그러면서도 다이아몬드보다도 더 견고하고 찬연하게 설하고 있는 것입니다. 글은 몰라도 좋습니다. 다만 그 마음을 내면 되는 것입니다. 마음이 바뀌면 운명이 바뀌고, 운명이 바뀌면 인생이 바뀝니다. 천당이니 극락, 지옥 같은 시설은 애초에 이 우주에 설계된 바 없고, 단 한 번도 시공된 바 없는, 마음의 허상이 만들어낸 허황한 건축물일 뿐이니, 다시 한번 '일체유심조(一切唯心造)'를 상기하시고, 금강경을 통해 현생에 공덕을 쌓는 선근인연을 만들어 가시기 바랍니다.

(제2절) 금강경의 개념과 전개 방식을 알아보자

　　그러면 금강경은 어떠한 사유 방식으로 전개되는지 그 개념과 방법론적 얼개를 알아봐야 할 차례군요. 우선 여러분들께 질문 하나를 드리겠습니다. 여러분에게 도화지와 모든 원색이 구비된 크레파스 한 통을 드린다면 허공을 그릴 수 있겠습니까? "허공을 어떻게 그려?", "그걸 뭐 하러 그려?" 등으로 말씀하신다면야 할 말이 없겠으나, 대부분은 색깔 없는 허공을 그리라 하면 난색을 표하게 마련일 겁니다.

　　창공은 푸른색이니 그냥 하늘색이라 불리는 스카이블루 색깔을 온통 칠하면 될까요? 그러면 아래 왼쪽 그림 같이 하늘색 색종이가 될 뿐 그것을 창공이라 하는 사람은 없을 것입니다. 그런데 방법이 있습니다. 허허한 공중에 떠 있는 구름을 그리는 거지요.

좌〈색종이〉　　　　　　　　　　우〈창공·하늘〉

　　또는 날아가는 새를 그려 넣거나, 창공에 나부끼는 깃발을 그려 넣는 겁니다. 그러면 그 그림을 색종이라 말할 사람은 아무도 없을 테지요. 바로 이 없음(허공)을 있게 하는 본래 없던 무(無:구름)가 상(相)이고, 상(相)이 되기 때문에 또한 비상(非相)이 됩니다. 허공의 입장에서 보면 본래 없던 구름이 실체 없는 허상이고, 구름의 입장에서는 본디 허공에서 생겨난 실체가 아니기 때문에 또한 허상입니다.

땅에서 하늘의 구름을 쳐다보면 갖가지 동물 모양으로도 보이다가 때로는 그리운 사람의 얼굴로 보이기도 합니다. 그러나 그 구름을 비행기를 타고 위에서 아래로 내려다보면 그냥 구름의 바다 운해(雲海)일 뿐입니다. 서산대사도 게도송에서 '부운자체본무실(浮雲自體本無實 : 구름은 본래 실체가 없는 것)'이라 하지 않았습니까?

수중기라는 조건이 만나고 흩어지는 인연 때문에 잠시 구름이라는 분별의 이름만 생겨났을 뿐, 구름이라 할 만한 실체는 원래 없던 것이었습니다. 그래서 하늘이거나, 구름이라 할 만한 고정된 실체가 없으니, 거기에 내가 끼어들어 불변하는 실체라 할 만한 상이 있을 수 없다는 것입니다. 반야심경에서 '늙음도 없고 죽음도 없으며, 늙음과 죽음이 다함도 없다.' 하신 것처럼, 우리들이 그토록 아끼고 애지중지하는 육신이나, 삶과 죽음조차 이처럼 존재하지 않는 것이라는 사고의 전환을 금강경은 주문하고 있습니다.

또다시 육조 혜능대사의 일화를 가져와 봅니다. 혜능대사가 의발을 전수받고 남쪽으로 와 은둔한 지 5년여, 인종법사의 열반경 야단법회에 참석한 혜능대사는 대중의 무리에 섞여 조용히 법문을 듣고 있었습니다. 때마침 바람이 불어 법석에 게양된 깃발이 나부끼니 대중들 사이에서 '저것은 바람이 나부끼는 것이다.'라는 부류와 '아니다. 저것은 깃발이 나부끼는 것이다.'라는 부류로 논쟁이 벌어지게 되었습니다.

이때 조용히 듣고 있던 혜능대사가 일어나 '깃발이 나부끼는 것도 아니요, 바람이 나부끼는 것도 아니다. 다만 사람의 마음이 나부낄 뿐이다.'라고 일갈하였지요. '바람과 깃발 문답' 또는 '풍번(風幡) 문답'으로 불리며 불교계에 회자되어 온 이 일화를 상기하면서 여러분은 금강경의 사유 방식에 대해 어느 정도 공감하셨으리라 믿습니다.

허공은 허공이 아닙니다. 그러기 때문에 허공이라 하는 것이며, 구름은 구름이 아닙니다. 그렇기 때문에 구름이라고 이름하여 말하는 것일 뿐입니다. 노자의 『도덕경』 제1장 '도가도비상도(道可道非常道) 명가명 비상명(名可名 非常名)', 즉 '도를 도라 말하면, 이미 그것은 도가 아니며, 말로 형상화(形狀化)된 이름은 늘 그러한 실제(實際)의 이름이 아니다.'라는 구절을 원용하는 것도 적절해 보이는군요. 노자의 무위사상과 공자의 중용사상 그리고 부처님의 공사상이 인류의 정신문화 발전에 미친 영향은 계측 불가의 위대한 울림이 아닐 수 없겠습니다.

예수를 포함, 세계 인류의 스승의 출생지는 극지(極地)나 적도의 열대지방 출신은 한 분도 없습니다. 인걸은 지령이라는 말처럼, 땅의 환경이 인류의 정신문화에 어떻게 작용하는지를 보여주는 단적인 예(例)라 할 수 있겠습니다.

색과 상의 감각적 실체에만 익숙해 있는 우리들 중생심으로는, 없음을 있게 하는 없음의 공으로, 있고 없음을 동시에 본다는 것은 지난한 일이 아닐 수 없겠으나, 이솝우화에 나오는 벌거벗은 임금이 입은 허공의 무채색 옷이 어쩌면 이 세상에서 가장 화려한 옷이 될 수도 있지 않겠습니까? 밤이 깊어야 비로소 별이 빛나듯이 밝은 것을 있게 하는 색은 어두운 것이며, 어두움을 있게 한 공간은, 어둠에 자신의 공간을 내준 밝음의 색깔 때문인 것입니다. 그래서 빛깔 중에 가장 밝은 빛은 가장 어두운 빛이라 하는 것입니다.

색과 공을 이원적 차원의 세계에서 이해하려 하면 우리는 영원히 색즉시공의 진리의 문턱을 넘어설 수 없습니다. 이처럼 금강경은 결코 학문적인 지식을 전하는 것이 아니라, 세상의 모든 철학과 종교를 아우르는 지혜와 진리의 완전한 결정체입니다. 금강경의 진리는 부처님께서 만들어낸 진리가 아니라, 삶과 죽음을 초월하는 수행 끝에 깨달아 발견해낸, 이 우주에 편재되어 있었던 보편적 진리이면서, 실체 아닌 것으로 본성을 삼는 공사상에 입각하여, 보살도로 가는 절대불변의 총체적 지혜인 것입니다.

신이나 전지전능자의 계시가 아닌 인간적인, 너무나 인간적인 인간 부처님이, 인간을 위해, 인간을 향해 던지는 위대한 가르침이 금강경인 것입니다. 예수는 하나님의 아들로 부활하여 신이 되었지만 부처님은 결코 신이 아닙니다. 부처님이 위대한 것은 인간으로서 해탈하여 인간 구제를 위해, 길 위에서 구도의 외길 일생을 사시다가 인류의 영원한 사표(師表)가 되어 열반에 드신 점입니다. 그러면서도 부처님께서는 열반하실 때 "나는 아무것도 설한 바 없으니 자기 자신을 등불로 삼고, 자기를 의지하라. 또한 진리를 등불로 삼고 진리를 의지하라. 이밖에 다른 것에 의지해서는 안 된다." 곧 "자등명법등명(自燈明法燈明) 하라."라고 하셨으니 우매한 중생들의 인간 해방을 향한 지혜의 꽃비를 뿌리신 분이 아닐 수 없습니다.

아마도 인공지능이 수천만 번을 진화한다 해도 공사상에 입각한 '범소유상 개시허망'이라는 이 절대불변의 진리는 뛰어넘을 수 없는 인류 최고의 상법(相法)이라 저는 확신해 봅니다. 만약 금강경을 진리의 침향이 피어나는 향로라 한다면 그 향로를 받치고 있는 세 개의 다리는 무상, 무아, 반야가 되어 어느 하나만 없어도 향로는 쓰러지게 되니 진리의 향은 피울 수 없게 됩니다. 반야의 지혜로 나를 초월하여, 상에 걸리지 않는 무상의 경지가 곧 도피안(到彼岸)의 세계이니 금강경은 다음과 같은 견인구조로 이루어지게 됩니다.

금강경의 키워드인 공은 결코 부정의 뜻이 아니라 내가 본래 공하니 내가 받는 고통도 원래 공하여 없다는 것입니다. 잘못된 아상과 이기심, 망상으로부터 벗어나게 하여 궁극적으로 모든 고통을 여의고 자유로워지게 하는 데 금강경의 참뜻이 있음을 다시 한번 강조해 드립니다. 금강경 본문에는 직접 인용되지 않았습니

〈금강경의 사유체계〉

다만, 반야심경 본문 260자 중에는 공이란 글자가 7번 나오고, 최고의 키워드 '색즉시공 공즉시색'이 나오는데, 이 글자들은 구마라집이 세계 최초로 만들어낸 글자입니다. 쿠차국의 왕족 출신으로 일찍이 인도에 유학했던 구마라집은 중국 불교의 조종이라 할 만큼 불 지식과 구도 정신이 천재적이며, 뛰어났던 것으로 보입니다.

구마라집 이전의 중국 불교는 오랜 전래 역사에 비해 불경도 잘 정돈되지 않은 산만한 단계였으며, 그가 살았던 서기 4~5세기경의 중국 중원은 5호16국 시대의 침략전쟁이 끊이지 않던 시기로서, 그 역시 전쟁의 와중에 20년 가까운 유배와 감금의 세월을 보내는 등 오욕의 역사가 있었습니다. 그러나 이러한 열강의 이해관계 속에서도 때로는 권력자의 비호를 받으면서 그는 300여 권에 달하는 불경을 번역하게 됩니다. 그는 자신의 임종에 앞서 "나는 우매한 자이나 내가 번역한 것 중 틀린 것은 없다. 그 증거가 나의 사후 화장을 해도 내 혀는 타지 않고 남을 것이다." 〈양나라 혜고가 지은 고승전에 전함〉라는 말을 남겼고, 실제로 감숙성 무위현에 훼손되지 않은 설탑(舌塔)이 있다고 전해지고 있지요.

그는 또 '극락'이라는 용어도 세계 최초로 사용한 스님이기도 합

니다. 물론 원전 산스크리트어의 의미를 한자로 번역하면서 자신의 통사적(統辭的) 상상력이 동원된 결과일 테지만, 즐거움의 절정이란 뜻의 극락이라는 말은 즐거움이 다하면 다시 괴로움이 온다는, 구마라집의 불교적 윤회관의 일단을 읽을 수 있는 부분이기도 한데요, 쾌락은 곧 괴로움의 다른 이름이라고 하신 부처님의 가르침을 상기해야겠습니다.

금강경은 피안(彼岸)의 바라밀다로 나아가는 보살들을 위한 빈틈없고 완전한 설법이며, 불가 수행을 위한 위없는 가르침입니다. 금강석처럼 견고하고 예리하여, 모든 번뇌를 한 방에 타파할 수 있는 최상의 법임과 동시에 모든 인류의 잠자고 있던 불성(佛性)의 심지에 번갯불 같은 섬광의 불을 붙인 불씨였던 것입니다.

제3장

금강경의 내용과 형식

(제1절) 금강경은 어떤 내용을 담고 있을까?

지금까지 [제1장]에서는 금강경이 설해진 시기적 배경과 원전 번역의 역사 그리고 금강경이 불교사에 미친 불경으로서의 위상을 제고해 보면서, 혜능대사의 일화를 통해 금강경의 정체성을 짚어보았고, [제2장]에서는 금강경의 근본 사상과 사유 방식에 대해 살펴보았습니다. 그러나 금강경을 처음 대하시는 독자분이시라면 조금은 난해하고, 이해에 어려움이 따를 수도 있을 것입니다. 그렇다면 그 부분은 표시만 해두고 그냥 읽어나가시다 보면 다음 장에서 부연 설명을 만날 수 있을 것입니다.

그러면 금강경은 어떤 내용을 담고 있는가를 짚어볼 차례가 되었군요. 물론 앞장에서도 일부 금강경이 담고 있는 내용과 형식 등이 간단히 소개되었지만, 본 장에서는 금강경의 주된 형식과 내용을 좀 더 자세히 살펴보도록 하겠습니다.

지금 우리나라에서 접하고 있는 금강경 32분은 양나라 초대 왕 양무제의 아들 소명태자가 분류한 것인데, 이해를 돕기 위해 핵심이 되는 주제의 표제어를 분단마다 붙인 것이지요. 사자성어로 되어 있어 소제목만으로는 본문의 내용을 가늠할 수 없는 단락도 있으나 한글 내용을 같이 상기하시면 되겠습니다. 소명태자의 32분 분류 이전에는 인도 승려 무착의 18주위(十八住位)와 그의 제자 세친(일명 천친이라고도 합니다)의 37단의(三十七斷疑) 분류가 있었습니다만, 단락의 소제목만 떠올리면 전체 내용을 연상하기 좋게 된 것입니다.

그러면 금강경 32분의 내용과 주제를 일목요연하게 표로 정리해 보겠습니다. 금강경 전체의 내용과 분단별 주제를 상기하는 데 도움이 되리라 믿습니다. 구마라집의 번역본에 근거하였으며, 소제목은 한자로만 표기하였습니다.

〈금강경 32분의 내용〉

분	제목	내용	글자	성격 및 특징
제1분	法會因由分	법회가 열린 인연	71	서분-상황묘사
제2분	善現起請分	수보리존자가 설법을 청함	155	서분-수보리의 진정한 간청
제3분	大乘正宗分	대승의 가장 중요한 가르침	113	정종분-보살의 발심을 설함
제4분	妙行無住分	집착 없는 뛰어난 수행	136	
제5분	如理實見分	가르침대로 참되게 보라	64	사구게 '약견제상비상 즉견여래'
제6분	正信希有分	바른 믿음은 고귀하다	235	
제7분	無得無說分	얻을 수도 설명할 수도 없다	97	
제8분	依法出生分	가르침을 따르면 깨닫는다	132	
제9분	一相無相分	깨달음에는 자취가 없다	304	
제10분	莊嚴淨土分	장엄하고 청정한 정토	161	사구게 '응무소주 이생기심'
제11분	無爲福勝分	최상의 복	135	

제12분	尊重正敎分	바른 가르침은 존중받는다	80	
제13분	如法守持分	가르침대로 받들어 수행하라	253	
제14분	離相寂滅分	상을 초월하면 적멸에 든다	600	32분 중 가장 긴 본문
제15분	持經功德分	경을 지니는 한량없는 공덕	268	
제16분	能淨業障分	능히 마음의 업장을 맑힌다	207	
제17분	究竟無我分	끝내 나라고 할 것이 없다	561	
제18분	一切同觀分	지혜는 하나의 몸과 같다	244	
제19분	法界通化分	법계를 두루 교화하는 법	75	
제20분	離色離相分	색과 상으로는 여래를 볼 수 없다	111	
제21분	非說所說分	설하되 설한 바가 없다	120	
제22분	無法可得分	얻을 수 있는 진리가 없다	83	
제23분	淨心行善分	맑은 마음으로 선을 행하라	69	
제24분	福智無比分	복과 지혜는 비교할 수 없다	78	
제25분	化無所化分	교화하되 교화된 중생이 없다	97	
제26분	法身非相分	진리(법신)에는 상이 없다	112	사구게 있음
제27분	無斷無滅分	끊어짐도 없고 멸함도 없다	101	
제28분	不受不貪分	받지도 않고 탐하지도 않는다	96	
제29분	威儀寂靜分	고요하고 맑은 거룩한 부처님	43	가장 짧은 본문
제30분	一合理相分	하나로 합한 이치의 상	150	
제31분	知見不生分	지견을 내지 말라	139	3~31분까지 정종분 해당
제32분	應化非眞分	조건 따라 보인 것은 참이 아니다	137	유통분-사구게 있는 결론
계			5,227	

* 구마라집 번역본을 기본으로 하였으며, 글자 수는 번역자의 의도와 조사나 접사 등의 쓰임에 따라 상당 부분 차이가 있습니다.

불경은 원칙적으로 서론에 해당하는 서분과 본론에 해당하는 정종분 그리고 결론에 해당하는 유통분이 있습니다. 앞의 표에서도 보는 바와 같이 금강경은 1~2분이 서분, 3~31분까지가 정종분, 32분을 유통분으로 보면 되겠습니다. 서분에서는 부처님이 경을 설한 장소와 동석자 그리고 어떤 환경에 있었는지에 대한 상황 묘사가 나오고, 이어서 수보리존자가 부처님께 공손히 예를 갖춰 설법을 청하며, 부처님의 위신을 칭송하면서 무상정등각(無上正等覺-아뇩다라삼먁삼보리)을 얻기 위해서 어떻게 발심해야 하는지 등에 대해 묻습니다.

이에 부처님께서는 수보리를 칭찬하며, 부처님 당신이 잘 설법해 줄 것을 약속하면서 비로소 금강경의 찬연한 진리의 대장정이 펼쳐집니다. 마침내 32분에서 부처님이 이 경을 설하여 마치자 사부대중과 우바새(優婆塞-남자 재가신도), 우바이(優婆夷-여자 재가신도) 그리고 모든 세상의 천신, 인간, 아수라가 크게 환희하여 믿고, 받들어 행하였다는 증시(證示)부인 유통분(32분)을 끝으로 대단원의 막을 내리고 있습니다.

잘 아시는 바와 같이 금강경은 주입식 강의 형태가 아니라 가르치고 질문하며, 다시 답을 제시하는 대화체 설명 형식을 취하고 있습니다. 요즘의 세미나 강의 형태와 비슷한 학습법인데, 부처님의 설법 방식은 대상자의 근기와 능력에 따른 철저한 맞춤식 교수법이었음을 잘 알고 계실 터이지요? 따라서 본고에서도 내용과 주제가 중복 인용되는 부분이 있으니, 그만큼 부처님이 강조하시고자 한 설법임을 감안하시고, 다음 열람을 위해 밑줄이나 마크를 해 둘 것을 추천 드립니다.

금강경 본론의 주된 내용을 함축한다면, 어떻게 하여 초월적 지혜인 아뇩다라삼먁삼보리심을 낼 수 있으며, 어떻게 닦고 증득하여 궁극적으로 성불할 수 있는지에 대한 심오한 토론 형식의 설법이라 하겠습니다. 그 구체적인 설법의 내용은 제2부에서 다루어지겠습니다만, 부처님이 금강경을 설한 목적은 일체중생 누구에게나 내재된 궁극적 불성을 깨우치고, 상을 떠나 마음을 항복시켜(이상복심 離相伏心)서, 일거에 오욕과 번뇌를 허물어 해탈에 이르게 함이었다는 점만은 꼭 상기해 두시기 바랍니다.

불교의 궁극적 이상향은 지혜로운 발심으로 진리를 증득하여, 어떠한 번뇌에도 걸림이 없는 해탈의 피안으로 들어가는 도피안에 있습니다. 그런데 이 도피안에 이르는 길은 결코, 생사를 건 무문관(無門關) 선방이나 세상을 등진 토굴 속 암자에만 있는 것이 아니라, 우리들 생활 속에 있다는 것입니다. 내가 일하는 직장에서 만들어내는 제품이 좀 더 저렴하고 완전해져서 이웃의 삶에 기여하고, 농부는 더 안전하고 질 좋은 농작물을 생산하기 위해 새벽잠을 멀리할 때 그곳이 곧 바라밀 수행의 장소며, 그때가 바로 자비심의 발원 시점이 되지 않겠습니까?

우리가 일상에서 좀 더 지혜로운 자아를 창조해 나가기 위해 서원을 세우고 그를 단계별로 행하는 모든 것이 바라밀의 한 방편이라 저는 믿고 있습니다. 저만의 생각일 뿐입니다만, 생활 속에서도 깨닫지 못한 아뇩다라삼먁삼보리심을 저 심산유곡 암자의 무문관 선방에서 만날 수 있으리라고는 저는 생각지 않습니다.

주변에, 출입구를 바깥에서 봉쇄해 놓고 시봉창으로 넣어주는 최소한의 생명 유지를 위한 공양물로 생존하며, 생사를 넘나드는 천일 무문관 수행을 자랑스러운 경력으로 나타내는 스님을 몇 분 봅니다. 생사를 넘나들며 뼈를 깎는 수행에 용맹정진하신 스님들의 고귀한 의지는 존경받아 마땅하나 미혹한 중생의 분별심에 찌든 저의 용렬한 마음으로는 솔직히 이런 생각도 해 보았더랬지요. 중생들이 참삶의 길을 가도록 앞장서서 제도하며, 무명의 세상을 밝힐 진리의 법등을 높이 드는 데 밤낮이 없어야 할 선지식의 스님들이 천 일 동안 무문관에서 세상을 외면한 채 면벽수도 하는 동안, 이 혼탁한 세상의 현실 세계 중생들은 얼마나 많은 번뇌와 생활고에 시달리고 있었겠습니까?

천 일 동안 세상에 세금 한 푼 내지 않고, 불자들이 보시한 음식물로 자신의 끼니를 해결하며, 자신만이 해탈에 들면 그것이 무슨 의미가 있을는지요? 부처님도 6년이나 걸린 해탈을 속세간의 스님들이 3년 만에 이루겠다는 발심이, 저의 짧은 견해로는 무리가 아닐까 생각해 봅니다. 부처님이 위대한 것은 깨달음 이후 반세기 가까운 세월을 길 위에서 중생 구제를 위한 평범한 제도의 일생을 사셨다는 점입니다. 직접 탁발을 하여 끼니를 해결하셨고, 무명에 갇힌 인류에게 무지와 번뇌로부터 벗어나는 길을 가르쳐 주신 중생들의 스승이었을 뿐입니다.

절대 권능의 신이나 부처가 대신하여 해탈에 들도록 해주는 것이 아니라, 인류 스스로 그 길을 가는 방법론을 제시하셨으니 부처님을 어찌 인간의 인간을 위한, 가장 위대한 인간이라 아니할 수 있겠습니까? 금강경은 이처럼 성직자나 스님을 위한 경전이 아니라 평범한, 너무나 평범한 우리들 중생이 깨달을 수 있는 반야지혜를 설한 경전이기 때문에 불교학이나 전문적 지식도 전혀 필요 없는 인류의 보편적 교과서인 것입니다. 그러나 불법을 배우는 길은 방법론적 방편이 개재되지 않을 수 없습니다. 그래서 이처럼 우리는 부처님의 가르침을 문자 언어를 통해 깨달음으로 가는 매개체로 삼아야 하므로 이때의 반야를 문자반야라 하여, 사경과 독송 그리고 의미 파악 등의 학습을 통해 몸과 마음을 불법의 사이클과 주파수에 동조시키는 것입니다.

이렇게 얻어진 문자반야에 따라 육바라밀의 수행으로 선정에 비추어보면 해탈로 통하는 길을 찾을 수 있으니 이때의 지혜를 관조반야라 하고, 이 관조반야 가운데 한 생각이 일어나 스러지고, 항복지심을 받아 진리의 실상을 깨우치게 되니 이때의 지혜가 실상반야가 되는 것입니다. 중생심으로 잘못 이해하면 자칫 실상반야가 단계별 최상위 깨달음이라 생각하기 쉬우나, 이는 수직적 등급의 개념이 아니라 법신·보신·화신불(法身·補身·化身佛)의 삼위일체의 작용으로써의 일체가 되는 것입니다.

우리 불자님들 중에도 이 삼신불의 개념을 정확히 모르는 경우가 더러 있어 이 기회에 잠시 짚어보고 다음 장으로 넘어가도록 하겠습니다. 2,600여 년 전 이 땅에 생명체로 화현한 진리의 화신이 석가모니 부처님이기에 '화신불'이라 하며(중생들의 요청에 응해서 탄생했다 하여 응신불이라고도 하지요), 그 석가모니 부처님의 원형이 되는 부처가, 진리 그 자체인 산스크리트어의 바이로차나를 음역한 '골고루 비추는 빛'을 뜻하는 비로자나불로서 법신불에 해당합니다. 그런데 비로자나불을 주존으로 모신 대적광전에서처럼, 비로자나불은 크게 고요하여 빛을 두루 비추는 법 자체이므로, 석가모니 부처와 연결해줄 수 있는 소프트웨어가 필요하게 되니 그를 보완하는 보신불이 노사나불인 것입니다.

쉽게 설명 드리자면 비로자나불=하드웨어, 노사나불=소프트웨어, 석가모니불=입력자 또는 운영자로 생각하셔도 되겠습니다. 그러니 이 삼신불은 1불이면서 3불이 되며, 3불이면서 또 1불이 되는 것이지요. 용어 자체가 일상어가 아니고, 깨달음으로 가는 지혜의 단계라는 점에서 상당히 추상적인 개념일 수밖에는 없겠지만 쉽게 다음 표와 같은 수행의 지혜 단계가 있다는 정도로만 이해해 두시기 바랍니다.

〈반야의 단계〉

단계별 반야		
문자반야 ⇒	관조반야 ⇒	실상반야
화신불	보신불	법신불
석가모니불(입력자)	노사나불 (소프트웨어)	비로자나불 (하드웨어)
삼위일체(삼신불)		

금강경 32분의 어느 단락이 더 중요하고 평범한가 하는 분석은 있을 수 없습니다. 다만 4개의 문장 구로 이루어져 우리들의 영혼을 2만 볼트의 고압에 감전된 듯한 전율을 느끼게 하는 제5분과 제10분 그리고 제26분과 제32분에 나오는 사구게만큼은 금강경의 다이제스트 축소판과 같은 것이니 반드시 암송해 두실 것을 추천 드리며, 다음에 그 사구게의 내용과 불법으로서의 의미를 짚어보도록 하겠습니다.

금강경의 축소판 4구게를 알아보자

문학이나 음악, 연극 등 모든 예술작품에는 그 중심 되는 사상인 주제와 절정에 해당하는 극적 클라이맥스가 있어, 그 부분만 추려내면 당해 작품의 다이제스트인 축소판을 엮어낼 수 있듯이 금강경에서도 금강경 전체의 주제와 대단원을 가늠할 수 있는 핵심의 키워드를 뽑아낼 수 있습니다. 그것이 바로 금강경 제5, 제10, 제26, 제32분에서 부처님이 4개의 글귀로 설한 핵심 가르침인 4구게입니다. 4구게란 4개의 글귀(句)로 이루어진 게(偈) 즉, 시적 운율을 빌려 게송의 음악적 효과를 추구한 불시(佛詩)라 보면 되겠습니다.

학습효과를 높이기 위해서 천자문을 교습할 때도, 그냥 하늘 천→, 따 지→라며 평서문으로 읽으면 암기의 효과가 떨어지므로, 하늘 천／ 따 지＼, 검을 현／ 누루 황＼ 하면서 성조의 고저를 넣어 음악성을 가미했듯이, 부처님께서 금강경을 설하시면서 가장 핵심 되는 부분은 이렇게 4구게로 음악적 요소를 넣어 최대한 강조한 부분이 금강경 4구게입니다.

이 금강경 사구게를 대하면 우리는 다시 한번 부처님의 천재성을 인정치 않을 수 없게 됩니다. 산스크리트어는 10개의 풍부한 성조를 지니고 있음을 감안해 볼 때, 금강경을 설할 당시의 중후한 당신의 목소리에서 울려 나오는 사구게의 음악적 운율은 너무나 감동적이지 않았을까 하는 생각을 해 봅니다.

우리 국어는 근대국어로 들어오면서 성조가 사라졌지만 중국어는 4성조에 경성(된소리)을 사용하고 있는데, 이 사구게를 한글로 번역하게 되면 찬불가로 편곡을 하지 않는 한 시적 운율감은 떨어질 수밖에 없습니다. 물론 현대 한국어에도 눈-(雪)과 눈(眼)처럼 장음과 단음의 성조가 있긴 하지만, 10개의 성조가 있는 산스크리트어로 이 사구게를 설하신 당시 부처님의 육성 녹음이 있다면 얼마나 좋을까 하는 저만의 어처구니없는 생각을 해 봅니다.

그러면 금강경 사구게 하나하나의 내용을 도표로 간략히 정리해 보겠습니다. 이 사구게는 금강경의 핵심적 진액을 담고 있기 때문에 금강경 5천여 글자를 조망해 볼 수 있는 키워드가 되는 부분인 만큼 별도로 도표를 출력해 두셔도 좋겠습니다. 당연히 글자 하나하나에 담긴 사상과 불법의 세계에 대해서는 〈제2부〉 금강경 32분 각론에서 다시 다뤄지기 때문에 본 장에서는 사구게를 음미하는 정도로 생각해 주시기 바랍니다. 번역자에 따라 4구게 또한 한역에 있어 자수(字數)와 내용에 차이가 있으나 큰 의미는 같습니다.

〈금강경 제1게〉

한역	국역	출전/비고
■ 凡所有相(범소유상) 皆是虛妄(개시허망) 若見諸相非相(약견제상비상) 卽見如來(즉견여래)	■ 무릇 형상이 있는 모든 것은 다 허망하니, 만약 모든 형상을 형상이 아닌 것으로 보면, 곧 여래를 보리라.	■ 제5 여리실견분 (如理實見分) ▶ 이런 지견으로 〈起〉

〈금강경 제2게〉

한역	국역	출전/비고
■ 不應住色生心(불응주색생심) 不應住聲香味觸法生心 (불응주성향미촉법생심) 應無所住(응무소주) 而生其心(이생기심)	■ 응당 색에 머물러서 마음을 내지 말고, 응당 성·향·미·촉·법에 머물러서 마음을 내지 말 것이요, 응당 머문 바 없이 그 마음을 낼지니라.	■ 제10 장엄정토분 (莊嚴淨土分) ▶ 마음을 내어 〈承〉

〈금강경 제3게〉

한역	국역	출전/비고
■ 若以色見我(약이색견아) 以音聲求我(이음성구아) 是人行邪道(시인행사도) 不能見如來(불능견여래)	■ 만약 색으로써 나를 보거나 음성으로써 나를 구하면, 이 사람은 사도를 행함이라. 여래를 보지 못하리라.	■ 제26 법신비상분(法身非相分) ▶ 이렇게 하는 것은 길이 아니니 〈轉〉

〈금강경 제4게〉

한역	국역	출전/비고
■ 一切有爲法(일체유위법) 如夢幻泡影(여몽환포영) 如露亦如電(여로역여전) 應作如是觀(응작여시관)	■ 일체 현상계의 모든 행함이 있는 생멸법은 꿈과 같고, 환상과 같고, 물거품과 같으며, 그림자 같으며, 이슬과 같고 또한 번개와도 같으니, 응당 이와 같이 볼지니라.	■ 제32 응화비진분(應化非眞分) ▶ 마땅히 이렇게 생멸법을 보아야 할지니라. 〈結〉

　이상의 금강경 4구게에서 살펴본 바와 같이 구절구절이 기가 막힌 최상승 게송이라 아니할 수 없습니다만, 이 중 단 한 문장만 고르라면 저 개인적인 생각으로는 아무래도 제5분의 '약견제상비상'이 아닐까 하는 생각을 가져봅니다. 모든 형상 지어진 일체의 상을 상 아닌 것으로 함께 본다는 것은, 일체 현상의 실체 없음이 곧 불교적 진리의 압권으로서 공사상의 핵심이 될 것이므로, 우리가 이 상(相)으로부터 자유로워지면 바로 그곳이 니르바나의 피안이 될 수 있기 때문이지요.

　정신적인 것이든, 물질적인 것이든 그때그때 인연 따라 생겨나 보여지는 상은 모두가 실체 없는 허망한 것이니, 부정의 논리를 철저하게 수행하면 집착과 분별심을 버릴 수 있게 되고, 상대적인 유무의 관계가 빚는 현상적 허구를 타파하여 참된 부처의 얼굴, 진리를 볼 수(즉견여래 即見如來) 있게 될 것입니다. 실제로 4구 18자로 된 이

제1게는 금강경의 핵심은 물론 반야경전 600부 전체의 뜻까지도 응축하여 표현하고 있다고 해서 '반야제일게(般若第一偈)'라 부르기도 합니다.

금강경 제1게에서부터 제4게까지의 전개 양상을 보면, 제1게 '이런 자세로(起)', 제2게 '응당 이렇게 마음을 내서(承)', 제3게 '이렇게 하는 것은 길이 아니니(轉)', 제4게 '다만 이렇게 보아야 할 것이다(結)'라며, 기승전결(起承轉結)의 형식을 지니고 있음을 알 수 있습니다.

만약 누군가 금강경에서 우리가 무엇을 얻을 것인가 하고 세속적이며 구체적인 질문을 한다면, 현명하신 여러분께서는 이렇게 답하리라 저는 믿습니다. "비상(非相)으로 상을 보고, 이슬 같고 물거품 같은 생멸법에서 해탈에 이르는 마음 내는 법을 알았는데, 어떤 번뇌와 고통이 나의 활연한 자유를 얽매게 할 것인가?"라는 답을 제시하시리란 것 말입니다. 금강경은 이렇게 읽고 행하면, 어두운 방에 전등의 스위치를 켜는 것처럼, 바로 불은의 보답이 찾아온다는 걸 꼭 상기해 주시기 바랍니다.

(제3절) 금강경처럼 생각하기

　지금까지 금강경의 탄생과 번역의 역사, 금강경의 사상과 주된 내용 등을 살펴보면서 금강경은 어떤 경전이기에 불교의 종파를 초월하여 소의경전이 되었으며, 어떤 울림으로 다가와 우리 중생들을 피안의 길로 인도하고자 하는지에 대하여, 공과 상의 개념을 짚어보는 것으로 많은 지면을 할애한 것 같습니다. 그러나 현상적 실체의 존재 유무와 숫자의 분석 결과에 익숙해져 있는 우리들에게, 모든 형상 있는 실체를 허상이라며, 공사상에 입각하여 상과 비상을 같은 차원으로 보라는 가르침은 적잖은 혼란으로 작용하리라는 것도 무리는 아닐 듯합니다.

　다시 한번 금강경과의 주파수를 맞추기 위해 간단한 예를 하나 들어봅니다. 우리는 물을 볼 수 있습니다. 마시며 쏟을 수 있고, 목욕도 하며, 높은 곳에서 아래로 흐르는 액체로, 접시에 담기면 접시 물, 바다에 이르면 바닷물이 되어 사진에 담고, 그림으로 그리기도 합니다. 그래서 우리들의 의식 밑바닥에는 맑은 물, 접시 물, 황토 물, 바닷물 등으로 유형화된 물의 형상이 개념화되어 있습니다. 그러나 그 의식에 저장된 물의 형상은 물의 실체적 상이 아닙니다.

　물은 수소 두 개와 산소 원자 하나가 조건 결합하여 이루어진 물질로서, 애초에 물로 규정된 자성은 없는 것이라, 담기는 그릇의 인연 따라 임시로 형상화된 집합을 유지할 뿐, 열(熱)이나 건조한 바람의 인연을 만나서 증발되면 대기권을 비상(非相)으로 떠돌다가, 다시 물 분자의 조건 결합이 이루어져 구름을 형성하고, 임시로 빗물(相)이라는 허상의 집합체를 만들게 되지 않습니까?

　그렇다면 물분자식인 H_2O가 물의 실체적 상이라 할 수 있을까요? H2O에 산소 원자 하나가 추가되면 물이 아닌 과산화수소 (H2O2)가 되어 소독액이 되는 것처럼, 다른 원자들로 구성된 분자는 원자 결합의 조건에 따라 변하게 되니 물이라 고정되어 불릴만한 실체적 자성이 없으므로, 이것 자체를 물이라 주장하실 분은 없을 것입니다.

바닷물에 파도가 치고 소용돌이가 일어나지만 파도와 소용돌이가 물의 자성이라 말할 수 없는 것처럼 물은 물이 아닙니다. 그래서 다만 그 이름을 물이라 하는 것이지요. 사람의 경우는 어떠할까요? 우리의 사대육신이란 것도 5대 영양소인 탄수화물, 비타민과 무기질, 단백질, 칼슘, 지방 등의 원소가 부모의 정자와 난자의 조건 결합에 의해 임시적 집합체를 형성한 허상에 불과하여, 여기에 생로병사의 시공(時空) 인연 따라 지수화풍(地水化風)으로 돌아가고, 다음의 조건인연에 의해 다른 형질로 윤회하게 되니 여기에 어찌 나라는 자아가 끼어들어 불변하는 고정된 실체를 붙들 수 있겠습니까?

사람의 육신을 구성하는 세포, 골격, 두뇌, 의식이나 무의식 같은 그 어떠한 요소도 불변하는 자아의 주재자가 아닙니다. 이것이 불교 교리의 가장 핵심 되는 '제법무아(諸法無我)'인 것이지요. 사람은 사람이 아닙니다. 그래서 다만 그 이름을 사람이라 하는 것입니다. 이 점이 곧 금강경의 민낯이라 할 수 있겠습니다.

그러면 이쯤에서 이 경전이 왜 금강경이 되었는지를 알 수 있으시리라 믿습니다. 금강 즉 다이아몬드는 탄소 원자로만 결합된, 지구상에서 가장 단단하여, 그 무엇으로도 깨뜨릴 수 없는 견고하고도 찬연히 빛나는 불변의 진리를 상징한다고 전술한 서두의 기술을 다시 한번 상기해 보시기 바랍니다.

탄소는 원자번호 6번의 원소로, 원소기호는 C임을 학창 시절에 암기하던 기억이 나실 겁니다. 주기율표에서 14족(4A족)에 속하는 비금속 원소로, 전자 수가 4개이므로 탄소 원자 1개가 최대 4개의 다른 원자와 결합할 수 있기 때문에 화합물의 종류가 많습니다. 따라서 탄소는 어떤 다른 원소보다도 많은 종류의 화합물을 만드는데 거의 1,000만 가지나 되는 탄소를 포함하는 화합물들이 자연계에 존재하거나 인공적으로 합성되고 있습니다. 탄소는 우주에서 수소(H), 헬륨(He), 산소(O) 다음으로 큰 질량을 차지합니다.

또한 탄소는 모든 생명체의 구성 원소로, 인체 무게의 약 18.5%를 차지하는데, 이는 산소 다음으로 많은 원소로, 사람의 몸에는 10^{27}개의 탄소 원자가 존재합니다. 2,500여 년 전 부처님께서는 19세기에 와서야 밝혀지기 시작한 원자과학을 이미 꿰뚫고 계셨던 셈이네요.

기독교에서는 하나님의 독생자 예수 그리스도의 권능으로 말미암아 피동적인 죄 사함을 받고 천당으로 가는 것이라 가리키고 있습니다. 죄를 사할 권능이 있으시다면 애초에 죄를 짓지 않도록 인간의 마음자리를 바꿔주시는 것이 더 완전한 구원이 되지 않았겠습니까? 그러나 불교는 어떤 절대자나 신의 인도로 가는 것이 아니라, 자신이 지은 선악의 인연조건 따라 윤회를 거듭하며, 결국은 스스로 아뇩다라삼먁삼보리심을 내어 4상을 여의고 피안에 이를 수 있다고 금강경에서 이르고 있으니 종교이기 전 너무나 과학적이고 인간적인, 너무나 인간적인 진리의 사자후가 아닐 수 없습니다.

세계의 어느 종교에서 이렇듯 절대자가 아닌 인간의 참 자아에 호소하여 스스로 진리의 등불을 밝히라고 한 종교가 있었던가요?

물체에 빛을 비추면 없던 그림자가 나타나지만, 그림자에 빛을 비추면 그림자는 사라지게 됩니다. 애초에 어디에 빛이 있고 형상과 그림자가 있었단 말입니까?

이 우주상의 우리가 속한 태양계는 우주 전체로 볼 때는 지구상의 먼지 한 톨에도 미치지 못하는 보잘것없는 존재일 뿐입니다. 그러나 한 톨 먼지 속에도 온 우주 시방세계가 들어 있고, 낱낱의 티끌마다 시방세계가 또한 담겨 있으며, 한 생각이 일어나는 순간이 무량겁이요, 무량겁이 또한 찰나라 하였습니다(일미진중함시방 일체진중역여시 무량원겁즉일념 일념즉시무량겁 一微塵中含十方 一切塵中亦如是 無量遠劫卽一念 一念卽是無量劫). 그러니 영원할 것 같던 태양도 언젠가는 빛과 열을 잃게 되어 한 톨 티끌이 되어 사라질 것이고, 티끌은 다시 모여 핵융합을 통해 다시 태양이 될 것입니다.

우주과학계에서는 우주의 종말 시간을 향후 100조 년쯤으로 보고 있습니다. 별의 전성시대가 막을 내리고, 결국엔 블랙홀도 증발하게 되면 이때는 온도와 에너지 자체의 이동도 없으니 시간의 화살도 멈추게 된다고 보는 거지요.

산은 높기 때문에 반드시 무너져 내려 흙 알갱이가 되고, 지금의 바다와 산은 수억 년 전 침식과 융기로 서로의 자리가 바뀐 것임을 우리는 잘 알고 있습니다. 물은 산 그림자를 안고, 산은 또 물을 품어 아래로, 아래로 흐르게 하니 물과 산이 애초에 둘이 아니듯, 내 안에 부처가 있고, 부처 안에 또한 내가 있는 것이거늘 내가 없는 교회와 법당, 천당과 극락이 과연 무슨 의미가 있을 것입니까? 그래서 '마음이 곧 부처요(심즉시불 心卽是佛), 마음 밖에는 부처가 없다(심외무불 心外無佛).'라고 하였습니다.

어디에서 와서 어디로 가는지, 내가 태어나기 전의 나는 어디에 있었는지, 참 나는 누구인지도 모르면서 법당에서 천 배, 만 배의 절을 한들 방석만 더럽히고, 무르팍 관절만 주인을 욕하게 할 뿐, 무슨 불은의 가피가 있겠으며, 평생을 새벽기도에 참석하고, 신앙 간증에서 아버지 하나님을 아무리 절규하며 울부짖은들, 저 푸른 창공 허망한 공간의 어디에 있는 하나님이 그 소리를 들어주겠습니까? 이 광활한 우주의 어디쯤에 계시는 줄도 모르는 하나님을 애써 찾을 게 아니라, 나 자신이 하나님이 되면 되는 것입니다.

하나님이라는 글자는 '하늘이 곧 나'라는 뜻으로, 하늘 '하에, 나와 님'이 합쳐져, 저 하늘 같은 '나'라는 말인데, 하늘 같은 바른 마음을 내면 하늘처럼 나는 존귀한 존재가 된다는 뜻을 담고 있는 것입니다. 우리가 위험에 처하거나 황당한 사건에 내몰리게 되면 자신도 모르게 '하나님 맙소사!'를 연발하게 됩니다. 내 안에 있는 무한한 잠재력인 하늘의 능력으로 위기를 극복하고자 하는 본능적 반사의 작용이 '하나님 맙소사!'인 것입니다. 서양 사람들은 어떠합니까? 'Oh my god!'을 연호합니다. 당연히 내 안에 있는 My god! 곧 하늘 같은 나를 찾는 거지요.

저 푸른 창공이 언제 인간더러 자신을 하늘이라 불러 달라고 하였겠습니까? 인간의 분별이 만든 이름이 하늘일 뿐 하늘은 하늘이 아닙니다. 다만 그 이름이 하늘일 뿐인 거지요. 한 생각이 일어나고, 한 생각이 스러질 때 거기에 천당과 지옥이 있는 것이지, 법당과 예배당에서만 찾는 것이 결코 아니라고 저는 믿습니다. 그러한 큰마음을 내어 상(相)이, 상(相) 아님을 같이 본다면 그 길이 바로

〈반야용선도-통도사 벽화〉

니르바나에 도달하는 아뇩다라삼먁삼보리심의 원천이며, 이렇게 쉽게 피안의 강물을 건너게 해주는 반야용선 같은 경전이 곧 금강 반야바라밀경인 것입니다.

제 / 2 / 부

금강경과 함께하는
시인의 명상에세이

이제부터 금강경 32분에 대한 각론 해설과 더불어 오늘날의 우리들에게 금강경은 어떠한 메시지를 전하고 있는가에 대한 내밀한 의미를 고찰해가면서 금강경처럼 생각하고, 금강경처럼 살아가는 길은 무엇일까를 같이 고민해 보는 장을 펼쳐보도록 하겠습니다. 따라서 금강경의 문자적 해석보다는 부처님이 금강경을 통해 중생에게 던진 반야의 큰 진리는 무엇이며, 21세기 최첨단 지식정보화 사회를 살아가는 우리에게 그것은 어떤 의미를 지니는가에 대해 깊은 생각을 나누고자 합니다.

때로는 부처님이 금강경을 설한 시대와 현대를 오가며, 독자 여러분이 당시의 수보리존자가 되어 이런 질문을 해보면 좋았을 텐데 하는, 차원 높은 의문을 가져보시는 것도 금강경의 지혜를 내 것으로 만들 수 있는 방법이 될 수 있을 것입니다. 모든 경전이 그러하겠지만 원전의 해석이나 단순한 독경과 염송에만 그친다면 그야말로 공염불의 문자 활동에 불과할 뿐입니다.

금강경의 팽팽한 진리의 끈을 붙잡고, 그 진리로 하여금 각박한 이 현대사회를 살아가는데 필요한 자리이타(自利利他)의 견인줄로 삼을 줄 아는 지혜의 발심을 스스로 내는 것이 금강경을 궁구하며 실천하는 목적이라 저는 믿고 있습니다. 그것이야말로 누구나의 영성에 내재되어 있는 불성의 심지에 번갯불 같은 불을 붙이는 일이 아니겠습니까?

금강경은 결코 어려운 경전이 아닙니다. 직장에서, 가정에서 또는 낯 선 곳으로의 여행길에서 내가 행하며, 말하고 있는 모든 행위종자가 인연의 씨앗임을 명심하고, 무심히 내뱉는 말 한마디도 우주라는 필름에 상(相)과 비상(非相)으로 같이 저장된다는 진리를 새겨두시면 되겠습니다.

재가불자일 뿐인 저는 불교학을 전공한 바도 없고, 학문적 경계도 일천하여 앞으로 전개될 금강경 각론의 해설이 엄청난 무게감으로 압박해 옵니다만, 초등학생이 한글을 배워가는 심정으로 조심스럽게 접근하면서, 고금의 선지식과 문헌 정보를 동원하는데 많은 발품을 팔 생각입니다. 나아가 구마라집과 보리류지, 진제, 의정, 현장 등이 번역한 원문을 수시로 참고하여, 전개의 흐름에 유의할만한 차이는 없는지도 살펴보면서 각 분마다 원전과 한글 번역 해설을 도표 속에 같은 단락으로 넣어, 한자와 한글 및 우리말 번역을 동시에 읽기 쉽도록 기술하였습니다.

이러한 시도는 기존의 수많은 금강경 관련 해설서를 접하면서도 만나지 못했던 아쉬움의 발로였음을 밝힙니다. 또한 중요 용어는 각 분 말미에 자세한 해설을 곁들인 뒤, 별도 부록을 두어 가나다 순으로 배열하였으니 언제라도 반복적으로 찾아보기 용이한 사전의 역할도 겸하도록 집필하는 등, 독자 여러분의 이해를 돕고자 많은 고심을 하였음도 밝힙니다.

한편 문장의 단락은 우리 말 의미의 전달이 용이한 부분을 임의로 끊어서 한글 토와 우리말 번역을 붙였고, 부록에서 하나로 모은 금강경 편집본을 따로 두었으니 이 32분 도표를 읽어나가시면 금강경의 원문과 우리말 번역본을 동시에 수지·독송할 수 있는 훌륭한 대역본이 될 수도 있을 것입니다.

따라서 이 책은 읽고 서가에 꽂아두는 장서가 아니라, 자유로운 영혼을 위해 반야의 대 지혜로, 피안에 이르고자 하는 방황하는 현대인에게서부터, 불법의 수호 아래 모든 중생의 성불을 서원하며, 자비의 법등을 높이든 제 불자·보살님에 이르기까지 곁에 두어 늘 읽고 행하는, 생활 속의 지침서가 되었으면 하는 진솔한 바람을 가져봅니다. 그러면 지금부터 우주의 핵심 진리를 꿰뚫는 최고의 지혜서, 금강경의 세계로 여러분을 안내합니다.

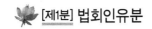 **[제1분] 법회인유분**

법회인유분[法會因由分] : 법회가 열린 인연		
단락	구분	한자 원문과 한글번역
1	원문	如是我聞 一時 佛 在舍衛國 祇樹給孤獨園 與大比丘衆千二百五十 人俱
	한글 토	여시아문 일시 불 재사위국 기수급고독원 여대비구중천이백오십 인구
	한글번역	나는 이렇게 들었다. 한때 부처님께서 사위성의 기수급고독원에서 천이 백오십 명의 훌륭한 비구들과 함께 계셨다.
2	원문	爾時 世尊 食時 着衣持鉢 入舍衛大城
	한글 토	이시 세존 식시 착의지발 입사위대성
	한글번역	이때 세존께서는 공양 시간이 되자 가사를 입고, 발우를 드시고 사위대 성에 들어가셔서,
3	원문	乞食 於其城中 次第乞已 還至本處 飯食訖 收衣鉢 洗足已 敷座而坐
	한글 토	걸식 어기성중 차제걸이 환지본처 반사흘 수의발 세족이 부좌이좌
	한글번역	그 성안에서 밥을 비시는데, 차례로 비신 후 본래 계시던 곳으로 돌아 와 공양을 하신 다음 가사와 발우를 정리하신 뒤 발을 씻고 자리를 펴 고 앉으셨다.

법회가 이루어진 인연의 서사를 묘사하는 본 법회인유분은 제 2분과 더불어 경전의 형식상 서분에 해당하지만, 매우 중요한 불교 적 의미를 담고 있습니다. 여시아문(如是我聞) 즉, '나는 이렇게 들었 노라.'라는 말은 인간 녹음기라 할 수 있는 아난존자가 부처님과 수 보리존자의 대화를 듣고 3인칭 서술자의 입장에서 기술한 실제적 사건의 기록입니다.

여시아문(또는 아문여시-我聞如是)은『대반야바라밀다경』,『묘법연화 경』,『화엄경』,『불설무량수경』등의 대표적인 초기 대승 경전 대부 분에서 불경의 서두를 장식하는 문장입니다. 이 문구는 아난이 임의로 만든 것이 아니라, 부처님 입멸 직전 부처님의 가르침을 기록으로 남기고자 한 아난이 자신의 기록을 사람들이 믿지 않을 것을 우려하자, 부처님께서 경전을 시작할 때마다 '나는 이렇게 들었다.'로 시작하라는 교시가 있었기 때문인데요. 부처님을 가장 오래도록 지근거리에서 시봉한 다문(多聞)제일 아난의 눈부신 기억력 덕분에 우리는 생생한 부처님의 육성과 같은 설법을 수천 년이 지난 지금도 훼손 없이 들을 수 있게 된 것이지요.

제1분의 문장으로만 보면 부처님이 어디 어디에서 계시다가, 어디서 탁발을 하여 음식을 드신 후 설거지하고, 발을 씻고 자리에 앉으셨다는 지극히 단순한 생활의 일상을 묘사한 평서문에 지나지 않습니다. 저도 금강경 제1분을 처음 접했을 때, 이것이 경전의 시작인가 하는 의문이 들었답니다. 그러나 여기에 불교의 자주, 자유, 자립, 평등사상이 모두 깃들어 있음과 금강경 전체의 가르침이 모두 녹아 있음을 간과해서는 아니 되겠습니다.

금강경에는 시간에 대한 언급이 제1분과 제2분, 제17분 그리고 제21분에서 '일시(一時)', '시(時)', '이시(爾時)' 등이 기술되는데, '이시(爾時)'라는 한자어는 우리 한글로만 보면 무슨 뜻인지 알 수 없는 단어입니다. 굳이 번역하자면 '그때' 또는 '이때'가 되어 영어로는 Upon a time 또는 At one time 등이 되겠지만, 육하원칙에 의거해 모년 모월 모일을 밝히지 않은 것은 불교의 시공개념은 절대적인 것이 아니라 상대적인 것이고, 시간에 얽매이는 것 자체가 새로운 집착으로 받아들여졌을 것이기 때문임을 알 수 있습니다.

기원전 3,000년경 인더스 문명에서 이미 십진법을 이용한 고대 인도 수학이 발달하였고, 이후 역법이 사용되었을 것임을 감안하면 아난존자는 금강경의 법회가 이루어진 날짜를 정확히 알고 있었을 것입니다. 불교에서의 시간 인식은 그야말로 고정된 관념이 없습니다. 우리들은 시간이란 건 절대적인 개념으로서, 바뀔 수 없는 불가역적 방향으로 앞으로만 진행한다고 알고 있습니다. 그러나 시간은 공간의 일부일 뿐, 색이 되어 공간의 조건에 따라 시간의 속도는 느려지기도 하고 빨라지기도 하며, 경우에 따라서는 과거로의 회귀도 할 수 있다는 사실을 알아야 금강경의 시공개념을 이해할 수 있습니다.

간단한 예를 들어보겠습니다. 서울에서 뉴욕으로 가는 시속 900km의 항공기에 탑승한 승객이 조종석 쪽을 향해 시속 5km로 걸어간다면, 기내에 동승한 관찰자의 눈에는 그 사람의 이동 속도는 시속 5km로 보이지만 항공기 밖의 지상에서 그 사람을 관찰한다면 상대 속도는 시속 905km가 되어, 물체가 움직이는 거리와 경로는 관찰자의 공간 위치에 따라서 다르게 보이게 됩니다.

인공위성에서 어느 순간 한반도를 내려다보면 서울과 부산은 하나의 점으로 보일 뿐이지만, 실제로는 400km의 공간적 시차가 존재하는 것처럼 말입니다. 그 속도가 무한대로 빨라지면 시간은 정지하고 결국은 과거로 돌아가게 됩니다. 속도가 빨라지면 공간의 질량도 높아지기 때문에 오행성의 하나인 수성에서의 하루는 지구에서의 대략 243일에 해당하게 됩니다. 그래서 불교에서는 천계 6천 중의 하나인 야마천에 태어나면 인간의 시간으로 14억 4천만 년을 산다고 하지 않습니까?

『보이는 세상은 실재(實在)가 아니다』의 저자 카를로 로벨리의 이론과 같이, 시간은 불변의 속도로 미래를 향해 가는 항상적인 것이 아니라 중력에 따라 속도를 달리하게 되는데, 중력이 큰 물체에 가까이 갈수록 시간은 더 느리게 흐르게 됩니다. 따라서 지극히 미세한 차이이기는 하지만, 지구 중력의 차이를 감안한다면 저층 아파트에서보다 고층 아파트에서의 시간이 더 빨리 흐른다는 이론은 과학적 사실에 부합하는 논리라 할 수 있겠습니다. 그러면 고층 아파트에 사는 사람이 더 빨리 늙게 된다는 이론이 성립되는데, 그걸 걱정하셔서 저층 아파트로 이사를 가는 고층 아파트 거주자분은 없을 테지요?

시간이란 단어의 문자적 정의를 살펴보면 날 일(日) 즉, 태양이 운행하다가 지구인 토(土)를 만나, 마디 촌(寸) 곧 정지(時=日+土+寸)를 만난 것인데, 이 마디와 마디가 만난 불연속점이 바로 시간이라 할 수 있습니다. 그렇다면 시간은 과연 끝이 있을까요? 아인슈타인 이후 이론물리학의 최고 권위자로 인정받는 스티븐 호킹도 이 문제에 대하여서는 시간이 결정해 줄 것이라고 그의 저서 『시간의 역사』에서 밝히고 있는 것으로 보아 우리 인간에게 시간이란, 시간 그 자체라고 밖엔 결론을 내릴 수 없을 것 같군요.

대체로 태양은 46억 년 전 죽은 별에서부터 탄생한 것으로 보고 있고, 태양의 유통기한은 향후 50억 년 정도가 됩니다. 그리고 최초 인류의 원형이라는 오스트랄로피테쿠스는 500만 년 전에 출현하였고, 이로부터 499만 년이 흐르고 나서야 인간은 태양의 일출과 일몰을 보면서 시간의 흐름을 기록하게 됩니다.

시간이 간다고 느끼는 것은 우리를 둘러싸고 있는 공간의 질량이 태양 빛의 파장으로 발산하는 에너지장의 헛된 망상을 보는 것에 불과합니다. 빛의 속도보다 빨리 달리는 공간 조건에 편승하면 시간은 휘어지면서 굴절하게 되고 궁극적으로 원이 되면 시간은 과거의 원점으로 돌아갈 수 있게 되는 것이지요. 그러므로 시간은 절대적이지 않으며 상대적 조건에 따라 절댓값은 변하게 되니 애초에 시작점과 마침점이 있을 수 없는바, 부처님께서는 색즉시공 공즉시색을 설하셨고, 시작도 없고 끝도 없다는 무시무종(無始無終)을 강조하신 겁니다. 참 부처님 대단하시지요?

여러분들의 오늘 하루는 어떠하셨는지요? 똑같은 24시간이었지만 행복과 즐거움에 젖어 하루가 그냥 순간처럼 아쉽게 지나간 분들도 있을 테고, 실직이나 파산으로 빚에 쪼들리거나, 본인이나 가족의 중병 때문에 하루가 무간지옥 같은 지긋지긋한 고통의 시간을 보내신 분도 있을 것입니다. 잠 못 이루는 자에게 밤은 길며, 지친 나그네에게 갈 길은 한없이 멀다고 하지 않았습니까?

하는 일이 잘 풀리고 가족이 화합하며, 세인의 우러름을 받는 사람은 자신의 능력이라 생각하고, 고통의 삶에 처한 사람들은 자신을 탓하기보다, 하늘과 운명을 원망하게 됩니다. 그러나 불법을 따르는 사람이라면 이러한 아뢰야식에 저장되는 업장의 윤회는 자신의 마음이 만든 인연의 결과물임을 알아, 그 업을 끊는 무명의 탈피를 위해서라도 '나는 누구이며, 어디로부터 왔는가?', 그리고 '나는 어디로 가는가?' 하는, 늘 깨어 있는 자아로 진리를 향한 등불을 밝혀야 합니다.

우리가 지구라는 별에 던져진 중생의 무리로 태어난 이상, 그 누구도 거역할 수 없는 것이 시간과 공간의 종속인자인 것입니다. 금강경은 바로 이러한 종속의 굴레를 초월하여 번뇌 자체의 발현을 차단하고, 무명을 여의어 해탈의 피안에 이르게 하는 내비게이션과 같은 경전이기도 합니다. 그러나 눈과 귀를 열지 않으면 목적지에 도달할 수 없듯, 부처님은 다만 그 길을 가리킬 뿐 결국 가야 하는 것은 우리들 자신이 아니겠습니까?

우리는 종교라고 하면 매우 특별하거나 초월적인 기적이 있어야 한다는 고정적 사고 관념에 젖어 있는 경우가 많습니다. 그러나 금 강경 제1분에서 보는 것처럼 불교에서는 특별한 것은 아무것도 없습니다. 매일 어김없이 탁발을 하고 일상의 규율의 틀에서 늘 깨어 있음을 실천할 뿐입니다. 예수님도 천국으로 가는 길은 아주 쉬우니 어린아이처럼만 되라고 하지 않았습니까?

도(道)라는 것이 멀리 있는 것이 아니고, 실천적 내재율에 있음을 부처님께서는 행동으로 가르치신 것입니다. 그러나 우리들 중생심의 고정관념으로는, 삼계를 초월하여 우주의 모든 진리를 꿰뚫어 깨달은 인류의 대 스승인 지존 부처님께서 직접 밥그릇을 들고 집집마다 탁발을 했다는 사실 그리고 모든 비구들과 같이 식사 후 직접 설거지를 하시는 광경이 쉽게 이해되지 않는 부분이기도 한데요. 요즘 군대야 그렇지 않겠지만, 지난날 저의 군대 시절만 해도 상병만 되면 배식 줄을 서지 않고 졸병들이 밥을 타다가 바치고, 설거지도 졸병이 모두 대신하곤 했었습니다.

1,250인이나 되는 제자 비구들이 있었으면 부처님의 식사 정도는 번을 서서 챙겨드릴 만도 한데, 이를 마다하고 규율을 만드신 분이 부처님이란 거지요. 군대로 치면 참모총장보다도 높은 분이 줄 서서 배식을 받고 배식판을 설거지하는 광경이 쉽게 떠오르지 않는데, 이것이 바로 특별할 것은 아무것도 없지만, 그것으로 인간의 영성을 깨어나게 하는 불교의 평범한 비범인 것입니다. 해탈하는 중요한 법을 가르쳐 달라는 사문에게 조주선사가 일갈했다는 법문이 "밥은 먹었냐? 먹었으면 설거지나 해라." 아니었습니까?

부처님 당시 인도의 출가승들은 원칙적으로 하루 한 끼 탁발에 의한 공양으로만 식사를 마쳤습니다. 인도의 무더위는 출구 없는 사우나란 말처럼, 온습도가 높아 냉장고가 없던 당시의 여건으로는 식품의 대량 조리와 보관이 거의 불가능하였을 것임을 알 수 있습니다. 그래서 스님들의 식사는 전적으로 탁발에 의지하였는데, 부잣집과 가난한 집을 결코 분별하지 않고, 만나는 인연 따라 차례대로 탁발을 하여, 발우가 차면 더는 탁발을 하지 않으며, 음식의 양이 부족하더라도 하루에 7집까지만 가는 계율을 부처님께서 자율로 정해두셨던 것입니다. 이 탁발의 실천규범에 대하여 부처님께서는 법구경 게송편에서 "꽃의 모양과 빛깔을 손상치 않고 꿀만 고스란히 얻어 날아가는 꿀벌처럼 비구들은 마을에서 그렇게 탁발하여야 한다."라고 가르치고 있습니다.

기근이 들어 공양물이 부족하면 스님들은 그걸로 세상의 흐름과 경제 사정을 파악하는 지표로 삼았고, 배고픈 중생에겐 공양물을 나눠주기도 하였습니다. 탁발한 공양물이 부족하더라도 대중이 서로 공평하게 나누고, 공동작업과 휴식으로 화합하며, 서로 친목하고 존중하는 행복 공동체였었습니다. 공양을 올리면 중생은 복을 짓는 것이 되고, 스님들은 진정한 중생들의 복을 빌어 선도하면서 교만함을 내려놓게 되니 이는 걸인의 구걸 행위와는 엄연히 구별되는 수행의 한 방편이기도 하였던 것입니다.

본문에 나오는 부처님이 계시던 사위성의 기수급고독원(기원정사라고도 합니다.)은 중인도 코살라국의 수도 사위성(舍衛城 : 스라바스티) 남쪽 1.6㎞ 지점에 있던 기타태자(祇陀太子) 소유의 동산에 지은 사찰로, 부처님의 45년 교화 기간 중 주로 만년에 가장 오랜 기간 머문 곳으로 전해집니다. 당시의 코살라국은 마가다국과 더불어 인도의 2대 강국이었고, 이 사위성은 상공업이 발달하여, 문헌에 의하면 인구가 90만 명에 달하는 엄청나게 큰 도시였다고 전합니다.

이 사위성으로 부처님을 비롯한 천여 명의 비구들은 매일 한 번

탁발을 다녔는데, 왕복 10리(약 4㎞) 길을(일설에는 50리 길이란 설도 있지만요.) 맨발로 걸어 다녔을 것입니다. 지금도 동남아의 소승불교국가에서는 탁발이 행해지고 있는데, 저도 캄보디아와 라오스 등지를 여행하면서 스님께 공양물을 올리던 중생들의 진지한 표정이 선연한 감동으로 잊히지 않습니다. 그런데 부처님과 비구승 1,250인이 행한 장엄한 탁발의 행렬은 상상하는 것만으로도 경건한 외경심이 들지 않겠습니까?

초기 여러 경전에 의하면 부처님은 새벽 4시에 일과를 시작하는 거로 나옵니다. 기상 후 선정에 들어 삼라만상의 모든 존재들에게 자애의 마음을 보내고, 고통에 찬 중생들에게 선념(善念)의 파장을 일으켜 부촉해 줍니다. 6시가 되면 제자들과 탁발에 나서서 사시(巳時)에 기원정사로 돌아와 공양을(반사홀 : 飯食訖) 하신 뒤 발을 씻고, 자리에 앉으셔서 법을 설하게 되는데, 지금도 사찰에서 일상이 되어 있는 사시공양이라는 말은 이때부터 생긴 것입니다.

이후 오후에는 설법과 휴식이 이어지고, 저녁 6시부터 10시까지는 자유로운 질문과 답변을 통해 제자들의 인생 문제 전반에 대한 의심을 풀어주면서 숙제를 부과하여 수행에 정려토록 하십니다. 제자들이 잠든 오후 10시부터 오전 2시까지는 천신이나 범천 같은 존재들에게 법을 설하셨다고 하지요. 그리고 오전 2시가 되면 1시간 동안 천천히 걷는 등 가벼운 운동을 하시는데, 잠은 오전 3시에서 4시까지 1시간만 오른편으로 누워 취침한 거로 전하고 있습니다. 부처님이 전법에 나선 45년간 줄곧 1시간의 수면만으로도 일상생활에 전혀 문제가 없었던 것은 물고기의 눈처럼 늘 깨어 있는 정신과 선정의 힘이었을 것입니다. 다음에 부처님의 일과표를 정리해 둡니다.

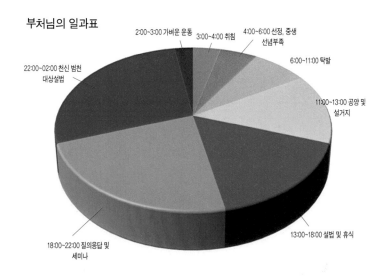

부처님의 일과표

2:00~3:00 가벼운 운동
3:00~4:00 취침
4:00~6:00 선정, 중생 선념부족
6:00~11:00 탁발
11:00~13:00 공양 및 설거지
13:00~18:00 설법 및 휴식
18:00~22:00 질의응답 및 세미나
22:00~02:00 천신 범천 대상설법

　예수께서 갈릴리호의 빈들에서 떡 5개와 2마리 물고기로 배고픈 5,000명 대중을 배불리 먹게 했다는 오병이어(五餠二魚)의 기적이 마태복음〈14장 14~21절〉에 나오는데, 이는 예수가 생명의 떡이 되었다며 요한복음〈6:35〉에서는, 예수로 말미암아 모든 사람이 생명을 얻고 예수가 신적 능력을 가졌다는 것을 자랑하지 않습니까? 나아가 예수가 그리스도임을 증거하는 기적이며, 인간에 대한 예수의 사랑을 증거하는 기적이자, 장차 임할 천국 잔치를 예표하는 기적이라며 기염을 토하면서, 물로 포도주를 만들고〈요한복음 2:1~11〉, 떡 7개와 물고기 두어 마리로 4,000명을 먹였다〈마태복음 15장〉는 등의 음식 관련 기적이 여러 차례 소개되고 있습니다.

　예수를 신격화하기 위한 성경 편집자들의 눈물겨운 노력 그리고 믿음에는 관심이 없고, 그저 신통과 구원만을 바라는 민중을 교화하기 위한 방편으로, 기적을 시술할 수밖에 없었던 예수님의 고뇌는 이해가 갑니다만, 저의 소견으로는 먹는 거로 장난친 것에 불과한 것만 같아 씁쓸한 마음만 들 뿐입니다. 제가 만약 마태고, 요한이었다면 이 부분을 이렇게 기술하지 않았을까 생각해 봅니다.

「예수께서 갈릴리 호수에 나아가 병든 자들을 치료하니 백약이 무효이던 환자가 언제 자신의 몸이 아팠던지도 모르는 자가 많았더라. 이에 따르는 무리가 순식간에 5,000을 넘기니 저녁때가 되어 이들의 배가 고픈지라 예수께서 직접 성으로 들어가 "여기 배고픈 형제가 있으니 한쪽의 떡이나, 한 마리 생선이라도 베푸는 자는 하늘나라가 곧 너의 것이라." 하심에 성안의 모든 백성이 기뻐하여 저마다 음식을 바치니 5천이 먹고, 1만 명이 먹어도 남음이 있겠더라.」〈정영화복음서〉

불교는 소리가 나지 않습니다. 부족한 음식을 뻥튀기기 위한 기적의 요란한 이벤트도 없습니다. 부처님께서는 왕의 식사 초대에도 응했고, 열반 직전 가난한 금속 장인 춘다의 음식 공양도 받았습니다. 춘다가 바친 전단버섯(멧돼지요리란 설도 있습니다.) 음식은 심한 식중독을 일으켜 부처님의 직접 사인이 되었으니 생애 마지막 공양이 되었지만, 이처럼 부처님의 일생은 길 위에서의 설법과 탁발의 일대기였습니다.

식량문제 즉, 영양의 섭취는 인류는 물론 태생(胎生), 난생(卵生), 습생(濕生)으로부터 세균, 식물, 플랑크톤에 이르기까지 모든 생명 있는 존재의 생존을 위한 필수 불가결한 필연이 아닐 수 없습니다. 세균은 온도, 습도, 영양 중 어느 하나라도 조건이 결여되면 사멸하듯이 우리 인간은 영양, 환경, 정신이 없으면 살아갈 수 없습니다. 인류의 역사는 이들 3요소의 확보를 위한 만인 대 만인의 투쟁의 역사셨다고 해도 과언이 아닙니다. 우리들 일상을 가만히 들여다봐도 이들 세 요소를 얻기 위해 살아가고, 이들 세 요소에 의해 살아감을 알 수 있습니다.

지금 지구촌의 상당수 인류는 영양 과잉으로 자신들의 환경과 정신을 불태워 가는가 하면, 한편의 절대다수는 빈곤의 나락에서 자신들의 환경과 정신이 메말라가고 있는 잔인한 불평등의 세계가 전개되고 있습니다. 이러한 차원에서 짚어볼 때 먹을 만큼만 탁발을 하고 같이 나누며, 서로의 화합으로 자율적 공동체 생활을 이어가는 깨어 있는 삶, 이것이 불교의 정신일진대, 여기에 무슨 기적이 필요하며, 과잉과 불균형이 초래되겠습니까?

지금 지구촌 전체에서 생산되는 식량의 양은 산술적으로 전 인류가 먹고도 남을 양이지만, 한쪽에서는 음식물 쓰레기 처리에 골머리를 앓고 있고, 다른 한쪽에서는 절대빈곤으로 죄 없는 어린이들이 기아로 죽어가고 있지 않습니까? 제가 이렇듯 장황하게 금강경 제1분에서 부처님의 직접 탁발과 평등적 자율을 강조하며, 제1분이 금강경의 전체 얼굴이라고 열변을 토하는 뜻을 현명한 독자 여러분께서는 이미 파악하셨으리라 믿으며, 수보리존자가 부처님께 법을 청하는 제2분 선현기청분에서 금강경으로의 몸풀기를 계속해 보도록 하겠습니다.

중요 용어

❀ 여시아문(如是我聞) : 거의 모든 불교 경전은 '나는 이와 같이 들었노라.'로 시작하는데, 금강경에서의 '나'는 부처님의 사촌 동생이자 10대 제자 중 한 분인 다문제일(多聞第一) 아난존자를 이름이고, '이와 같이'라

는 말은 곧 부처님의 말씀이며, 아난 자신이 지어낸 이야기가 아니란 의미를 지닙니다.

❀ 일시(一時) : 어느 때 또는 한때로 번역할 수 있겠습니다. 영어로 번역하면 'Upon a time' 또는 'At one time' 등이 되겠지만, 육하원칙에 따라 모년 모월 모일을 밝히지 않은 것은 불교의 시공 개념은 절대적인 것이 아니라 상대적인 것이고, 시간에 얽매이는 것 자체가 새로운 집착으로 받아들였을 것임을 알 수 있습니다. 색즉시공, 공즉시색 곧 시간과 공간의 초월이 궁극적 불법이 추구하는 이상향임을 생각하면 되겠습니다.

❀ 불(佛) : 불타(佛陀, Buddha-붓다-부톄-부처)의 줄임말로 각자(覺者)를 뜻합니다. 부처님은 인간의 몸으로 우주의 진리를 깨달아서 우주의 주인이 된 분입니다. 보리류지의 금강경 번역본에는 이 '불(佛)'을 '바가바(婆伽婆)'로 옮기고 있는데, 부처님의 명호는 여래10호(號)라 하여, 다양한 이름으로 불립니다. 참고로 부처님의 공덕상(功德相)을 일컫는 여래 10호의 명칭과 뜻을 아래에 정리해 둡니다.

〈여래 10호의 명칭과 뜻〉

호칭	뜻
1. 여래(如來)	진리를 깨달은 분 또는 피안에 이르러 진리의 세계(如)에서 온(來) 분
2. 응공(應供)	아라한 즉, 성자로서 중생의 존경과 공양을 받을 수 있는 분
3. 정등각(正等覺)	위없는 깨달음을 얻은 분
4. 명행족(明行足)	지혜(明)와 자비(行)를 충족한 분
5. 선서(善逝)	피안에 계셔서 다시 생사고해에 빠지지 않는 분
6. 세간해(世間解)	세상일을 꿰뚫고 있는 세상의 주인 되는 분

7. 무상사(無上士)	가장 높고 위대한 분
8. 조어장부(調御丈夫)	인간을 가장 잘 다스리는 분
9. 천인사(天人師)	천계와 인간계의 스승인 분
10. 불세존(佛世尊)	우주 만유에서 가장 존귀한 분

❀ 사위국(舍衛國) : 부처님 당시 중인도 지방에 있던 코살라국의 수도로, 정확한 표현은 사위성이 맞겠지만 구마라집은 그냥 사위국으로 번역했네요. 실제로 보리류지의 번역본에는 '사바제성(舍婆提城)'으로 나옵니다.

❀ 기수급고독원(祇樹給孤獨園) : 기원정사(祇園精舍)로 우리에게 잘 알려진 기수(祇樹)는 사위국의 제트리 태자(기타-祇陀-태자)의 숲을 뜻합니다. 급고독(給孤獨)은 당시의 큰 부자였던 수달(須達)을 이르는데, 고독하고 늙고 병든 사람에게 선을 베푼다는 뜻을 지닙니다. 사위성 남쪽 1.6㎞에 위치했던 기원정사는 부처님이 주로 만년에 가장 오랜 기간인 24년간이나 머문 절로도 유명합니다. 원래는 기타태자 소유의 땅이었으므로 급고독장자가 부처님께 절을 지어 바치기 위해 태자에게 땅을 팔라고 하자, 돈이 급할 게 없던 태자는 엄청난 금액을 요구하였답니다. 그래도 급고독장자는 땅을 구하고자 했으니 그 목적이 인류의 스승 부처님께 절을 지어 바친다는 걸 알게 된 태자가 자기 이름으로 땅을 헌납하게 되어 「기타태자의 숲과 급고독장자가 세운 절」이란 뜻으로 부처님이 명명한 이름이 기수급고독원이 된 것입니다.

❀ 대비구(大比丘) : 비구는 20세 이상 수계한 출가자를 이르고, 대비구는 덕이 높은 큰 스님이란 뜻으로 범어 bhiksu를 소리 나는 대로 옮긴 것

입니다.

❀ **천이백오십인구**(千二百五十人俱) : 천이백오십 인의 대비구라 함은 당시에 부처님을 따르던 제자 모두가 모였다는 뜻인데, 여기에는 가섭을 따르던 제자와 사리불을 따르던 제자 등의 숫자를 모두 합한 비구가 1,250인이었다는 말입니다.

❀ **이시**(爾時) : 이때, 바로 그때란 뜻인데, 영어로는 'At this time' 정도가 되겠습니다.

❀ **식시 착의지발**(食時 着衣持鉢) : 식사 때(사시 : 오전 9~11시)가 되어, 영어로는 'At meal time'이란 뜻인데, 사시공양이란 용어는 인도 승려들의 하루 한 끼니 식사 시간에서 유래된 것이며, 착의지발이란 의복을 갖추고 밥그릇을 든다는 뜻입니다. 발(鉢)이란 범어 파트라(patra)에서 온 말로, 한자어는 발우(鉢盂), 우리말로는 바리때라고 부르는데, 수행자의 식기를 의미하며, 이 그릇으로 밥을 비는 것을 탁발이라 합니다.

❀ **차제걸이**(次第乞已) : 차례대로 밥을 빈다는 뜻으로 하루에 한 번 7집만 걸식을 하는데, 여기에는 세 가지 깊은 뜻이 담겨 있습니다. 즉, 자신의 겸손을 중생에게 나타내며, 중생에게 복을 지을 수 있는 기회를 주고, 중생들이 부처님을 뵙고 진리를 접할 수 있도록 전도의 뜻을 담게 됩니다.

❀ **환지본처 반사흘**(還至本處 飯食訖) : 본래 계시던 곳으로 즉, 기원정사로 돌아오시어 공양을 드신 뒤, 여기서의 식(食)은 식사를 한다는 뜻의 동

사로, '사'로 읽힙니다.

🞮 **부좌이좌**(敷座而坐) : 자리를 펴고 앉으셨다는 뜻인데, 구마라집의 번역
본은 이처럼 '자리를 펴고 앉으셨다.'로 끝나지만, 보리류지 번역본에는
'보통 때와 같이 자리를 펴서 결가부좌 하시고 몸을 바르게 하여 정념
(正念)에 머물러 움직이지 않았다.'로, 진제 번역본에는 '보통 때처럼 자
리를 펴고 편안하게 가부좌를 하시고, 몸을 바르게 하여 정념을 현전
(現前)시키셨다. 그때 여러 비구들이 부처님 계신 곳으로 와서 부처님
발에 머리 숙여 절하고, 오른쪽으로 세 번 돌아 한쪽에 물러나 앉았
다.' 등으로 보다 정밀한 상황을 묘사하고 있습니다.

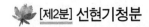 **[제2분] 선현기청분**

선현기청분[善現起請分] : 수보리존자가 설법을 청함		
단락	구분	원문 및 한글번역
1	원문	時 長老 須菩提 在大衆中 卽從座起 偏袒右肩 右膝着地 合掌恭敬 而白佛言
1	한글 토	시 장로 수보리 재대중중 즉종좌기 편단우견 우슬착지 합장공경 이백불언
1	한글번역	그때 장로 수보리가 대중 가운데서 곧 자리에서 일어나 오른쪽 어깨를 드러내고 오른쪽 무릎을 땅에 꿇고 합장 공경하는 자세로 부처님께 사뢰어 말씀드렸다.
2	원문	希有世尊 如來 善護念諸菩薩 善付囑諸菩薩
2	한글 토	희유세존 여래 선호념제보살 선부촉제보살
2	한글번역	놀라운 일입니다. 세존이시여! 여래께서는 모든 보살을 잘 보살펴 주시옵고 또한 모든 보살에게 가르침을 잘 전수해 주십니다.
3	원문	世尊 善男子善女人 發阿耨多羅三藐三菩提心 應云何住 云何修行 云何降伏其心
3	한글 토	세존 선남자선여인 발아녹다라삼막삼보리심 응운하주 운하수행 운하항복기심
3	한글번역	세존이시여! 자질이 뛰어난 남자나 여인이 가장 높고 바르며, 원만한 깨달음을 얻고자 하는 마음을 내었다면 마땅히 어떻게 머물며, 어떻게 수행하여 어떻게 그 마음을 다스려야 할는지요?
4	원문	佛言 善哉善哉 須菩提 如汝所說 如來 善護念諸菩薩 善付囑諸菩薩
4	한글 토	불언 선재선재 수보리 여여소설 여래 선호념제보살 선부촉제보살
4	한글번역	부처님께서 말씀하셨다. 훌륭하고도 참으로 좋은 질문이로다. 수보리여. 그대 말처럼 나 여래는 모든 보살을 잘 염려하여 보호하고, 가르침을 잘 일러주노라.
5	원문	汝今諦聽 當爲汝說 善男子 善女人 發阿耨多羅三藐三菩提心
5	한글 토	여금제청 당위여설 선남자 선여인 발아녹다라삼막삼보리심
5	한글번역	그대는 이제 잘 듣도록 하라. 의당 내 그대를 위해 설명하노니, 자질이 뛰어난 남자나 여인이 가장 높고 바르며, 원만한 깨달음을 얻고자 마음을 내었다면
6	원문	應如是住 如是修行 如是降伏其心
6	한글 토	응여시주 여시수행 여시항복기심
6	한글번역	마땅히 다음과 같이 머물러야 하고, 다음과 같이 수행하며, 다음과 같이 그 마음을 항복받아야 할지니라.

7	원문	唯然世尊 願樂欲聞
	한글 토	유연세존 원요욕문
	한글번역	알겠습니다. 세존이시여. 바라옵건대 기쁜 마음으로 듣고자 하옵니다.

법회가 시작되는 당시의 상황이 매우 생생하게 묘사되고 있습니다. 식사 공양을 마치고 설거지를 끝낸 부처님이 발을 씻고 가부좌를 틀어 자리를 잡자, 이내 수보리는 최대한의 예를 갖추어 질의응답의 학습 시간을 이어가고자 합니다. 아마도 식후 휴식 시간도 없이 곧바로 오후 수업이 이어진 거로 보이는군요.

'선현(善現)'은 수보리존자의 어릴 적 이름이라고 하는데, 질의의 요지는 이러합니다. 뜻 있는 선남자, 선여인이 가장 높고 바르며, 원만한 깨달음인 아뇩다라삼먁삼보리심 즉, 무상정등각(無上正等覺)의 마음을 내었다면 어떻게 머물며, 어떻게 수행하여 그 마음을 항복시켜야 할지를 묻고 있습니다. 마음을 항복시킨다니 언뜻 보기엔 적이나 상대편의 힘에 눌리어 굴복하는 뜻으로 보일 수 있겠습니다만, 이때의 항복이란 '어떻게 마음을 다스려야 할까요?' 하는 마음 관리의 일반적 물음이라 할 수 있습니다.

이에 따라 부처님은 이어지는 제3분 대승정종분에서 그 항복기심의 방법을 곧바로 제시하시는데 난·태·습·화의 사생(四生)을 교화하되 교화했다는 생각이 없이 교화하라 하시면서, 아상(我相)과 인상(人相), 중생상(衆生相), 수자상(壽者相) 4상(四相)을 없이 하라는 즉답을 해 주시게 되지요. 현문현답이 아닐 수 없습니다.

이는 천여 명 대중에게 꼭 필요한 공의 핵심을 유도하는 질문으로써 이 질문이 없었으면 금강경은 세상에 나오지 못하였을 것이란 가정을 할 수도 있겠군요. 대중의 대표 격인 수보리 장로는 이미 부처님의 답을 알고 있었던 것으로 보이지 않습니까? 공부 못 하고 예·복습 안 된 학생이 선생님께 옳은 질문 하는 걸 본 적이 없을 것입니다.

이 질문을 통해 해공(解空)제일의 제자인 본인 수보리에게는 복습의 기회를 주시고, 여러 대중에게는 무상정등각으로 가는 핵심 되는 공사상에 대해 의문을 풀어주실 것을 주문하는 것임을 알 수 있습니다. 임석한 대중 1,250명은 모두 비구승이지만 선남자는 물론 선여인도 빠뜨리지 않았군요.

금강경에서의 선남자 선여인이란, 단체 소개팅에서 사회자가 참석자에게 존칭으로 쓰는 선남자, 선여인이 아니라, 현세에서 불법을 닦아 지혜와 자비를 갖출 자질이 있는 남녀를 이름인데, 불교는 역시 성과 신분을 초월한 철저한 평등의 종교가 아닐 수 없네요. 그런데 우리나라의 여성가족부 관계자가 금강경 제2분을 읽는다면 왜 선여인 선남자라 아니하고, 선남자 선여인이라며 남자를 먼저 기술했냐고 성차별 논란이 야기되지 않을까 저 혼자 걱정을 했더랬지요.

주민등록 뒷번호를 남자가 1번을 쓰는 것이 남성 우월에 해당되어 양성평등에 위배된다며, 사회적 공론화에 불을 붙인 여성계가 아니었던가요? 바야흐로 우리나라는 페미니즘의 광풍이 불고 있다고 해도 과언이 아닐 만큼 양성 불평등 논리가 소모적 논쟁으로 이어지고 있습니다. 상대의 성(性)을 벌레나 김치에 비유한, 듣기에도 거북한 사회 신조어가 만연하고 있고, 이성(異性)이 연모와 배려의 대상이 아니라, 배척과 이해타산의 우월적 지위 유지를 위한 도구로 전락하고 있는 게 아닌가 하는 우려도 배제할 수 없습니다.

성의 차별은 배척되어야 할 문화적 악습이지만, 성의 차이는 인정하는 것이 진정한 양성평등인데, 작금의 페미니스트들은 그 해법의 본말을 착각한 게 아닌가 하는 저만의 생각을 지울 수가 없군요. 출산의 고통과 육아의 성스러움을 현실적 고충으로만 인식하는 여성성 저하는 결혼 기피와 출산율 감소로 이어지고, 남성은 결혼을 ATM 기계로의 노예화의 시작이라며 결혼 기피의 풍조가 빠르게 전파되어 간다는 기사를 대하는 기분은 씁쓸할 따름입니다.

최근 통계청이 발표한 2019년도 우리나라의 출산율은 0.92로, 전쟁과 재해 등 특수 상황이 아닌 평상시의 출산율로서는 원시인류가 지구상에 출현한 이후 최저치의 기록을 경신하는 쾌거(?)를 이룩하지 않았습니까? 전 세계 조사 대상 203개국 중에서도 당연히 꼴찌를 차지하여 이런 추세라면 2060년에는 현재 인구의 절반 이하로 인구가 감소하는 심각한 인구 재앙에 직면해 있는 것입니다.

인류는 분업에 최적화되도록 진화해 왔습니다. 임신, 출산, 모성애 등 여자가 아니면 죽어도 못 할 일이 있고, 국방, 전쟁, 육체노동 같은 남자에게 최적화되어 있는 일이 있게 마련입니다. 그래서 황금잔이 되었든 투박한 질그릇이 되었든 그 나름의 담는 물질에 따라 모두가 세상 사람을 위해 유용하게 쓰이는 그릇이 되어야 하지 않겠습니까? 여성운동에 대한 니체의 말을 인용해 봅니다.

"여성에게 있어 남자란 항상 수단에 불과했다. 거리에 나부끼는 저 '여성 해방'의 목소리, 그것은 아이를 생산할 수 없는 여성들의 분노이다. 더 정확히 말하자면 임신에 필요한 남자를 얻지 못했다는 상실감의 표현이다. 더 자세히 살펴보면 자신들의 수단을 강탈한 같은 여성들에 대한 증오이다."라며 여성의 적을 여성으로 돌리고 있지만, 부처님은 철저한 양성평등주의자셨고, 인권주의자셨습니다.

브라만교에서 엄격히 금지되던 여성의 출가와 승가 입단을 허용하셨고, 최하층 천민이던 우팔리를 지계(持戒)제일의 10대 제자가 되게 하여, 근기와 성별에 맞는 맞춤식 설법으로 45년 중생제도의 외길을 걸어가셨습니다. 불법의 위대함은 획일적 주입식 설교가 아니라 스스로 생각하고, 스스로를 깨우치게 하는 자주적 가르침에 있습니다. 그런데 무조건 믿기만 하면 그것이 곧 진리가 된다는 종교의 대표 격이 기독교와 이슬람교이거니와 그들의 종교에는 '왜?'라는 의문을 허용하지 않습니다.

신성불가침 영역인 하늘의 대리자가 그리스도요, 인류의 죄를 대신하여 인간의 모습으로 오신 하나님의 아들인 절대 구주가 예수이므로, 예수의 말은 신의 말씀인바, 오직 예수를 통해서만이 하늘나라로 갈 수 있기 때문에 마지막의 순간까지 예수를 믿고 연호하면 천당에서 영생을 누린다는 단순 구조가 아닙니까? 그러나 불교에서는 어떠한 절대적, 초월적 존재를 인정하지 않습니다.

부처는 물론, 상(相)에 집착하는 모든 실체적 접근을 경계하며, 오직 자신의 솔성을 참구하여 자신이 스스로 진리의 문을 열어 도피안에 이르라고 가르치고 있습니다. 내가 없는데 무슨 천당이 있고 극락과 지옥이 있단 말입니까? 그래서 금강경에서는 스승과 제자가 묻고 답하며 다시 질문하여 진리의 베일을 벗겨나가고 있는 것입니다.

거짓말도 백 번을 하면 인간의 뇌리에는 그것이 참말이라는, 무의식에 투영된 거짓 진리의 환영이 확신으로 당당히 자리 잡게 됩니다. 이는 공산주의 학습이론의 경전과도 같은 것이지만 인간이 얼마나 선동에 약한 동물인가를 단적으로 나타내주는 증거이기도 하지요. 특히 우리 국민들만큼 논리적 분별력 없이 선동에 취약한 민족도 드물지 않나 생각해 봅니다.

한국인의 집단 심성에는 거짓말에 관대한 유전자와 개인적 이성보다는 단체에 휩쓸리는 군중심리가 생래적으로 두드러져 있습니다. 누가 멍석말이를 당하면 유무죄를 이성적으로 따져보지도 않고 무조건 달려들어 두들겨 패놓고 본다거나, 이웃집에서 촛불을 들고 거리에 나서면 왜 드는지도 모른 채 따라나서고 보는 것이 우리들 교육 수준 높은 국민의 비논리적 민족성이라면 너무 자학적 혹평이 되는가요?

저 역시 한국인으로서 우리 대한민국 집단지성의 수준에 대해 항상 낯 뜨거운 자격지심을 가지고 있습니다. 남이 장에 가면 거름을 지고라도 따라간다는 속담 참 기가 막히지 않습니까? 그래서 동아시아의 기독교 전도에 있어 유일한 대성공 국가가 대한민국이 되었지요.

어떤 종교를 믿든 알고 믿어야 할 터인데, 기독교인 특히 모태 기독교 신앙인들과 대화를 하다 보면 어쩌다 저토록 맹목적 대속신앙에 경도될 수 있는 것인지, 또 어쩌다 저렇게 고귀한 인간의 영성을 스스로 저당 잡히고, 사후 천당에서의 영생 도모에 모든 종교적 이념을 걸고, 타인의 사상에 배타적 우월감에 젖는지, 이해할 수 없는 메마른 절망의 선동에 아득할 뿐입니다.

물론 대다수 기독교인들의 박애 정신과 이웃 사랑의 숭고한 신앙의 자세는 진실로 존경하지만, 현생에 없는 천당을 죽어서 찾아 영생을 누린들 무슨 의미가 있을는지요? 종교는 사후세계를 예약하여 그들만의 티켓을 파는 패키지 사업이 되어서는 아니 될 것입니다. 대승불교에서도 수많은 지옥과 극락 설교가 나오지만 이는 대중포교를 위한 방편일 뿐 전혀 불교의 본질이 아니란 점을 여러분께서는 분명히 하시기 바랍니다.

불교의 궁극적 이상향은 내세의 극락 입격이 아니라, 현생에서의 자아 해탈이며, 상(相)에 걸리지 않는 대 자유를 향한 반야와의 동행에 있을 뿐입니다. 인간은 신을 창조해낼 만큼 위대한 존재입니다. 그래서 각자(各自)의 깨달음으로 누구나 스스로 신의 반열로 승화될 수 있고, 그것이 곧 인류사회를 번뇌에서 구하여 현생 극락을 추구하는 확실한 길이기에 부처님은 '일체중생 개유불성'을 일깔하시며, 잠자고 있던 인류의 솔성에 번갯불 같은 햇불을 밝혀주신 겁니다.

그러면 여기서 도피안에 이르는 불교 최고의 이상향인 아뇩다라삼먁삼보리심(아누다라삼먁삼보리로 읽기도 합니다.)이란 무엇인지를 알아보도록 하겠습니다. 이 아뇩다라삼먁삼보리심이라는 어휘는 구마라집 번역본에서 29회나 언급되는데, 금강경 전체 글자가 5,200여 개임을 감안한다면 글자 수로도 전체의 5.6%에 해당하는 매우 잦은 빈도로 인용되는 중요한 의미를 지닙니다.

아뇩다라삼먁삼보리란 산스크리트어의 아누다라삼약삼보디(anuttarā-samyak-saṃbodhi)를 소리 나는 대로 음역(音譯)한 말로, 한자로는 무상정각(無上正覺)·무상정등각(無上正等覺)·무상정등정각(無上正等正覺)·무상정변지(無上正遍知) 등으로 번역합니다. 부처님의 깨달음의 경지를 나타내는 말인 아뇩다라는 더 이상 위가 없다는 무상(無上)이란 뜻이고, 삼먁은 완전함 또는 바르다는 정등(正等)이란 뜻이며, 삼보리는 원만한 깨달음인 정각(正覺)을 의미하니, 다시 말하면 아뇩다라삼먁삼보리심은 위없는 바르고 원만한 깨달음의 마음을 낸다는 뜻이 되는군요.

결국 불교의 궁극적 이상향인 완전 해탈 부처의 경지가 된다는 뜻이기도 합니다. 금강경은 물론이고 모든 불경이 추구하는 최후의 도착지는 아뇩다라삼먁삼보리의 보리심을 내어 차안에서 피안으로 건너감으로써, 완전 열반의 해탈에 이르는 길을 가르치는 데 있다고 할 수 있습니다.

이토록 중차대한 불교의 존재 목적이자, 불교의 궁극적 이상세계인 아뇩다라삼먁삼보리심의 마음을 내었다면 어떻게 발심하고, 어떻게 머물며, 어떻게 그 마음을 다스려야 하는지에 대해 수보리는 단도직입적으로 묻고 있는 것입니다. 어찌 보면 너무나 막연한 이 질문에 대한 해답의 여정이 곧 금강경 32분의 대장정이기도 한데요.

이 정각(正覺)이란 단어에 임해서 우리는 화엄경 약찬게와 의상대사의 법성게 중 '초발심시변정각(初發心是便正覺)'을 상기해 볼 필요가 있겠습니다. 즉 처음 마음을 낸 때가 문득 정각이라 하였으니 발심의 동기 부여가 중요하다는 설법인데요, 성불하기 위해서는 보리심을 일으켜야 한다는 겁니다. 그러니 보리심을 일으키는 전제는 바로 색에 집착하지 않고 소리, 냄새, 맛, 감촉 및 이치에 집착하지 않으며, 마땅히 그 마음을 내는 것이 바로 정각으로 가는 바른길이 되는 것이랍니다.

조건 따라 일어난 발심은 조건이 사라지면 스러지게 됩니다. 아름다운 미색을 지닌 여인에게 경도되어 일어난 사랑의 발심은 그 여인이 늙고 추하게 됨으로써 그 마음이 사라지듯, 조건 따라 생겨난 것은 참된 '나'가 아니니 집착할 그 무엇도 없거니와 그 실체 없음이 바로 무아가 됩니다.

금강경은 번뇌를 여의는 길을 아주 간단명료하게 제시하고 있으니 바로 머무는 바 없이 머무는 것입니다. 따라서 마땅히 머무는 곳 없이 청정한 마음을 일으키는 것이 아뇩다라삼먁삼보리심이며,

이 청정 보리의 마음이 일어나는 순간 우리도 부처님처럼 살 수 있다는 것이 금강경의 핵심 주제이니 이렇게 쉬운 이치를 한 방에 깨달을 수 있는 최고의 가르침이 금강반야바라밀경인바, 이 금강경과 인연하게 된 동기 자체가 축복이고 불은이 아니겠습니까?

중요 용어

❀ 장로(長老) : 나이 많고 학식과 덕망이 있는 스님에 대한 존칭인데, 달리 장자(長子), 대덕(大德), 구수(具壽), 명자(命者), 존자(尊者), 혜명(慧命), 정명(淨命) 등으로 불리기도 합니다. 금강경 번역본에 있어 보리류지는 장로 대신 혜명을, 진제는 정명으로, 현장은 구수로 번역한 바 있습니다.

❀ 수보리(須菩提) : 산스크리트어로 수부티(Subhūti)로 부릅니다. 부처님의 10대 제자 중 너무나 유명한 해공 제일의 수보리라 일컬어지는 분으로, 사위국 왕의 장자로 태어났다고 하지요. 천성이 총명하였으나 성질이 고약하여 쫓겨나다시피 가출하였다가 부처님의 설법을 듣고, 공을 깨달아 공의 도리를 가장 잘 이해하여 해공 제일이 되었는데, 다른 이름으로는 선현, 선길, 묘생 등으로 불리기도 하였답니다. 수보리의 호칭은 번역본마다 차이를 보이는데, 현장은 선현(善現), 급다는 선실(善實)로, 의정은 묘생(妙生)으로 번역하여 범어 수부티(Subhūti)를 의역(意譯)한 반면, 보리류지, 진제, 구마라집은 수부티(Subhūti)를 음역(音譯)하여 수보리로 번역하였습니다.

❀ 편단우견(偏袒右肩) : 옷을 벗어 오른쪽 어깨를 드러낸 상태를 이릅니다. 옷소매를 풀어 오른쪽 어깨를 드러낸다는 것은 상대방에게 복종

과 겸손을 표하는 인도의 예법이라 하는데, 지금도 스님의 가사에 이러한 흔적이 이어져 오고 있지요.

❀ 우슬착지(右膝着地) : 오른쪽 무릎을 꿇은 상태. 영화나 역사 드라마를 보면 장졸이나 신하가 왕이나 상관 앞에 이런 자세를 취하는 걸 볼 수 있는데, 존경과 복종을 뜻하는 자세입니다.

❀ 이백불언(而白佛言) : 부처님께 사뢰어 이른다는 뜻인데, 이(而)는 접속사로, 백(白)은 동사로, 불(佛)은 목적어로 쓰였습니다.

❀ 희유세존(希有世尊) : 직역하면 '드문 일입니다. 부처님!'이 되지만 의역하면 '참 놀라운 일입니다. 부처님이시여!' 정도가 되겠습니다.

❀ 선호념 선부촉(善護念 善付囑) : 잘 보살펴주시고, 잘 이끌어주십니다.

❀ 보살(菩薩) : 산스크리트어 보디사트바(Bodhisativa)에서 온 말로 보리살타(菩提薩陀)의 준말입니다. '보디'는 깨달음을 이르고, 사트바는 중생을 의미하므로 깨달음을 구하면서 중생을 구제하려는 사람을 뜻하는데, 대승불교에서는 성불을 목적으로 수많은 부처가 있다고 말하며, 불법을 닦는 모든 이를 보살로 통칭하기도 합니다. 우리나라에서는 절의 살림살이를 보살피는 '보사(保事)'란 의미에서 보살로 전승되었다는 설이 유력한데, 현재는 일반적으로 여신도를 보살이라 통칭하고 있습니다.

❀ 선남자 선여인(善男子 善女人) : 자질이 뛰어난 남녀란 뜻인데, 현세에서

불법을 닦으며 부처님의 명호를 듣고 염불하는 남녀로서 지혜와 자비를 두루 갖춘 자질이 있는 남녀를 이릅니다.

🏵 아뇩다라삼먁삼보리 : 산스크리트어의 아누다라삼약삼보디(anuttarā-samyak-saṃbodhi)를 소리 나는 대로 음역(音譯)한 말로, 한자로는 무상정각(無上正覺)·무상정등각(無上正等覺)·무상정등정각(無上正等正覺)·무상정변지(無上正遍知) 등으로 번역합니다. 부처님의 깨달음의 경지를 나타내는 말인 아뇩다라는 더 이상 위가 없다는 무상(無上)이란 뜻이고, 삼먁은 완전한 또는 바르다는 정등(正等)이란 뜻이며, 삼보리는 원만한 깨달음인 정각(正覺)을 의미하니, 다시 말하면 아뇩다라삼먁삼보리심은 위없는 바르고 원만한 깨달음의 마음을 낸다는 뜻이 되는군요. 결국 불교의 궁극적 이상향인 완전 해탈 부처의 경지가 된다는 뜻이기도 합니다.

🏵 응운하주(應云何住) : 어떻게 머물러야 하는지요? 즉 어떻게 마음을 내야 할까요?

🏵 운하수행(云何修行) : 어떻게 수행하는지요?

🏵 운하항복기심(云何降伏其心) : 어떻게 그 마음을 항복받아야(다스려야) 합니까?

🏵 선재선재(善哉善哉) : 훌륭하구나. 훌륭하도다.

🏵 여여소설(如汝所說) : 그대가 말한 바와 같이.

❀ 여금제청(汝今諦聽) : 그대는 이제 잘 듣도록 하라. 제(諦)는 잘 살피라는 지시어로 쓰였습니다. 통상 읽을 때는 살필 '체'로 읽습니다.

❀ 당위여설(當爲汝說) : 내 마땅히 그대에게 설명하겠노라.

❀ 유연세존(唯然世尊) : 잘 알겠나이다. 유(唯)는 '오직'이란 뜻의 부사어인데, 여기서는 그렇게 하겠다는 뜻의 유연(唯然)으로 의역하였으나, 보리류지 번역본에는 '수보리백불언(須菩提白佛言) 세존(世尊)! 여시(如是), 원요욕문(願樂欲聞)' 즉, '수보리가 부처님께 사뢰었다. 세존이시여! 이와 같습니다. 기꺼이 즐겨 듣고자 합니다.'로 번역하여 일정 부분 차이가 있습니다.

❀ 원요욕문(願樂欲聞) : 기꺼이 즐겨 듣고자 합니다.

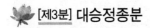 **[제3분] 대승정종분**

단락	구분	원문 및 한글번역
		대승정종분[大乘正宗分] : 대승의 가장 중요한 가르침
1	원문	佛告須菩提 諸菩薩摩訶薩 應如是降伏其心
	한글 토	불고수보리 제보살마하살 응여시항복기심
	한글번역	부처님이 수보리에게 말씀하셨다. 보살은 응당 이렇게 그 마음을 항복시켜야 되나니,
2	원문	所有一切衆生之類 若卵生 若胎生 若濕生 若化生 若有色 若無色 若有想 若無想 若非有想非無想
	한글 토	소유일체중생지류 약난생 약태생 약습생 약화생 약유색 약무색 약유상 약무상 약비유상비무상
	한글번역	존재하는 일체중생 무리에 알로 생긴 것, 태로 생긴 것, 습기로 생긴 것, 변화로 생긴 것, 모양 있는 것, 모양 없는 것, 생각 있는 것, 생각 없는 것, 생각이 있는 것도 아니요, 없는 것도 아닌 것들을
3	원문	我皆令入 無餘涅槃 而滅度之
	한글 토	아개영입 무여열반 이멸도지
	한글번역	내가 모두 완전한 열반에 들게 하여 제도하겠노라고 해야 하느니라.
4	원문	如是滅度 無量無數 無邊衆生 實無衆生得滅度者
	한글 토	여시멸도 무량무수 무변중생 실무중생득멸도자
	한글번역	비록 보살이 이토록 한량없고, 끝없이 중생을 열반에 들게 했을지라도 실로 중생을 열반에 들게 했다는 생각이 없어야 하느니라.
5	원문	何以故 須菩提 若菩薩 有我相 人相 衆生相 壽者相 卽非菩薩
	한글 토	하이고 수보리 약보살 유아상 인상 중생상 수자상 즉비보살
	한글번역	왜냐하면 수보리여. 만약 보살이 나라는 관념과 사람이라는 관념, 중생이라는 관념, 목숨이라는 관념을 가지게 되면 곧 보살이라 할 수 없기 때문이니라.

제3분 대승정종분에서 부처님은 아뇩다라삼먁삼보리심을 내었다면 어떻게 마음을 다스려야 하는지에 대한 구체적인 방법을 제시하

고 있습니다. 누구누구를 어떤 방법으로, 어디까지 제도해야 할 것인가를 적시하고, 거기에 임하는 보살의 마음가짐은 어떠해야 하는지에 대해 본론에 해당하는 정종분의 설법 보따리를 푸십니다.

중요한 핵심은 무엇보다 상을 버리고 마음을 항복시키는 이상복심(離相伏心)에 있다는 말씀인데, 그렇다면 이 마음이란 게 도대체 무엇일까요? 한자로 마음 '심(心)'이라는 글자는 사람의 심장 모양을 딴 상형문자이니 심장 속에 마음이 있는 걸까요? 아니면 우리의 정신과 의지를 총괄하는 대뇌 속에 있는 걸까요? 아니면 좀 더 차원 높은 경지의 영혼 속에 있는 걸까요?

마음의 사전적 정의를 보면 "사람이 본래부터 지닌 성격이나 품성"이라며 아주 무책임하게 정의를 해 놓은 걸 볼 수 있습니다. 본래의 성격과 품성이라니! 불교에서는 '나'라고 할 만한 실체가 없어 '무자성(無自性)'이라, '참된 성품은 깊고도 극히 미묘하여, 자기의 성품을 따르지 않고 인연을 따라간다.'라고 하지 않았습니까? 어차피 이쯤에서 성품으로 표상되는 마음이란 존재를 꼭 짚고 넘어갈 수밖엔 없겠습니다.

마음! 우선 저는 마음을 한자로 마음(魔音) 즉, 마귀 또는 마술의 소리로 정의해 보렵니다. 정의와 진리의 대척점에서 늘 삿된 유혹으로, 인간의 원죄를 유도하는 그 유혹의 소리는 인간의 내면에 항상 존재하면서 선과 악, 참과 거짓, 어둠과 밝음 등으로 끊임없이 갈등에 젖게 하는, 보일 듯 보이지 않는 마술 같은 현란한 느낌이 곧 마음이 아니겠는지요?

부처님도 성도(成道) 직전 마왕 파순을 굴복시키고 대 해탈을 이루시어 마침내 인류의 스승이 되십니다. 파순의 예쁜 딸들도 유혹에 동원됐다고 하는데, 부처님께서도 좀 그렇지 어찌 그런 가련한 여인들을 돌아보지도 않으시다니! 이때의 마왕을 굴복시킨 부처님의 수인(手印)이 항마촉지인(降魔觸地印)으로, 대표적인 불상이 석굴암 본존불인데, 그 형언할 수 없는 존숭의 상은 모두들 보셨을 겁니다.

유혹에 젖는 것도 자신의 마음이며, 부처님처럼 굴복시키고 무상정등각을 얻는 것도 자신의 마음입니다. 일체의 유형과 무형, 색과 공을 자유자재할 수 있는 것 또한 자신의 마음입니다. 쇼펜하우어는 인생은 "불만과 권태 사이를 오가는 시계추와 같다."라고 하였습니다. 기쁘고 즐거운 일도 지속되면 권태로워지고 또 기쁘거나 즐거움이 없으면 인생은 불만으로 가득 차게 됩니다. 그래서 어디에도 치우치지 않는 중정(中正)의 마음을 다스릴 줄 알면 곧 부처가 되는 것입니다.

이와 같이 부처님께서는 갈등을 스스로 딛고 우뚝 일어나 무명을 걷어낼 수 있는 마음이 모든 중생에게 있음을 간파하셨기 때문에 '일체중생실유불성(一切衆生悉有佛性)'이라 하신 겁니다. 절대로 부처님이 대학이나 대학원에서 피 교육적으로 배운 지식이 아니라, 스스로 깨달아 얻은 실증적 지혜이기 때문에 우리는 그것을 확고한 진리라 믿어 의심할 여지가 없는 증좌가 되는 것입니다.

한 생각이 일어나고, 한 생각이 스러질 때 거기에 극락과 지옥이 같이 있고, 한 번 숨을 들이쉬고 내쉴 때 8만4천 번뇌가 생하고 멸한다 하였습니다. 달마의 제자 2조 혜가(慧可)는 스승에게 가르침을 구했으나 허락지 않자 자신의 굳은 신심을 보이기 위해 스스로 왼팔을 잘라 허락을 받고, 마침내 큰 깨달음을 얻게 되는데요. 중국 불교에서 외손 합장을 하는 풍습은 한쪽 팔이 없는 혜가 이후에 생겼다고 하지요. 이러한 혜가도 초기에는 마음이 흔들리고 많은 장

애에 부딪쳤었나 봅니다. 어느 날 혜가가 달마에게,

"스승님 제 마음이 몹시 편치 않습니다. 제 마음을 안정시켜 주십시오."라고 털어놓습니다.

이에 달마는 말합니다.

"너의 불안한 마음을 가져오너라. 그러면 내가 네 마음을 편케 하리라."

그러나 혜가는 불안한 자신의 마음을 아무리 찾아도 찾을 수가 없었으니,

"스승님 아무리 찾아도 불안한 마음을 찾을 수 없습니다."라고 스승께 고합니다.

이에 달마는,

"이미 네 마음은 편하게 되었다."라고 말합니다.

그때 혜가는 섬광 같은 깨달음을 얻었다고 하지요. 이미 답은 나와 있었습니다. 불안한 마음도 내 마음, 찾는 마음도 내 마음인데, 없는 마음이 없는 마음을 찾겠다는 겁니다. 이처럼 마음은 아무 곳에나 있으면서도, 어느 곳에도 없는 마술 같은 이중성의 존재론적 특성을 지닙니다. 그런데 혜가는 스승의 이러한 선지식을 자신의 직계 제자가 되는 승찬(僧璨)에게 그대로 써먹게 되는데요.

나병 환자였던 40대의 한 남자가 혜가를 찾아와 업장을 소멸시켜 달라고 간청했습니다. 혜가는 업장을 찾아서 내어놓으면 내가 없애 주겠노라고 했고, 사내는 찾을 수가 없다고 했다지요. 이에 혜가는 그대의 업장은 이미 다 없어졌노라 했고, 사내는 곧바로 청정한 본성을 보고 견성(見性)에 이르러 혜가의 제자가 되니 그가 바로 중국 선종의 3조 승찬입니다. 여러분도 주변의 누가 이런 하소연을 털어놓으면 꼭 이와 같이 상담을 해 주세요. 아마 이런 답을 듣지 않으

려나요?

"남은 심각하게 얘기하는데 장난치고 있어!"

우리는 다섯 가지 인체의 감각기관을 통해서 외부의 자극을 대뇌에 전기적 신호로 전달하여 모양(色), 소리(聲), 냄새(香), 맛(味), 감촉(觸)의 감각을 분별해 냅니다. 거기에서 나아가 이성적 학습에 의해 관념화된 이치를 증득하게 되면 그것이 곧 의식의 단계인 제6식입니다. 이 여섯 가지 기관과 감각 그리고 상황을 인식하는 환경인자인 6경(六境)이 상호 대응하게 되는데, 상황별로 기쁨과 괴로움, 기쁨도 아니고 괴로움도 아닌 그야말로 무덤덤한 상태의 세 가지 감정이 끊임없이 상호 간섭하며 일어나게 됩니다.

이러한 감정은 여러분도 일상으로 느끼시겠지요? 그런데 그 감정은 과거, 현재, 미래에 공존하므로 여기서 인간의 108번뇌가 파생하게 되는데요. 오랜만에 수학 공식을 하나 만들어볼까요? {6근 × 3가지 감정 × 3세(과거 현재 미래)} + {6경 × 3가지 감정 × 3세} = 108번뇌가 되네요. 표로 정리해 둡니다.

六根	眼	耳	鼻	舌	身	意	6×3×3=54번뇌	⇒ 108번뇌
六境	色	聲	香	味	觸	法	6×3×3=54번뇌	
六識	眼識	耳識	鼻識	舌識	身識	意識	{6근+6경=12處}+6식=18界 즉 12처18계	

제6식부터를 반사적 조건에 의한 감각의 단계를 벗어난 것으로 봐서, 생각과 의식이 작용하는 마음의 단계로 보는 것이 일반론입니다. 그런데 이 여섯 번째 법경(法境)에 경도되면 논리에 고착화되어 법의 집착인 법집(法執)에 빠지거나, 법 자체를 도(道)라고 믿어 우월감에 젖는 이상에 빠지기도 합니다.

따라서 부처님께서는 이를 경계하여 법구경에서 게송으로 주의를 환기시키고 있는데요, "비록 많은 경전을 외우더라도 게을러 수행치 않으면 마치 남의 목장의 소를 헤아리는 목동과 같아서 자신에게는 아무런 이득이 없나니."〈법구경 4장 게송19〉

정말 명쾌하고도 핵심을 찌르는 비유가 아닐 수 없습니다. 주변에 불경 공부에 천착하거나, 교리와 의식(儀式), 종무(宗務)행정에 집착하여 그것이 불교의 전부인 줄 아는 스님, 불제자를 간혹 만나게 됩니다. 이웃 목장의 소를 헤아리는 목동이나, 국 맛을 보겠다고 국그릇 속의 국자가 되는 일, 어느 쪽이 더 어리석다 비교할 수 없을 만큼 난형난제라 하겠습니다.

이런 분들의 공통점은 지식으로 이성이 고착화되어, 자신의 논리만 고집하면서 그 이론을 있게 하는 실상은 정작 관조할 줄 모른다는 점입니다. 물론 앎 자체는 소중한 것이지만 앎에 머물지 않고, 지혜의 눈을 맑혀 세상을 구하고, 중생을 제도하는 우뚝한 보리심으로 무상정등각을 향해 갈 것을 부처님은 가리키고 있습니다.

그러면 다시 우리 의식의 단계로 돌아와 전5식에서 감각화된 분별심이, 이성적 학습으로 의식화된 마음의 과정인 6식의 단계를 거치면서 어떻게 유형화되고, 어떻게 습으로 작용하여 인연의 고리를 만드는지를 짚어보도록 하겠습니다.

계량화할 수 없고, 보거나 만질 수 없는 마음의 단계별 작용을 공부한다는 게 좀은 재미없고 딱딱한 부분일 수도 있겠으나 우리들이 누구입니까? 산과 물의 경계를 초월하여, 무아의 공사상으로 기필코 무상정등각을 이루어내겠다는 금강석 같은 서원을 세운 도반들이 아닙니까?

결코 어렵게 이해하실 필요 없이 우리들의 마음 작용이란 게 그냥 이러한 의식의 단계가 있고, 마음도 단계별 진화의 과정을 거쳐 결국 우리의 삶에 업장의 유전자로 남아 '세세연연 윤회를 하게 되는 것이구나⋯⋯. 아하! 그렇구나.' 하는 정도로만 이해하시면 되겠습니다. 결국은 모든 건 내 마음이 만든다는 아주 간단한 진리일 뿐입니다.

한 생각을 일으킬 때 이미 선악의 종자는 이 우주상에 뿌려진다고 했습니다. 예수께서도 "마음속에 죄짓지 않은 자, 저 여인을 돌로 쳐라." 한 것처럼, 확장된 인간의 의식에서 떠나온 에너지의 종자는 이 우주에 고유한 질량을 지니며 항존하게 되는 거지요. 유·무형을 가리지 않습니다. 현생의 생각이 다음 생에는 생명체로 탄생하기도 하고, 현생의 형상 있는 물질은 다음 생에는 생명체의 생각이나 행동이 되기도 합니다.

우주라는 필름은 우리의 생각과 행동 모두를 종횡으로 촬영해 두었다가 업장의 인과로 재생해 주는, 어찌 보면 윤회의 CCTV 같은 참 고마운 존재라 할 수 있습니다. 아무리 착하게 열심히 살아도 질고 액난이 끊이지 않는다면 이 필름을 되돌려보면 되는 것입니다. 오늘의 현실이 반드시 전생 또는 전전생의 원인의 결과물인 줄 알면 운명을 원망치 않게 될 터이니까요. 바로 이 이론의 모델이 여러 종교에서 수천 년을 우려먹는 천당이니, 지옥 설교의 모티브가 되는 것입니다. 따라서 천당이나 극락을 가는 일이 이처럼 한 생각 잘 먹고, 자비의 보살행을 걸으면 되는 것이지, 11조 헌금 잘하고, 새벽기도와 일만 배 절을 생활화한다고 가는 것이 아니란 거지요.

그러면 말나식(末那識)이라 부르는 제7식과 제8식인 아뢰야식에 대해 살펴보겠습니다. 이미 전술한 것처럼 전5식은 자체로써 판단하거나 비판하는 능력이 없이 다만 외부의 자극과 교통하는 통로일 뿐인데, 제6식은 전달받은 정보를 분석하고 판단하여, 스스로가 좋아하는 것만 골라서 무의식의 단계인 제7식에 저장하게 됩니다. 그래서 제7식을, 생각하고 헤아려 판단한다는 뜻으로 사량식(思量識)이라고도 하는데, 아치(我癡), 아만(我慢), 아견(我見), 아애(我愛)의 네 가지 번뇌를 수반하여 아집의 근본으로 작용합니다.

법경(法境)에 근거하여 제6식과 제8식 사이를 오가며 때로는 상당한 수준의 법을 증득하는 마음의 단계이기는 하지만, '나'라는 아집이 근본이 되기 때문에 높은 경지로의 수행에 장애로 작용하기도 하지요. 법 자체와 자아 집착에 경도(傾倒)되어 자신을 우월적 존재로 착각하는 스님이나, 불교학자 같은 분들이 제7식의 장애에 처한 경우라 할 수 있겠습니다. 쉽게 말해 '내가 낸데……' 하는 아상에 집착하는 마음 작용이라 할 수 있습니다.

주변에는 이런 분들이 의외로 많은데, 쭉정이 지식 몇 가지로 세상의 모든 진리를 통달한 듯, 죽어도 자신의 주장은 굽힐 줄 모르고, 남의 것은 무조건 틀리다고 우기는 한마디로 '안다이' 박사님들을 여러분도 일상으로 만나실 겁니다. 원래 옳게 아는 사람은 말이 없는 법인데 말입니다.

아뢰야식으로 불리는 제8식에는 수많은 생을 통해 쌓아온 헤아릴 수 없는 의식의 종자가 함장(含藏)되어 있는데, 제7식까지에서 판단된 모든 정보를 훈습(熏習)하는 개념으로 이해하시면 되겠습니다. 즉, 습관적 행동에 따른 축적된 카르마(업)를 가리키는 말로서, 어떤 것에 계속하여 자극을 주면, 그것이 점차 그 영향을 받는 작용을 말하는 거지요.

그래서 전전생의 업장에 더하여 현생에서의 행동, 말, 생각의 신구의(身口意) 3업이 보태어져서 육신은 죽어도, 기 파장 형태로 저장된 아뢰야식은 자기의 사이클과 가장 잘 맞는 인연 있는 생명에 동조되어 끊임없이 다음 생으로 영속하면서 생장, 변화해 가는 윤회의 계생(繼生)종자가 됩니다. 매우 중요한 부분이 아닐 수 없습니다.

비록 오늘 내가 실행은 하지 않았더라도 잠시 잘못 일으킨 한 생각은, 다음 생에서 히틀러 같은 대량 살상자의 뇌세포를 구성하는 신경섬유가 될 수도 있다는 거지요. 그러니 죽음이 따로 있는 것이 아니고, 삶 또한 죽음으로 비롯되는 것이기 때문에 부처님께서 생사일여(生死一如)라 하셨고, 어떠한 것도 내 운명의 주재자가 아니니 다만 지은 업에 따라 그 길을 갈 뿐이라고 설하신 게 아니겠습니까?

브라질에 있는 나비 한 마리의 날갯짓이 미국에서는 엄청난 토네이도를 몰고 온다는 미국의 기상학자 에드워드 로렌츠의 '나비효과'처럼, 무심코 내뱉는 말 한마디나, 한 생각도 모두가 업장이 되어 세세연연 인과로 작용함을 우리는 잊지 말아야 하겠습니다. 법상종에서는 제9식을 인정하여 더 이상의 삶도 죽음도 없는 완전한 부처의 경지를 지칭하기도 합니다만, 우리의 의식과 무의식의 마음 작용은 이런 단계를 거쳐 인과의 종자로 뿌려진다는 정도만 새겨두시기 바랍니다.

일체중생을 제도하는 보살의 마음가짐을 설한 대목에서 마음의 본질을 짚어본다는 것이 이렇게 장황한 이론의 전개로 이어졌지만, 부처님이 대승정종분에서 강조코자 하신 핵심 설법의 내용은 일체의 중생, 그러니까 난(卵), 태(胎), 습(濕), 화(化)생에서부터 형상의 유무와 생각의 유무를 초월하여, 무여열반(無餘涅槃)에 들도록 제도하되 아상(我相), 인상(人相), 중생상(衆生相), 수자상(壽者相) 4상의 관념 없이 열반에 들게 하고, 내가 열반에 들게 했다는 생각 자체를 갖지 말아야 한다는 데 있습니다.

중요 용어

❀ **보살마하살(菩薩摩訶薩)** : 보살마하살타(菩薩摩訶薩埵)의 준말. 마하(摩訶)는 크다는 뜻이고, 보살은 자리(自利)·이타(利他)의 큰 행원(行願)을 닦는 사람이니 큰 보살 즉, 보살마하살이라 부르므로, 대중생(大衆生)·대유정(大有情)·대사(大士)의 뜻을 지닙니다.

❀ **소유일체중생지류(所有一切衆生之類)** : 존재하는 일체의 중생이란 뜻으로, 중생이란 여러 생을 윤회하고, 무리 지어 함께하며, 많은 연(緣)이 화합하여 생한다는 의미를 지닙니다. 보리류지 번역본에는 '소유일체중생 중생소섭(所有一切衆生 衆生所攝), 모든 중생은 중생에 포섭되니'로 나오고, 진제 번역본에는 '소유일체중생류섭(所有一切衆生類攝), 일체의 중생을 포섭하여 분류한다면'으로 나오는데, 진제 번역이 부처님이 설하고자 한 의미에 더 가까운 거로 보입니다.

❀ **난생(卵生)** : 알에서 태어나는 모든 생명들로 조류, 어류, 파충류, 양서류 등.

❀ **태생(胎生)** : 어미의 배 속에서 사지가 갖추어져 태어나는 생명으로 사람을 포함한 포유류가 여기에 해당합니다.

❀ **습생(濕生)** : 습한 곳을 터전으로 태어나는 생명들로 지렁이, 달팽이, 거머리 등.

❀ **화생(化生)** : 눈에 보이는 원인 없이 홀연히 일어나는 것으로, 부모를 갖

지 않는 자발적 출현의 생명인데, 천상이나 지옥의 천인, 귀신 등의 중생을 이릅니다.

❀ 사생(四生) : 모두가 어리석어 업을 짓고, 습(習)에 젖어 생사윤회를 반복하는 난·태·습·화생 4종류 모든 중생을 의미합니다. 그래서 이들을 완전히 번뇌가 소멸된 니르바나의 무여열반에 들게 하라는 가르침이 제3분 대승정종분의 요지라 보면 되겠습니다.

❀ 유색무색(有色無色) : 글자로만 보면 모양이 있고, 없는 것을 의미하지만, 여기서는 욕계, 색계, 무색계의 3계를 지칭하는 것으로, 분별심을 내어 고정불변의 실체가 있다고 보는 범부는 유색, 안으로는 청정한 본 성품을 지키려고 하나 지혜와 자비를 닦지 않는 명상가 등은 무색으로 보았습니다.

❀ 유상무상(有想無想) : 유상이란 '안의비설신의'의 6식에 끌려 말로만 불법을 운위하면서 교리에만 집착하는 불교학자나 불지식자를 말하고, 무상은 상념은 없되 참선 등의 맹목적 수행으로, 아무런 생각이 없어 잠재의식에는 깊은 번뇌가 남아 있는 무리를 이르는데, 우리 주변엔 이러한 스님, 불제자가 의외로 많은 것 같더군요.

❀ 비유상비무상(非有想非無想) : 생각이 있는 것도 아니고, 없는 것도 아닌, 거친 번뇌는 사라져 상당한 수행의 경지에 도달한 무리라 볼 수 있겠는데, 아직 무상정등각에는 이르지 못한 일체의 수행자를 이르는 용어라 풀이합니다.

❀ 무여열반(無餘涅槃) : 열반은 범어로 니르바나(Nirvana)인데, Ni는 부정을 나타내는 접두사로 '탈피한다'라는 뜻이며, vana는 탐욕과 욕망을 뜻합니다. 결국 보살은 모든 무지와 욕망을 초월하여 중생을 제도하고, 부처의 몸을 얻어야 남김 없는 무여열반이 되는 것입니다.

❀ 아상·인상·중생상·수자상(我相·人相·衆生相·壽者相) : 이 네 개의 상을 사상(四相) 또는 아인사상(我人四相)이라고 하는데, 아상이란 '나'라는 상에 집착하여, 오온의 조건으로 임시로 이루어진 자신의 존재를 실체적 불멸의 자아가 있는 것처럼 집착하는 관념을 이르고, 인상이란 '남'을 인식하는 데서 오는 차별적 생각과 행동의 집착을 이르는데, 짐승과 범부에 대한 경멸감 또는 우월적인 존재에 대한 열등감 등이 이에 해당합니다. 그리고 중생상이란 쾌락을 탐하고, 괴로운 것을 싫어하는 현실적 상념이나 행동의 집착을 이르기도 하며, 중생일 뿐이니 초월적 경지에는 이를 수 없다는 비하적 집착을 이릅니다. 또한 수자상이란 나의 목숨은 영원하다는 관념에 집착하는 것을 이르는데, 이들 낱말에 대한 엄격한 개념의 경계는 의미가 없으며, 다만 굳어지고 편향된 아집의 관념을 경계하는 뜻이라 생각해 두시기 바랍니다.

❀ 하이고(何以故) : 우리말로 읽으면 하이고가 되어 마치 '아이고~'로 들리지만 '어찌 이런 까닭인가'라는 뜻으로 '왜냐하면'으로 읽힙니다.

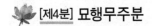 **[제4분] 묘행무주분**

묘행무주분(妙行無住分) : 집착 없는 뛰어난 수행		
단락	구분	원문 및 한글번역
1	원문	復次須菩提 菩薩於法 應無所住 行於布施
	한글 토	부차수보리 보살어법 응무소주 행어보시
	한글번역	그리고 또 수보리여. 보살은 대상(법)에 대해 마땅히 집착함이 없이 베풀어야 할 것이다.
2	원문	所謂 不住色布施 不住聲香味觸法布施
	한글 토	소위 부주색보시 부주성향미촉법보시
	한글번역	이를테면 색(모양)에 집착하는 보시가 아닐 것이며 소리, 냄새, 맛, 감촉, 이치도 초월한 보시를 해야 한다는 말이니라.
3	원문	須菩提 菩薩 應如是布施 不住於相
	한글 토	수보리 보살 응여시보시 부주어상
	한글번역	수보리여. 보살은 마땅히 이와 같이 보시할 것이며, 관념(상)에도 얽매이지 말아야 할 것이다.
4	원문	何以故 若菩薩 不住相布施 其福德 不可思量
	한글 토	하이고 약보살 부주상보시 기복덕 불가사량
	한글번역	왜냐하면 만약 보살이 상에 집착하지 않는 보시를 한다면 그 복덕이 헤아릴 수 없을 만치 크기 때문이니라.
5	원문	須菩提 於意云何 東方虛空 可思量不?
	한글 토	수보리 어의운하 동방허공 가사량부
	한글번역	수보리여, 그대 생각은 어떠한가? 동방허공을 생각으로 헤아릴 수 있겠느냐?
6	원문	不也世尊 須菩提 南西北方 四維上下虛空 可思量不
	한글 토	불야세존 수보리 남서북방 사유상하허공 가사량부
	한글번역	불가합니다. 세존이시여. 수보리여. 그렇다면 남서북방과 사유의 상하 허공을 생각으로 헤아릴 수 있겠느냐?
7	원문	不也世尊 須菩提 菩薩 無住相布施福德 亦復如是 不可思量
	한글 토	불야세존 수보리 보살 무주상보시복덕 역부여시 불가사량
	한글번역	불가합니다. 세존이시여. 수보리여. 보살이 상에 집착하지 않는 보시의 복덕도 이와 같아서 헤아릴 수가 없느니라.

8	원문	須菩提 菩薩 但應如所敎住
	한글 토	수보리 보살 단응여소교주
	한글번역	수보리여. 보살은 반드시 이러한 가르침대로 머물러야만 할 것이다.

머물러 집착이 없는 뛰어난 수행의 방법으로, 무주상보시의 한량 없는 복덕을 강조하시고 있습니다. 여기에서의 보시는 자신의 물질 적·정신적 자산을 남에게 베풀라는 뜻보다는, 스스로 내려놓으라는 뜻으로 이해하시는 게 좋을 듯하군요. 그러나 세상에서 가장 어려 운 일이 보장된 나의 것을 내려놓는 일일 것입니다. 그것은 목숨을 내놓는 일만큼이나 어려운 것이 아닐는지요?

우리 사회의 어느 구석을 보아도 이웃 사랑이라는 이름표로 내 놓는 자선활동이나 봉사활동치고, 아낌없이 주는 나무와 같이 조 건 없는 나눔을 실천하는 걸 저는 잘 보질 못했습니다. 거기에는 진 정한 자비심보다는 사회적 약자로부터 느끼는 자아의 우월감 확인 이나, 봉사자라는 세상의 명예를 인정받아 사회적 지위를 높이고자 하는 목적의식이 대부분 깔려 있기 때문입니다.

일생을 거짓과 위선으로 천사의 가면 뒤에 숨어서 온갖 사회적 존경과 명예를 누리다, 그 거짓의 가면이 벗겨지자 백주에 드러난 두 얼굴의 민낯이 너무나 부끄러워, 죽음 뒤로 몸을 숨긴 모 정치인 이 생각납니다. 이름만 대면 누구나 알 수 있는 그분이 대도시의 시 장이었을 때 영세민에게 연탄 몇 장 배달하는 봉사자의 이미지 코 스프레를 위해 억지로 얼굴에 연탄재를 처바르고, 수많은 사진기자 앞에서 인자한 표정을 연출하는 그 역겨운 이중성의 웃음 뒤에 있 는 권력에 대한 욕구의 처절한 집착을 제가 보았다면, 너무나 시니 컬한 냉소주의자가 되는 건가요?

그런데 이렇게 어려운 조건 없는 보시를 부처님께서는 아무 일도 아닌 듯 왼손과 오른손이 모르도록 베풀라고 하십니다. 무주상보시 즉, 어떠한 관념이나 대가를 바람 없이 그냥 베풀면 그 복덕이 동서남북 사방의 허공만큼 크다는 말씀이신데, 불법을 닦는 것도 이와 같아서 교리와 법식(法識)은 채워가는 것이 아니라 원래의 영혼인 순수의 상태로 비워내는 과정이 해탈을 향해 가는 길이라는 것입니다.

주변에 불법을 공부했다는 우월감에 젖어 법 자체가 해탈이라고 믿는, 법집에 빠진 스님이나 불교학자를 간혹 봅니다. 방편일 뿐인 언어와 문자로 이룬 경계는 실체의 벽을 허물고 진여의 세계로 날아오르기가 마치 병 속의 새를, 병을 깨뜨리지 않고 꺼내는 것만큼 어려운 일이 아닐까요? 병 속의 새는 원래 상이 없는 관념이 만든 새이기 때문에 물리·과학적 지식으로 꺼낼 수 있는 일이 아니고, 상의 얽매임으로부터 대 자유를 얻을 때 비로소 새는 창공으로 훨훨 날아오를 수 있습니다.

그런데 최근 어떤 코미디 프로에선가 그 병을 깨지 않고 새를 꺼낸 개그맨이 있었으니, 원래 그 병은 유리병이 아니라, 플라스틱병이라서 깨뜨리지 않고 잘라서 새를 꺼냈다는 웃지 못할 개그를 본 것도 같지만요.

원래 인간의 영성은 쏟아내면 낼수록 맑은 물이 고이는, 샘이 깊은 우물과 같아, 일체 유심의 마음 한자리가 성불과 삼악도의 경계를 가르는 분수령이 되는 것입니다. 그러나 하나를 가지면 열을 갖고 싶고, 99개를 가지면 하나를 더 채워 100을 만들고 싶은 것이 중생의 욕구입니다. 작은 욕망으로는 만족할 수 없고, 큰 욕망은 채울 수 없으니 그 채움이 곧 번뇌의 종자요, 무명의 초대장인데도 나의 권력, 나의 명예, 나의 재물, 나의 집, 나의 애인, 나의 가족 등, 내 것이라는 욕구의 집착은 죽음에 이르러도 싫어할 줄 모르는 것이 인간 본래의 욕망 구조이기도 하지요.

그러면 그 욕망의 뿌리는 무엇일까요? 그것은 다름 아닌 관념으로 뭉쳐진 원래 있지도 않은 '나'라는 허상이라고 부처님은 진단하셨습니다. '나'라는 조건의 집합체는 조건이 멸하면 사라지는, 인연이 만든 허공의 구름과 같은 '공'일 뿐이라서 나의 자아가 끼어들 실체라 할 만한 상(相)이 없으므로 '상(相)이, 상(相) 아님을 같이 본다면 곧 여래를 볼 것이라.' 하신 것이 아닙니까?

욕망과 만족은 서로 반비례하는 것이라서 욕망이 클수록 만족은 작아지고, 스스로 자족할수록 욕망으로부터 오는 번뇌는 작아지거니와 내가 욕망을 버리기 어렵다면 욕망이 나를 버리게 하면 될 터입니다. 출세와 명예에 집착하면 상실감에 빠지기 쉽고, 재물과 부귀에 골몰하면 허무감에 빠지기 쉽습니다. 허무처럼 깊은 함정은 없습니다. 그래서 가장 큰 허무는 욕망이라는 무명의 덫이라고 하였습니다.

정말이지 조금만 우리네 인생의 허무한 구조를 들여다보노라면 실로 내 것이랄 게 아무것도 없음을 쉬이 알 수 있습니다. 세계 스마트폰 시장의 1~2위를 차지하는 굴지의 재벌그룹 회장인들 저승으로 갈 때 그 흔한 스마트폰 하나 가지고 갈 수 있겠습니까? 설령 관 속에 같이 묻어 가져간들 저승에는 기지국도 없어 무용지물일 터이니, 차라리 먼 먼 북망산천 길에 갈증을 축일 막걸리 한 병이 더 소중할지 모르겠군요.

아메리카 원주민들이 원숭이를 사냥할 때, 원숭이의 주먹 하나가 딱 들어갈 만한 구멍을 뚫은 나무상자에 사과를 넣어두면 원숭이는 구멍으로 손을 넣어 사과를 움켜쥐게 되는데, 사과를 잡은 손은 구멍보다 커져서 사과를 놓지 않는 한 원숭이의 손은 빠지지 않게 됩니다. 그러나 원숭이는 한번 잡은 사과를 끝까지 내려놓을 줄 모르고 그대로 사냥꾼에게 잡히고 마는데, 과연 이 원숭이를 어리석다고 말할 수 있을 만큼 우리 중생들이 욕망의 집착으로부터 자유로울 수 있을까요?

잡으면 번뇌, 놓으면 성불이라는 금강경 속의 진리를 우리는 말과 글로써 알고는 있지만, 과연 색성향미촉에 집착하지 않고, 법에도 얽매임 없이 무주상보시를 행하는 것은 갠지스강 바닥의 돌멩이가 저절로 떠올라 강물 위를 떠다니는 것만큼이나 어려운 일이 아닐까 생각해 봅니다. 그래서 부처님께서는 욕망으로부터의 탈출을 법화경에서 '불타는 집의 비유'로 설명하고 있는데, 그 비유의 일화를 가져와 보겠습니다.

옛날 어느 나라에 한량없는 재산과 하인을 거느린 큰 장자가 있었는데, 그의 집은 엄청 크지만 낡고 문이 하나뿐인 집이었습니다. 어느 날 문득 불이 일어나 집을 태우는데, 장자는 불길에서 벗어났으나 집 안에는 그의 아들들이 놀이에 정신이 팔려 나오지 않고 있었답니다. 장자는 아무리 아들들을 향해 불이 났으니 나오라고 소리쳐도 재미난 놀이에 빠진 아이들이 나오지 않자, 문득 장자는 지혜를 내어 아이들이 지금의 놀이보다 더 좋아할 만한 장난감 수레를 가져와 아이들을 유인하였고, 그제야 아이들이 무사히 불길에서 빠져나올 수 있었다는 것입니다.

'화택(火宅)의 비유'로도 잘 알려진 이 가르침은, 불타는 집은 욕망의 사바세계를 이르고, 환락의 놀이에 빠져 아무리 뛰쳐나오라고 해도 닥쳐올 죽음도 알지 못하는 아이들은 어리석은 중생을 상징하며, 장자로 묘사된 부처님이 지혜로써 대승이라는 장난감 수레를 방편으로 이끌어내어 생사의 구렁텅이에서 중생을 구제한다는 상징적 비유를 담고 있습니다. 이처럼 욕망과 쾌락에 빠져 바른 가르침이 들리지 않는 어리석은 집착을 대승의 원대한 보리심으로 제도할 수 있음을 밝히신 겁니다.

보시(布施)의 문자적 정의는 포(布-원래 '포'로 읽지만 보시로 쓸 때는 '보'라고 읽습니다.) 즉, 베나 화폐를 널리 깔거나, 시(施) 곧, 베푸는 것을 뜻하는 말인데, 자비의 마음으로 다른 이에게 아무런 조건 없이 베풀어 주는 것을 이릅니다. 대승불교의 핵심적 실천 수행법인 6바라밀 중의 하나인 보시는 중생의 구제를 목표로 삼는 이타(利他) 정신의 지극한 행동 양식으로서, 자비심으로 물욕을 갖지 않고 재물을 베푸는 재시(財施)와 부처님의 가르침과 진리를 가르쳐 주는 법시(法施), 두려움과 어려움으로부터 구제해 주는 무외시(無畏施)의 셋으로 구분됩니다.

또한 보시는 중생을 불법의 세계로 인도하기 위한 보살의 네 가지 행위 즉, 사섭법(四攝法) 중의 하나이기도 한데요. 끌어당긴다, 안는다는 뜻의 네 가지 사섭법은 대승불교의 중요한 이타적 실천 규범인지라 다시 한번 상기해 보도록 하겠습니다. 첫째, 부처님의 가르침이나 재물을 베푸는 보시(布施), 둘째, 부드럽고 온화한 말로 타인을 배려하는 애어(愛語), 셋째, 남을 이롭게 하는 이행(利行), 넷째, 서로 협력하고 아픔과 기쁨을 함께 나누는 동사(同事)를 일컬어 사섭법이라 하는데, 한마디로 함축하면 나눔과 배려의 일상화라 할 수 있겠습니다.

한편 보시에는 재물 없이 베푸는 일곱 가지 무재칠시(無財七施)가 있는가 하면, 행위의 주체와 서원의 대상에 따라 여덟 가지로 나눈

팔종시(八種施) 등이 있다는 정도로 알아두시기 바랍니다. 그런데 요즘의 보시라는 개념은 불공이나 불사(佛事) 때에 신도들이 일정한 금전이나 물품을 내놓는 일로 바뀐 듯한데요, 솔직히 많은 불자들이 보시에 따른 명리(名利)와 반대급부를 노리기도 하고, 사찰의 운영을 맡은 스님의 입장에서는 보시의 재물 정도에 따라 신도의 서열을 매기는 풍조도 없지 않은 것 같더군요. 이는 원만 보시가 아니라 내가 무엇을 베풀었다고 하는 자만심이 자비심을 굴복시킨 유상(有相)보시가 되어 부처님이 설하신 무주상보시와는 거리가 먼 일종의 거래 행위가 아닌가 하는 저만의 의문을 가져봅니다.

달마가 불법을 펴기 위해 동쪽으로 온 것은 527년 양나라 무제 때의 일입니다. 양무제는 불심천자라는 칭송을 들을 만큼 수많은 사찰과 불탑을 건립하고, 승려를 양성하는 등 보살의 화신이라 자타가 인정하는 왕이었는데, 달마를 초청하여 자신의 이러한 공덕이 얼마나 되겠냐고 물었습니다. 이에 달마는 아예 공덕이랄 것도 없다고 말합니다. 놀란 왕이 그러면 어떤 것이 공덕이냐고 묻자, 이때 달마의 대답이 바로 무주상보시를 강조하며, 자신이 불사를 일으키고 공덕을 쌓았다는 생각 자체를 여의고 무의 경지에 이르라는 것이었지요.

양무제는 달마를 괘씸히 여겨 살해하려 하지만, 갈댓잎을 꺾어 강물에 배로 띄워 타고 달마는 유유히 소림사로 향합니다. 지팡이에 짚신 한 짝을 걸고 길을 가는 그림과 갈댓잎을 타고 강을 건너는 달마 그림은 여러분들도 보셨을 겁니다. 달마가 갈대를 꺾어 타고 강을 건너는 고사가 '절로도강(折蘆渡江)'이고, 한 짝 짚신을 꿰고 유유히 길을 가는 고사는 '수휴척리(手攜隻履)'입니다.

기독교에서는 수입의 10퍼센트를 헌금으로
내는 11조 헌금을 자율적으로 온전히 지킬
때 신앙이 완성된 것으로 봅니다. 모세 5경
의 하나인 구약성서 「레위기」에는 "땅에서 나
는 곡식이든 나무에 열리는 열매이든, 땅에서
난 것의 십 분의 일은 야훼의 성물이니, 야훼
께 바칠 거룩한 것이다. 소든 양이든 목자가
지팡이로 거느리는 모든 짐승의 십 분의 일은
야훼께 거룩한 것으로 바쳐야 한다."<레위기
27:30>라고 하여, 무주상보시가 아닌 무조건
헌납을 규정하고 있습니다.

〈절로도강〉

　제가 오래전에 들은 어느 목사님의 헌금을 독려하는 설교가 생각
나는군요. 목소리도 카랑카랑하던 그 목사님은 "나는 돈을 좋아하
지 않아요. 하나님이 좋아하세요."라고 하여, 누가복음<12:33~34>의
"너희 소유를 팔아 구제하여 곧 하늘에 둔바, 다함이 없는 보물이
니 거기는 도둑도 가까이하는 일이 없고, 좀도 먹는 일이 없느니라.
너희 보물 있는 곳에는 너희 마음도 있으리라."라는 가르침을 참 잘
받드는 목사님이시구나라고 생각을 했더랬지요.

　어느 사찰인지는 밝히지 않겠습니다만, 헤아릴 수 없이 많은 불
상을 규격별, 재질별, 가격순으로 진열해 놓고 보시자의 이름을 새
겨 평생 원불로 봉안해 준다며, 차림 가격표(?)를 게시해 둔 사찰이
있더군요. '참! 어쩌다가 부처님께서 대한민국의 인신매매단의 제물
이 되셨나?' 하고, 혼자만의 쓸쓸한 독백의 비감에 젖은 기억이 나
네요. 갈수록 척박한 이 혼돈의 시대에 부처님의 위신력을 빌려 모
든 중생의 장엄물로써 불국의 세상을 만들어 가고자 하는 그 주지

스님의 눈물겨운 대 자비심(?)은 헤아리지도 않은 채 말입니다.

사리불존자가 인색한 부자에게 보시를 권선하는 일화가 생각나는군요. 사리불이 좌선 중 지독하게 인색한 부자가 그 인(因)으로 하여, 다음 생에 고통받을 것을 관하게 되어, 그의 악연을 끊어주어야겠다는 발심으로 매일 부잣집 앞에서 보시를 권선하였으나 늘 돌아오는 것은 욕설과 악담뿐이었습니다. 그래도 사리불이 매일같이 묵묵히 부잣집 앞에서 탁발을 구하자 부자는 화가 치밀어 자신의 입을 양치한 물을 시주물이라며 발우에 뱉어냈는데, 사리불은 화를 내기는커녕 오히려 그를 축복해주면서, 이 보시공덕으로 대대로 행복해지기를 축원해 주었답니다.

부자는 큰 충격을 받아 사리불의 뒤를 밟았고, 사리불이 부처님께 그 공양물을 바치며 그간의 사정을 아뢰자, 부처님께서는 그 양칫물도 훌륭한 보시물이며, 좋은 음식이라고 하문하는 설법을 듣게 되지요. 뭐, 그 부자가 이후 대가 없는 베풂의 기부 천사가 되었음은 말하면 입 아픈 소리가 아니겠습니까? 일신의 영달을 포기하고, 무명에 빠진 중생을 구제하겠다는 큰 서원을 세운 불보살이라면 적어도 이만한 자비심은 지녀야 하지 않을까요? 이처럼 행복은 바라는 '행(幸)'의 행복(幸福)이 아니라, 자비에 연원한 베풂을 행하는 '행(行)'의 행복(行福)이 되어야 할 것입니다.

세속적 재물과 명예가 가져다주는 행복이란 해가 뜨기 전, 풀잎에 묻은 영롱한 이슬방울을 풀잎이 자기 본래의 옷이라 착각하는 것과 같은 어리석은 집착이 아닐까요? 그래서 부처님께서는 황금이 소낙비처럼 쏟아져 내리고, 히말라야 산 전체를 황금으로 만들어준다고 해도 단 한 사람의 욕망조차도 채울 수 없는 것이 욕망의 본질이라 하였습니다. 근본적 인간의 욕망 구조는 채워도 채워도, 채워지지 않는 바닥없는 공간으로 지어져 있기 때문입니다.

　호랑이도 한 끼 식사를 해결하여 포만감을 느끼면 곁으로 지나가는 토끼도 쫓지 않는다고 하였지만, 우리 인간들은 바닥없는 창고가 차오를 때까지 재물을 쌓아두고, 부패하여 진동하는 그 독소의 냄새가 영혼 전체를 썩게 하여도 그것으로 행복한 포만감에 젖는 어리석은 동물인 것입니다. 우리들도 이러한 진리만 알고 행하면, 불빛을 찾아 죽음의 날갯짓을 하는 불나방 같은 어리석음에서 탈피하여, 마음은 깨끗한 즐거움에 잠긴 채 감로의 기쁨을 맛보게 될 것입니다.

중요 용어

❀ 부차수보리(復次須菩提) : '그리고 또 수보리야!' 제3분에서 '보살은 4상을 여의어야 할 것이다.'에 이어지는 설법의 접속사 역할을 합니다.

❀ 응무소주(應無所住) : '마땅히 머무는 바 없다.'라는 뜻인데, 앞의 문장 보살어법(菩薩於法)과 뒤의 문장 행어보시(行於布施)를 연결하면 '보살어법(菩薩於法) 응무소주(應無所住) 행어보시(行於布施)'가 되니 '보살은 대상(법)에 대하여 마땅히 집착함이 없이 보시를 해야 할 것이니라.'로 읽힙니다. 현장 번역본에는 '보살어법(菩薩於法)' 대신 '보살마하살 부주어사(菩薩摩訶薩 不住於事)'로 번역하였는데, 구마라집의 축약된 문장보다 의미 전달은 현장본이 더 부처님의 생각에 가까이 간 것으로 보이는군요.

❀ 색성향미촉법(色聲香味觸法) : 인간이 대상을 인식하여 감각화하는 의식의 기관에는 다섯 가지가 있으니 곧 눈(眼-빛깔), 귀(聲-소리), 코(鼻-냄새),

혀(舌-맛), 몸(身-감촉)의 감각적 단계인 5식이 있고, 나아가 마음의 단계인 의식을 더하여 6식이라 합니다. 이 6식의 상호작용으로 인간에게는 색수상행식(色受想行識)의 오온(五蘊)의 집합이 끊임없이 일어나게 되어 현상계를 구성하는 번뇌의 인자가 되니, 오온이 무성함을 부처님께서는 '오온성고(五蘊盛苦)'라 하여 인간의 여덟 가지 고통의 하나로 보았습니다.

❀ 보시(布施) : 문자적 정의는 포(布-원래 '포'로 읽지만 보시로 쓸 때는 '보'라고 읽습니다) 즉, 베나 화폐를 널리 깔거나, 시(施) 곧, 베푸는 것을 뜻하는 말인데, 자비의 마음으로 다른 이에게 아무런 조건 없이 베풀어 주는 것을 이릅니다. 지계, 인욕, 정진, 선정, 지혜와 더불어 대승불교의 핵심적 실천수행법인 6바라밀 중의 하나인 보시는 중생의 구제를 목표로 삼는 이타(利他) 정신의 지극한 행동 양식입니다.

❀ 부주어상(不住於相) : 상에 머물지 않는다는 뜻인데, 상이란 다시 말해 마음에 투영된 외계 사물의 형상, 꼴, 형태, 모양 등을 이릅니다. 보시를 할 때는 반대급부나, 내가 누구에게 어떤 것을 얼마만큼 했다 또는 보시에 대한 대가나, 일체의 자만심과 우월적인 관념에 젖지 말아야 할 것이며, 그럴 때 비로소 상에 머물지 않는 보시가 된다는 가르침입니다.

❀ 불가사량(不可思量) : 헤아릴 수 없다. 관념(相)에 집착하지 않는 보시의 복덕은 이루 헤아릴 수 없이 크다는 걸 강조한 대목입니다.

❀ 동방허공 가사량부(東方虛空 可思量不) : 동쪽의 허공을 생각으로 헤아

릴 수 있겠느냐? 여기서 가사량부(可思量不)는 의문형으로 쓰였습니다. 무주상보시 복덕의 한량없음을 강조하고 있네요.

※ 불야세존(不也世尊) : '아닙니다. 세존이시여! No sir!'란 뜻입니다.

※ 남서북방 사유상하허공(南西北方 四維上下虛空) : 상에 얽매이지 않는 보시복덕의 한량없음을 온 우주의 크기를 헤아릴 수 없음에 비유하고 있습니다. 사유(四維)는 네 모퉁이를 뜻하는데, 풍수방위학에서 단골로 써먹는 건곤간손(乾坤艮巽) 방위로, 서북, 서남, 동북, 동남방을 말하고, 동서남북 정4방에, 네 모서리 4방을 더하여 8방이 있고, 여기에 상하가 있으니 불교의 공간 세계는 10방세계 즉 시방세계(十方世界)가 됩니다.

※ 역부여시(亦復如是) : 역시 이와 같다. 부주상보시(不住相布施)는 물론 무주상보시(無住相布施) 또한 이와 같이 한량없음을 뜻합니다.

※ 단응여소교주(但應如所教住) : 단(但)은 무릇, 다만 등의 뜻이니 '의당 이러한 가르침대로 보시해야 하느니라.'로 읽습니다. 의정 번역본은 '역부여시(亦復如是)'로 끝나고, 진제 번역본은 '불가사량(不可思量)'으로 끝나는데, 구마라집이 의미를 보충한 것임을 알 수 있습니다.

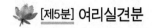 **[제5분] 여리실견분**

여리실견분[如理實見分] : 가르침대로 참되게 보라		
단락	구분	원문 및 한글번역
1	원문	須菩提 於意云何 可以身相 見如來不?
	한글 토	수보리 어의운하 가이신상 견여래부?
	한글번역	수보리여, 그대 생각은 어떠한가? 훌륭한 신체적 특징을 갖추었다면 여래라 볼 수 있겠는가?
2	원문	不也世尊 不可以身相 得見如來
	한글 토	불야세존 불가이신상 득견여래
	한글번역	그렇게 볼 수 없습니다. 세존이시여. 훌륭한 신체적 특징을 갖추었다고 해서 여래라고 볼 수는 없습니다.
3	원문	何以故 如來所說身相 卽非身相
	한글 토	하이고 여래소설신상 즉비신상
	한글번역	왜냐하면 여래께서 말씀하신 훌륭한 신체적 특징을 갖추었다는 말씀은 곧 훌륭한 특징을 갖추지 아니함을 말씀하셨기 때문입니다.
4	원문	佛告須菩提 凡所有相 皆是虛妄 若見諸相非相 卽見如來
	한글 토	불고수보리 범소유상 개시허망 약견제상비상 즉견여래
	한글번역	부처님께서 수보리에게 말씀하셨다. 무릇 존재하는 모든 모습이란 그 모두가 허망한 것이니 모양과 모양 아님을 함께 본다면 곧 여래를 볼 수 있을 것이니라.

본문 전체가 64글자로서 금강경 32분 중 두 번째로 짧은 분단이지만, 반야 제1게로 꼽히는 금강경 사구게가 처음으로 등장하는 매우 중요한 분이 아닐 수 없습니다. 금강경 사상의 저류를 가장 적

확하게, 가장 짧게 함축한 진액과 같은 가르침이 바로 제5분 여리
실견분이라 할 수 있습니다. 따라서 본 분은 금강경의 핵심 요지이
며, 이미 제1분에서 제4분에 걸쳐 6식에 의한 상을 멸할 것과 무주
상보시의 보살도(菩薩道) 그리고 무아의 공이 전개된 만큼 이후의
금강경 강설은 제1분에서 제5분까지의 반복적 심화학습이라 할 수
있겠네요.

부처님은 묻습니다. 훌륭한 신체적 특징, 다시 말해 부처의 상호
(相好)를 갖추었다면 여래라고 볼 수 있겠냐고 말이지요. 이에 수보
리는 그런 상호를 갖추었다고 해도 여래라고 볼 수는 없다고 대답
을 합니다. 왜냐하면 부처님께서 말씀하신 훌륭한 신체적 특징을
갖추었다는 것은 곧, 그러한 특징을 갖추지 아니한 것을 이르기 때
문이라고 말입니다. 수보리는 이미 답을 알고 있었고 부처님이 무엇
을 질문할지를 꿰고 있었던 거로 보이지 않습니까?

상은 상이 아니다. 그렇기 때문에 상이라 한다는 것인데요, 우리
가 앞 장 〈금강경의 개념과 전개 방식〉에서 '허공은 허공이 아닙니
다. 그러기 때문에 허공이라 하는 것입니다.'라고 강조한 부분이 기
억나실 겁니다. 금강경 제26분에도 부처님이 수보리에게 32가지 훌
륭한 신체적 특징으로 여래를 볼 수 있느냐고 하문하시게 되는데,
역시 수보리는 32가지 여래의 상호를 갖추었다 해도 여래라 볼 수
는 없다고 대답하고 있습니다. 부처님의 32상에 대하여는 다음에
설명할 기회가 있으리라 믿고, 당시의 기원정사에서 금강경을 설하
시던 현장 상황을 스케치해 보겠습니다.

지금 1,250명의 비구 앞에는 부처님이 계십니다. 이때의 부처님은
눈으로 볼 수 있는 인간으로서의 부처입니다. 그 부처님께서 "훌륭
한 신체적 특징을 지녔다면 여래라고 볼 수 있느냐?"라고 묻고 있습

니다. "내 외모가 자네들 눈에 부처로 보이냐?"라고 말이지요. 참된 마음으로 바로 보는 것이 아닌, 감각으로 관념화된 상은 상이 아니라는 가르침인데, 세속적 표현으로 쉽게 말하면 "마음이 고와야 여자지, 얼굴만 예쁘다고 여자냐?" 하고 묻는 것과 같습니다. 이렇게 이심전심으로 통하는 사제 간도 드물 것 같군요. 저의 표현이 좀 부적절했나요?

아무튼 상으로 상을 보면 상을 볼 수 없다는 것은, 형상이 형상 아닌 줄 알아야 곧 여래를 볼 수 있다는 금강경의 전체 사상을 단적으로 축약한 것이라 할 수 있겠습니다. 우리들의 6식인 감각과 이치로 관념화된 상의 모양은 대뇌의 반사 신경이 조건반응을 일으킨 실체가 없는 허상이라는 말씀에 다름 아닌 것입니다. 이렇듯 우리가 상이라고 인식하는 형상은 모두가 실체가 없어 허망한 것입니다.

허망이란 사전적 정의는 거짓되고 망령됨(falsehood)을 말하는데, 우리 중생들의 현상적 삶은 거짓과 망령이라는 날줄과 씨줄로 짜인 그물에 갇혀, 단 한 명의 생명체도 빠져나갈 수 없는 무간 공간의 그물 속이라 할 수 있겠습니다. 그러나 우리들은 죽음이라는 종착역을 향해 달리는 욕망이라는 이름의 전차를 타고 있으면서도, 그것이 원점으로 돌아가는 순환 열차라는 착각에 젖어 희비애락의 합창을 하고 있는 건 아닐는지요?

탄생과 죽음은 동전의 양면과 같은 것인데, 늙음과 죽음은 늘 자신을 떠난 세상 밖의 일로만 여기고, 온갖 쾌락과 미식에 탐닉하며, 세상을 속이고 이름을 도둑질하는 기세도명(欺世盜名)이 난무하고 있지 않습니까? 그런 세상을 향해 일체의 겉모양은 사물의 진정한 모습이 아니니, 상을 상으로 보지 않으면 여래를 볼 것이라고 외친다고 해도, 저를 포함하여 과연 얼마나 많은 중생이 공의 핵심을 꿰뚫어 볼 수 있겠습니까?

　어쩌면 이 세상은 악령이 지배하는 세상이 아닌가 하는 생각이 들 때가 있습니다. 더불어 사는 삶을 살아가고자 착하디착하게 살아가는 이웃은 반드시 세상의 밑바닥에서 어렵고 힘든 삶을 이어가고 있고, 귀신은 뭐 하나 싶은 사람들은 승승장구 세상을 호령하며 약자 위에 군림하며 잘도 살아가지 않습니까? 기쁨을 나누면 질투를 사고, 슬픔을 나누었더니 약점을 잡히더라는 말은 악령이 지배하는 이 세상의 비정한 철학을 대변하는 것 같아 씁쓸한 마음입니다.

　인간은 영장류로서 대뇌피질의 지배를 받기 때문에 본능과 감정을 조절할 줄 알고, 배우지 않아도 더불어 살아가는 규범적 윤리를 지킬 수 있습니다. 그런데 포유류나 파충류처럼, 동료와 이웃이 죽어가는 데도 외면하고, 자신의 욕망을 채우기 위해 좋아하는 일만 추구하는 미물보다 못한 인간이 얼마나 많습니까? 다수의 생각이 규범을 어기는 사회에서는 질서를 지키며 타인을 배려하는 사람이 오히려 바보 취급을 받는 모순이 당당히 자리 잡게 됩니다.

　지금 이 시간에도 지구촌 각처에서는 배타적 이념의 대립과 군사·경제적 패권을 쟁취하기 위한 만인 대 만인의 처절한 투쟁이 끊이지 않고, 불포용의 극한 대립은 죄 없는 생명을 죽음으로 이끌고 있습니다. 무엇이 우리 인간들을 이토록 잔인한 살상의 병기로 둔갑시킨 것일까요? 자신들의 종교적 신념을 절대 진리로 관철시키기 위한 그릇된 인간들의 섣부른 집착이 현생의 지옥을 다투어 창조해내고 있습니다. 그러나 그들도 깨우치지 못했을 뿐 하나의 가련한, 구제받아야 할 중생이기에 불교는 모든 걸 다 포용합니다.

　연기론적 우주관에서 볼 때 지금의 악연은 실현되었던 과거 악업의 결과물이고, 지금의 적선 또한 예약된 미래 선연(善緣)의 시작으로써, 일체 현상에는 예외가 있을 수 없으니까요. 여기에 노자도 확실한 결판의 한마디를 보태고 있습니다. "천망회회 소이불실(天網恢恢 疎而不失)" 즉, '하늘이 쳐놓은 그물은 겉으론 엉성해 보이나, 어느 것 하나도 빠져나갈 수 없다.'〈노자『도덕경』73장〉그래서 부처님께서는 선도, 악도 내게 매인 것이니 선악과 생사가 일여(一如)라 하신 겁니다.

내가 부처이고 모든 게 다 부처인데 상도 없고, 모양도 없는 부처를 어디에서 찾는단 말입니까? 부처님도 인간으로서 형상의 부처는 소멸되어 없어진 다만 허상일 뿐일진대, 하물며 우리 중생이 있지도 않은 '나'라는 자아를 구함에 있어서이겠습니까? 여기서 불교 설화한 토막을 이야기해 보도록 하겠습니다.

중국 당나라 때 단하선사가 아주 추운 겨울에 혜림사라는 절에서 하루를 묵게 되었는데, 방에 불을 지피지 않아 너무 추워 잠을 이룰 수가 없었나 봅니다. 주변에 땔나무도 없고 생각해 낸 것이 법당에 있는 목불을 가져와 장작 대신 불을 지폈더랬지요. 훨훨 아궁이에서 잘 타는 목불을 보면서, 단하선사는 "탈 때 보니 부처님도 장작과 다름없구먼."이라는 일갈을 남기고는 그날 밤 따뜻하게 잠을 잤습니다. 다음 날 온 절간에 일대 소동이 일어나고 급기야 단하선사에게 채근이 돌아오게 됩니다.

"스님. 법당의 목불을 못 봤습니까?"
"예. 봤지요. 내가 그 목불을 아궁이에 땠다오."
"아니! 승려로서 미치지 않고서야 어찌 불상을 태울 수 있단 말이오."

그 절 스님들의 노기는 하늘을 찌를 듯했겠지요. 그러자 단하선사가 차분히 말합니다.

"허허. 진정들 하시구려. 나는 다만 사리를 얻으려고 목불을 다비한 것뿐이라오."

"완전히 미친 땡중이로구먼! 나무 불상에서 어찌 사리가 나온단 말이오!"

단하선사의 촌철살인이 이어집니다.

"사리도 나오지 않는 불상을 땠기로서니 그게 무슨 허물이 되겠소!"

상으로는 여래를 볼 수 없습니다. 그래서 부처님께서는 반야 제1게 금강경 사구게의 큰 울림을 이렇게 읊고 있습니다.

"무릇 존재하는 모습이란(범소유상-凡所有相) 모두가 멸하여, 공하고 허망할지니(개시허망-皆是虛妄), 겉모양의 형상이 사물의 진정한 모습이 아님이라 볼 수 있다면(약견제상비상-若見諸相 非相) 곧 여래를 볼 것이다(즉견여래-卽見如來)."라 하신 것입니다.

이 열여덟 글자 안에 금강경의 모든 핵심 진리가 다 담겨 있을 뿐 아니라, 우주의 존재론적 자성이 모두 녹아들어 있습니다. 이처럼 심오한 진리의 게송인 만큼 번역자에 따라 사유의 전개가 조금씩 달리 표현되고 있는데요. 진제 번역본에는 "무릇 존재하는 모습이란 것은(범소유상-凡所有相), 모두가 멸하여, 공하고 허망할지니(개시허망-皆是虛妄), 모습이 있다고 할 수 없는 것이(무소유상-無所有相), 곧 진실이니라(즉시진실-卽時眞實). 모습에서 모습이 없는 것으로 연유하여(유상무상-由相無相), 마땅히 여래를 볼 것이다(응견여래-應見如來)."로 표현하고 있습니다.

또한 현장 번역본에는 "모든 상이 구족됨도 다 허망한 것이요(제상구족 개시허망－諸相具足 皆是虛妄), 상을 구족하지 아니함도 다 허망함이 아니니라 (비상구족 개시허망－非相具足 皆是虛妄). 이와 같이 상과 상이 아님을 가지고 여래를 볼 것이니라(여시이상 비상응관여래－如是以相. 非相應觀如來)." 등으로 번역하고 있어 유의미한 발상의 차이를 보이고 있습니다만, 키워드는 '약견제상비상'으로 집약할 수 있겠습니다.

그런데 이 '약견제상비상'을 죽음보다 싫어하는 부류가 있으니 바야흐로 성형 공화국이라는 국내외의 칭송에 걸맞게 낙양의 지가를 올리고 있는 대한민국의 성형외과 의사들이 아닐까 합니다. 염라대왕의 사자들이 가장 많은 업무 착오를 일으키는 사람군이 대한민국에서 성형으로 얼굴을 바꿔 쓴 성형미인들이라고 하니, 대한민국의 성형 전문의들은 이 분야의 기능에 있어서만은 가히 세계에서도 독보적 수준이라 하겠습니다.

그러한 기능인들에게 새롭게 태어난 저 여인의 상은 애초에 실체가 없으므로, 보이는 겉모습은 상이 아니기 때문에 수술비를 줄 수 없다고 말한다는 건 그들에게는 끔찍한 악몽이 되지 않겠습니까? 일부 남성도 얼굴 성형을 하지만, 요즘 젊은 여인들은 평생 산부인과에는 못 가보는 일이 있어도 성형외과는 필수란 말이 있더군요.

수백 수천만 원을 들여 피눈물 나게 쟁취한 성형미인에게 "너의 상은 실체가 없으므로 허황하고 허황할 뿐, 너의 얼굴은 상이 없으니 공하고도 헛되도다."라는 진리의 사자후를 발했다가는 한 생명을 자살로 몰고 가는 악업을 쌓지나 않을는지요? 이처럼 얼굴의 상은 중생에게 있어 생사를 초월하는 절체절명의 존재론적 이유의 전부인가 봅니다.

때로는 자연산 그 좋은 아름다움을 포기하고 허황한 상에 집착하다가 '성괴(성형괴물)'가 되는, 그리 멀지 않은 이웃을 볼 때 저는 그

분들에게 한 번만이라도 우주라는 계측 불가의 공간에 던져진 '나'라는 존재를 생각해 보라는 말을 권하고 싶습니다.

우리가 볼 수 있는 우주의 영역은 어디까지일까요? 지금까지 미항공우주국 NASA의 허블망원경으로 촬영된 가장 먼 은하는 지구로부터 130억 광년의 거리에 떨어져 있습니다. 다시 말하면 그때 촬영된 사진 속의 영상은 1초에 30만㎞의 속도로 130억 년을 달려온 빛의 영상이기 때문에 우리들이 보는 사진의 현재 상황은 무려 130억 년 전의 모습을 보는 것이 됩니다.

그런 은하가 과연 우리들이 느끼는 실체 있는 형상의 현재 모습일까요? 그래서 우리가 색이라고 느끼는 것은 공간의 질량이 발산하는 빛의 허상을 보는 것에 불과할 뿐인데, 우리들의 눈에는 애초에 물체나 공간에 자체의 색이 있다고 착각하게 되는 것입니다. '색즉시공 공즉시색!' 기가 막힌 진리가 아니겠습니까?

이제 곧 허블망원경을 대체하여 더욱 해상도 높은 제임스 웹 망원경이 우주 공간에 진입하여 보다 더 생생한 먼 거리의 은하 성단을 보내올 것이라며 과학계 뉴스는 전하고 있습니다. 하지만 그 확장된 관찰 영역이라고 해도 우주 공간의 극히 일부분에 해당할 뿐이고, 지금도 팽창을 계속하는 우주는 그 끝을 우리 인간의 과학으로는 헤아릴 수 없으니 어찌 삼라만상에 상이라 할 만한 실체가 있을 것입니까?

우주가 팽창하고 있다는 사실은 아주 가까운 예로써 확인할 수 있는데, 달은 지구로부터 1년에 직선거리로 4㎝씩 멀어지고 있다는 과학적 데이터가 여실히 말해주고 있습니다. 지금 유치원에 다니거나 초등학교에 다니는 어린이들이 어른이 되어 한가윗날 보름달을 본다면 아무래도 이 시대의 달보다는 작아 보이겠지요? 여러분께서는 이즈음에 어떤 가르침이 생각나시는지요? 거의 모든 분들이 '제행무상(諸行無常)'을 떠올리시지 않았을까 생각해 봅니다.

모두가 공하고도 공하여 본질이 없는 무자성의 색계를 우리는 실체라 착각하며, 거짓되고 망령된 허상을 열심히 보고 있을 뿐입니다. 반대로 130억 광년이 떨어진 은하에서 우리의 지구를 관찰해 본다면 지금 이 원고를 쓰는 저의 모습은 보이지 않고 130억 년 전의 이 땅의 모습만 보일 뿐이니 '나'를 '나'라고 할 그 무엇이 있을 것입니까?

아마 그때도 먹고 사느라고 눈물을 꼬불치며 애쓰던 중생들이 있었으려나요? 부처님께서는 망원경은 고사하고 돋보기안경도 없이 어떻게 이 이치를 아셨던 건지, 저의 짧은 지식으로는 그저 이해 불가의 혼란만 오네요. 그런데 재미있는 것은 오래전 지구궤도 600여 ㎞ 상공을 선회하며 허블망원경에 촬영되어 전송된 어느 사진에는 은하 성단의 형상이 마치 성채의 건물 같은 희미한 건물 영상으로 실렸는데, 이를 기독교계에서는 천국의 실재를 하나님이 증거 하심이라며 기염을 토하는 기사를 보았습니다.

기왕에 전지전능한 하나님께서 천국을 역사하시려면 인간 세계의 건축물과 닮을 게 아니라, 좀 더 창울하고 천국 인테리어에 걸맞은 코디를 하셨으면 좋지 않았을까 하는 저만의 생각을 해 본 적이 있었더랬지요.

형상이 있는 것 치고 허망하지 않은 것이 어디에 있겠습니까? 이 이치만 꿰뚫어 보면 우리도 한 방에 부처가 될 수 있을 터인데, 이 글을 쓰고 있는 지금 시간에도 저는 이번 달 카드 대금과 공과금 납부를 고민해야 되니 야속할진저, 언제라 저는 저 100억 광년 우주를 향해 대 해탈의 자유여행을 해 볼 수 있을까요?

중요 용어

❀ 어의운하(於意云何) : '어(於)'는 처소격조사, '뜻이 어떠냐?' 곧 '그대 생각은 어떠한가?'라는 뜻입니다.

❀ 가이신상견(可以身相見) : 이 부분을 보리류지는 '이상성취(以相成就)'로, 현장은 '이제상구족(以諸相具足)'으로, 의정은 '이구족승상(以具足勝相)' 등으로 직역하고 있는데, 따라서 이들 내용을 종합해 보면 '훌륭한 신체적 조건을 갖춘 것'으로 해석해야 합니다. '견(見)'은 본다는 뜻 외에 안다는 뜻도 있습니다.

❀ 범소유상(凡所有相) : 직역하면 '모든 상이 있는 것'이 되지만, 의미로는 '무릇 훌륭하고 뛰어난 모습이란'으로 읽습니다.

❀ 개시허망(皆是虛妄) : 모두가 허망함.

❀ 약견제상비상(若見諸相非相) : 모든 형상과 형상 아님을 함께 본다면.

❀ 즉견여래(卽見如來) : 곧 여래(해탈, 성불)를 봄. 이 사구게도 번역자마다 상당 부분 차이가 있습니다. 보리류지 번역본에는 약견제상비상 다음에 '즉비망어(則非妄語) 여시제상비상(如是諸相非相) 즉견여래(卽見如來)'로 맺고 있는데 곧, '바로 허망한 말이 아니다. 이와 같이 모든 상이, 상이 아니라면 곧 여래를 볼 것이다.'로 되어 있고, 진제 번역본은 '개시허망(皆是虛妄) 무소유상(無所有相) 즉시진실(卽是眞實) 유상무상(由相無相) 응견여래(應見如來)' 곧 '모두가 허망한 것이므로 모습이 있다고 할 수 없는

것이 진실이다. 모습에서 모습이 없는 것으로 인하여 마땅히 여래를 보게 될 것이다.'로 번역하고 있습니다. 따라서 진제 번역본이 의미 전달이 보다 쉬워 보이는 것 같습니다.

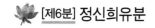 **[제6분] 정신희유분**

단락	구분	원문 및 한글번역
\[제6분] 정신희유분[正信希有分] : 바른 믿음은 고귀하다	
1	원문	須菩提 白佛言 世尊 頗有衆生 得聞如是言說章句 生實信不?
	한글 토	수보리 백불언 세존 파유중생 득문여시언설장구 생실신부?
	한글번역	수보리가 여쭈었다. 세존이시여. 이러한 말씀을 듣고 참다운 믿음을 내는 중생이 조금이라도 있겠습니까?
2	원문	佛告須菩提 莫作是說 如來 滅後 後五百歲 有持戒修福者 於此章句 能生信心 以此爲實
	한글 토	불고수보리 막작시설 여래 멸후 후오백세 유지계수복자 어차장구 능생신심 이차위실
	한글번역	수보리여. 그런 말을 하지 말라. 여래가 열반 후 후오백세가 되어도 계를 지니고 복을 닦는 사람이 있어서 이 경전의 말씀을 들어 능히 믿는 마음을 내고 이를 진실이라 여길 것이니라.
3	원문	當知是人 不於一佛二佛三四五佛 而種善根
	한글 토	당지시인 불어일불이불삼사오불 이종선근
	한글번역	마땅히 알지니라. 이런 사람은 하나 둘 셋 넷 다섯 부처님께만 좋은 인연을 심은 것이 아니라
4	원문	已於無量千萬佛所 種諸善根 聞是章句 乃至一念生淨信者
	한글 토	이어무량천만불소 종제선근 문시장구 내지일념생정신자
	한글번역	이미 한량없는 천만의 부처님 계신 곳에서 좋은 인연을 맺었기 때문에 이러한 말씀을 듣고 이에 한마음만으로도 깨끗한 믿음이 생길 것이니라.
5	원문	須菩提 如來悉知悉見 是諸衆生 得如是無量福德
	한글 토	수보리 여래실지실견 시제중생 득여시무량복덕
	한글번역	수보리여. 여래는 이 모든 중생들이 이러한 한량없는 복덕을 얻을 것을 모두 다 알고, 모두 다 보고 있노라.
6	원문	何以故 是諸衆生 無復我相 人相 衆生相 壽者相 無法相 亦無非法相
	한글 토	하이고 시제중생 무부아상 인상 중생상 수자상 무법상 역무비법상
	한글번역	왜냐하면 이 중생들은 더 이상 나라는 관념, 사람이라는 관념, 중생이라는 관념, 목숨이라는 관념이 없으며, 법이라는 관념도 없고, 법이 아니라는 관념도 없기 때문이라.

7	원문	何以故 是諸衆生 若心取相 卽爲着我人衆生壽者 何以故 若取法相 卽着我人衆生壽者
	한글 토	하이고 시제중생 약심취상 즉위착아인중생수자 하이고 약취법상 즉착아인중생수자
	한글번역	어찌 그러한가. 이 모든 중생이 만약 마음에 상(相)을 가진다면 곧 아상, 인상, 중생상, 수자상에 집착하는 것이 된다. 왜냐. 만약 진리(法相)라는 관념을 가져 곧 아상, 인상, 중생상, 수자상에 집착하는 것이 되고,
8	원문	若取非法相 卽着我人衆生壽者
	한글 토	약취비법상 즉착아인중생수자
	한글번역	만약 진리가 아니라는 관념을 가져도 아상, 인상, 중생상, 수자상에 집착하는 것이 되기 때문이니라.
9	원문	是故 不應取法 不應取非法
	한글 토	시고 불응취법 불응취비법
	한글번역	그런고로 마땅히 진리(법)에 집착하지 말고, 진리 아닌 것에도 집착하지 말지니라.
10	원문	以是義故 如來常說 汝等比丘 知我說法 如筏喩者 法尙應捨 何況非法
	한글 토	이시의고 여래상설 여등비구 지아설법 여벌유자 법상응사 하황비법
	한글번역	이런 뜻인바, 여래는 그대 비구들에게 나의 설법을 뗏목에 비유하여 늘 설하는 뜻을 알아야 할 것이다. 진리도 오히려 버려야 할진대 하물며 진리 아닌 것에 있어서랴.

수보리는 부처님보다 연상이기도 했지만 공의 진리를 터득하여 아라한과를 얻은 성자의 반열에 있었습니다. 그런 수보리가 이토록 심오하고 원대한 부처님의 가르침이 과연 후대의 중생이 믿고 받들어 따를 것인가 하는 심려를 하고 있는 것입니다. 어쩌면 당연한 걱정일지도 모르겠습니다.

제6분에서 수보리가 이런 질문을 한 시점이 막 부처님께서 반야 제1게를 읊으신 직후인지라 자신을 포함한 1,250인의 비구들은 집단 감동을 받았을 터이고, 일찍이 접해보지 못했던 본 금강 회상에서의 사구게의 울림은 너무나 위대했기 때문에 '이렇듯 신묘막측한 가르침을 세월이 흐른 뒤의 중생들이 어떻게 이해하고 따르겠나이까?' 하는 의구심은 자연스러운 즉석 질문(즉문:卽問)이라 하겠습니다.

쉽게 말하면 "에이~ 부처님! 이 말씀을 세월이 흐른 뒤에는 어떤 중생이 믿겠십니껴?" 하는 질문인 셈입니다. 이름 지어진 훌륭하고 뛰어난 모든 것이 허망하니, 모양 지어진 모양을 모양 아님으로 함께 볼 줄 안다면 곧 여래를 볼 것이란 가르침은 사실 출가 수행하는 스님들도 쉽게 깨치기 어려워, 고도의 불도를 연마하여야 다다를 수 있는 경지인 것을, '이러한 진리를 깨닫고 신심을 내는 중생이 과연 얼마나 되겠습니까?' 하는 회의적인 질문이었던 것입니다.

이에 부처님은 단호히 여래 입멸 후 후오백세에도 계를 지키고(지계:持戒), 복을 닦는(수복:修福) 사람이 있어 이 가르침에 신심을 내어 이를 진실이라고 여길 것이라며 수보리의 질문에 즉답(즉설:卽說)을 하고 있습니다. 저만의 생각입니다만 정말이지, 세상의 사람들을 두 부류로 나누라 한다면, 저는 이 금강경 사구게 반야 제1게를 한 번이라도 들어본 사람과 들어보지 못한 사람으로 나누고 싶을 만큼, 이 사구게의 인연은 저에게도 큰 울림으로 새겨져 있답니다.

부처님이 이 게송을 설하신 때가 기원전 6세기경이었으니, 이스라엘 민족에게 하나님과의 계약사항이라는 히브리어 성경 구약성서가 절대적 진리로 전승되던 때가 아닙니까? 하나님이 천지를 창조하고 말씀으로 빛과 어둠을 나누어, 흑암이 혼재하던 우주에 물과 하늘, 땅과 식물, 태양과 별, 짐승과 인간을 6일에 걸쳐 만들었다는, 유대인들의 무협지에 불과한 허구의 신화가 인간의 존엄성을 부정하고 있을 때, 상과 상의 실체 없음을 동시에 꿰뚫어 본다면 곧 여래를 본다는 사자후를 외치신 겁니다.

기독교는 철저히 창조론에 근거하는 데 반해 불교는 진화론에 그 초점이 맞추어져 있음을 알 수 있습니다. 창세기 2장7절에는 "여호와 하나님이 흙으로 사람을 지으시고 생기를 그 코에 불어 넣으시니 사람이 생령이 된 지라."라며, 피조물로서의 인간을 규정하고 있습니다.

그러나 불교는 절대자인 어떤 창조주가 있어 어느 날 한 방에 결과물이 창조되는 것이 아니라, 수수 억겁 인연의 인자가 조건 결합을 하여 다음 생을 만들어내면서 더 높은 단계 또는 더 낮은 단계로의 진화와 퇴보를 반복하는 것으로 봅니다. 절대자의 의견으로 내가 창조되었다면 이미 결과 또한 절대자에 의해 확정되어 있을 터, 거기에 나의 능동적 노력이나 박애, 자비, 해탈과 깨달음, 선행 등이 어찌 무슨 소용이 있을 것이며, 개입될 수 있겠습니까?

인간이 없는 곳 어디에 하나님이 존재할 것입니까? 이처럼 인간은 하나님도 창조해낸 위대한 존재입니다. 우주 대폭발 이전부터 이러한 창조적 에너지는 우주에 편재되어 있었고 이 우주 에너지의 창조심을 부처님께서는 '일체중생 실유불성'이라는 언어의 방편으로 설명하신 겁니다.

굳이 그 우주의 창조심을 자신들이 숭배하는 하나님으로 받드는 건 자유지만, 인간은 질량 불변의 법칙에 의한 인과의 업장이 조건 결합하여 태어난 것이지, 어떤 절대자의 피조물로 태어난 존재가 아님을 불교는 강조합니다.

흙으로 하늘을 닮은 아담을 빚고, 그 갈비뼈로 이브를 탄생시키느라 수고는 하셨지만, 이후의 인간 행보를 선악의 가치 대립으로 몰고 간 하나님의 실수는 도저히 전지전능의 절대자가 할 수 있는 과오는 아니란 생각을 해 봅니다. 팽창우주를 허블 상수로 역추정해 들어가면 우주의 나이를 138억 년으로 보는 게 우주과학계의 입장입니다. 그때의 우주는 하나의 점으로 표시할 수 있는 것이었습니다.

그야말로 구약성경에 나오는 흑암이 혼재된 상태였을 것인데, 기독교에서는 이러한 모든 우주의 성장 변화가 하나님의 말씀에 기인하는 거로 봅니다. 성경 어디에도 하나님이 우주더러 팽창하라는 말씀을 한 바 없는데도, 지금 우주는 신나게 팽창을 계속하고 있습니다. 하나님을 향한 명령 불복종을 지금의 팽창우주는 계속하고 있고, 앞으로도 계속할 것이 확실합니다.

물론 기독교계의 논리적 반박이 없는 것은 아닙니다. 목양교회의 이광복 목사는 그의 저서 『성경으로 본 스티븐 호킹의 우주 물리학의 허구』에서 우주팽창이론 역시 성경 자체가 언급하고 있다고 주장하면서 창세기 1장 8절의 내용을 인용하고 있습니다. "하나님이 궁창을 하늘이라 칭하시니라. 저녁이 되어 아침이 되니 이는 둘째 날이니라."〈창세기 1장 8절〉 여기에 나오는 궁창이라는 용어가 '두들겨 펴다', '확장시키다'란 의미의 동사로, 창세기를 포함해 시편〈19:1, 150:1〉, 에스겔〈1:22~26, 10:1〉, 다니엘〈12:3〉 등에서 17회나 언급된다고 주장한 바 있습니다.

아울러 이 목사는 스티븐 호킹이 그의 저서 『위대한 설계(Grand Design)』에서 '우주란 신의 작품이 아니라 단지 중력법칙, 물리학적 법칙에 의해 저절로 생겨났다.'라며 신의 존재를 부정하면서, '우주의 수많은 행성 가운데 지구 같은 행성, 인간 같은 존재가 얼마든지 있을 것이다.'라고 주장하는 것은 성경 원어를 제대로 몰라 빚어진 오해라고 일축하였군요.

사실 궁창(穹蒼)이란 영어로는 expanse로 표현하며 명사로는 '확대', 동사로는 '확장시키다'라는 뜻을 지닙니다만, 히브리인들이 인식하는 지구를 둘러싸고 있는 대기권의 넓은 공간, 창공(蒼空)을 의미하는 명사로서, 히브리인들이 궁창 곧 하늘이 땅 위에 세워진 기둥(높은 산들) 위에 걸쳐져 있는 단단하고 평평하며, 넓게 펼쳐진 공간이라고 생각했던, 구조(構造) 개념의 인식일 뿐입니다.〈잠 8:27; 에스겔 1:22〉 성경에 나오는 몇 단어의 문자적 해석만으로 과학적 이론에 근거한 학설을 일거에 부정하는 논지는 합리적 논쟁의 자세는 아니라고 봅니다.

우리가 속한 지구는 수많은 태양계를 거느린 은하 중의 극히 미세한 일부분일 뿐이며, 그야말로 티끌에 불과한 미진수(微塵數)의 세계일 뿐입니다. 그러한 은하계가 약 1,000억 개나 있고, 그 각각의 은하마다 또 1,000~2,000억 개의 별이 모여 있는 것이 소위 말하는 우리들이 속한 우주인 것입니다. 구약을 통해 예수의 출현을 예약해 놓고, 절대구주 예수 하나면 족할 줄 알았던 천지간의 천당과 지옥 공사를 원점에서 다시 검토하셔야 할 하나님의 고충도 이만저만이 아닐 것 같군요.

우주의 팽창 사실을 몰랐던 고대·중세·근대의 기독교 교리나, 지금의 교리가 전혀 다르지 않다는 사실은 어떻게 이해해야 할까요? 그것은 우주가 팽창을 하든, 수축을 하든, 그 모든 것은 주님이 역사하시기 때문에 오직 주님만 믿고 따르면 영생을 얻고 또한 죽어도 살 수 있다고 믿기 때문인데요. 하나님, 앞으로 점점 바빠지시게 생겼습니다.

그런데 부처님은 모든 사람의 마음속에는 청정하고 신실한 불성이 있음을 간파하셨고, 모두가 부처(우주와 일치된 영성의 해탈자)가 될 수 있는 무한 지혜가 함장되어 있음을 아셨습니다. 구약성경에서처럼 인간은 모두 하나님에 의해 하나님을 닮게 만들어졌으므로, 엄격히 보면 우리 모두가 하늘인 것입니다.

수백 명을 살해한 살인마에게도 인간으로 태어날 수밖에 없었던 인연 공덕이 있었고, 살아오면서 자신도 모르게 행한 눈썹만 한 선근의 뿌리는 있게 마련입니다. 우리가 인간으로부터 상처받고 또한 수없이 절망하며 분노하지만, 희망의 손길을 내밀어주고 고난의 인생길에 동반자가 되어주는 벗 또한 인간일 수밖에 없습니다. 물을 물답게 흐르게 하는 것이 물의 몫이듯, 인간을 인간답게 하는 것도 결국은 인간의 몫입니다. 한때의 어둠의 자식은 있을 수 있으나, 영원한 어둠의 자식은 있을 수 없습니다.

다만 깨달음에 이르지 못해 무명의 어둠이 중생의 근기별로 덮고 있을 뿐 캄캄한 밤길에 한 등 횃불을 밝히면 사방이 갑자기 밝아지듯, 누구나 그 불을 밝히는 지혜를 터득하여 바른 믿음(정신: 正信)으로 정진한다면 모두가 니르바나에 도달한다고 확신하셨던 겁니다. 그래서 수보리에게 "막작시설(莫作是說), 수보리 학생! 니는 그런 말 하지 말거래이!" 하고 단호히 막고 있습니다. 그러니 이렇게 지계(持戒)와 수복(修福)을 닦는 사람은 이미 한량없는 천만의 부처님께 온갖 선근을 심었으므로 이러한 경전의 말씀을 듣고, 일념으로 청정한 믿음을 일으키게 될 것이라며 수보리의 우려를 잠재웁니다.

불교는 다원우주(多元宇宙)와 무한히 많은 부처를 인정하는 다불사상(多佛思想)을 견지합니다. 심산유곡의 바위틈에서 떨어지는 한 방울의 물과 태평양의 바닷물도 물의 솔성으로 인하여 하나로 연결되어 있는 것처럼, 과거 현재 미래세의 백천만 부처와 중생도 하나로 맺어져 있습니다. 내가 보는 '타인'이 상(相)으로 볼 때는 남으로 보일 뿐이지만, 이렇듯 똑같은 인간이라는 위대한 인연의 인자로는 하나인 것입니다. 그래서 세계는 한 송이 꽃으로 피어 있기 때문에 '세계일화(世界一花)'라 하는 것입니다.

내가 잘못된 길을 헤매거나, 그릇된 생각으로 미망에 빠지게 되면 온 세계가 질고 액난에 빠지게 됨을 알아야 합니다. 우리의 삶이 힘들고 괴롭다고 해서 인생을 쉽게 포기할 수 없는 이유가 여기에 있습니다. 한 눈 바로 떠서 올바른 우주의 성품을 견성할 수 있다면 우리 모두가 곧 부처고, 하나님인 것입니다. 이것이 바로 금강경의 핵심이요, 편재된 우주의 존재 원리인 것입니다.

성인(聖人)과 보통 사람과는 수행의 깊이와 근기의 차이는 있을지 모르나 불성의 본질은 차이가 있을 수 없습니다. 심지어 짐승이나 미물 중생도 또한 이와 같다고 보는 것이 '일체중생 실유불성(一切衆生 悉有佛性)' 정신입니다. 영어로 개 dog를 거꾸로 하면 god 곧 신이 되듯이, 개도 환골탈태하면 신이 될 수 있다는 것입니다. 그래서 불교에서는 부처님을 절대자나 유일신으로 숭배하지 않습니다.

기독교나 이슬람교는 유일의 절대자에 무조건적으로 의지하면 종교적 궁극의 이상향에 도달하는 거로 되어 있지만, 불교는 다만 그 가는 길을 가리킬 뿐, 가는 자는 부처가 아니라 자신일 수밖에 없습니다. 그 가는 길을 가장 확실하고도 빠르게 가리키고 있는 것이 바로 부처님표 내비게이션인 금강경이 아니겠습니까?

그러면 여래 입멸 후, 후오백세라 하신 것에 대해서 알아보는 중요한 순서가 기다리고 있군요. 화엄경에 의하면 부처님 열반 후 2,500년을 각 5백 년씩 다섯으로 나누어 불교의 흥망성쇠를 나타내는 단계로 삼습니다. 여러분께서는 정법(正法)시대, 상법(像法)시대, 말법(末法)시대라는 3시 설법을 들어보셨을 겁니다.

정법시대 1천 년, 상법시대 1천 년, 말법시대는 1만 년이 이어지게 되는데, 후오백년은 말법 1만 년이 시작된 최초의 5백 년을 말하는 것입니다. 그러니 지금은 말법 1만 년 중 후오백년을 막 통과하고 있네요. 이 말법의 시대는 투쟁견고의 시기라 하여 서로 공격하는 풍조가 매우 심각하게 이어진다고 보았는데, 세계의 역사도 이 시기에 1, 2차 세계대전과 동서냉전 등 첨예한 공격의 시대를 보냈고 투쟁의 징후는 미래의 세계에도 더욱 치열해질 것 같으니 진정 우리들은 그야말로 말법의 각축장에서 살아가야 하나 봅니다.

불교의 시간관은 시작도 없고, 끝도 없다는 무시무종(無始無終)의 개념으로 겁(劫)을 기본으로 하여 세계의 생성과 멸망 과정을 표시하는데요, 여러분도 잘 아시는 것처럼 1겁의 시간이란 사방 40리 되는 바위 위에 백 년마다 한 번씩 하늘에서 선녀가 내려와 그 위에서 춤을 추는데, 그때 선녀의 얇은 옷으로 스쳐서 그 바위가 다 닳아 없어져도 1겁이 채 안 된다고 하지요. 그 시간을 계산하면 16,798,000년이 되어 이를 1소겁이라 하는데, 참 어느 누가 1,600만 년 동안 잠 안 자고 지켜보았는지는 모르겠지만, 아무튼 저의 부족한 소견으로도 짧은 시간은 아니라는 생각이 듭니다.

그리고 성주괴공(成住壞空)겁의 4대겁을 겪으면 이는 1대겁(大劫)이라고 하는데, 그 시간은 1,343,840,000년이 되어 한 세계가 생성되어 멸망하는 사이클로 보고 있습니다. 지금으로부터 그 시간대를 거슬러 올라가면 원생대 중기 정도로서 연질 무척추동물, 해조류가 출현했던 때를 불교에서는 한 세계의 시작으로 보았던 것 같습니다. 또한 지금부터 1겁 전은 신생대 신제3기 마이오세 때로 초식성 포유류가 번성하던 때이니 이렇듯 숨 막히는 21세기의 우리들이 보면 참 한가로운 목가적 풍경의 시대가 아니었을까 하는 생각도 드는

군요. 불교의 흥망성쇠와 세계의 이념 양상을 참고하기 위해 다음
도표를 만들어 둡니다.

〈불교 운세의 흥망성쇠 단계〉

시대분류	시기	시대정신	내용
정법시대	부처님 입멸 원년~500년까지	해탈견고	지혜와 도를 깨달아 해탈한 자 매우 많음
	부처님 입멸 후 501년~1,000년	선정견고	선정을 얻은 사람이 매우 많음
상법시대	부처님 입멸 후 1,001년~1,500년	다문견고	열정적으로 불법을 닦는 사람이 매우 많음
	부처님 입멸 후 1,501~2,000년	탑사견고	열정적으로 탑과 절을 세우는 사람이 많음
말법시대	부처님 입멸 후 2,001년~2,500년	투쟁견고	서로 공격하고 배척하는 풍조가 매우 심각해짐
	부처님 입멸 후 2,501년~부처님 입멸 12,000년이 될 때까지		투쟁의 풍조는 더욱 심각해짐
총계	12,000년		불교의 법은 1만2천 년이 이어지고 이후 오랜 기간 불법은 세계에서 사라진다고 봄. 『석가여래행적송(釋迦如來行蹟頌)』 게송 155를 참고하시기 바람

불교 자체도 이처럼 제행무상을 수용하고 있습니다. 영원한 것은
아무것도 없습니다. 광대무변한 우주도 핵융합과 분열을 반복하며,
팽창과 수축을 거듭하게 됩니다. 불법도 이렇듯 사라졌다가 미래세
의 부처로 수기를 받은 미륵불이 용화수 아래에 강림하여 새로운
불법의 시대를 열어가게 되는데, 그때까지는 56억7,000만 년이 걸린
다고 하니 아무리 100세 시대라 해도 우리들 세상에서 미륵불의 강
림을 만나기는 조금 어려울 것 같네요. 그때가 되면 우리들 수명도

8만4,000세로 늘어나고 지혜와 복덕이 구족되어 안온한 기쁨으로 충일한 일생을 보내게 될 텐데 말입니다.

우리네 일생을 하루 24시간이라 했을 때 독자 여러분의 인생 시계는 몇 시에 와 있는지 계산하는 방법을 가르쳐 드릴까요? 여러분의 나이를 3.44로 나누면 본인의 삶이 24시간 중 몇 시에 와 있는지를 알 수 있습니다. 만약 50세라면 50÷3.44=14.5가 되니 즉, 14시 30분 그러니까 오후 2시 30분에 와 있다는 말이 됩니다. 따라서 오후에 할 일이 더 많듯이, 편안히 쉴 저녁 시간을 맞기 위해서라도 더 열심히 일해야 하는 시기가 되는군요. 그런데 자신의 시간이 밤 11시에 와 있는 분이라면 하루를 돌이켜보며, 잘잘못을 반성하고 잠잘 준비를 해야지, 죽자고 나다니며 돈 벌 궁리나 하고, 더 많은 재산을 모으겠다며 밤이슬을 맞겠다는 사람에게는 최상의 금강경 설법도 별반 효험이 없을 것 같은 생각이 드네요.

사람들이 의외로 모르고 살아가는 것이 열심히 사는 것과 아름답게 살아가는 것의 차이입니다. 인생의 결과에 관계없이 또한 주변의 평판과 명예에 연연하지 않고, 자신이 하고 싶은 일에 최선을 다할 때 그 삶이야말로 성공한 삶이요, 아름다운 인생이 되는 것인데, 사람들은 세상과 남이 알아주는 명성 높은 일에만 매달려, 타인의 눈높이에 맞는 삶을 살아가기 위해 자신의 인생을 혹사시키며, 늙고 병들어 가면서 결국 죽음에 이르러서야 후회하게 됩니다. 세상에서 가장 쉬운 일이 돈도 들지 않고, 어떠한 노력 없이도 다다를 수 있는 늙는 일이요, 가장 어려운 일은 어떠한 노력으로도 쉬 이룰 수 없는 아름답게 늙는 일일 것입니다.

지금 이 글을 읽고 계시는 여러분과 저는 56억여 년 뒤에는 또 어떤 윤회의 결과물로 이 우주의 한쪽 공간을 차지하고 있을까요? 그때쯤이면 저의 천박하고 용렬한 분별심도 좀은 더 높은 윤회를 거듭하여, 무명을 벗어나 상(相)에서 자유로운 보살행을 가고 있다면 좋겠다는 또 다른 이상을 가져봅니다. 그런데 지금 당장 우리들은 바야흐로 말법의 시대에 처해 있습니다. 이 시기는 여러 승려들이 계율을 무시하고 복을 짓지도 않으며, 지혜를 가꾸지도 않은 채 서로 공격만 하는 시대라 하니 지금의 불교 정서를 아니라고는 못 하겠군요. 자신의 주장만 옳다는 아집으로 남을 질투하고 비방하면서, 상대방을 서로 장애로 간주하는 그야말로 투쟁의 시대란 것입니다.

인류의 정신문화가 성숙해 온 과정이나, 투쟁의 역사를 살펴봐도 거의 정확하게 맞아떨어지는 걸 알 수 있겠습니다. 그런데 앞으로도 더욱 심해지는 투쟁의 조류에 휘말리는 시대가 펼쳐진다니 어쩌면 우리가 처한 이 각박한 세상을 이토록 정확히 예견하신 건지⋯⋯.

실제로 부처님께서는 본문에서 '실지실견(悉知悉見) 시제중생(是諸衆生) 득여시무량복덕(得如是無量福德)' 즉 "모든 중생들이 이러한 한량없는 복덕을 얻을 것을 여래인 나는 모두 다 알고, 모두 다 보고 있노라."라고 하십니다. 삼계 삼세를 꿰뚫어 천의무봉 구극의 성불을 이루신 부처님이시니 어련하셨겠습니까? '실(悉)'이란 남김없이 모두라는 뜻입니다. 영어로는 all 또는 everything으로 번역하면 되겠군요. 하나도 예외 없이 그러하니 "수보리야. 의심치 말거래이."라고 하는 것과 같습니다. 부처님은 확신하십니다. 이 중생들이 더 이상 나라는 관념, 사람이라는 관념, 중생이라는 관념, 목숨이라는 관념이 없으며, 법이라는 관념도 없고, 법이 아니라는 관념도 없기 때문임을 모두 다 보시고, 모두 다 알고 있기 때문에 확신하실 수 있는 것입니다.

그러면서도 만약 마음에 상을 가지거나, 또는 진리(법상:法相)라는 관념과 진리가 아니라는 관념을 가져도 4상에 집착하는 것이 되기 때문에 어떠한 관념에도 얽매이는 것은 준엄하게 경계하고 있습니다. 제3분 '대승정종분'에서 이미 네 가지 상에 대해 경계하는 부처님의 설법이 있었지만, 모든 상은 자아가 있다는 아상의 연장선상에 있다고 보면 되겠습니다.

결코 채울 수 없도록 구조화된 욕망으로부터 오는 고통과 태어나는 순간부터 가까워지는 늙음과 죽음에 대한 공포, 필히 헤어질 수밖에 없는 사랑하는 사람과의 이별의 아픔이나, 무명으로부터 오는 모든 번뇌가 오직 원래 없었던 '나'라는 상에 집착한 결과이고 보면 이 상을 끊어내는 지혜가 불교의 전부라 해도 과언이 아닐 것입니다.

수많은 불자님들의 마음속에 개념화되어 있는 부처에 대한 신앙은 자신에 대한 보상심리와 기복에 따른 기대치의 반영인 경우가 많습니다. 그것은 '나'라는 아상과 인상, 중생상, 수자상에 집착하는 것으로서 진정한 불법이 아닙니다. 불교는 부처님이 가리킨 길을 스스로 찾아가는 지혜를 닦는 교실일 뿐, 부처를 숭배하고 의지하여, 그 위신력으로 복락을 추구하는 예배당이 아니잖습니까? 불·법·승 삼보에 귀의한다는 말은 막연한 의탁이 아니라, 부처님의 지혜로 승단의 일원이 된다는 서원인 것입니다.

백만 대군과는 싸워서 이길 수 있지만, 단 하나 자신의 그림자와 싸워서 이길 수 있는 사람은 아무도 없습니다. 있는 것이 없는 것을 이기려 하면 어떻게 되겠습니까? 그림자는 애초에 없었습니다. 다만 잡을 수 없고, 만질 수도 없는 색공의 조건 결합으로 생겨난 빛이, 임시적 방편으로 상을 맺은 나에게 부딪친 결과, 투과하지 못한 파장이 굴절되어 나타난 허상의 인과가 그림자일 뿐입니다. 나의 입장에서 보면 그림자가 허상이지만, 그림자의 입장에서 보면 그토록 애지중지하는 '나'라는 존재가 허상이 되는 것입니다.

그러면 이쯤에서는 법에 대하여 짚어보아야 할 차례가 된 것 같군요. 불교는 법을 몸통으로 하고, 자비와 지혜의 두 날개로 날아가는 새에 비유할 수 있는 종교라 전술한 바 있습니다. 그런데 경전을 접하다 보면 어떨 땐 법이 진리와 지혜의 동의어로 쓰이기도 하여, 매우 추상적인 이상향으로 쓰이기도 하고, 불·법·승 3보를 지칭할 때는 불교의 본질 차원에서 만유 존재의 근본 이치로 받아들여집니다.

또한 부처님의 가르침 그 자체를 지칭하는가 하면 어떤 경우에는 법이 좁은 뜻으로서, 계율과 의식(儀式) 같은 현실적 규범으로 한정된 경우도 접하게 됩니다. 그리고 인간의 의식에 6식으로 작용할 때는 법집에 경도되는 분별의 상으로 작용하기도 하는데요. 분석적 논리로 접근하면 매우 혼란스러울 뿐 아니라, 모든 것이 허망하고 실체가 없다는 불교의 공사상에, 법을 포괄적으로 적용하는 불교의 다의성(多義性)까지 겹쳐지면 혹자는 허무주의의 불교 또는 부정의 종교 등으로 극단의 평을 하게 되는 원인이 되기도 하지요.

법은 범어로 다르마(dharma), 달마(達摩) 또는 담마(曇摩)로 음역합니다. 원래의 뜻은 '유지한다.'라는 의미에서 생긴 말로, 질서를 유지하는 것, 법칙, 관습 등을 의미하였습니다. 그러나 불교에서는 부처님의 가르침, 가르침의 내용인 진리 자체, 사물의 본질이나 이치 등을 총괄하는 본질 개념으로 법을 보기 때문에 경우에 따라 해석을 달리하는 중의적(重義的) 자세를 취할 수밖에 없는 것이 불교에서의 법의 개념이라 하겠습니다.

본 분에서 설하시는 법은 관념으로써의 진리를 말하는 것으로, 이때의 법은 제6식에 기반한 의식으로 인해 증득한 알음알이기 때문에 법집으로 인해 나타나는 상을 경계하시는 말씀이라 새겨두시기 바랍니다. 법상, 비법상을 가진다면 역시 아·인·중생·수자상의 4상에 젖는 것이 되므로 마땅히 법을 취하지도 말고, 법 아닌 것을 취하지도 말라는 것입니다.

간혹 부처를 구하겠다는 집착으로 법 자체에 경도되어 마장의 꽃이 무의식의 세계에 피어난 것을 스스로 해탈한 듯 수행의 우월감에 젖는 스님들도 볼 수 있습니다. 마치 사막을 횡단하는 대상이 오아시스에 대한 간절한 욕망으로, 환상의 신기루에 빠져 헛것을 보는 것처럼 말입니다. 이것은 진리고, 저것은 진리가 아니라는 것 자체가 4상의 관념에 얽매이는 것이 아니겠습니까?

부처님의 설법도 다만 방편일 뿐입니다. 고통의 바다라 할 수 있는 이 세상을 건너는 데는 뗏목이라는 방편이 있어야 하지만, 뗏목 자체가 피안이 아닙니다. 피안은 따로 있는 것이 아니라, 4상을 버리고 집착을 놓으면 그곳이 바로 꽃자리가 되어 피안이 되지만, 중생들의 근기 분분하여 마음속에 피안을 바라니 부처님은 맞춤식 교통정리를 통해 뗏목이라는 설법의 방편을 띄우는 것입니다. 그런데 피안에 도달하면 뗏목을 버려야 하거늘 방편인 뗏목을 밧줄로 묶고 끌고 가는 어리석음은 무엇에 비유하겠습니까?

  금강경 또한 금강석보다도 견고한 절대 진리요, 피안을 향해가는 항해도와 레이더가 합성된 GPS이며, 반야용선과 같은 것이긴 하지만, 피안의 대륙에 당도한 다음에야 이 장치나 배들을 끌고 갈 수 없으니 금강경마저도 버려야 할 방편이거늘 다른 것이야 이를 필요가 없을 테지요. 그러니 부처님은 "이처럼 법도 버려야 하겠거늘 법 아닌 것에 있어서는 더 말해 무엇하겠는가?"라며, 당연한 사실을 짐짓 의문형식으로 제시하는 설의법(設疑法)을 통해 명쾌한 답을 일러주고 있는 것입니다.

중요 용어

❀ 파유중생(頗有衆生) : 조금의 중생이라도 있겠습니까? 파(頗)는 자못, 조금, 약간 등의 뜻으로 쓰였습니다.

❀ 언설장구(言說章句) : 경전의 설한 말씀이라는 뜻. 타 번역본에는 '경전

의 구절(경장구·經章句)'로도 표현되었습니다.

❀ 실신(實信) : 참다운 믿음을 낸다는 뜻인데, 보리류지 번역본에는 '생실
상(生實相)'으로, 진제와 급다, 현장은 '생실상(生實想)'으로 번역하여 상당
한 차이를 보입니다.

❀ 후오백세 : 부처님 입멸 후 오백 년 단위로 마지막 다섯 번째 오백 년을
뜻합니다. 본문 도표를 참고하시기 바랍니다.

❀ 지계수복(持戒修福) : 계율을 지키고 공덕을 쌓아 복덕을 닦는다는 뜻.
계율에는 삼귀계(三歸戒)와 열 가지 금지하는 십중금계(十重禁戒), 비구
250계 및 비구니 348계 등이 있는데, 이 중 십중금계(十重禁戒)는 대승불
교의 보살이 지켜야 할 도덕률을 강제하고 있습니다. 『범망경(梵網經)』에
근거를 둔 계율로서 출가 및 재가의 모든 불제자들이 보살의 삶을 살
기 위해서 이 계를 받습니다. 참고로 열 가지 계율은 다음과 같습니다.

① 생명을 죽이거나 생명을 죽이도록 시켜서는 안 된다[불살생(不殺生)].
② 하찮은 것이든 어떠한 것도 훔치거나 훔치도록 가르쳐서는 안 된다[불
투도(不偸盜)].
③ 스스로 음탕하거나 음탕할 것을 남에게 가르쳐서는 안 된다[불음(不
婬)].
④ 거짓말을 하거나 남에게 그렇게 하도록 시켜서는 안 된다[불망어(不妄
語)].
⑤ 음주 때문에 중생의 마음을 흐리게 해서는 안 된다[불음주(不飮酒)].
⑥ 모든 사람의 허물을 발설하거나 남에게 시켜서는 안 된다[불설사중과

(不說四衆過)].

⑦ 자신을 높이고 남을 헐뜯거나 시켜서는 안 된다[불자찬훼타(不自讚毁
他)].

⑧ 빈곤한 사람을 업신여기고 화를 내고 욕설을 퍼붓기를 스스로 하거나
이를 남에게 시켜서는 안 된다[불간석가훼계(不慳惜加毀戒)].

⑨ 잘못을 뉘우치고 사과하는 사람을 미워하여 용서하지 않거나 그렇게
하기를 가르쳐서는 안 된다[불진심불수회(不瞋心不受悔)].

⑩ 불(佛)·법(法)·승(僧) 3보를 비방하거나 남에게 그렇게 하기를 가르쳐서는
안 된다[불방삼보(不謗三寶)].

❀ 종제선근(從諸善根) : 선근은 좋은 과보를 받을 수 있는 원인의 뿌리라
는 뜻. 좋은 선업은 반드시 선한 결과를 맺는다는 선업선과와 악업악
과라 할 때의 선업의 인연 맺음을 이릅니다. 불교에서는 세 가지 삼선
근(三善根)이라 하여 탐하지 않고, 성내지 않으며, 어리석지 않음을 이
르는데, 이의 세 가지 마음을 내는 것을 탐·진·치 삼독심(三毒心)이라 합
니다.

❀ 실지실견(悉知悉見) : 부처님께서 수보리에게 확신을 주기 위한 실증적
표현인데, '여래는 다 알고, 다 본다.' 때문에 후오백세에도 이 경을 그
대로 믿으리라는 말이 결코 과장됨이 없다는 설법입니다.

❀ 법상비법상(法相非法相) : 여기서는 가르침이라는 관념(法相)과 가르침
이 아니라는(非法相) 관념으로 쓰였습니다.

❀ 뗏목의 비유(비유·筏喩) : 뗏목의 비유는 불교 공부에서 흔히 회자되는

비유 설법인데요. 부처님은 비록 중생을 구제하기 위해 법문을 설하였지만 이조차 집착할 대상이 아니라 내려놓아야 할 것임을 가르치고 있습니다. 우리는 흔히 수단과 목적을 혼동하곤 합니다. 고해의 차안에서 해탈의 피안으로 가는 강을 건너기 위해서는 수단인 뗏목과 방법인 노를 저어야 하지만 이는 결코 목적이 될 수 없습니다. 번뇌를 끊고 해탈하여, 피안에 도달했으면 이제는 법이 필요 없게 되는 것과 같이, 뗏목을 타고 강가에 도착했으면 뗏목을 버리고 땅에 올라가야 할 것입니다. 이런 이치로 비추어볼 때 금강경 또한 성불의 법이니만큼, 크게 깨달으면 금강경에 대하여 계속 집착할 필요가 없는 것과 같다 하겠습니다.

🏵 법상응사 하황비법(法尙應捨 何況非法) : '법도 오히려 버려야 할진대 법이 아닌 것을 일러 무엇하겠는가?'라는 뜻. 보리류지 번역본에는 '시법응사(是法應捨) 비사법고(非捨法故)'라 하여, '법이라는 것은 마땅히 버려야 하고, 버리지 않는 법이기 때문이라.'로 되어 있습니다.

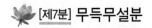 **[제7분] 무득무설분**

무득무설분[無得無說分] : 얻을 수도 설명할 수도 없다		
단락	구분	원문 및 한글번역
1	원문	須菩提 於意云何 如來得阿耨多羅三藐三菩提耶 如來有所說法耶
	한글 토	수보리 어의운하 여래득아뇩다라삼막삼보리야 여래유소설법야
	한글번역	수보리여. 그대 생각은 어떤가? 여래가 아뇩다라삼막삼보리를 얻었느냐? 또한 진리(법)에 대해 설한 바가 있느냐?
2	원문	須菩提言 如我解佛所說義 無有定法名 阿耨多羅三藐三菩提 亦無有 定法如來可說
	한글 토	수보리언 여아해불소설의 무유정법명 아뇩다라삼막삼보리 역무유 정법여래가설
	한글번역	수보리가 말씀드렸다. 제가 부처님께서 설하신 뜻을 이해하기로는 아뇩 다라삼막삼보리라고 할 만한 고정된 진리가 없으며, 또한 여래께서 설하 셨다고 할 고정된 진리도 없나이다.
3	원문	何以故 如來所說法 皆不可取 不可說 非法 非非法
	한글 토	하이고 여래소설법 개불가취 불가설 비법 비비법
	한글번역	왜냐하면 여래께서 설하신 진리는 어느 것도 가질 수 없으며, 설명할 수도 없고, 진리도 아니며, 진리 아닌 것도 아니기 때문입니다.
4	원문	所以者何 一切賢聖 皆以無爲法 而有差別
	한글 토	소이자하 일체현성 개이무위법 이유차별
	한글번역	왜냐하면 현인이나 성인들이란 모두 깨달음의 경지로 인한 다른 표현이 기 때문입니다.

불교사상의 전개 방식은 매우 다의적(多義的)이고, 중의적(重義的) 인 입장을 취합니다. 부처님께서 팔만 사천 법문을 설하시고도 아 무것도 설한 바 없다고 하셨는가 하면, 법을 따라 그 길을 가라 하 면서도 본 제7분에서는 법도 아니며, 법 아닌 것도 아니라는 식의 시쳇말로 헷갈리는 설법을 펼치고 있는데요, 실증적 판단으로는 이 해 불가의 논지가 전개되고 있습니다. 불교를 혹평하는 자들이 단

골로 써먹는 메뉴가 이러한 불교의 모순적 논법으로 인한 불가해한 이중성과 비현실적 허무주의에 대한 비평이 주를 이루고 있음은 주지의 사실입니다. 그런데 완전한 긍정을 도출하는 가장 최선의 방법은 부정을 철저히 부정하는 것입니다.

예를 하나 들어보겠습니다. 우리 사람들에게 냄새도 없고 빛깔이나 형체도 없는 공기의 존재를 인식시키는 방법엔 무엇이 있을까요? 공기 중에는 산소가 있어 그것을 생명체는 호흡을 통해 받아들이고 영양소를 태워 에너지를 얻게 하는 것처럼, 공기는 생명체에겐 필수 불가결의 요소이지만, 공기의 소중함을 느끼는 사람은 별로 없습니다. 그래서 공기의 소중함을 설명할 때는 장황한 설명보다는 공기가 없는 상황을 설명하고, 실증적인 경험을 가지게 하면 즉효가 될 것입니다.

진공상태에서는 생명체가 살 수 없습니다. 그런데 이 진공상태는 어떻게 생겨날까요? 그것은 공기가 자신의 자리를 내줌으로써 공기가 부정된 상태로 기압이 0(공)이 되면 이루어집니다. 1기압이던 공기가 기압이 0인 진공에 밀려난 것입니다. 그러나 밀려났다고 해도 그 공기는 이 대기권 속에 당연히 존재하고 있다가 자신이 밀려난 빈자리를 없게 하면 진공은 해제되는 것인데, 대기권 속의 기압은 늘어나거나 줄어들지 않기 때문에 내 자리라 할 만한 실체가 없는 것입니다. 말도 안 될 만큼 간단한 이치인데요. 이것이 불교입니다. 공기는 공기가 아닙니다. 그래서 다만 그 허상의 이름을 공기라 할 뿐입니다.

제1부 〈금강경의 사상과 사유방식〉에서 전술한 것처럼, 없음을 없게 하는 작용의 자리가 색이고, 그 색을 있게 하는 빛의 본질은 실체가 없으므로 공이 됩니다. 이처럼 불법은 보고 만질 수 있는 것

만을 실체라 믿는 중생들에게는 그 진면목이 피부에 쉽게 와닿지 않는 심오한 진리를 내포하고 있습니다.

고대 그리스의 철학자로 엘레아학파의 원조인 파르메니데스의 제자 제논이 제기한 '제논의 역설'을 한번 살펴볼까요. 발이 엄청 빠른 트로이 전쟁의 영웅 아킬레스와 거북이의 경주 이야기를 들어보셨을 겁니다. 예컨대 아킬레스가 거북이보다 10배 빠르다고 했을 때, 100m 경주를 시작하는데, 거북이를 먼저 출발시켜 거북이가 10m 지점에 도달했을 때 아킬레스가 출발하기로 합니다. 그러면 아킬레스가 거북이가 있던 10m 지점에 도달할 즈음엔 거북이는 이미 11m 지점에 가 있습니다.

아킬레스가 계속 달려 11m 지점에 이르면 거북이는 또 11.1m 지점에 가 있고, 아킬레스가 11.1m에 도달하면 거북이는 또 11.11m에 도달해 있게 되는데, 이런 과정이 무한히 반복되어 아킬레스는 끝내 거북이를 따라잡을 수 없다는 이론이지요. 그러나 이 이론은 공간의 일부인 시간을 무시하고, 평면적 거리만 수치적 분석으로 도출해낸 모순이니 당연히 틀린 이론이 됩니다.

공부를 할 때는 모순도 하나의 방편이 될 수 있습니다. 이럴 때 모순을 바로 보고 모순을 부정하여 긍정을 도출하는 부정의 지혜를 배우는 거지요. 불교가 이러한 모순의 이론을 끌어와 분석을 해도 충돌되지 않는 것은 공을 전제로 부정을 통해 긍정을 밝히기 때문인데요. 부처님도 많은 고심을 하셨을 겁니다. 진정한 법은 말과 설명을 떠나서 있는데, 이것이 법이라 하는 순간 비법이 될 것이 아니겠습니까? 그래서 역으로 수보리에게 조심스럽게 묻고 있는 것입니다.

"수보리야. 자네 생각은 어떠노? 여래가 아뇩다라삼먁삼보리를 얻었냐? 또한 진리(법)에 대해 설한 바가 있더냐?"라고 말입니다. 수보리가 그침 없이 대답을 드립니다. "제가 부처님께서 설하신 뜻을 이해하기로는 아뇩다라삼먁삼보리라고 할 만한 고정된 진리가 없으며, 또한 여래께서 설하셨다고 할 고정된 진리도 없나이다." 수보리 존자 말 참 잘하지요? 뭐 답은 이미 알고 있는 답이 아니었겠습니까?

여래께서 아뇩다라삼먁삼보리를 얻었다고 답하는 순간, 공의 진리에서 한참을 벗어난다는 걸 수보리가 모를 리 없었으니까요. 불법이 가장 경계하는 것은 고정관념을 두거나, 상에 집착하는 것이 아니던가요? 설한 바 없이 설하고, 듣는 바 없이 듣는 것이 곧 금강경의 정신입니다. 그런데 여기서 중요한 문제가 발생합니다. 여래께서 설한 고정된 진리가 없다는 말 즉, 진리도 아니고 진리가 아님도 아니라는 말을 곡해하면 부처님의 설법이 진리가 아니거나 잘못된 것이라 오해할 소지가 있는데요. 이 말은 언설에 집착한 결과, 잘못된 진리를 착각하는 허망한 분별심을 경계한 말씀일 뿐, 진리 자체가 허망한 것이 아니란 걸 알아야 하겠습니다.

이미 뗏목의 비유에서 설명한 것처럼, 방편을 머리에 이고 피안의 세계를 걸어 다니는 어리석음을 경계하셨고, '법도 버려야 하거늘 법 아닌 것에 있어서랴!'라며 명쾌한 비유와 인용을 통해 수보리는 이러한 공의 이치를 터득하고 있었던 것입니다. 원래 훌륭한 선생님은 학생들이 알 수 있는 것만 가르치고, 실력 없는 선생은 어려운 것만 가르친다 하지 않았습니까?

알고 보면 이 세상에 스승 아닌 것은 아무것도 없습니다. 뜰 앞의 잣나무나 똥 작대기, 강가의 조약돌 하나도 그 존재의 시원(始原)을 궁구해 보면, 그것들 입장에서는 이 우주에서 가장 존귀한 존재가 자신입니다. 불교는 이 모두를 법의 테두리 안에서 수용을 합니다. 또한 어떠한 종교적 이념이나 학문적 이론에 대해서도 배타적이지 않은 위대성을 지니고 있습니다.

모름지기 종교라면 이 세상 어떠한 현실적 문제나 사상에 대해서도 설명할 수 있는 이념적·과학적 논리가 있어야 합니다. 절대자에 대한 맹목적 믿음으로써 영생을 얻고 천국으로 가는 것이 아니라, 제8식의 아뢰야식에 습으로 저장된 인연의 종자가 다음 생의 윤회로 이어져 우주 공간에 질량 불변의 법칙으로 항존하게 되는 것입니다. 한 생각 고쳐먹고 행하는 마음과 행동 하나하나 모두가 초대 용량인 우주라는 필름에 3D 형태로 메모리되어, 스스로의 의식과 의지대로 홀로 갈 뿐입니다.

그러니 그 일을 누구로부터 선택받을 것이며, 부처와 예수가 살아 계신다 한들, 70억 인류 개개인의 사후 인사이동을 어떻게 주재할 수 있겠습니까? 하물며 수천 년 전 인류의 스승으로서 모든 삶을 살피시고 열반과 하늘나라로 가 계시는 그분들이겠습니까? 모든 것은 스러져 멸하기 때문에 현상적 상으로는 결코 여래의 진리를 볼 수 없습니다. 모든 게 다 부처인데 상도 없고, 모양도 없는 부처를 어디에서 찾는단 말입니까?

이제 우리도 예수님과 부처님 좀 편히 지내시도록 놓아드리고 스스로 예수가 되고, 부처가 되면 되지 않겠습니까? 포교를 빌미로 부처님 이름 마르고 닳도록 팔아가며, 부처님 흉내 내는 이벤트 불사나, 돈 되는 기복신앙으로 사찰의 기도와 운영을 끌고 가지 말고, 어디에서든 중생 해탈을 위한 휴머니즘의 법등을 조용히 밝혀 주실 것을 스님들께도 당부드리고 싶군요.

불교도 IT 시대의 정신에 맞게 경영이념을 도입하여 더 많은 중생들을 불법의 진리에 가까이 가게 해야 한다는 홍법(弘法)을 어느 누가 말리겠습니까? 그러나 그토록 현란한 전법당 건축과 다국적 기업도 흉내 내지 못할 문어발식 부속 기구의 요란한 확충사업은, '무상(無相)을 머리로 삼고, 무주(無住)를 몸으로 삼으며, 묘유(妙有)를 팔다리(用)로 삼는다.'라는 불교 무주상법의 본질과는 거리가 있지 않나 하는 저만의 생각을 가져봅니다.

구슬이 서 말이라도 꿰어야 보배라면서, 위대한 불법을 포교하지 않으면 박물관의 보검이 될 뿐이라며, 포교 불사를 위한 보시 헌금을 강권하는 스님 몇 분을 보았습니다. 이판사판 공사판 돌아다니며 건축허가 내기 바쁘고, 신도들의 표를 배경으로 정치인 만나 예산 확보에 시간 가는 줄 모르는데, 언제라 무념무상의 적멸 속에서 중생을 위한 자비의 법등을 밝힌단 말입니까? 중 벼슬 닭 벼슬보다도 못하다는데 가사 염의 두른 것을 우월감으로 착각하여, 재가 신도들 충성심 줄 세우기 하는 스님만은 없었으면 좋겠습니다.

새는 창공을 날지만 흔적을 남기지 않고, 꽃은 피어도 소리를 남기지 않듯, 포교를 하고 보시를 해도 하지 않은 듯 무주상이 되면 얼마나 좋겠습니까? 이런 저의 우려는 극히 일부의 사찰, 스님의 일일 터이니 논지를 돌려 제7분에서 부처님이 강조하고자 한 '진리(법)라는 것이 얻을 수도, 설명할 수도 없다.'라는 가르침에 대해 살펴보도록 하겠습니다.

수보리가 부처님의 물음에 답을 합니다. 우선 답변 내용을 다시 한번 읽어봐 주시기 바랍니다. "제가 부처님께서 설하신 뜻을 이해하기로는 아뇩다라삼먁삼보리라고 할 만한 고정된 진리가 없으며, 또한 여래께서 설하셨다고 할 고정된 진리도 없나이다. 왜냐하면 여래께서 설하신 진리는 어느 것도 가질 수 없으며, 설명할 수도 없고, 진리도 아니며, 진리 아닌 것도 아니기 때문입니다."

우리들이 절대 진리로 받들고 있는 부처님의 설법과 불교 최고의
이상향인 무상정등각의 고정된 진리가 없다는 것입니다. 부처님의
법을 정면으로 부정하는 거로 보이지 않습니까? 그렇다면 무엇이
진리라는 말인가? 진리를 구하는 것 자체가 아무런 의미가 없는 게
아닌가? 매우 혼란스러움을 느낄 수밖에 없습니다.

여기서 잘 생각해야 합니다. 우리가 부처님이 되었다고 가정하고
부처님의 입장에서 생각을 해보면 진리를 설하는 부처님은 한 분
이지만 중생의 근기는 천인 천색이요, 만인 만색이 됩니다. 중생이
1만 명이면 1만 개의 세상이 있습니다. 현인이나 성인들이라 칭하는
것도 모두 깨달음의 경지로 인한 다른 단계의 표현일 뿐이지요. 따
라서 부처님께서는 중생의 근기에 따라 방편으로 맞춤식 법을 가르
칠 수밖에 없고, 그렇기 때문에 일정한 잣대를 적용할 수가 없었을
것입니다. 그러니 중생들이 문자와 언어로만 법을 운위할 뿐, 진정
마음으로 그 정신을 증득하지 못하니 방편을 목적으로 아는 어리
석음을 경계하여 이렇게 수보리의 답을 유도해 낸 것입니다.

문자와 언어, 방편과 이치에 집착한다면 녹음기나 인공지능은 될
수 있을지언정 마음으로부터의 깨달음에서는 멀리 달아나게 됩니
다. 그러므로 가질 수도 없고, 설할 수도 없다고 하신 거지요. 부처
님의 가르침 중에서 어떤 것을 취하고, 어떤 것을 얻을 수 있다고
생각하는 순간, 집착으로부터 자유로울 수 없게 되는 것이 아니겠
습니까? 그래서 부처님께서는 "진리는 말로 못 하지만 방편으로 법
을 삼는다."라고 하신 겁니다. 고정된 법이 없다면 고정관념이나 아·
인·중생·수자상의 일체의 상으로부터 자유로워질 것입니다. 이것이
금강경의 근본정신이기 때문에 '무유정법(無有定法)'이라고 합니다.

고정된 법이 없으니 부처님이 설법을 해도 이것을 설한다는 상이 없고, 설한다는 상이 없으므로 설하되 설한 바가 없으며, 들어도 들은 바가 없게 되는 것입니다. 이 세상에는 확정 지어진 고정된 법은 있을 수 없습니다. 현상과 관점에 따라 각양각색이어서 일률적인 법이 없이 상대적 조건과 인연 따라 순간순간의 원칙만 존재할 뿐입니다. 중생들은 스스로가 정해진 법이 있다는 생각에 사로잡혀 허망한 망상을 실체라 집착하여, 원래 없던 번뇌를 만들어냅니다. '이것이 진리다.'라고 정의하는 순간 진리라는 상에 집착하는 것이 되고, 그 결과 무명의 함정에 빠지게 되는 것입니다.

질병마다 다른 약이 있지만, 결국 병을 낫게 하는 것은 자신이 아닙니까? 아주 쉽게 이해해 주시면 되겠습니다. 곧, '모든 법이 하나로 돌아가는데 그 돌아가는 곳은 어디인가(만법귀일 일귀하처 萬法歸一 一歸何處)?' 내 마음 하나 바르면 모든 법이 정법이 되고, 내 마음 삿되면 모든 법이 삿된 법이 됩니다. 그런데 이 진리 또한 저나 독자 여러분의 뇌리에 저장되어 있는 모두가 알고 있는 지식입니다. 무주와 무상을 의지하면 마음은 번뇌를 여의고 깨끗한 즐거움에 잠겨 감로의 기쁨을 누리게 되리라고 가르치지만, 그러나 무주와 무상을 의지하는 일이 어디 철 지난 옷 세탁하는 일처럼 쉬운 일이 아닙니다.

우리는 세속에 길들여진 온갖 욕망과 명예 그리고 내 것이라는 존재의 당위성에 집착하여 의식의 바닥에 습으로 저장된 업장 때문에 가까운 곳에 길을 두고 끝없이 헤매게 되는 것입니다. 인연에 의한 조건 결합으로 생겨난 원래 없던 '나'를 있다고 착각하는 허망한 환상만 버려도 해탈의 길은 활연대오 열린다는 것이 금강경의 무유정법 정신입니다.

결론적으로 말하자면 지식과 알음알이로써가 아닌 자유로운 영혼을 맑혀 마음과 지혜로써 법을 증득해야 하기 때문에 법이 아니요, 법이 아닌 것도 아니라고 하신 겁니다. 부정 속에 있는 긍정의 진리, 깨달음의 경지에서는 빛과 어둠의 경계가 있을 수 없습니다. 가장 밝은 빛은 가장 어두운 빛이라 하지 않았습니까?

중요 용어

❀ 유소설법야(有所說法耶) : "법에 대해 설법한 바가 있느냐?"라고 묻는데, 여기서 야(耶)는 의문조사로 쓰였습니다. 이 부분을 현장 번역본에서는 '파유소법(頗有所法) 여래(如來)·응(應)·정등각시소설야(正等覺是所說耶)' 즉, '어떤 조그만 법이 있어서 여래·응·정등각이 이것을 설하였겠느냐?'로 옮겼습니다. 이때의 조그만 법이란 뜻의 파유는 없다는 의미의 부정사로 쓰였습니다.

❀ 무유정법(無有定法) : 쉽게 말해 정해진 법은 없다는 뜻입니다. 고정된 법이 없으니 부처님이 설법을 해도 이것을 설한다는 상이 없고, 설한다는 상이 없으므로 설하되 설한 바가 없으며, 들어도 들은 바가 없게 되는 것입니다. 이것이 금강경의 근본정신입니다. 아주 중요한 부분이 아닐 수 없습니다. 이 세상에는 확정 지어진 고정된 법은 있을 수 없습니다. 현상과 관점에 따라 각양각색이어서 일률적인 법이 없이 상대적 조건과 인연 따라 순간순간의 원칙만 존재할 뿐입니다. 급다 번역본에는 무유정법을 무유일법(無有一法)이라 옮기면서 하나의 법도 없다고 나오는데, 의미 전달은 무유정법이 본질에 가까운 것으로 보입니다.

❀ 비법 비비법(非法 非非法) : 문자적 해석으로는 법이 아니고, 법 아닌 것도 아니라는 뜻입니다만, 법도 인연 따라 조건 따라 일어나므로 그것을 진리라고 규정하고 집착하는 것 자체가 4상에 얽매이게 되니 방편을 목적으로 착각하지 말고 청정한 보리심으로 지혜의 마음을 열라는 가르침입니다.

❀ 소이자하(所以者何) : 소(所)는 바 또는 곳 등을 이르고, 이(以)는 써 이, 자(者)는 놈 자이지만 여기서는 어조사로 쓰였습니다. 하(何)는 어찌 하로 '이것은 어떤 이유인가.'라는 뜻입니다. 동의어로 금강경에 하이고(何以故)가 여러 번 언급되고 있고, 급다본에는 피하인(彼何因), 피하소인(彼何所因) 등으로 표현되기도 하였습니다.

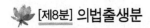 **[제8분] 의법출생분**

단락	구분	원문 및 한글번역
	의법출생분[依法出生分] : 가르침을 따르면 깨닫는다	
1	원문	須菩提 於意云何 若人滿三千大千世界七寶 以用布施 是人所得福德 寧爲多不
	한글 토	수보리 어의운하 약인만삼천대천세계칠보 이용보시 시인소득복덕 영위다부
	한글번역	수보리여. 그대 생각은 어떠한가? 만약 어떤 사람이 삼천대천세계에 가득 찬 칠보로 보시한다면 이 사람의 복덕이 어찌 많지 않겠느냐?
2	원문	須菩提言 甚多世尊 何以故 是福德 卽非福德性 是故 如來說 福德多
	한글 토	수보리언 심다세존 하이고 시복덕 즉비복덕성 시고 여래설 복덕다
	한글번역	수보리가 아뢰었다. 매우 많습니다. 세존이시여. 왜냐하면 이 복덕이란 곧 복덕의 성품이 아닌 것이기 때문에 여래께서는 복덕이 많다고 말씀 하시는 것입니다.
3	원문	佛告須菩提 若復有人 於此經中受持 乃至 四句偈等 爲他人說 其福 勝彼
	한글 토	불고수보리 약부유인 어차경중수지 내지 사구게등 위타인설 기복 승피
	한글번역	부처님께서 수보리에게 말씀하셨다. 만약 또 어떤 사람이 이 경을 지니거나, 또는 사구게 등을 남을 위해 설명한다면 그 복은 앞의 칠보 보시(삼천 대천세계에 가득 찬 칠보 보시)보다 나을 것이니라.
4	원문	何以故 須菩提 一切諸佛 及諸佛得阿耨多羅三藐三菩提法 皆從此 經出
	한글 토	하이고 수보리 일체제불 급제불득아뇩다라라삼먁삼보리법 개종차 경출
	한글번역	왜냐하면 수보리여, 모든 부처님과 아울러 모든 부처님들의 가장 높고 바르며, 원만한 깨달음의 진리가 모두 이 경으로부터 나온 것이기 때문 이니라.
5	원문	須菩提 所謂佛法者 卽非佛法 是名佛法
	한글 토	수보리 소위불법자 즉비불법 시명불법
	한글번역	수보리여, 소위 부처님의 진리라는 것은 곧 부처님의 진리 아닌 것을 말함 이며, 그 표현의 이름이 부처님의 진리일 뿐이니라.

금강경 제8분에서 부처님은 두 개의 가치 비교를 제시하고 있습니다. 즉, 삼천대천세계에 가득 찬 칠보로써 보시하는 것(A)과 금강경을 수지하거나 사구게 등을 남을 위해 설명해주는 복덕(B)의 비교우위를 강조하시면서 "A도 크다만 B는 더 크다. 왜냐? 그것은 모든 부처님과 아울러 모든 부처님들의 가장 높고 바르며, 원만한 깨달음의 진리가 모두 이 경으로부터 나온 것이기 때문이니라."라고 하시며, 아뇩다라삼먁삼보리법의 출전이 된 경전인 만큼 어디에도 견줄 수 없는 절대적 복덕임을 강조하십니다.

칠보는 구체적으로 금, 은, 유리, 파리(玻璃), 차거(車渠), 적주(赤珠), 마노(瑪瑙)를 이르는데, 차거는 조금 생소한 이름이지만, 산스크리트어(musāra-galva)의 백산호(白珊瑚)를 말하는 것입니다. A는 재시(財施)를 지칭한다면, B는 법시(法施)를 의미한다고 볼 수 있겠군요. 그런데 여기까지라면 '아! 그래서 그 복덕이 그만큼 큰 것이구나!' 하고 우리 불자님들이 이해하고 넘어갈 텐데, 말미에 "수보리여, 소위 부처님의 진리라는 것은 곧 부처님의 진리 아닌 것을 말함이며, 그 표현의 이름이 부처님의 진리일 뿐이니라."라며, 또다시 금강경의 근본정신을 복습하게 만들고 있으시네요.

앞에서도 여러 차례 살펴보았듯이 진정한 법은 말과 설명을 떠나서 있는데, 이것이 법이라 하는 순간 비법이 되기 때문에 금강경은 부정을 통해 대 긍정을 도출한다고 하였습니다. 그래서 진리 아닌 것을 진리로 삼으면 원래의 진리는 그대로 남아 있게 됩니다. 시험문제에서 틀린 답만 다 알게 되면 정답은 절로 찾을 수 있는 것처럼, 그때의 정답은 정답 아닌 것으로 찾아낸 정답이기 때문에 다만 이름이 정답일 뿐이겠지요. 언뜻 보면 말장난으로 들릴 수도 있지만 이것이 진리라는 거지요.

만약 어떤 사람이 내가 성불했다고 한다면 이미 성불이라는 경계를 스스로 그어놓고 부처를 얻겠다는 상(相)에 갇혀버린 것이 아니겠습니까? 부처를 얻겠다는 아상을 짓는 순간 부처는 이미 붙들 수 없는 존재가 됩니다. 진정 깨달음을 얻은 성인은 자신을 성인이라 하지 않는 것처럼, 진정한 불법은 불법 아닌 것으로 불법을 삼습니다. 그래서 부처님의 진리라는 것은 곧 부처님의 진리 아닌 것을 말함이며, 그 표현의 이름이 부처님의 진리일 뿐이라고 말씀하신 겁니다.

구마라집 번역본을 기준으로 하면 금강경에는 이처럼 '시명(是名)' 그러니까 '다만 그 표현의 이름이 무엇 무엇일 뿐이다.'라는 표현 형식은 제8분에서부터 제32분에 이르기까지 무려 24회나 인용되었고, '즉명(則名)'과 '명(名)', '고명(故名)'까지 포함하면 모두 38회에 걸쳐 '이름일 뿐 실상이 아니라'는 표현이 이어지게 됩니다. 허상의 이름에 붙들려 존재의 이치를 꿰뚫지 못하는 어리석음을 부처님이 얼마나 경계하셨는지를 알 수 있겠습니다.

보리류지 번역본에는 '소위불법 불법자, 즉비불법(所謂佛法 佛法者, 卽非佛法)' 즉, '이른바 부처님의 법이라고는 하지만, 부처님의 법은 바로 부처님의 법이 아니니라.'로 번역하였네요. 이름이 부처님의 진리일 뿐이라는 번역은 매우 중요한 의미 전달의 역할을 하고 있습니다. 정말 기막힌 비유가 아닐 수 없습니다.

삼천대천세계의 가득한 칠보로 보시하는 것보다 이 경을 지니거나, 또는 사구게 등을 남을 위해 설명한다면 그 복덕이 앞의 칠보보시보다 나은 이유가 모든 부처님과 아뇩다라삼먁삼보리법이 이 경에서 나왔기 때문이라 설하셨는데요. 여기서도 문자적 해석을 해서는 아니 되겠습니다. 금강경을 아무리 청아한 목소리로 독경을 하고, 앞에서 뒤로, 뒤에서 앞으로 글자 하나 틀림없이 암송한다 한들, 제(諸) 상이 공하여 비상(非相)임을 깨닫지 못한다면 그야말로 공염불이 아니겠습니까? 그렇다면 금강경의 공덕은 성능 좋은 녹음기에 돌아가야겠지요.

이처럼 부처님의 뜻은 단순히 금강경의 경전 자체를 일컫는 것이 아니라 반야로써의 금강경을 지칭하는 것인데, 반야지혜라는 열쇠를 지녀야 깨달음의 대문인 금강경의 빗장을 풀고 들어갈 수가 있기 때문인데요. 금강경의 핵심이 반야이고, 그 반야로 가는 방편이 문자언어로 된 금강경이고 보면, 반야가 불모(佛母)가 되고, 방편이 불부(佛父)가 된다고 할 수 있겠습니다.

무상·무주·무념의 절대 진리인 금강반야에 의지하면 길가에 떨어진 지푸라기 한 올에서도 우주 자연의 이치를 체득할 수 있으니 삼천대천세계의 보물이라 해도 어찌 거기에 비교할 수가 있겠습니까? 같은 돌이라고 해도 누구에게는 걸림돌이 되고, 누군가에게는 디딤돌이 되는 것처럼, 아상을 버리고 반야지혜로 깨달은 중도실상의 세계에서는 수북이 떨어져 발에 밟히는 나뭇잎 한 장으로도 이 세상 전체를 살 수 있게 됩니다.

이렇듯 우리는 금강경을 통해 이 세상을 초월한 비교 불가의 보물을 하나씩 지닐 수 있는 것입니다. 금강경은 종교의 교조적 권위와 신앙적 숭배 사상을 초월한 인류의 보편적 교과서이며, 지혜의 나침반과 같습니다. 금강경처럼 생각하고, 금강경처럼 행동해야 합니다. 맹목적 믿음이 복덕을 주는 게 아니라, 내가 누구인지 모른 채 촛불 하나 켤 줄 몰라, 암흑의 번뇌 속을 헤맨 나를 일거에 깨닫게 하는 지혜가 궁극적으로 나의 행복을 담보하게 됩니다.

금강경은 번뇌를 단절시켜 주는 가르침이 아니라, 번뇌 자체의 발현을 차단케 하는 가르침임을 꼭 상기해 두시기 바랍니다. 나 하나 깨닫게 되면 나를 담고 있는 세상 전체가 깨닫는 것이 됩니다. 그래서 우뚝한 보살심으로 불국정토의 우아한 종자가 될 수 있는 것이지요.

현대적 의미의 보살은 경전에 통달하거나, 불교 교리와 의식에 매진하여 우수한 불제자가 되는 교조적 권위에서 벗어나, 혁신과 신결합(新結合)을 통한 인류의 보편적 공존 호혜의 가치를 창출하는 21세기형 신보살(新菩薩)이 되어야 합니다. 그것이 진정한 현대적 의미의 보살도라 저는 믿고 있습니다.

실은 깨달음이란 게 별것이 아닙니다. 10년, 20년 장좌불와 수도를 하여야만 깨닫는 것이 아니라 매일 아침, 나의 육신과 정신줄을 놓았던 비몽사몽의 잠자리에서 깨어나는 것도 깨달음이고, 아침밥을 먹으며 '이 쌀이 어떻게 하여 나에게 왔는가?' 이 쌀을 있게 한 농부의 노고에 감사하며, 이 공덕이 새로운 에너지가 되어 내가 이웃과 세상을 위해 좋은 일을 하는 데 쓰이기를 서원한다면 그것도 곧 보시요, 깨달음인 것입니다.

금강경에서는 제4분 묘행무주분에서 부처님이 무주상보시의 한량없는 복덕을 설하신 후 본 제8분 의법출생분에서 다시 보시와 복덕에 대한 구체적 설법이 나오는군요. 여기서 다시 보시와 복덕에 대해 잠시 짚고 넘어가도록 하겠습니다.

생사의 고해를 건너 열반의 피안에 이르기 위해 닦아야 할 육바라밀의 실천덕목 중 으뜸인 보시는 조건 없이 기꺼이 주는 생활 자체를 이릅니다. 베풀되 베푼다는 상이 없는 무주상보시가 되어야 하는데, 중생들은 보시를 하면 반드시 그에 상응하는 대가를 바라게 되지요. 그래서 〈보시=복덕〉이라는 등식에 사로잡혀 불전함에 천 원 한 장을 놓고는 온 가족의 건강과 사업의 대박, 합격, 승진까지, 부처님도 다 기억하지 못할 많은 기복을 얹곤 합니다.

그러나 복덕이란 복의 성품 자체를 말하는 것으로, 상에 의한 보시는 비록 복 얻음은 있을지 모르나, 성품의 자리에는 아무런 얻음이 없으니 복덕성은 지닐 수 없습니다. 복과 복덕을 같은 차원으로 혼돈하는 우를 범해선 아니 되겠습니다.

수보리의 답변을 새겨보도록 하겠습니다. "매우 많습니다(삼천대천 세계에 가득한 칠보로 보시하는 공덕이 매우 많다는 뜻). 세존이시여. 왜냐 하면 세상의 복덕이란 곧 복덕의 성품이 아닌 것이기 때문에 여래께 서는 복덕이 많다고 말씀하시는 것입니다." 즉 이러한 삼천대천세계 에 가득한 칠보를 보시한다 해도 복은 얻을 것이나, 복덕의 성품은 아니라는 것인데요. 중요한 것은 4상을 여의고 금강반야에 의지하 여 살아간다면 한량없는 복덕을 갖추게 되니 이것이 곧 삼천대천세 계에 가득한 칠보 보시보다 더 크다는 것입니다. 복덕의 본질이 그 만큼 중요하다는 가르침이군요. 아무리 많은 세속적 보물이라 한들 어찌 복덕의 본성을 넘어설 수 있겠습니까?

그러면 삼천대천세계는 과연 어떤 세계일까를 알아보도록 하겠습 니다. 불교의 세계관은 원시불교에서부터 다원우주를 채택하며, 중 세 기독교의 천동설에 의한 평면 우주관과는 매우 다른 우주관을 보여 왔는데요, 우주의 중앙에 수미산이 있고, 수미산의 중턱에 사 천왕, 정상에는 제석천 등 욕계, 색계, 무색계를 아우르는 33천이 있 다고 믿습니다.

이 수미산을 중심으로 지금의 태양계에 해당하는 해와 달의 공간 세계를 일세계라 부르고, 그 일세계가 1,000개 합쳐진 공간을 소천 세계라 하며, 그 소천세계가 1,000개 모여 중천세계가 됩니다. 또한 중천세계 1,000개가 모여 대천세계가 되는데, 소중대 3천이 겹쳐졌기 때문에 삼천대천세계라 부르지요.

현대 우주과학의 이론으로 견주어보면 태양계 ⇒ 은하계 ⇒ 대우주로 비정해 볼 수 있겠습니다만, 아무튼 광대한 세계란 생각이 드시지 않습니까? 결국 이 삼천대천세계가 불교의 교화 대상이 되는 것이지요.(불교의 세계관에 대하여서는 저의 졸저『부처님 한잔해요』〈불교의 세계관과 우주관〉을 참고하셔도 좋겠습니다.) 그러나 일체무위법의 근본정신으로 헤아려볼 때 삼천대천세계는 따로 존재하는 것이 아니라 생각 속에 개념화된 의식의 세계를 말씀으로 정리해 놓은 것이라 할 수 있겠습니다.

우리들 6식에 작용하는 공간만 해도 동서남북 4방8방에 상하 시방세계가 있고, 거기에 또 과거 현재 미래세가 각각 존재하니 전5식과 제7식, 제8식인 아뢰야식에다, 시간과 공간으로 작용하는 시공세계까지를 더하면 가히 무량대수가 아니겠습니까? 인간의 의식은 순간에도 태평양을 건너 미국 땅, 아니 우주의 저편 안드로메다은하에도 닿을 수 있습니다. 이 무위인 의식의 이동을, 생겨서 머물다 변해서 사라지는 유위로 바꾸면, 공간의 순간이동이 가능해지고 천안통, 천이통 같은 6신통이 열리게 됩니다.

빛은 진공상태에서 초속 30만㎞로 달리고, 한 시간에 10억 8,000만㎞를 진행하며, 1년에 약 9조 4,600억㎞(1광년)의 거리를 달려갑니다. 빛은 1초에 지구의 둘레를 7바퀴 반 돌고, 태양에서 나온 빛이 지구에 도달하는 데 약 8분이 걸리면서 숨 가쁘게 달려가지만, 우리들 의식의 이동은 시간의 소요 없이 실시간 빛의 세계를 초월한 다차원세계로의 이동이 가능합니다. 즉, 생각으로 개념화된 의식의 확장을 기 에너지로 치환한다면 염력(psychokinesis, 念力)의 파장에

도달할 수 있습니다. 그러나 그 일이 무도학원에서 댄스 교습 받듯 그리 쉽게 도달할 수 있는 길이 아니니 도전 여부는 독자 여러분들의 자유에 맡기도록 하겠습니다.

다시 본문의 내용을 가져와 봅니다. '어차경중수지 내지 사구게등 위타인설 기복승피(於此經中受持 乃至 四句偈等 爲他人說 其福勝彼)' 곧 '이 경을 지니거나, 또는 사구게 등을 남을 위해 설명한다면 그 복은 앞의 칠보 보시(삼천대천세계에 가득 찬 칠보 보시)보다 나을 것이니라.' 앞서 살펴보았듯이 이 문장은 단순히 금강경을 지니거나 사구게를 설한다는 뜻을 넘어 금강경처럼 생각하고 행동하라는 포괄적 자세를 강조한 가르침이라 보시면 되겠습니다.

단순히 지니는 거로 복덕성을 갖는다면 요즘이야 마이크로 SD카드에 담아 아주 간편히 간직할 수 있겠습니다만, 반야의 성품이 배제된 금강경은 종이와 먹물, 글씨일 뿐입니다. 불법의 진정한 목표는 내가 깨닫고, 남도 깨닫게 하는 것이기 때문에 중요한 것은 금강반야의 지혜로 그 마음을 내는 보시를 하라는 말씀인 거지요. 인생과 운명이 바뀌는 것이 한 생각에서 비롯되는 것처럼, 인생의 두 부류는 금강경을 아는 사람과 모르는 사람으로 분류할 수 있습니다.

인연과 조건으로 이름 지어진 일체의 유위법이 꿈속의 환상이며, 그림자와 물거품인 줄 알면, 인생이란 아침햇살 뜨기 전의 풀잎에 맺힌 이슬방울 같은 것, 실로 번개 같은 일생에 무엇 때문에 이 빠드득거리며 원한 짓고 집착할 일 있겠습니까? 내게 죄지은 자에게 상을 베풀 듯 원한과 미움, 무명과 무지를 금강의 견고한 다이아몬드 칼로 일거에 잘라버리도록 해야겠습니다.

중요 용어

❈ 삼천대천세계(三千大千世界) : 측량 가능한 구체적 공간으로써의 세계가
아닌 무한히 넓고, 광활한 우주라는 뜻으로 일대삼천세계(一大三千世界)
라고도 합니다. 수미산을 중심으로 지금의 태양계에 해당하는 해와 달
의 공간세계를 일세계라 부르고, 그 일세계가 1,000개 합쳐진 공간을
소천세계라 하며, 그 소천세계가 1,000개 모여 중천세계가 됩니다. 또
한 중천세계 1,000개가 모여 대천세계가 되는데, 소중대 3천이 겹쳐졌
기 때문에 삼천대천세계라 부릅니다. 불교는 결국 이 삼천대천세계를
교화 대상으로 삼습니다.

❈ 칠보(七寶) : 금, 은, 유리, 파리(玻璃), 차거(車渠), 적주(赤珠), 마노(瑪瑙)를
이르는데, 차거는 조금 생소한 이름이지만, 산스크리트어(musāra-galva)
의 백산호(白珊瑚)를 말하는 것입니다.

❈ 사구게(四句偈) : 네 개의 글귀로 된 게송이란 뜻으로 산스크리트어
ghata(가타)를 음역하여 '게(偈)'가 되었는데, 불경의 내용에 운율과 성
조를 가미하여 시의 형식을 갖춘 불시(佛詩)를 이릅니다. 금강경에는 앞
서 살펴본 것처럼 제5분, 제10분, 제26분과 제32분에 각각 사구게가 나
옵니다. 제8분에서 부처님이 말씀하신 사구게는 이미 제시된 제5분 '여
리실견분(如理實見分)'의 '범소유상 개시허망 약견제상비상 즉견여래(凡所
有相 皆是虛妄 若見諸相非相 卽見如來)' 즉, "무릇 뛰어나고 훌륭한 모습이란
그 모두가 허망한 것이니 모양과 모양이 아님을 함께 본다면 곧 여래를
볼 수 있을 것이니라."를 지칭한다고 보는 것이 맞겠습니다.

※ 수지(受持) 위타인설(爲他人說) : 받아서 지니고 남을 위해 설명해 준다는 뜻으로, 불법의 5품제자(五品弟子) 중 부처님의 법을 남에게 이야기해 주는 설법품(說法品)을 말씀하는 거로 보입니다. 5품제자는 부처님께서 열반하신 후 부처님의 법을 듣고 기꺼이 믿음을 내는 수희품(隨喜品), 부처님의 법을 즐기어 독송하는 독송품(讀誦品), 그 법을 남에게 이야기해 주는 설법품(說法品), 마음으로 진실한 법을 관찰하면서 육바라밀의 법을 두루 실천하는 겸행육도품(兼行六度品), 나와 남 모두 진실의 경지에 이르도록 육바라밀의 행을 닦는 정행육도품(正行六度品)이 있습니다.

※ 기복승피(其福勝彼) : 글자 그대로 '그 복이 그를 이긴다.'라는 뜻인데, 대명사(기 其) + 주어(복 福) + 동사(승 勝) + 목적어/대명사(피 彼)의 형식으로, 삼천대천세계에 가득한 칠보 보시보다는 금강경을 지니거나 사구게 등을 설하는 공덕이 크다는 뜻.

※ 일체제불(一切諸佛) : 과거·현재·미래의 삼세에 걸쳐 존재하는 일체의 부처. 삼세제불(三世諸佛)이라고도 합니다.

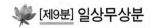 **[제9분] 일상무상분**

단락	구분	원문 및 한글번역
		일상무상분[一相無相分] : 깨달음에는 자취가 없다
1	원문	須菩提 於意云何 須陀洹 能作是念 我得須陀洹果不
	한글 토	수보리 어의운하 수다원 능작시념 아득수다원과부
	한글번역	수보리여. 그대 생각은 어떠한가? 수다원의 경지에 이른 사람이 나는 수다원과를 얻었다고 스스로 생각하겠느냐?
2	원문	須菩提言 不也世尊 何以故 須陀洹 名爲入流 而無所入 不入色聲香味觸法 是名須陀洹
	한글 토	수보리언 불야세존 하이고 수다원 명위입류 이무소입 불입색성향미촉법 시명수다원
	한글번역	수보리가 말씀드렸다. 아닙니다. 세존이시여. 왜냐하면 수다원이란 명칭이 입류(성자의 경지에 들어간 사람)라고나 하지만, 실로는 들어간 곳이 없으니 색성향미촉법에 들지 않은 것을 이름하여 수다원이라 부르는 때문입니다.
3	원문	須菩提 於意云何 斯陀含 能作是念 我得斯陀含果不
	한글 토	수보리 어의운하 사다함 능작시념 아득사다함과부
	한글번역	수보리여. 그대 생각은 어떠한가? 사다함이 생각하기를 내가 사다함의 과를 얻었다고 생각하겠느냐?
4	원문	須菩提言 不也世尊 何以故 斯陀含 名一往來 而實無往來 是名斯陀含
	한글 토	수보리언 불야세존 하이고 사다함 명일왕래 이실무왕래 시명사다함
	한글번역	수보리가 말씀드렸다. 아닙니다. 세존이시여. 왜냐하면 사다함이란 일왕래(인간세계에 한 번만 돌아올 사람)라고는 하지만, 그러나 실제로는 돌아온다는 생각이 없으므로 그 명칭을 사다함이라 할 때문입니다.
5	원문	須菩提 於意云何 阿那含 能作是念 我得阿那含果不
	한글 토	수보리 어의운하 아나함 능작시념 아득아나함과부
	한글번역	수보리여. 그대 생각은 어떠한가? 아나함의 경지에 이른 사람이 내가 아나함과를 얻었다고 생각하겠느냐?
6	원문	須菩提言 不也世尊 何以故 阿那含 名爲不來 而實無不來 是故 名阿那含
	한글 토	수보리언 불야세존 하이고 아나함 명위불래 이실무불래 시고 명아나함
	한글번역	수보리가 말씀드렸다. 아닙니다. 세존이시여. 왜냐하면 아나함은 불래(인간세계에 다시 오지 않을 사람)라고는 하지만, 실제로 다시 오지 아니함이 없으므로 그 이름을 아나함이라 할 뿐입니다.

7	원문	須菩提 於意云何 阿羅漢 能作是念 我得阿羅漢道不
	한글 토	수보리 어의운하 아라한 능작시념 아득아라한도부
	한글번역	수보리여. 그대 생각은 어떠한가? 아라한의 경지에 이른 사람이 내가 아라한의 도를 얻었다고 생각하겠느냐?
8	원문	須菩提言 不也世尊 何以故 實無有法 名阿羅漢
	한글 토	수보리언 불야세존 하이고 실무유법 명아라한
	한글번역	수보리가 말씀드렸다. 아닙니다. 세존이시여. 왜냐하면 진실로 아무것도 존재에 대한 걸림이 남아 있지 않음을 아라한이라고 이르기 때문입니다.
9	원문	世尊 若阿羅漢作是念 我得阿羅漢道 卽爲着我人衆生壽者
	한글 토	세존 약아라한작시념 아득아라한도 즉위착아인중생수자
	한글번역	세존이시여. 만약 아라한이 나는 아라한의 도를 얻었다고 생각한다면 그것은 곧 아인중생수자상에 집착하는 것이 될 것입니다.
10	원문	世尊 佛說我得無諍三昧人中 最爲第一 是第一離欲阿羅漢 世尊 我不作是念 我是離欲阿羅漢
	한글 토	세존 불설아득무쟁삼매인중 최위제일 시제일이욕아라한 세존 아부작시념 아시이욕아라한
	한글번역	세존이시여. 부처님께서 저를 일러 무쟁삼매를 얻은 사람 중 제일 뛰어나고, 욕망을 떠난 아라한 중 첫째가는 아라한이라고 말씀하셨지만, 세존이시여. 저 스스로는 욕망을 떠난 아라한이라 생각지 않습니다.
11	원문	世尊 我若作是念 我得阿羅漢道 世尊 卽不說 須菩提 是樂阿蘭那行者
	한글 토	세존 아약작시념 아득아라한도 세존 즉불설 수보리 시요아란나행자
	한글번역	세존이시여. 제가 만약 나는 아라한의 도를 얻었다고 생각한다면 세존께서는 수보리는 아란야행(평화로운 삶)을 즐기는 사람이 아니라고 말씀하셨을 테지만
12	원문	以須菩提實無所行 而名須菩提 是樂阿蘭那行
	한글 토	이수보리실무소행 이명수보리 시요아란야행
	한글번역	그러나 제가 실로 그렇게 생각하지 않았기 때문에 세존께서는 수보리는 아란야행을 좋아하는 자라고 말씀하신 것입니다.

우리가 유치원에서 대학원에 이르기까지 공부를 하는 이유가 모르는 것에 대한 알음알이를 쌓아가는 것이라면, 불교적 깨달음은 세속적 알음알이로부터 정형화된 분별심을 타파하여 대해탈의 자

유를 누리자는 것입니다. 지식으로 의식에 저장된 습식(智識)은 '맞다. 틀리다.' 또는 '있다. 없다.' 등과 같이 대극적 논리로 분별화된 정답의 개념이 있을 뿐이지만, 불법에는 법이라 할 만한 법이 없으므로, 중도실상을 아우르는 무상·무주·무념의 무위법만 있을 뿐입니다.

중생들은 세계를 인식함에 있어 존재하는 모든 것은 실체가 있다는 현상적 믿음에 길들여져 있고, 내가 인간으로 실존한다는 아인상(俄人相)에 최적화되도록 교육과 환경의 지배를 받아왔습니다. 경쟁과 욕망의 굴레인 사회적 동물로 살아오는 동안 사람들은 모든 것이 공하여 연기로 존재함을 알지 못하고, 현상적 차별 세계를 절대적으로 실재하는 것이라 오인하여 대립적 견해에 빠지게 됩니다.

그러나 나를 있게 하는 '나'는 과연 어디에 있을까요? 팔다리, 머리, 몸통, 심장, 두뇌 어디에 '나'라는 실체가 들어 있겠습니까? 깃발이 나부끼는 것도 아니요, 바람이 부는 것도 아닌, 마음이 나부끼는 것일 뿐인데, 대중들은 현상적 흔들림이 있는 거로 착각하는 것이지요. 따라서 넓게 보면 세상에는 오직 마음 하나만이 존재하거니와 '일체유심'이 곧 만유이고 '진공묘유(眞空妙有)'가 되며, 마음은 경계가 없어 '유식무경(唯識無竟)' 또는 '심외무법(心外無法)' 곧 마음 밖에 법이 없다는 것입니다.

존재하는 모든 것은 스스로 존재하는 자성이 없기 때문에 '불수자성 수연성(不隨自性 隨緣成)' 즉 자성을 따르지 않고 인연 따라 일어난다고 하였으니 모든 존재가 자성을 결여했으므로 그 이름만 존재할 뿐입니다. 금강경 제9분에서는 이러한 이름으로 표상된 수행의 경지에 집착하는 아상을 경계하라는 가르침이 이어집니다.

부처님의 교육 시스템은 철저한 맞춤식 교육으로 중생을 교화하기 위해 근기의 차이에 따라 단계별 교육 심화 과정을 두어 차안에서 피안에 이르는 과정을 구체적으로 제시하고 있습니다. 마치 우리의 교육제도가 유치원에서 초중고등학교를 거쳐 대학과 대학원에서 학사와 석박사 학위를 받고, 심오한 학문의 완성을 지향해가듯 불교에서도 다섯 단계의 성불의 길을 거치게 되는데요, 초기 계몽 교육단계인 인승(人乘)과 천승(天乘)을 거쳐 성문(聲聞), 연각(緣覺), 보살승(菩薩乘)이 되면 궁극적 무상정등정각을 얻어 성불하게 되는 것입니다.

본 제9분에서 부처님은 성문4과(聲聞四果 또는 聲聞4向이라고도 합니다.)인 수다원(須陀洹), 사다함(斯陀含), 아나함(阿那含), 아라한과위(阿羅漢果位)를 얻었다 해도 그 얻음에 따른 존재의 걸림이 있다면 4상에 집착하는 것이 되니 일체의 경계가 다만 이름일 뿐이라는 가르침을 수보리의 답변을 이끌어내어 설파하고 있습니다. 여러분들께서도 이들 용어는 여러 차례 들어보셨을 것입니다. 여기에서는 복습을 겸해 단계별 과위의 정의와 교육 대상, 교수 내용 등을 일목요연하게 정리해 보도록 하겠습니다.

성문이란 문자 그대로 소리를 듣는다는 뜻인데, 부처님이 녹야원에서 4성제를 설할 때 다섯 비구가 설법을 듣고 도를 깨달았기 때문에 이 불법을 성문이라 하고, 성문승이란 불교의 가르침을 듣고 스스로의 해탈을 위하여 정진하는 소승불교의 출가 수행자를 통칭하는 뜻으로 쓰여 왔습니다. 연각은 부처의 가르침에 의하지 않고 스승도 없이 스스로 깨달아, 고독을 즐기며 설법도 하지 않는 불교의 성자를 이릅니다. 대승은 소승을 향해 자기 자신의 해탈만 추구한다는 폄하를 할 수 있고, 소승은 대승을 향해 부처님의 가르침을 벗어났다는 정법 일탈을 주장할 수 있습니다. 그러나 엄연히 대승도 소승의 기초 위에서 존재하고, 궁극적으로 나부터 해탈하지 못한다면 누구를 일깨워 성불의 길로 인도하겠습니까?

소승의 궁극적 이상은 성문4과 중 아라한과를 얻어 자신의 해탈을 추구하는 것입니다만, 대승의 지향점은, 나는 물론 중생 모두를 반야용선에 태워 피안에 이르게 하는 무상정등정각의 보살승, 곧 성불에 있는 것인 만큼, 아라한 과위의 연장선상에서 전체 성불의 단계를 살펴보아야겠습니다. 다음의 도표를 참고하시면 불교가 추구하는 성불의 교육 과정 시스템을 이해하는 데 많은 도움이 되리라 믿습니다.

〈불교의 단계별 성불과정〉

교육과정 비교	교육 대상		수련 내용	취득 과위	
대학원 과정	보살승 (대승근기를 요함)		육바라밀 수행	무상정등정각	
대학교 과정	연각승 (중승中乘 근기를 요함)		십이연기법 수련	벽지불과	
중고등 과정	성문승 (소승小乘 근기를 요함)		사성제 수련	아라한	(나한)
				아나함	(불래)
				사다함	(일래)
				수다원	(입류)
초등입문 과정	천승(天乘)	깨우치지 못한 범부가 대상	오계, 십선 수련	범부 탈피 성인반열 진입	
	인승(人乘)				

위 표에서 보는 것처럼 인승·천승은 국민교육이라 할 수 있는 세간의 초급 불법으로서, 수신(修身)과 제가(齊家)에 해당하는 기본도덕을 닦는 것으로, 이 단계를 거쳐야 무술에서도 승단(昇段) 심사를

거쳐 유단자가 되듯, 범부를 탈피하여 성인의 반열에 진입하게 된다고 봅니다. 사실 단계별 수련 내용으로 보면 고급이다, 중급이다 할 성격의 내용은 아닙니다. 다만 고집멸도의 사성제가 불교의 존재 원리라면, 육바라밀 수행은 대승적 실천을 통한 불국토의 완성이라는 행동 원리라 할 수 있을 것입니다.

이렇듯 불교는 여타 종교에서처럼, 무조건 의탁하여 믿는 순간 하늘 문이 열려서 영생과 복락을 얻는 게 아니라, 철저한 자기 수련과 뼈를 깎는 수행은 물론 육바라밀의 대승적 행동규범의 실천적 덕목을 강제하고 있습니다.(물론 기독교에서도 교리반 등 과정별 교육 훈련과 세례 과정 등이 있습니다.) 기독교에서처럼 불교에서도 참회하는 순간 죄는 죄가 아니라고 가리키고 있습니다만, 그 업과는 세세연연 윤회한다는 가르침을 더함으로써, 연기의 인과에 입각하여 애초에 적업을 쌓지 말도록 하는 인간 계발의 종교이며, 그 교과서가 바로 금강경인 것입니다.

그러면 다시 본문 내용을 살펴보겠습니다. 부처님께서 수보리에게 묻습니다. "수보리여. 자네 생각은 어떠노? 수다원과를 얻은 사람이 수다원과를 얻었다고 생각하겠나?" 수다원(須陀洹)이란 산스크리트어의 스로타아파나(śrota-āpanna)를 소리 나는 대로 표기한 한자어로서 글자 자체의 뜻은 없으나, 위 표에서처럼 성문4과의 첫 단계에 진입하여 이제 막 범부에서 성자의 반열에 입문한 사람을 이릅니다.

마치 무술로 치면 막 입단(入段)하여 검은 띠를 맨 사람과 같다고나 할까요? 그래서 그 뜻도 비로소 성자의 무리에 들어갔다는 뜻에서 '입류(入流)'라고도 하고, 성자들의 대열에 참여하게 되었다는 뜻으로 참여할 '예(預)' 자를 써서 '예류(預流)'라고도 하며, 이제 생사윤회의 흐름을 따라가지 않는다는 뜻으로 '역류(逆流)'라고도 합니다. 현장 번역본 금강경에서는 수다원을 예류자(預流者)라 번역한 걸 볼 수 있습니다.

이 경계에서는 색성향미촉법의 6식에 얽매이지 않는 단계에 이르렀거니와 다시 말해 부처님의 질문은 "그런 사람이 내가 수다원과를 얻었다고 말할 수 있겠느냐? 그러면 안 되는 것 아니냐?"라는 뜻으로 풀이하면 더 쉬운 접근이 되겠습니다. 수보리가 답변 드립니다. "아닙니다. 세존이시여. 왜냐하면 수다원이란 명칭이 입류(入流-성자의 경지에 들어간 사람)라고는 하지만, 실로는 들어간 곳이 없으니 색성향미촉법에 들지 않은 것을 이름 하여 수다원이라 부르는 때문입니다."

이 부분을 보리류지 번역본에는 "그렇지 않습니다. 왜냐하면 수다원이라고 칭할 어떤 법도 없기 때문입니다. 색·소리·냄새·맛·촉감·법에 들어가지 않는 이를 수다원이라고 칭하기 때문입니다."로 번역하고 있어 입류라는 의미 대신 수다원이라고 칭할 어떤 법도 없기 때문이란 표현을 쓰고 있는데, 구마라집 번역본이 좀 더 수다원의 해석에 가깝다 하겠습니다.

불교에서 4과를 얻기 위해서는 견혹(見惑)과 사혹(思惑)을 넘어서야 한다고 가르칩니다. 견혹이란 잘못된 관념과 견해로 인해 생긴 편벽된 세계관을 통해 일으키는 번뇌로서, 이 육체가 자신이라 믿는 아견(我見), 극단에 치우친 변견(邊見), 잘못된 자신의 의견이 맞다고 우기며 거기에 집착하는 견취견(見取見), 인과의 도리를 망각한 그릇된 견해인 사견(邪見), 그릇된 계율이나 종교적 관습에 얽매인 채 그것이 진실이라 믿고 집착하는 계금취견(戒禁取見) 등이 있습니다.

용어가 좀은 어려운 단어이기는 하나, 이들 견혹을 멀리하는 것은 종교적 수행생활에서뿐만이 아니라, 참다운 인생을 살아가는 데 있어 우리의 일상에서도 받아들여야 할 매우 중요한 실천덕목들이 아닐 수 없습니다. 우리의 삶에 장애가 초래되거나 타인과의 불화가 야기되는 것도 모두 이 견혹에 치우친 것이기 때문인데요. '내로남불'식의 견해와 극단에 치우친 이념의 대립 같은 우리 사회의 수많은 모순들 그리고 갠지스강물에 뛰어들면 극락에 간다는 식의 그릇된 종교적 신념 같은 견혹으로부터 자유롭지 못한 존재가 우리들 중생이 아니겠습니까?

　사혹은 수혹(修惑)이라고도 하는데, 사물의 진실을 알지 못한 채 세간의 현상을 사려 분별함으로써 일으키는 번뇌를 말합니다. 이는 선천적 본성인 정(情)과 의(意)에 기반하는 것으로서 대상에 집착하는 본능적 욕망이기 때문에 그만큼 끊기 어려운 번뇌로 작용하게 됩니다. 이 사혹에는 탐·진·치·만·의(貪瞋癡慢疑)의 다섯 가지가 있습니다. 특히 탐욕과 성냄과 어리석음은 탐진치 3독(毒)이라 하여, 열반에 이르는 데 가장 큰 장애가 되는 근본적인 번뇌라 함을 들어보셨을 것입니다. 그리고 자신을 숭배하여 높이는 '만(慢)'과 남을 믿지 못하는 '의(疑)'는 아상과 아만의 다른 이름이며, 이것이 다시 탐진치를 일으키는 종자가 되는 것이지요.

　그런데 이 사혹을 여의는 길이 곧 해탈로 통하는 문이기는 하지만, 인간의 5식과 6식에 습으로 저장된 인과의 고리는 무명에 기초하는 것으로서, 활연대오 일거에 단절하기는 진실로 어려운 일이 아닐 수 없습니다. 그것은 생각하고 행동하는 주체가 자신이라는 관념에 젖어 수다원과를 얻었다면 과위를 얻었다는 아상에 집착하기 때문인데요, 처음 유단자가 되면 세상에 겁나는 것이 없는 것처럼,

내가 이루어냈다는 아만을 경계해야 하니 부처님은 이를 강조하고 있는 것입니다.

　수다원이란 견혹은 끊었으나 아직 사혹으로부터는 자유롭지 못한 경계이기 때문에 이로써 인간 세계에 일곱 번을 다시 와야 하고, 사다함과를 얻으면 일왕래를, 아나함과위는 불환과(不還果) 또는 불래(不來)라 하여 욕계의 견사혹을 끊었으므로, 욕계로 돌아와 생사를 거듭하는 일이 없이 인간 세상에 다시 오지 않고, 천상에서 나머지 과위를 증득하여 영원한 열반에 드는 것으로 되어 있습니다. 이처럼 수다원에 이른 사람은 죽어서 천상에 태어나지만 그 남은 번뇌의 소멸을 위해 인간으로 일곱 번의 생사 왕래를 하여야 한다는 것이니 독자 여러분 중에도 전생 또는 전전생에 수다원과나 사다함과를 이룬 인연이 있을 수 있겠군요.

　기독교에서는 대한민국의 해병대 정신처럼 한 번 천당은 영원한 천당이고, 한 번 지옥은 영원한 지옥일 뿐인 토너먼트 승부지만, 불교는 예선(전생)과 본선 경기(현생)의 모든 훈련과 노력을 종합 평가하여, 다음 리그(내생)에서 다시 만날 수 있는 패자부활전을 두고 있습니다. 현생의 한때 잘못이 있다 해도, 전생의 애쓴 노력의 공덕은 반드시 존중받아 다음을 기약할 수 있어야 공평한 인과가 아니겠습니까? 그래야 한때의 승리로 인한 교만함을 내려놓을 수 있음은 물론, 모든 삼세의 인과가 정연한 결과로 나타날 수 있기 때문에 번뇌의 잔재와 완전 해탈의 여부에 따라 생사의 굴레를 윤회한다고 가르칩니다. 더 이상의 태어남도, 죽음도 없는 완전 열반의 절대 안락 즉, 절대의 월드 챔피언인 부처가 되는 것이 불교의 궁극적 이상향이 되는 것입니다.

　서양에는 윤회(samsara)란 개념이 없이 환생(reincarnation)의 개념만 존재합니다. 얼핏 보면 같은 맥락으로 보이지만 환생은 특정인에서 특정인의 존재로 다시 태어나는 부활에 가깝고, 윤회는 업을 기반으로 하여 그 원인에 의한 결과로 태어나는 차이점이 있습니다. 환생은 영생에 대한 인간적 욕구가 반영된 것이라 할 수 있는 반면, 윤회는 조건에 의한 피동적 탄생이라 할 수 있겠습니다. 그래서 윤회는 꼭 사람으로의 탄생만을 의미하지는 않습니다.

관세음보살의 화신이라고 불리는 티베트 불교의 달라이라마 14세가 달라이라마 13세의 환생이라고 하는데, 전생을 기억한다고 해서 환생이라고 하는 것은 저의 소견으로는 불가해한 설정이 아닌가 하는 생각이 듭니다. 빙의된 무당이 전생을 기억하는 것 같은 의식의 작용은 불교적 윤회관과는 맞지 않을 뿐 아니라 제8식인 아뢰야식은 조건에 맞는 생명체에 전사될 뿐, 스스로는 윤회했다는 기억을 붙잡지 않기 때문이 아니겠습니까?

불교는 모든 만유의 일체 존재가 부처라 보는 것일진대, 영혼이란 것도 하나의 불성일 뿐 그것 자체의 실체가 있는 것은 아닙니다. 우리가 조상이나 친지의 사후에 영혼의 천도를 위해 49재니, 백중재 등을 지내지만 그로 인해 죽은 영혼이 극락과 지옥의 보직을 바꿔 앉을 수 있을까요?

이에 대해서는 부처님도 명쾌한 비유를 하고 있습니다. "제단을 차리고 주문을 외우면서 강물 속에 가라앉은 돌멩이가 떠오르라고 기도를 한다고 떠오르지 않을 것이며, 물 위의 기름이 가라앉으라고 아무리 기도해도 기름은 가라앉지 않듯, 사람도 지은 업보 따라 스스로가 가는 것이지, 누가 가라 해서 가는 것이 아니니라." 견혹과 사혹은 삼계 내의 생사윤회의 원인으로, 이를 끊어야 비로소 삼계의 생사를 벗어나 해탈할 수 있기 때문에 이러한 견사혹을 끊지 않고서는 궁극적으로 성불할 수 없다는 가르침인데 사다함, 아나함, 아라한에 이르기까지 반복적 문장 형태의 문답이 이루어지고 있습니다.

다시 본문으로 들어갑니다. "수보리여, 그대 생각은 어떠뇨? 아라한의 경지에 이른 사람이 내가 아라한의 도를 얻었다고 생각하면 되겠냐?" 수다원에서 아나함까지는 과(果)를 얻은 사람이라 표현했고, 아라한에서는 아라한의 도를 얻은 사람이라고 묻고 있습니다. 진제, 보리류지 등의 번역본에는 여전히 아라한 또는 아라한과로 표현되어 있어 구마라집이 아라한의 과위를 전 3과위보다 높이고자 한 의도가 읽힙니다.

수보리의 답변, "그렇지 않습니다. 세존이시여. 왜냐하면 진실로 아무것도 존재에 대한 걸림이 남아 있지 않음을 아라한이라고 이르기 때문입니다." 아라한과는 성문 4과의 마지막 단계로서, 소승이 지향하는 궁극의 목적이기도 한데요, 번뇌라는 도적을 모두 죽였다 하여 살적(殺賊), 번뇌의 도적이 없다 하여 무적(無賊), 다시는 어떠한 세상에도 태어나지 않는다 하여 무생(無生) 또는 더 이상 배울 것이 없이 번뇌를 끊어 열반을 검증했기 때문에 성인이 되었으므로 마땅히 공양받아야 한다는 뜻으로 응공(應供)으로도 불립니다. 그러나 4과 아라한과위의 경계에 들어도 완전한 무명혹(無明惑)을 끊은 것은 아니기 때문에 무여열반에 이른 것은 아닙니다.

여기서 수행하는 과정에서 발생할 수 있는 세 가지 장애인 견사혹(見思惑)과 진사혹(塵沙惑) 그리고 무명혹(無明惑)의 삼혹(三惑)에 대해 알아보도록 하겠습니다. 이미 살펴본 견사혹(見思惑)은 잘못된 관념과 견해로 인해 생긴 편벽된 세계관을 통해 일으키는 번뇌로 아견(我見), 변견(邊見), 견취견(見取見), 사견(邪見), 계금취견(戒禁取見)

등의 견혹과 탐·진·치·만·의(貪瞋癡慢疑)의 사혹의 장애를 수반한다고 앞서 기술하였습니다.

진사혹은 아라한과를 얻고 난 후 중생을 제도하는 과정에 발생하는 장애로, 티끌 같은 법문을 통달하지 않으면 보살과를 얻을 수 없음이며, 무명혹은 보살이 성불하는 과정에서 발생하는 최후의 장애로서 근본무명을 이르는데, 이미 견사혹과 진사혹을 타파하였기 때문에 삼혹 중에서는 가장 가볍게 끊을 수 있다고 봅니다. 따라서 아라한과에서도 아인중생수자상에 집착할 여지가 있기 때문에 그래서 수보리는 부처님께 아룁니다.

"진실로 아무것도 존재에 대한 걸림이 남아 있지 않음을 아라한이라고 이르지만 세존이시여. 만약 아라한이 나는 아라한의 도를 얻었다고 생각한다면 그것은 곧 아인중생수자상에 집착하는 것이 될 것입니다." 아라한의 경지에 도달하였더라도 스스로 성취했다는 한 생각이 일어나는 순간, 백천만 억 겁의 생각들이 다함 없는 무진연기(無盡緣起)로 일어나게 될 것입니다. 수보리의 답변은 계속됩니다.

"세존이시여. 부처님께서 저를 일러 무쟁삼매(無爭三昧)를 얻은 사람 중 제일 뛰어나고, 욕망을 떠난 아라한 중 첫째가는 아라한이라고 말씀하셨지만, 세존이시여. 저 스스로는 욕망을 떠난 아라한이라 생각지 않습니다. 세존이시여. 제가 만약 나는 아라한의 도를 얻었다고 생각한다면 세존께서는 수보리는 아란야행(평화로운 삶)을 즐기는 사람이 아니라고 말씀하셨을 테지만 그러나 제가 실로 그렇게 생각하지 않았기 때문에 세존께서는 수보리는 아란야행을 좋아하는 자라고 말씀하신 것입니다."

이미 부처님은 수보리를 다툼이 없는 삼매의 경지에 든, '무쟁삼

매'의 욕망을 떠난 '이욕(離欲)아라한'으로 인정을 한 것입니다. 그것
도 이욕아라한 중 제1의 아라한이라며 '아란야행'을 즐긴다는 파격
적인 평가를 내린 것이지요. '아란야행'이란 산스크리트어 아란냐
(āraṇya)의 음역으로 한적한 곳에서 조용히 수행 정진하는 것을 말
하는데, '해공제일(解空第一)'로도 불린 수보리지만 자신은 스스로 이
러한 평가에 대해 몸을 낮추고 아니라고 합니다. 만약 자신이 이욕
아라한이라는 스스로의 생각이 있다면 마음속에 높고 낮음과 귀하
고 그렇지 않은 분별심이 생길 것이고, 그 순간 이욕아라한이 될 수
없기 때문입니다.

'무쟁삼매'란 문자 그대로 다툼이 없는 삼매를 뜻하며, 집중을 통
해 마음이 고요해진 일심불란(一心不亂)의 상태를 이르는데, 화엄경
에서는 '해인삼매(海印三昧)'를, 금강경에서는 '무쟁삼매'로 표현하고
있습니다. 이와 같이 제9분 일상무상분에서 살펴본 것처럼 깨달음
에는 깨달았다 하는 자취가 없어야 합니다. 깨달았다고 느끼는 순
간 깨달았다는 상에 집착하는 것이 되고, 깨달아진 것과 깨닫지 못
한 것의 차별적 경계가 생겨나니 창공을 나는 새가 흔적을 남기지
않듯 일체의 상에서 벗어나 욕망을 버리고, 걸림 없는 대자유의 아
란야행을 즐기라는 가르침임을 상기해 두시기 바랍니다.

중요 용어

❈ 수다원(須陀洹) : 산스크리트어의 스로타아파나(śrota-āpanna)를 소리 나
   는 대로 표기한 한자어로써 글자 자체의 뜻은 없으나, 성문4과의 첫 단
   계에 진입하여 이제 막 범부에서 성자의 반열에 입문한 사람을 이릅니
   다. 그래서 그 뜻도 비로소 성자의 무리에 들어갔다는 뜻에서 '입류(入

流)'라고도 하고, 성자들의 대열에 참여하게 되었다는 뜻으로 참여할 '예(預)' 자를 써서 '예류(預流)'라고도 하며, 이제 생사윤회의 흐름을 따라가지 않는다는 뜻으로 '역류(逆流)'라고도 합니다. 현장 번역본 금강경에서는 수다원을 예류자(預流者)라 번역한 걸 볼 수 있습니다.

❀ 사다함(斯多含) : 산스크리트어 사카다가미(sakṛd-āgāmi)의 음역으로, 성문4과의 두 번째 단계입니다. 이 단계에 이르면 4성제의 이치를 명백히 깨닫고 탐·진·치·만·의(貪瞋癡慢疑)의 번뇌에서 벗어나게 됩니다. 이 경지에 이르면 인간 세계에 단 한 번만 더 윤회하고 더는 중생 윤회를 하지 않기 때문에 '일래(一來)' 또는 '일왕래(一往來)', '일래과(一來果)'라고도 합니다.

❀ 아나함(阿那含) : 산스크리트어 아나가미(anāgāmin)의 음역으로 성문4과의 세 번째 단계인데, 욕계의 번뇌를 완전히 끊어버린 성자를 일컫습니다. 따라서 내세에는 욕계가 아닌 색계나 무색계에 태어나게 됨으로 인간 세계에 다시 오지 않으니 '불래(不來)' 또는 '불환(不還)'이라고도 합니다. 이 경지에 이르면 일체가 꿈과 같음을 알고, 여러 생에 익혀 온 악습을 타파하여 스스로 타락하지 않으니 다음 생은 천계에 태어났다가 열반에 들게 됩니다.

❀ 아라한(阿羅漢) : 산스크리트어 아르헤트(arhat)의 음역으로 성문4과의 마지막 단계이며, 소승의 궁극적 이상인 수행자를 일컫는 칭호인데, 준말로는 '나한(羅漢)'이라고도 합니다. 아라한은 소승불교에서 부처님을 가리키는 명칭이었지만 불제자들이 도달할 수 있는 최고 단계의 과위로 바꾼 것입니다. 번뇌라는 도적을 모두 죽였다 하여 살적(殺賊), 번뇌

의 도적이 없다 하여 무적(無賊), 다시는 어떠한 세상에도 태어나지 않는다 하여 무생(無生) 또는 더 이상 배울 것이 없이 번뇌를 끊어 열반을 검증했기 때문에 성인이 되었으므로 마땅히 공양받아야 한다는 뜻으로 응공(應供)으로도 불립니다.

🏵 무쟁삼매(無爭三昧) : 문자 그대로 다툼이 없는 삼매를 뜻하며, 집중을 통해 마음이 고요해진 일심불란(一心不亂)의 상태를 이르는데, 화엄경에서는 '해인삼매(海印三昧)'로, 금강경에서는 '무쟁삼매'로 표현하고 있습니다. 무쟁은 산스크리트어 아라나(arana)의 의역으로, 순수한 집중을 통하여 마음이 고요해진 상태로 불교 수행의 이상적인 경지가 곧 삼매의 상태입니다.

🏵 아란야(阿蘭若) : 산스크리트어 아란야(araṇya)의 음역으로 아란나(阿蘭那)로 부르기도 합니다. 또한 무쟁처(無爭處), 적정처(寂靜處), 원리처(遠離處) 등으로 의역하니 글자의 뜻대로 멀리 떨어져 한적한 곳의 수행하기 좋은 곳을 이르며, 이런 곳에서 일체의 번뇌, 망상을 끊고 무쟁삼매에 드는 수행을 하는 것을 아란야행이라 하니 결국 이 두 용어는 같은 말이 됩니다.

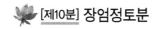 **[제10분] 장엄정토분**

장엄정토분[莊嚴淨土分] : 장엄하고 청정한 정토		
단락	구분	원문 및 한글번역
1	원문	佛告須菩提 於意云何 如來昔在燃燈佛所 於法有所得不
	한글 토	불고수보리 어의운하 여래석재연등불소 어법유소득부
	한글번역	부처님께서 수보리에게 말씀하셨다. 수보리여 그대 생각은 어떠하냐? 여래가 옛날 연등불 처소에 있을 때 법에 대해 얻은 바가 있겠느냐?
2	원문	不也世尊 如來在燃燈佛所 於法實無所得
	한글 토	불야세존 여래재연등불소 어법실무소득
	한글번역	그렇지 않습니다. 세존이시여. 여래께서 연등불 처소에 계실 때 진리(법)에 대해 실로 얻은 바가 없습니다.
3	원문	須菩提 於意云何 菩薩莊嚴佛土不
	한글 토	수보리 어의운하 보살장엄불토부
	한글번역	수보리여. 그대 생각은 어떠하냐? 보살이 불국토(부처님의 세계)를 장엄(건설)하느냐?
4	원문	不也世尊 何以故 莊嚴佛土者 卽非莊嚴 是名莊嚴
	한글 토	불야세존 하이고 장엄불토자 즉비장엄 시명장엄
	한글번역	그렇지 않습니다. 세존이시여. 왜냐하면 불국토를 건설함은 곧 건설 아닌 것을 뜻하심으로 다만 그 이름이 장엄한다는 것이기 때문입니다.
5	원문	是故 須菩提 諸菩薩摩訶薩 應如是生淸淨心 不應住色生心 不應住聲香味觸法生心 應無所住 而生其心
	한글 토	시고 수보리 제보살마하살 응여시생청정심 불응주색생심 불응주색성향미촉법생심 응무소주 이생기심
	한글번역	이런 까닭에 수보리여. 모든 위대한 보살들은 마땅히 이렇게 청정심을 일으켜야 할지니. 마땅히 색(모양)에 집착하는 마음을 일으키지 말 것이며, 마땅히 소리, 냄새, 맛, 감촉, 이치에 집착하는 마음을 일으키지 말고, 마땅히 머무는 바 없이 그 마음(청정심)을 일으켜야 하느니라.

6	원문	須菩提 譬如有人 身如須彌山王 於意云何 是身爲大不
	한글 토	수보리 비여유인 신여수미산왕 어의운하 시신위대부
	한글번역	수보리여. 예컨대 어떤 사람의 몸이 수미산왕과 같다면 그대의 생각에 그 몸이 크다고 하겠는가?
7	원문	須菩提言 甚大世尊 何以故 佛說大身 卽非大身 是名大身
	한글 토	수보리언 심대세존 하이고 불설대신 즉비대신 시명대신
	한글번역	수보리가 아뢰었다. 매우 큽니다. 세존이시여. 왜냐하면 부처님이 큰 몸이라 하신 것은 곧 큰 몸이 아닌 것을 말씀하심이며, 그 이름이 큰 몸이기 때문입니다.

금강경 네 개의 사구게 중 두 번째 사구게가 나오는 본 장엄정토분의 큰 뜻을 살펴보면 청정한 부처님의 세계는 마음 밖의 바탕으로 건설(장엄)함이 아니며, 모양(색)과 소리, 냄새, 맛, 감촉, 이치(법)에 집착하지 않고, 마땅히 머무는 바 없이 그 청정한 마음을 일으키는 것으로 요약할 수 있습니다. 모양을 보되 그 모양을 있게 하는 실체 없음의 허상을 같이 보고, 소리를 듣되 그 소리에 걸리지 않는다면 일체가 공하여 아인사상(我人四相)은 홀연히 사라지게 됩니다.

부처님이 장엄불토를 설한 것은 이 땅이나, 저세상 어딘가에 장엄한 아름다운 정토가 있는 것이 아니라, 일체 상을 초월한 경계 없음이 곧 청정보리심의 불국토란 것입니다. 제5분 여리실견분에서 '범소유상 개시허망 약견제상비상 즉견여래'를 떠올리신 분이 많으리라 믿습니다. 실제로 금강경은 제5분까지에서 교설적 설법은 모두 끝나고, 이후는 심화학습의 연장이라 보면 되겠습니다.

본 제10분에서도 '갑돌이는 갑돌이가 아닙니다. 다만 그 이름이 갑돌이일 뿐입니다.'라는, 금강경의 사상적 전개 과정이 여실히 나타나고 있습니다. 즉, 갑돌이는 갑돌이라고 이름 지어졌을 뿐 갑돌이를 있게 하는 고정된 실체와 자성이 없다는, 우리가 수없이 되새겨 온 금강경의 불변의 진리가 유감없이 나타나고 있다는 것입니다.

'나'라는 존재는 김 아무개로 이름 지워졌을 뿐, 항구 불변하는 '나'라는 자성은 존재할 수 없으니 다만 그 이름만 남을 뿐인데, 우리는 죽음에 이르러서도 원래 없던 허상의 '나'라는 실체를 부여잡으려고 몸부림치는 게 아니겠습니까? 이 진리만 자유롭게 따르면 삶과 죽음의 고통으로부터 초월하여 해탈의 니르바나를 향해 갈 것이건만, 오욕(五慾), 육식(六識)의 욕망과 관능의 지배를 받는 우리 중생들이 홀연히 6식과 7식의 습을 뛰어넘어 능동적 선근의 아뢰야식을 장엄해 가기는 실로 도달하기 어려운 가시밭길이 아닐 수 없습니다. 그래서 우리의 의식의 흐름을 금강경의 사이클에 맞추고, 금강경처럼 생각하며, 금강경처럼 살아가기 위해 독자 여러분과 저는 이토록 긴 항해를 하는 것입니다.

그러면 금강경 제10분의 주된 설법 내용과 사구게의 울림은 오늘날의 현대인에게 어떤 의미를 지니는지에 대해 살펴보도록 하겠습니다. 부처님께서 수보리에게 묻습니다. "수보리야. 자네 생각은 어떠노? 내가 (여래) 옛날하고도 아주 먼 옛날에 연등불(燃燈佛) 처소에 있었는데, 그때 내가 법(진리)에 대해 얻은 바가 있었다고 생각하노?"

수보리가 답합니다. "세존이시여. 연등불 처소에서 진실로 한 법도 얻은 바가 없심니더." 이 부분을 보리류지 번역본에는 "수보리야. 내가 연등불처소에서 아뇩다라삼먁삼보리의 법을 얻었겠느냐?"로 법의 의미를 무상정등각의 깨달음으로 옮기고 있습니다. 먼저 연등불에 대해 설명 드려야겠군요. 불교에서 연등불은 과거불로서, 석가모니 부처님의 전생에 수기를 준 부처를 이릅니다.

산스크리트어로는 디팜가라 타타가타(Dipankara-Tathagata)라 하는데, 이를 의역하여 정광(定光)여래·등광(燈光)여래·보광(寶光)여래·정광(錠光)여래·연등여래라고도 합니다. 부처님이 전생에 스미다(스메다 또는 선혜동자-善慧童子)라는 보살로서 보살도를 닦고 있을 때 스스로 부처가 되겠다는 서원(誓願)을 세웠습니다. 그러던 중 어느 날 연등불이 오신다는 소식을 듣고는 길가에서 기다리다가 7송이의 연꽃을 연등불께 공양하였는데, 연등불은 미소로써 이를 받으시고는 "너는 미래세에 석가모니불이라는 부처가 될 것이다."라는 수기를 주셨다는 불교 설화는 한번쯤 들어보셨을 겁니다.

또 일설에는 연등불이 오신다는 말을 듣고는 공양물을 준비하지 못한 부처님이 진흙길에 스스로 머리카락을 깔아(또는 진흙길에 몸을 엎드려) 밟고 지나가시게 하여 수기를 받았다고도 하지요. 이를 '연등불수기(燃燈佛授記)'라 하고, 불교에서 보살의 개념이 생긴 연원이 되고 있는 것입니다. 그러니 연등불은 부처님을 다음 세상의 성불보살로 인정해 준 스승이 되시는군요. 여기에서 말하는 과거세란 우주 대폭발이 있던 약 150억 년이나, 지구가 생성된 것으로 보는 46억 년 같은 계측 가능한 시간이 아니라 그야말로 우주 생성 이전의 시공을 초월한 허막한 과거를 일컫는 것입니다.

불교에서 '수기'란 보살이 다음 세상에 성불하리라는 예언을 하는 것을 이름인데, 부처님은 수보리에게 연등불처소에서의 무소득, 즉 진실로 한 법에 대해서 얻은 바가 없다는 대답을 이끌어내십니다. 이미 부처님의 법은 공(空)함 그 자체인데, 무엇을 얻을 게 있겠습니까? 얻은 바가 있다고 하면 득과 무득 사이에 경계가 생기고 곧 상에 얽매이는 관념에 젖게 되지 않겠습니까? 수보리는 석가모니가 부처가 된 것은 연등불이 수기하여서가 아니라, 스스로 장애를 맑혀 어디에도 걸리지 않는 집착하는 마음을 버렸기 때문임을 알고 있었던 것입니다.

"수보리여. 그대 생각은 어떠하냐? 보살이 불국토(부처님의 세계)를 장엄(건설)하느냐?" 부처님의 이 질문을 여러분은 어떻게 생각하십니까? 여기서 말하는 불국토를 장엄한다는 뜻은 세간의 일처럼 구체적 건축물을 구축하거나, 장식하는 것이 아닌 마음의 정토를 말하는 것으로써, 이름과 상을 여윈 비어 있는 청정의 자리 곧, 불교의 궁극적 이상세계를 이르는 것입니다.

불국토는 모든 중생의 본성 가운데 있으니 불성은 본래 티끌이 없거늘 무엇으로 티끌을 닦아 장식할 일이 있겠습니까? 그래서 수보리는 "그렇지 않습니다. 세존이시여. 왜냐하면 불국토를 건설함은 곧 건설 아닌 것을 뜻하심으로 다만 그 이름이 장엄한다는 것이기 때문입니다."라고 답합니다. 역시 해공(解空) 제일의 수보리답게 그 스승에 그 제자가 아닐 수 없습니다. 여기서도 '즉비(卽非)'와 '시명(是名)'이 나오는군요.

'무엇 무엇이 아니고, 다만 그 이름이 무엇일 뿐이다.'라는 금강경의 교과서적 전개 과정은 앞에서도 여러 번 살펴본 바와 같이 실체는 이름과 모양을 떠나 있으므로, 이름과 모양으로 실체를 보려고 하면 이미 실체는 멀리 달아나 있게 됩니다. 우리가 장미꽃의 이름을 처음부터 똥이라 이름 붙였다 해도, 장미꽃의 향기는 사라지지 않았을 것이며, 장미 가시를 장미 솜으로 이름 붙였었다 해도 가시는 찌르는 속성을 버리지 않았을 것입니다. 따라서 장미는 다만 그 이름이 장미일 뿐 장미의 향기와 가시를 있게 하는 어떠한 불변의 고정된 실체는 있을 수가 없습니다.

삼라만상이 오로지 인연 따라 일시적으로 생겨나는 업장의 결과인 것처럼, 장엄불토란 장엄이 아니라 그 이름을(시명장엄-是名莊嚴) 장엄이라 할 뿐이지요. 그러나 우리 중생들은 불국정토의 장엄세계가 따로 존재할 것이라는 현상적 믿음에 길들여져 스스로의 경계를 그어놓고 자아의 밖에서 부처를 구하고자 갖은 의식에 얽매이곤 합니다. 마치 자신의 휴대폰으로 전화를 걸어 집에 전화기를 두고 온 줄 착각하여 아내에게 자신의 폰이 집에 있는지 찾아보라고 전화를 하는 것과 같다고나 할까요?

자신도 구하지 못한 자신을 이 세상 어느 누가 있어 구원해 줄는지요? 무조건 주 예수를 믿기만 하면 죄 사함을 받고, 하늘나라에 임하여 영생을 얻게 된다는 기독교의 교리대로라면, 수천 년 세월 동안 수수십 억의 기독교인들이 그토록 받들어 믿어왔을진대 현재의 이 세상은 천국 잔치로 이미 넘쳤어야 마땅할 법일 것입니다. 인류의 구원은 고사하고, 지금껏 기독교의 배타적 종교 이데올로기는 지구촌 곳곳에 피와 전쟁의 역사를 장식해 오지 않았습니까? 물론 그리스도의 참 은혜인 영성체(領聖體)를 입에 넣어주어도 그것이 성체인지, 독약인지를 모르는 불신의 '마구니'들 때문이겠지만요.

혹시 이 책을 읽고 계시는 기독교인들께는 대단히 죄송한 말씀이지만, 기독교의 근본 교리인 창조론을 수정하지 않는 이상, 기독교는 한계와 모순의 벽에 부딪치고 말 것입니다. 현대의 유전과학이 밝혀놓은, 98.4%가 동일한 인간과 침팬지의 유전자 구조는 차치하고 또한 아담과 하와를 현생인류의 조상으로 인정한다 해도, 왜 하나님은 인간을 악의 유혹에 약한 이분법적 가치체계로 만들어 갔을까를 묻지 않을 수 없습니다.

하늘과 인간을 변별하여 하늘을 섬기게 할 수 있는 길이 하늘=절대선, 인간=선+악의 구도를 유지할 수밖에 없었던 창조주의 고뇌는 인정됩니다만, 불교는 어떠한 존재를 섬기거나 믿으라고 가르치는 종교가 아닙니다. 누구를 믿어서가 아니라 스스로가 깨우쳐 스스로가 하늘이 되라는 가르침이 있을 뿐입니다. 부처도, 스님도, 불경 또한 깨달음으로 가는 데 필요한 하나의 방편일 뿐 그것 자체가 불교가 될 수는 없습니다. 그러할진대 일시적 조건으로 부여된 이름에 있어서이겠습니까?

설법은 이어집니다. 여기서 드디어 심오하면서도 금강경의 사상을 함축적으로 집약한 두 번째 사구게의 큰 울림을 부처님께서는 그침 없이 설하십니다. "이런 까닭에 수보리여. 모든 위대한 보살들은 마땅히 이렇게 청정심을 일으켜야 할지니. 마땅히 색(모양)에 집착하는 마음을 일으키지 말 것이며(불응주색생심 不應住色生心), 마땅히 소리, 냄새, 맛, 감촉, 이치에 마음을 일으키지 말고(불응주색성향미촉법생심 不應住聲香味觸法生心), 마땅히 머무는 바 없이 그 마음(청정심)을 일으켜야 하느니라(응무소주 이생기심 應無所住 而生其心)."

한마디로 해석하면 집착이 없는 마음으로 상을 여의고, 육근에 머무름이 없이 마땅히 청정한 마음을 내라는 뜻입니다. 제3분 대승정종분에서 이미 우리는 육근, 육식, 육경에 대해 공부하면서 의식의 확장으로써의 제7식 말나식과 제8식 아뢰야식에 대해 살펴본 바 있습니다. 여기서 육근에 머물지 말라는 것은 육근을 사용치 말라는 말이 아닙니다.

다만 인간의 깨어 있는 의식은 육식에서 비롯되므로, 깨어 있으되 그 상에 집착하지 않으며, 아인사상을 멀리하라는 가르침이거니와, 마치 거울에 비친 내 모습은 거울이라는 투영의 그림자가 만들어낸 허상을 우리의 감각기관이 '나'라고 착각을 일으킨 것임을 깨달아가는 것처럼, 마땅히 거기에 머무는 바 없이 마음을 일으키라는 가르침이라 기억해 두시기 바랍니다.

대승정종분에서는 부처님이, 제 보살이 어떻게 마음을 내고, 마음을 항복시켜야 하는가에 대해 난·태·습·화생은 물론 생각의 유무, 모양의 있고 없는 모든 중생을 완전열반(무여열반-無餘涅槃)에 이르게 해야 한다며, 보살의 각오를 주문한 것이라면, 본 장엄정토분에서는 보살의 자세를 주문하신 거로 보면 되겠습니다. 그런데 과연 '머무는 바 없이 마음을 내라.'는 가르침은 구체적으로 어떤 마음의 상태를 이르는 걸까요? 금강경의 전체 정신이기도 한 이 구절을 적확히 몇 글자로 언설하기는 쉽지 않습니다.

다만 숲속에서는 숲을 찾을 수 없고, 마음에 머물면 마음을 볼 수 없듯이 머무는 바가 없어야 집착의 상을 여의고 청정심을 낼 수 있다는 말로 해설의 변을 갈음할 수는 있겠군요. 모든 불교 정신이 그러하듯 시공을 초월하여, 모든 존재는 있는 것이 없는 것을 이길 수는 없습니다. 우리들 중생의 삶이 늘 상대적 빈곤과 정신적 갈등에 휘둘리는 것도 돌아올 수 없는 과거의 상실에 후회하고, 오지 않은 미래의 불안에 스스로 마음이 무너지기 때문입니다.

냉정하게 생각해 보면 지금 현재라고 생각하는 이 순간의 현재도 이미 과거가 되어버립니다. 현재도 머물 수 없는 것이거늘 있지도 않은 과거와 미래까지를 이기려 하니 고통은 중생의 가장 친한 이웃이 되는 것이지요. 세상사 이치가 내 뜻과 같지 않다고 해도 한 생각 일어나, 선하고 착한 경계에 이른다면 그곳의 주인은 곧 내가 되니 수처작주(隨處作主)라 하겠고, 그때의 마음이 바로 머무는 바 없이 머무는 청정 마음의 발심이라 할 것입니다.

'응무소주 이생기심(應無所住 而生其心)' 즉 '응당 머문 바 없이 마음을 일으키라.'라는 게송은 이 책 제1부 육조 혜능대사의 출가인연

부분을 상기해 보시는 것도 좋겠습니다. 그런데 여기에 이어 부처님께서는 뜬금없이 수보리에게 "예컨대 어떤 사람의 몸이 수미산왕과 같다면 그대의 생각에 그 몸이 크다고 하겠는가?" 하고 묻습니다. 아시다시피 수미산은 고대 인도 신화에 나오는 전설 속의 산인데, 정상에는 제석천이 살고, 산허리 사방에는 부처님의 경호원 격인 사대천왕(우리나라 대부분의 사찰에서 천왕문에 사천왕상을 봉안하고 있지요.)이 있는, 불교의 우주관으로 볼 때 세계의 중심에 있다고 생각하는 상상 속의 산입니다.

높이는 해발 84,000유순(由旬)이라고 하니 여러 설이 있지만, 대충 1유순을 8㎞로 본다면 그 높이는 6억 7,200미터가 되나 봅니다. 에베레스트보다는 확실히 높은 산인 듯합니다. 그러면 본 분단 4구게 앞뒤로 어떤 공간적 무대 설정이 있는지를 짚어보아야겠지요? 곧 **연등불처소** + **장엄불토** /사구게/ + **수미산왕**으로 연결되지 않았습니까? 그러니까 이들 공간요소는 '응무소주 이생기심' 게송의 강조를 위한 장치로써, 부처님은 긴 시공 속의 연등불처소와 장엄불토 그리고 수미산왕 같은 계측 불가의 절대적 비유를 들면서 법이며, 장엄이니, 수미산이 크다 하나 응당 머무는 바 없이 마음을 내는 것이야말로 허공법계에 충만한 공의 도를 체득하는 최고의 청정심임을 강조하신 것입니다.

중요 용어

⊗ 장엄정토(莊嚴淨土) : 장엄이란 아름답고 위엄이 있음을 뜻하는 형용사
로도 쓰이지만 장식한다는 뜻의 동사로도 쓰입니다. 화엄이란 말이 온
갖 꽃으로 장엄하게 장식한다는 뜻의 잡화엄식(雜華嚴飾)에서 나온 것
처럼, 장엄하다는 것은 시방세계가 무궁하다는 뜻도 있습니다. 정토란
곧 불국토를 이르는데, 글자 그대로 번뇌와 욕망에 물들지 않은 맑고
깨끗한 불국토를 말합니다. 본 분에서의 정토란 구체적 실재가 아닌 절
대적 청정과 공의 세계를 상징적으로 제시한 것입니다. 원래 불국토는
불교의 이상적 세계로서 청정한 마음이 만들어내는 깨끗한 땅이라 정
토라 하고, 번뇌로 가득 찬 현실 세계는 더러울 '예(穢)'를 써서 예토(穢
土)라 부르기도 합니다.

⊗ 연등불(燃燈佛) : 연등불은 과거불로서, 석가모니 부처님의 전생에 수기
를 준 부처를 이릅니다. 산스크리트어로는 디팜가라 타타가타(Dipan
kara-Tathagata)라 하는데, 이를 의역하여 정광(定光)여래·등광(燈光)여래·
보광(寶光)여래·정광(錠光)여래·연등여래라고도 합니다. 부처님이 전생에
스미다(스메다 또는 선혜동자-善慧童子)라는 보살로서 보살도를 닦고 있을
때 스스로 부처가 되겠다는 서원(誓願)을 세웠습니다. 그러던 중 어느
날 연등불(燃燈佛)이 오신다는 소식을 듣고는 길가에서 기다리다가 7송
이의 연꽃을 연등불께 공양하였는데, 연등불은 미소로써 이를 받으시
고는 '너는 미래세에 석가모니불이라는 부처가 될 것이다.'라는 수기를
주셨다는 불교 설화는 한 번쯤 들어보셨을 겁니다. 또 일설에는 연등
불이 오신다는 말을 듣고는 공양물을 준비하지 못한 부처님이 진흙길
에 스스로 머리카락을 깔아(또는 진흙길에 몸을 엎드려) 밟고 지나가시게

하여 수기를 받았다고도 하지요. 이를 '연등불수기(燃燈佛授記)'라 하고, 불교에서 보살의 개념이 생긴 연원이 되는 것입니다.

⊛ **수미산**(須彌山) : 고대 인도 신화에 나오는 전설 속의 산인데, 정상에는 제석천이 살고 산허리 사방에는 부처님의 경호원 격인 사대천왕이 있는, 불교의 우주관으로 볼 때 세계의 중심에 있다고 생각하는 상상 속의 산입니다. 높이는 해발 84,000유순(由旬)이라고 하고, 위로 도리천, 야마천, 도솔천, 화락천, 타화자재천 등이 있어 욕계 육천(六天)을 이루게 됩니다.

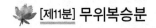 **[제11분] 무위복승분**

무위복승분[無爲福勝分] : 최상의 복		
단락	구분	원문 및 한글번역
1	원문	須菩提 如恒河中所有沙數 如是沙等恒河 於意云何 是諸恒河沙 寧爲多不
	한글 토	수보리 여항하중소유사수 여시사등항하 어의운하 시제항하사 영위다부
	한글번역	수보리여. 갠지스강에 있는 모래알 수와 같은 갠지스강이 있다면 그대 생각은 어떠하냐? 그 많은 갠지스강의 모래알 수는 많다고 하겠느냐?
2	원문	須菩提言 甚多世尊 但諸恒河 尙多無數 何況其沙
	한글 토	수보리언 심다세존 단제항하 상다무수 하황기사
	한글번역	수보리가 말씀드렸다. 매우 많습니다. 세존이시여. 다만 모든 갠지스강만 해도 무수히 많은데 하물며 그 모래알 수는 얼마나 많겠습니까?
3	원문	須菩提 我今實言告汝 若有善男子 善女人 以七寶滿爾所恒河沙數 三千大千世界 以用布施得福多不
	한글 토	수보리 아금실언고여 약유선남자 선여인 이칠보만이소항하사수 삼천대천세계 이용보시득복다부
	한글번역	수보리여. 이제 내가 진실된 말로써 이르노니, 만약 어떤 선남자, 선여인이 저 갠지스강의 모래 알갱이만큼 많은 삼천대천세계에 가득한 칠보로 보시한다면 얻는 복이 많지 않겠느냐?
4	원문	須菩提言 甚多世尊
	한글 토	수보리언 심다세존
	한글번역	수보리가 아뢰었다. 매우 많습니다. 세존이시여.
5	원문	佛告須菩提 若善男子善女人 於此經中 乃至受持四句偈等 爲他人說 而此福德 勝前福德
	한글 토	불고수보리 약선남자선여인 어차경중 내지수지사구게등 위타인설 이차복덕 승전복덕
	한글번역	부처님께서 수보리에게 말씀하셨다. 만약 어떤 선남자나 선여인이 이 경전 중에서 사구게 등이라도 받아 지니고 남에게 설명해 준다면 이 복덕은 앞의 복덕(칠보 보시를 지칭)보다 뛰어난 것이니라.

본 무위복승분에서는 견줄 수 없는 무위의 복덕을 강조하시는데, 즉 갠지스강의 모래알 수만큼 많은 삼천대천세계에 가득 찬 칠보로써 보시하는 물질적 복덕보단 금강경 가운데의 사구게 등이라도 지니고, 남에게 설명해 주는 복덕이야말로 훨씬 뛰어나니 세상에서 제일가는 복덕임을 강조하고 있습니다. 청정한 복이야말로 세간의 물질적 복덕을 뛰어넘는(勝:초월), 세상에서 제일가는 복이란 가르침입니다.

보시에도 재시(財施), 법시(法施), 무재시(無財施) 등의 보시가 있듯이 복덕에도 부처님이 이르는 진리의 참된 복인 무위복(無爲福)과 일시적 욕망을 채워주는 유위복(有爲福)이 있습니다. 황금이 소나기처럼 쏟아진다고 해도 인간의 욕망을 다 채울 수 없는 것처럼, 부와 명예, 권력 같은 세속적 욕망을 채우는 것은 유위복이 되어 이슬처럼 사라져갈 뿐이지만, 진리에 기반하여 영혼이 자유로워지는 복덕은 한계가 없는 무위복이 되는 것입니다.

세간에는 아흔아홉 개를 가진 사람이 하나만을 가진 사람을 보고, 그 가지지 못한 하나로 인한 상대적 빈곤감에 젖어 스스로 비탄에 빠지는 경우를 볼 수 있습니다. 그 한 개를 더 가지고자 몸도 돌보지 않고 자신을 혹사하다가 못 쓰는 화살촉처럼 병들어 쓰러지는 이웃을 어렵잖게 만날 수 있잖습니까? 마치 푸줏간에서 갈비뼈 한 점을 얻어 물고 집으로 가던 개가 다리 위에서 물에 비친 자신이 물고 있는 갈비뼈까지를 뺏으려고 짖다가 제 것마저 빠뜨리는 것처럼 말입니다.

직전에서 부처님은 "응당 색에 머물러서 마음을 내지 말고, 응당 성·향·미·촉·법에 머물러서 마음을 내지 말 것이요, 응당 머문 바 없이 그 마음을 낼지니라."라며 사구게를 설한 직후 이 사구게의 중요함을 갠지스강의 모래알만큼 많은 삼천대천세계에 가득한 칠보로 보시하는 것에 비교하여 설명합니다. 어떠어떠한 것을 많다고 아니 할 수 없지만 이것과는 잽이 되지 않는다는 비교화법 중 최상급 비유를 들고 있는 것입니다. '~~보다 이러이러한 것이 훨씬 크다.' 할 때의 비교격조사 '보다'가 유감없이 쓰였군요.

부처님의 교수법은 명쾌한 비유와 상징임은 익히 보아왔습니다 만, 정말 시쳇말로 '짱'이 아닐 수 없습니다. 갠지스강의 모래알 수가 예를 들어 백만 개인데 또 백만 개의 갠지스강이 있다면 그 백만 개 갠지스강의 전체 모래알 수는 얼마나 될까요? 그런데 이 구절을 해석하면, 아마도 부처님께서 설한 갠지스강의 모래알만큼 많은 강이 란 것은 이 삼천대천세계의 모든 강이란 뜻에서 무한을 강조한 것으로 볼 수 있겠습니다.

우리가 사용하고 있는 1~10까지의 아라비아 숫자는 실은 원래 인도 수학이 만들어낸 숫자입니다. 그런데 이 숫자를 아라비아 상인들이 가져다 쓰면서 유럽 전역으로 전파되었기 때문에 유럽인들이 아라비아 숫자라 부른 것인데요, 본 분에서 부처님이 설한 갠지스강의 모래알이란 뜻의 항하사란 수는 1 다음에 0을 52개 붙여야 되는 숫자이니 계측 가능한 수가 아닌 상징적 무량수를 칭하는 것으로 보면 좋겠습니다.

부처님 설화나 불경에서 아승기(阿僧祇)겁이니 나유타(那由他)겁, 불가사의(不可思議), 무량대수(無量大數) 같은, 수를 나타내는 용어를 들어보셨을 겁니다. 물론 이들 수에도 구체적 크기가 있는데 가장 큰 수인 무량대수는 1 다음에 0을 68개(또는 88개라는 설도 있음) 붙여야 되는 수이니 그냥 '적지 않은 숫자구나.'라고 생각하면 되겠군요.

세상 모든 이치가 그러하듯 숫자 또한 상대적인 것입니다. 고작 백 년을 살기 어려운 우리들 인생이지만 하루살이에 비하면 무량겁의 세월일 수 있고, 생각하기에 따라서는 '일각이 여삼추'처럼 길어지기도 하는 것입니다. 불교에서의 시공 개념은 극미(極微)의 세계와 극대(極大)의 세계를 하나로 보지 않습니까? 『화엄경』에서 한 개의 티끌 속에 온 우주가 들어 있다고 했고, 『유마경』에서는 겨자씨 속에 수미산이 들어간다고 했으니 색즉시공, 공즉시색을 이해하고, 점과 찰나에 불과한 유한한 삶을 금강경의 진리에 편승시킨다면 있고 없음, 잘나고 못생긴 우리네 인생의 분별심으로부터 좀은 자유로워질 것입니다. 그러니 불교를 믿는다고 하지 말고 불교를 배워 깨우쳐 나간다는 표현이 옳지 않겠습니까?

"수보리여. 갠지스강에 있는 모래알 수와 같은 갠지스강이 있다면 그대 생각은 어떠하냐? 그 많은 갠지스강의 모래알 수는 많다고 하겠느냐?"

수보리가 답합니다. "많고 말고요, 부처님." 뭐 수보리가 그럼 적다고 말할 리는 없었겠지만요, 한자로 항하수(恒河水)로 표기하는 갠지스강은 무한, 무량 등을 상징하며, 인도 북부의 초원 지대를 가로질러 뱅골만으로 흘러드는 강으로, 힌두교를 믿는 인도인들이 가장 신성하게 여기는 강입니다. 부처님이 성불 후 반세기 가까운 세월을 길 위의 성자로서 설법을 편 지역이 사위성, 쿠시나가르, 녹야원, 왕사성 등으로 대부분 갠지스강 유역인 걸 보면 갠지스강은 불교사상에 자연·환경적 인자로 스며들었을 것임을 쉽게 알 수 있습니다.

실제로 부처님의 설법에는 자주 갠지스강이 인용되었고, 무수히 갠지스 강가의 고운 모래 알갱이를 밟으며, 이 모래알처럼 많은 중생들을 어떻게 하면 모두 성불시킬 수 있을 것인가 하는 대자대비

의 삼매에 젖었을 것입니다. 부처님이 반세기 가까운 세월을 길 위
의 성자로서 불법을 펴신 전법 동선을 상기해 보는 것도 불자 여러
분들의 교리 정리에 도움이 될 것 같아 아래에 지도를 만들어 남깁
니다. 4대 성지는 말풍선에 넣었고, 중앙의 굵은 강줄기가 뱅골만으
로 흘러드는 갠지스강입니다.

〈부처님의 편력지와 4대 성지〉

힌두인에게 이 강은 출생 후 세례를 받는 것에서부터 화장 후 재
를 뿌리면 성스러운 강물에서 영혼이 속죄를 받아 윤회의 고통에서
벗어난다고 믿는 가장 신령스러운 곳인데, 여러분께서는 직접 다녀
오신 분도 있을 것이고, TV나 인터넷을 통해 바라나시의 화장의식
을 한두 번은 보셨으리라 믿습니다. 그런데 화장 비용을 마련하지
못한 빈민들은 시신을 그대로 강물에 수장하는 경우도 많아 시신
이 떠다니는데도 강물에 몸을 담그고 그 물을 마시는 등 세례 의식

을 하는 걸 본 기억이 있습니다. 부처님께서도 말씀하신 것처럼, 몸을 씻어 속죄가 되고 윤회의 고통을 여읠 수 있다면 그 강물에 사는 물고기는 벌써 해탈하였겠다는 생각을 한 바 있었더랬지요.

수보리에 대해 이어지는 질문, "수보리여. 이제 내가 진실된 말로써 이르노니, 만약 어떤 선남자, 선여인이 저 갠지스강의 모래 알갱이만큼 많은 삼천대천세계에 가득한 칠보로 보시한다면 얻는 복이 많지 않겠느냐?"

부처님께서 답이 번연한 이 질문을 왜 하셨을까요? 이러한 칠보 보시의 복덕이 엄청 크기는 하지만 이것만 한 복덕에는 미치지 못한다, 즉 청정심을 내어 금강경 가운데에서 사구게 등을 받아 지니고 남에게 설명해 주는 복덕이 훨씬 뛰어나다는 말씀을 하기 위함인 거지요.

칠보가 어떤 보석인가는 앞에서 소개하였지만 아무튼 값비싼 물건임에는 이설이 없거니와 그 보석이 한 말도 아니고 두 말도 아닌, 이 세상 모든 강가의 모래알처럼 많은 삼천대천세계에 가득 차도록 보시를 한다 해도 이 금강경의 사구게 등을 지니고 남에게 설명하는 공덕에는 미치지 못한다는 말씀인데요. 이미 앞에서도 살펴본 바와 같이 삼천대천세계란 불교의 우주관을 나타내는 공간 개념으로, 현대 우주과학이 밝혀놓은 태양계와 은하계 그리고 대우주로 확장되는 우주의 구조를 설명하고 있는 것 같아 그저 놀라울 따름입니다.

제8분 의법출생분에서 살펴본 것처럼, 현재의 태양계에 해당하는 일세계가 1,000개 합쳐진 공간을 소천(小千)세계라 하고, 소천세계 1,000개가 모여 중천세계를, 그리고 중천세계 1,000개가 합쳐진 것을 대천세계라 하는데, 우리 태양계가 속한 은하의 경우 약 2,000

억 개의 별이 있고, 이러한 은하가 1,000억 개 이상 있는 것이 우리가 속한 우주인 것입니다. 또한 놀라운 것은 현대의 정신의학이 밝혀놓은 인간의 대뇌 신경세포도 약 1,000억 개가 있으니 인간을 소우주라 부르는 이유도 여기에 있습니다.

부처님이 2,500년 전에 이러한 우주의 공간 구조를 꿰뚫고 있었던 것은 심오한 선정에 들어 시공과 물질 및 에너지로 구성된 우주의 사이클에 부처님의 무의식 세계가 싱크로된 때문일 것입니다. 참 부처님은 존경 자체가 아닐 수 없습니다. 이 사구게 등을 지니고 남을 위해 설명해 준다는 부분은 이러한 우주 전체를 보석으로 덮을 만큼의 보시를 하는 것보다 더 수승(殊勝)한 무위복덕이라는 점에서 금강경을 공부하는 우리들로서는 매우 중요한 가르침이라 아니할 수 없겠습니다.

여기서 지닌다는 뜻은 단순히 소지하는 것이 아니라 금강경의 사상을 체득하여 색성향미촉법에 얽매이지 않고, 마땅히 머무는 바 없이 그 마음을 내어, 부단한 정진으로 궁극적인 아뇩다라삼먁삼보리를 얻는 것을 뜻하는 것입니다. 이 부분은 번역자에 따라 조금씩 다른 표현으로 나타나는데, 보리류지 번역본에서 '이 법문에서 사구게 등을 받아 지니고 남에게 설명'으로 번역하였고, 의정 번역본에는 '이 경전 가운데 한 게송을 받아 지니고 남에게 설명'으로, 진제 번역본에서는 '이 법문 나아가 사구게를 받아 지니고 남을 설명'하는 복덕으로 각각 번역되고 있습니다.

또한 현장이 번역한 사구게 등(等)에서는 사구게뿐만이 아니라 금강경의 정신 전체를 주문한 것으로 볼 수 있겠습니다. 이처럼 금강경을 설할 수 있다면 승려나 범부에 관계없이 그 복덕은 무위복이 되어 착한 중생들이 공경하기를 마치 사찰에서 부처님을 참배하는 것과 같을 것이라 하였습니다.

중요 용어

🏵 항하(恒河) : 한자로 항하수(恒河水)로 표기하는 갠지스강은 무한, 무량 등을 상징하며, 인도 북부의 초원 지대를 가로질러 뱅골만으로 흘러드는 강으로, 힌두교를 믿는 인도인들이 가장 신성하게 여기는 강입니다. 따라서 인도인들은 이 강에서 목욕하는 것만으로도 죄업이 소멸된다고 믿으며, 사람이 죽으면 화장한 재를 이 강물에 뿌리고, 강물은 성수(聖水)로 여겨, 비록 시신이 떠다닐 만큼 오염이 되었어도 그 물을 마시곤 합니다. 총 길이는 2,511㎞로 하류의 강폭은 최대 16㎞에 달하는, 인도에서 인더스강 다음으로 길고 큰 강입니다. 유역의 땅은 비옥하여 역사적으로 인도의 제국들이 이 강을 따라 도읍을 정하기도 했는데, 부처님의 설법 가운데 갠지스강의 비유가 자주 인용되는 것도 본문 지도에서 보는 것처럼 부처님이 설법을 편 주 무대가 이 강의 유역 때문이기도 합니다.

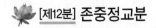# [제12분] 존중정교분

존중정교분[尊重正敎分] : 바른 가르침은 존중받는다		
단락	구분	원문 및 한글번역
1	원문	復次須菩提 隨說是經 乃至四句偈等
	한글 토	부차수보리 수설시경 내지사구게등
	한글번역	또한 수보리여. 이 경이나 사구게 등을 남을 위해 설명해준다면
2	원문	當知此處 一切世間 天人 阿修羅 皆應供養 如佛塔廟
	한글 토	당지차처 일체세간 천인 아수라 개응공양 여불탑묘
	한글번역	마땅히 알아야 할 것이니라. 이런 사람이 있는 곳에는 반드시 모든 일체 세상의 천신, 사람, 아수라가 모두 부처님의 사리탑과 같이 공양할지니
3	원문	何況有人 盡能受持讀誦?
	한글 토	하황유인 진능수지독송
	한글번역	어찌 하물며 어떤 사람이 모두 능히 받아 지니고 독송함이겠느냐?
4	원문	須菩提 當知是人 成就最上第一希有之法
	한글 토	수보리 당지시인 성취최상제일희유지법
	한글번역	수보리여. 마땅히 알라. 이 사람은 가장 높고 으뜸가는 놀라운 법을 성취하리라.
5	원문	若是經典所在之處 卽爲有佛 若尊重弟子
	한글 토	약시경전소재지처 즉위유불 약존중제자
	한글번역	만약 이 경전이 있는 곳이라며 곧 부처님이 있는 것과 같으며 또 부처님의 존중받는 제자가 있는 것과 같느니라.

"금강경을 설하거나 사구게만이라도 남을 위해 설명해준다면 일체세간의 천인, 사람, 아수라가 우러러 받들기를 마치 부처님을 대하거나 사리탑에 공양함과 같이 할 것이니라." 금강경을 설하는 인연은 최상의 희유한 법을 성취하는 길임을 밝히며, 비교 불가인 금강경의 위상을 강조하고 있습니다.

금강경의 사구게를 남을 위해 설법해줄 때의 복덕에 대하여서는 제8분 의법출생분과 제11분 무위복승분에서 이미 삼천대천세계에 가득 찬 칠보로 보시하는 것보다 나을 것임을 설하셨고 또한 제13분 여법수지분에서도 계속되는 만큼 금강경의 법보시가 계량 불가의 무한한 공덕임을 알 수 있겠군요.

무학대사의 제자로『금강경설의』를 지은 함허대사도 금강경의 지위를 이렇게 말한 바 있습니다.

> "해와 달이 밝다고 하나 금강경을 넘어서지 못하고,
> 겁화(劫火)가 일어나 온 세상이 불타서 무너져도
> 금강경은 무너지지 않는다.
> 이 법은 온갖 삿됨을 항복받으니
> 모든 중생이 우러러보게 된다."

그렇습니다. 다이아몬드가 불에 탈 리 없고 그 찬연한 빛은 세월에 결코 바래지 않습니다. 본 존중정교분의 큰 뜻을 해설하는 데 함허대사의 법문은 매우 적절한 인용이 될 것 같습니다. 경전 자체는 종이와 먹이지만, 금강경에 흐르고 있는 무주상법과 인간 사랑의 도도한 진리는 이처럼 사바(娑婆)세상의 불구덩이에서 신음하는 중생을 건져 올리는 구원의 동아줄이 아닐 수 없습니다. 바른 가르침에 의지하여, 마땅히 머무는 바 없이 그 마음을 낸다면 혹암이 짓누르는 어두운 광야도 두려울 게 없습니다. 광명의 진리가 온 천하를 환히 비추이는데 반딧불 같은 손전등이 무에 필요하겠습니까? 한 생각 바꾸어 금강경의 진리의 주파수에 내 마음의 파장을 동조시키면 인간사 애환에 울고 웃으며, 그토록 내 것이라고 부여잡던

출세간의 욕망도 초연히 결별하고, 오히려 고난과 역경마저도 행복을 담보하는 선근의 디딤돌이 되어줄 것입니다.

그런데 1그램의 무게도 없는 마음 자락 하나 바꿔 먹는 것이 지구를 들어서 옮기는 것보다 힘든 것은 무엇 때문일까요? 색(色)·수(受)·상(想)·행(行)·식(識)의 오온(五蘊)이 무성한 우리의 육체와 마음의 작용은 끊임없는 분별심을 일으키고, 애욕과 번뇌의 생사 거래에 집착하게 만듭니다. 그래서 부처님이 설한 4고8고의 고통 중 으뜸의 고통이 바로 오온성고(五蘊盛苦)라 하겠습니다.

세상을 살면서 일이 잘 풀릴 때는 자신도 놀랄 만큼 순탄한 매듭이 이어지다가도, 일이 꼬일 때는 누군가가 각본을 짜서 고의로 악살을 먹이는 것처럼 꼬리에 꼬리를 물고 나쁜 일이 이어지는 걸 경험해 보셨을 겁니다. 그것은 일이 잘 풀릴 때는 나의 생각과 믿음이 올바른 쪽으로 자신도 모르게 기운 것이고, 그렇지 못할 때는 하는 생각과 행동마다 안 되는 쪽으로 기우는 마음의 작용 때문인데요. 그 작용의 발생기전은 제6식에서 습득한 의식과 무의식이 훈련된 제7식에 습으로 저장되어, 제8식에서 윤회의 인연종자인 카르마(업)로 뿌리를 내리는 인간의 정신 활동에서 비롯되는 것입니다. 이를 사주학이나 운명학에서는 타고난 팔자에 비추어 대운과 시운의 용신(用神)작용이라며, 예정된 조화의 준비된 시나리오로 일괄 추명(推命) 하는 걸 볼 수 있습니다.

기쁘고 괴로운 것, 보이고 보이지 않는 모든 감각작용도 오직 오온이 잠시 결합한 조건일 뿐일진대, 미리 예정된 운명의 실체가 어디에 있겠습니까? 솔직히 저도 역학과 사주, 풍수학 등을 수십 년 연구하여, 관련 논문과 책도 저술해 보았고, 남의 사주를 추명해 주거나 음택·묘지 등을 봐주기도 하였습니다만, 금강경의 진리의 바다에 이제 발끝 하나 적셨을 뿐인데, 지난 저의 행적이 이렇듯 후회막급의 무게로 다가옴을 느낍니다.

오온이 일시적으로 모여 모두가 공(空)하니 모든 게 다 마음의 작용으로 일체유심조일 뿐인데, 몇 살에는 길운이 들어오고 몇 살에는 악운이 온다는 따위의 통계 조작이 허황한 것임은 여러분들이 더 잘 아시리라 믿습니다. 성철 스님과 관련된 일화로 기억하는데요. 어느 불자가 성철 스님에게 찾아와 어느 점쟁이에게 점을 보았더니 자신의 운명은 엉망이며, 손금도 나쁜 상을 모두 지니고 있다 하더라며 하소연을 합니다.

이에 스님이 불자의 손금을 봐주면서 이것은 생명선, 이것은 감정선 등이라 설명해 주고 이제는 주먹을 꼭 쥐라고 하였답니다. "불자님. 이제 당신의 생명선과 감정선이 어디에 있습니까?" 하고 물으니 그 불자는 당연한 듯 말을 합니다. "그야 바로 제 손 안에 있지요."

사람들은 흔히 말하곤 합니다. 악운과 비극에 직면하면 자신이 무슨 죄를 지었기에 이런 꼴을 당해야 하느냐면서 세상과 운명을 한탄하게 됩니다. 그러나 금강경에서 설한 조건과 인연법을 상기해 보면 지금의 결과는 전생과 전전생에 습으로 저장된 아뢰야식의 연기 결합에 의한 훈습된 자기 업식(業識)일 뿐입니다. 다만 하나의 점에 불과한 현생의 평면적 시공 개념으로써는, 삼세차원의 공간적·입체적 업장을 동시에 볼 수 없을 뿐이기 때문인 거지요.

지금의 고통을 공의 차원에서 우뚝한 보리심으로 관찰하고, 인과가 정연한 당연한 업장이라 받아들여 이를 무위복승으로 이겨내면, 고통은 미래의 담보된 행복의 종자가 되는 것입니다. 끝나지 않는 잔치는 없습니다. 끝나지 않는 고통도 없습니다. 기쁨도 슬픔도, 죄와 복도 내게 매인 것이니 그것에 얽매이는 '나'가 되지 말고, 그것을 초월하여 일체중생의 아픔까지를 내 것으로 안고 간다는 대자대비의 원력을 세워, 미래 선근 인연의 창조자인 '나'가 되는 것이 곧 해탈이요, 아뇩다라삼먁삼보리심의 증득인 것입니다.

이렇듯 금강경의 진리는 인간의 손길이 미치지 않는 하늘세상 먼 곳에 있는 것이 아니라, 우리들 생각과 작은 행위 하나하나에 반야의 꽃송이로 무리 지어 피어난다는 가르침임을 한시도 잊어서는 아니 되겠습니다.

내가 나라고 믿는 나는 과연 누구이겠습니까? 나 김 아무개, 이 아무개는 읍면동 주민센터의 주민등록원부에나 있는 이름일 뿐 그것이 나의 실체는 아닙니다. 금강경의 위대함이 바로 여기에 있습니다. 나의 육체적·현상적 존재 자체를 부정하는 것이 아니라, 나를 있게 한 실체는 나도 아니요, 생물학적 유전자도 아닌 다만 조건의 결합에 의한 일시적 집합체일 뿐이라는 거지요. 그러니 우주의 성주괴공도 조건이 일시적으로 모여 쌓여진 것일 뿐 영원히 존재하는 실체는 없다는 것입니다.

인체나 바닷물이나, 계곡수나 흙 알갱이들도 모든 게 다 원자의 집합체일 뿐으로 우주적 질량은 모두 같습니다. 지금까지 알려진 원소의 수는 118가지이고, 원자의 크기는 지름이 약 10^{-10}㎜ 정도로서, 10억분의 1미터가량의 크기이니 통상 나노미터(nm)로 표시하게 됩니다. 이들 원자가 둘 이상이 모여 분자식을 띠는 물질을 만들고, 인체의 최소 구성단위인 세포도 원자의 집합으로 이루어지게 되는 것입니다. 그런데 중요한 것은 분자구조를 가지는 물질은 스스로 물질대사를 할 수 없고 생식활동도 할 수 없지만, 세포의 단계에서부터는 이들 대사활동이 이루어진다는 것인데요. 드디어 생명이 탄생하는 단계인 것입니다.

부처님이 금강경 제3분 대승정종분에서 난생, 태생, 습생, 화생 등을 모두 아우른 것도 생명의 시원을 원자의 조건 결합으로 보았던 때문이지요. 우주로 비교해 볼 것 같으면 대폭발의 빅뱅 단계인 셈입니다. 빅뱅으로 시간과 공간이 생겼다는 우주기원론은 현재의 물리학으로는 부정할 길이 없거니와 이로써 생명의 탄생도 가능해진 바, 수소와 헬륨의 조건 같은 결합의 연기(緣起)가 21세기의 오늘의 '나'로 이어지게 된 것입니다.

　따라서 지금의 '나'는 150억 년 전후 우주 대폭발로부터 이미 필연으로 예비된 결과물인 것입니다. 우리의 삶이 고난과 비극으로 점철된다고 해도 쉽게 포기할 수 없는 이유가 여기에 있습니다. 하늘이 언제 인간더러 자신을 하늘이라 불러 달라 하였겠습니까? 그러니 태초에 하나님이 말씀으로 시간과 생명을 창조했다는 '창조론'의 말씀은 삼월이 풍선껌 씹는 말씀이라 치부하시고, 지금 이 순간을 즐겁게 열심히 살면 그뿐인 것입니다.

　천하절색인 미녀의 세포나 노트르담의 꼽추의 세포가 다르지 않습니다. 천하절색 미녀라 해도 사슴이나 고라니 같은 미물은 놀라서 달아나고, 들어갔던 숨이 나오지 않으면 곧 죽음이요, 몇 시간만 지나면 8만4천 기공에서 썩은 진물이 흘러나와 모골이 송연한 섬뜩한 송장이 되는 것입니다. 그러면 김 아무개 여자라는 이름만 남을 뿐 그녀를 둘러싸고 있던 에너지는 다음 차원의 장으로 조건 결합을 하여 새로운 윤회의 바다로 떠나가게 됩니다.

　백 년을 살지 못하는 우리들의 공간 차원에서는 수수 억만년이 걸리는 시공의 변화를 의식으로 받아들일 순 없지만, 지금의 내 존재는 빅뱅 이전의 수소 원자 하나였을지도 모르는 것이지요. 꽃은 피어도 소리가 없고, 사랑은 불타올라도 연기가 나지 않듯, 우리의 삶도 이렇듯 초연히 무주상(無住相)의 금강경 정신처럼 아니 온 듯 다녀가야 합니다. 바다가 산이 되기도 하고, 산이 다시 바다가 되어 심해의 아득한 해저가 되기도 하듯 이처럼 덧없는 것이 우리의 인생입니다.

이러한 보잘것없는 인생에서 금강경을 남을 위해 설하거나 사구게 만이라도 설명해 준다면 가장 높고 으뜸가는 놀라운 법을 성취함은 물론, 만약 이 경전이 있는 곳이라면 곧 부처님이 있는 것과 같으며 또 부처님의 존중받는 제자가 있는 것과 같다고 하십니다. 대덕(大德), 성인(聖人), 범부(凡夫), 각자(覺者)를 가리지 않습니다. 누구나 머무는 바 없이 그 마음을 내어 '이상복심(離相伏心)'의 금강경 정신에 일심으로 편승하면 되는 것입니다. 그러니 우리가 금강경이 세상에 나온 이후 이 땅에 태어난 인연에 어찌 감사해 마지않을 수 있겠습니까? 이 점이 바로 금강경의 위대하면서도 너무나 쉬운 다이아몬드 같은 견고한 진리라 하겠습니다.

중요 용어

❀ **천인**(天人) : 원래의 뜻은 불교의 육도윤회관에 따라 지옥, 아귀, 축생, 아수라, 인간, 하늘의 욕계육천의 천인(天人)을 뜻하지만, 여기서는 일체 세간의 천상과 지상의 모든 중생을 지칭한다 보면 되겠습니다. 실제로 진제 번역본에서는 일체 인(人)·천(天)·아수라(阿修羅) 등으로 번역하고 있음을 볼 수 있습니다.

❀ **아수라**(阿修羅) : 불법을 수호하는 여덟 수호신인 팔부신중 가운데 하나로, 역시 욕계육천의 아수라를 말하는데, 항상 싸움을 좋아하여 제석천과 늘 다투는 악신(惡神)으로 묘사되곤 합니다. 본 분에서는 아수라를 특정하였다기보다 천(天)·인(人)·귀신(鬼神) 등 온갖 욕계의 모든 중생을 지칭한 것으로 보면 되겠습니다.

❀ **탑묘**(塔廟) : 탑은 부처님의 사리를 봉안한 건축물로서 부처님 사후 부처님을 기리기 위해 조성하기 시작한 산스크리트어 스뚜파(stūpa)에서 온 말이고, 묘는 성인·조상·신(神) 등을 모시는 사당을 의미하지만 탑묘는 탑과 묘의 합성어로 구분 없이 쓰이고 있습니다.

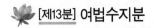 [제13분] 여법수지분

여법수지분[如法受持分] : 가르침대로 받들어 수행하라		
단락	구분	원문 및 한글번역
1	원문	爾時 須菩提白佛言 世尊 當何名此經 我等云何奉持
	한글 토	이시 수보리백불언 세존 당하명차경 아등운하봉지
	한글번역	그때에 수보리가 부처님께 여쭈었다. 세존이시여. 이 경의 이름은 무엇이 합당하며, 저희들이 어떻게 받들어 지녀야 하오리까?
2	원문	佛告須菩提 是經 名爲金剛般若波羅蜜 以是名字 汝當奉持
	한글 토	불고수보리 시경 명위금강반야바라밀 이시명자 여당봉지
	한글번역	부처님께서 말씀하셨다. 이 경의 이름은 금강반야바라밀이니 이 이름으로 그대들은 받들어 지니도록 하라.
3	원문	所以者何 須菩提 佛說般若波羅蜜 卽非般若波羅蜜 是名般若波羅蜜
	한글 토	소이자하 수보리 불설반야바라밀 즉비반야바라밀 시명반야바라밀
	한글번역	무슨 까닭인가? 수보리여. 부처가 설한 반야바라밀은 반야바라밀이 아닌 것을 말함이며, 그 표현(이름)이 다만 반야바라밀이기 때문이니라.
4	원문	須菩提 於意云何 如來有所說法不. 須菩提白佛言 世尊 如來無所說
	한글 토	수보리 어의운하 여래유소설법부 수보리백불언 세존 여래무소설
	한글번역	수보리여. 그대 생각은 어떠한가? 여래가 법(진리)을 설한 일이 있는가? 수보리가 부처님께 아뢰었다. 세존이시여. 여래께서는 법을 설한 일이 없사옵니다.
5	원문	須菩提 於意云何 三千大千世界所有微塵 是爲多不 須菩提言 甚多世尊
	한글 토	수보리 어의운하 삼천대천세계소유미진 시위다부 수보리언 심다세존
	한글번역	수보리여. 그대 생각은 어떠한가? 삼천대천세계에 있는 티끌이 많다고 하겠는가? 수보리가 아뢰었다. 실로 많습니다. 세존이시여.
6	원문	須菩提 諸微塵如來說 非微塵 是名微塵 如來說世界 非世界 是名世界
	한글 토	수보리 제미진여래설 비미진 시명미진 여래설세계 비세계 시명세계
	한글번역	수보리여. 여래가 설한 모든 티끌이라 함은 티끌 아닌 것을 말함이며, 그 이름이 티끌인 것이니라. 여래가 설한 세계란 것도 세계가 아닌 것을 말함이며, 그 이름이 세계일 뿐이니라.

7	원문	須菩提 於意云何 可以三十二相見如來不 不也世尊 不可以三十二相得見如來
	한글 토	수보리 어의운하 가이삼십이상견여래부 불야세존 불가이삼십이상득견여래
	한글번역	수보리여. 그대 생각은 어떠한가? 서른두 가지 훌륭한 모습으로 여래를 볼 수 있겠느냐? 볼 수 없습니다. 세존이시여. 서른두 가지 훌륭한 모습으로 여래를 볼 수는 없나이다.
8	원문	何以故 如來說三十二相 卽是非相 是名三十二相
	한글 토	하이고 여래설삼십이상 즉시비상 시명삼십이상
	한글번역	왜냐하면 여래께서 설한 서른두 가지 훌륭한 모습이란 곧, 이것이 훌륭한 모습이 아님을 말씀하신 것으로서 그 이름이 서른두 가지 훌륭한 모습이기 때문입지요.
9	원문	須菩提 若有善男子 善女人 以恒河沙等身命布施
	한글 토	수보리 약유선남자 선여인 이항하사등신명보시
	한글번역	수보리여. 만약 어떤 뛰어난 자질의 남자나, 뛰어난 자질의 여인이 갠지스강 모래알 수만큼의 목숨으로써 보시하고,
10	원문	若復有人 於此經中 乃至 受持四句偈等 爲他人說 其福甚多
	한글 토	약부유인 어차경중 내지 수지사구게등 위타인설 기복심다
	한글번역	만약 또 어떤 사람이 이 경 가운데 사구게등이라도 지니고 남을 위해 설명한다면 이 사람의 복이 (갠지스강 모래알 수만큼의 목숨으로써 보시한 것보다) 훨씬 많을 것이니라.

본 13분 여법수지분에서 드디어 금강경의 정식 명칭이 등장하게 됩니다. "이 경의 이름은 무엇이 합당하며, 저희들이 어떻게 받들어 지녀야 하오리까?" 하는 수보리의 질문에 부처님 당신이 직접 "이 경의 이름은 '금강반야바라밀'이니, 이 이름으로 그대들은 받들어 지니도록 하라."라고 말씀하십니다. 급다 번역본에는 '금강반야바라밀'이라 하지 않고 '지혜도피안명(智慧到彼岸名)'이라는 법문이라고 번역한 바 있습니다.

이 경의 명칭에 대한 정의와 받들어 지녀야 하는 자세에 대해, 본론 강의가 1/3 정도 지난 시점에 나왔으니 유통분에나 나올 내용이라 의외이긴 하지만, 부처님께서 분명 피안(彼岸)의 경지에 이르는 금강석 같은 굳은 지혜의 완성이라는 뜻으로, '금강반야바라밀경'이라 명명하신 것입니다. 그런데 부처님이 말씀한 반야바라밀은 반야바라밀 아닌 것을 이름이니, 이름 속에서 여래의 뜻을 찾을 수 없고 또한 뜻 속에서도 이름을 찾지 말라는 주문을 하십니다.

금강경이 우주 만유의 중도실상을 밝힌 지혜의 총체이기는 하나, 이것이 금강경이라고 이름하는 순간 이름과 모양에 집착하는 것이 되기 때문에 무상, 무주의 정신인 금강경의 큰 뜻은 멀어지게 됩니다. 도대체 반야가 어디에 있겠습니까? 우리들 생활 모두가 반야인 것입니다. 심심산골에 피어 있는 꽃 한 송이나 강가의 조약돌 하나에서도 지혜의 보석을 찾아낼 수 있어야 합니다.

온종일 봄을 찾아 산천을 헤매도 봄을 만나지 못했는데, 집에 돌아와 보니 봄은 거기에 있더라는 노래처럼 지혜라는 것이 예배당에 있는 것이 아니요, 법당이나 경전 속에 있는 것도 아닙니다. 참된 법에는 '이렇게 하라!' 또는 '그렇게 하면 안 된다.' 하는 법이 있을 수 없습니다. 불법에는 정해진 법이 없는데 '이것이 법(진리)이다.'라며 하나의 법에 매달리게 되면 법이라는 경계에 집착하는 것이 되고, 깨달았다는 상(相) 없이 깨달아야 하는 불교의 무주상법과는 한참을 멀어지게 됩니다.

이 말은 매우 중요하기 때문에 다시 한번 곰곰히 생각해 보아야 겠습니다. 수없이 되짚어 보았지만 이 보석 같은 금강경도 인간의 참 자아에 호소하고 솔성을 밝혀 깨달음의 경지인 피안으로 가는 방편일 뿐 금강경이라는 경전이 데려다주는 것도 아니요, 금강경 자체가 피안도 아닙니다. 비유컨대 17세기 아메리카 신대륙으로 첫 이

민의 돛을 올린 메이플라워호가 청교도들의 목적지가 아니었던 것처럼, 또한 그들의 항해를 도왔던 밤하늘의 북극성 자체가 항해술이 아니었던 것처럼, 배를 저어 신대륙에 이르겠다는 그들의 신념과 지혜로운 항해술이 없었다면 결코 신대륙에 상륙할 수는 없었을 것입니다.

이와 같이 금강경은 인류의 어두운 밤길을 밝히는 북극성이기는 하나, 사람이 길을 가는 것이지 북극성이 길을 가는 것이 아닙니다. 북극성이라는 이름 자체에 집착하여 북극성만 바라보고 있으면 어떻게 어두운 번뇌의 광야인 우리네 인생을 헤쳐나갈 수 있겠습니까? 국보 78호로 지정된 반가사유상에서 보는 것처럼, 부처님이 성도 후 깊은 삼매에 잠겨 고심을 하신 것도 불법은 법을 떠나 있는데, 이 진리를 어떻게 가르쳐야 어리석은 중생들이 과연 깨달을 수 있을 것인가 하는 고민이셨을 겁니다.

달을 보아야 하는데 손가락만 쳐다보는 중생들이기에 이 손가락이 달이 아니고 달을 가리키는 방편일 뿐이라는 걸 누누이 강조할 수밖엔 없는 것이지요. 불경도, 성경도 어쩔 수 없이 이들 그릇된 인간의 편벽된 자아를 깨어나게 하기 위한 최소한의 문자언어일 뿐 그것 자체가 법이 아니고, 스스로 미혹에서 깨어나 지혜로써 저 높은 피안에 이르라는 인생사용 설명서에 불과한 것입니다. 그 설명서를 참고하여 사용법에 맞게 나 자신을 무엇에도 흔들리지 않는 무상(無相)의 신념에 마음의 파장이 동조되어야 합니다.

불경이 어찌 극락이고, 성경이 어찌 천당이 될 수 있겠습니까? 저 자신이 기독교 교리에서 메마른 절망을 느끼는 것은 모든 인류의 행위의 결과가 한 치의 어긋남이 없는 성경의 예언대로라는 주장입니다. 세계의 1, 2차 대전과 중동전쟁 그리고 3차 세계대전이 〈시편 83편〉과 〈에스겔서 38장〉, 〈요한계시록 9장〉에서 이미 예견하시고 증거하셨다는 것인데, 시편 83편의 일부를 잠시 인용해 봅니다.

"보소서! 주의 원수들이 소동을 일으키고 주를 미워하는 자들이 머리를 들었나이다. 그들이 주의 백성을 치려고 교활한 계략을 꾸미며 주께서 숨긴 자들을 치려고 협의하여 말하기를, '오라! 우리가 그들을 끊어 민족이 되지 못하게 하고 이스라엘이라는 이름이 다시는 기억되지 못하게 하자.' 하였나이다. (중략) 오! 나의 하나님이여! 그들로 하여금 바퀴 같게 하시며 바람 앞의 지푸라기 같게 하소서. 불이 나무를 태우는 것 같이, 불꽃이 산에 불을 붙이는 것 같이 주의 태풍으로 그들을 핍박하시며 주의 폭풍으로 그들을 무섭게 하소서. 오! 주여! 그들의 얼굴에 수치가 가득하게 하사 그들이 주의 이름을 찾게 하소서. 그들이 영원토록 당황하며 고통을 받게 하시고 참으로 그들이 수치를 당하여 멸망하게 하사 여호와라는 이름의 주만 홀로 온 땅 위에서 지극히 높으신 분이심을 사람들이 알게 하소서."〈시편 83편〉

1948년 이스라엘이 팔레스타인지역(가나안 땅)에서 유대인 기반의 민족 독립국가가 된 이후 이들 지역의 기층국가였던 이슬람 국가들의 반발로 야기된 4차에 걸친 중동전쟁의 전쟁 시나리오와 승리의 작전 계획이 바로 〈시편 83편〉에서 이미 예언하셨던바, 그 예증(豫證)의 준거가 승리의 나투심으로 나타났다는 거네요.

그리고 3차 세계대전이 곧 발발되거니와 그것은 최근 이스라엘 땅에서 세계 2위 매장량의 유전이 발견되었으니 젖과 꿀이 흐르는 가나안 땅을 이르심이라, 러시아와 이슬람 연합군이 이스라엘을 공격하니 나토와 미국이 자동 개입하고, 중국과 북한은 러시아에 협력하여 세계 3차대전이 개전된다는 것입니다. 에스겔서와 요한계시록에 이르기를 "불(핵)과 연기(지진)와 유황(미사일)이 하늘에서 비처럼 내려와 인구의 1/3이 죽게 될 것이라."라며, "적그리스도의 출현으로 믿음의 알곡과 쭉정이를 가리는 시련의 시대가 다가오나니, 예수의 십자가에 붙어 끝까지 이기는 자는 영광의 새 나라 천국으로 입성하게 된다."라는 믿음은 불변인 것 같습니다.

이 무슨 청송 심씨 가문의 심학규 어른이 무덤 속에서 번뜩 눈 뜬 사건이란 말입니까? 이런 식의 자의적(恣意的) 해설 방식이라면 고구려의 수당전쟁이나 이순신 장군, 아니 심지어 지난 주말 제가 구입했던 복권의 낙방 이유까지를 성경적 예비와 결과로 해석해낼 수 있을 것 같습니다. 암, 있고말고요. 〈시편 23편〉을 인용해 봅니다.

'주께서 나를 안위하시고 원수 앞에 내게 상을 차려 주시고 내 머리에 기름으로 부으시니 내 잔이 넘치나이다.'

저는 제게 죄진 자는 고사하고, 늘 저에게 베풀고 도와준 친지에게조차 변변히 술 한잔 사지 못했으니 복권은 고사하고 빌어먹기에 딱 맞는 존재라는 거지요. 제가 이처럼 용렬하고 부덕한 것도 성경에서 저 개인사까지도 이미 예비해 두신 때문일까요? 성경에서 조화 예정을 모두 주재해서가 아니라 인간의 행위 선택이 행복도, 불행도 만들어 가는 것처럼 죄도, 복도 내게 매인 게 아니겠습니까?

성경에서 이미 조화 주재가 예정되어 있다면 어차피 그 일은 일어날 수밖에 없는 것이고, 그렇다면 인간의 어떠한 선행과 노력으로도 막을 길이 없어지게 되니 이토록 허무한 성경의 내용을 예수께서 설하지 않았을 것이라 저는 확신합니다. 물론 성경 원리주의자들이 이 글을 읽는다면 어떤 반응일지는 짐작이 갑니다만, 성경이 없었어도 인류는 인간의 방식대로 살아 올 수밖에는 없었을 것입니다.

예수님이 언제 네 이웃을 치라고 하신 적이 있었습니까? 부처님이 언제 금강경대로만 살라 한 적이 있습니까? 다만 인간이 살아가는 데 좀 더 지혜로운 방편을 알려줄 터이니 그 길을 가는 것은 네 자유라 하신 겁니다. 목이 마르면 물을 마셔야지, 아무리 물 이야기를 듣고, 물의 화학적 특성을 배우며 익힌들 무슨 갈증 해소가 되겠습니까? 저기 물이 있으니 목마른 자들이여 가서 마셔라 해도, 가리키는 손가락만 쳐다보는 우를 범해서는 아니 되겠습니다.

우리 인간은 약 500만 년 전으로 거슬러 올라가는 인류의 조상인 오스트랄로피테쿠스로부터 약 10만 년 전 현생인류의 선조 격인 호모사피엔스로의 육신과 정신이 성장·진화하면서 수많은 알음알이를 터득해 오는 동안 너무나 많은 것을 잃어버리고 말았습니다. 지적 깨달음만큼 인간 본래의 영적 순수를 상실한 것이지요.

오늘날의 종교는, 이토록 고도로 발전한 21세기의 인간들에게 천동설과 창조론으로나 통할 중세적 계율로 사후의 천국을 역사할 것이 아니라, 인류의 잃어버린 영혼의 고향을 찾아주어 내가 이 땅에 온 진정한 의미는 무엇인지, 나는 누구이며, 어디로부터 왔는지를 깨우치게 하여, 스스로가 모두 하늘이 되도록 빛을 밝혀주는 인류의 북극성이 되어야 할 것입니다.

인간을 위한 성경이어야 하고, 인간을 위한 불경이 되어야 하는데, 그 본래의 진정한 가치가 전도되어 성경을 위한 인생, 불경을 위한 인생을 살아가는 자신은 아닌지 진지하게 돌아보아야 하겠습니다. 바로 이 전도된 가치관의 허상이 금강경이라는 이름에 집착하여 그것 자체가 반야이고 피안인 줄 아는 어리석음을 경계하며, 단 한 줄 사구게의 진리만이라도 남을 위해 설할 때의 공덕이 진정한 여법(如法)이라고 본 분에서 설하고 있습니다.

주변에서 가끔 저 사람은 법 없어도 살 사람이란 말을 들어보셨을 겁니다. 당연한 말입니다. 아니 우리네 인생은 법이 없어야 참답게 살 수 있습니다. 법은 법이 아닌 것을 법이라 하고, 부처님께서 남김없이 설하였으나 아무것도 설한 바가 없는 것이 반야바라밀이라는 것입니다. 사실 설할 방법이 없기 때문인데요. 그래서 불립문자라 하고, 교외별전이라 한 것입니다. 긴 말이 필요 없습니다. 바로 직지인심(直指人心) 하면 견성성불(見性成佛) 하는 것입니다. 공(空)을 공(空)이라 말한다 해도 이미 그것은 공(空)이 아니기 때문인 거지요.

혹자는 그러면 "불교의 교리가 무슨 필요가 있으며, 공덕과 선을 수행하는 일도 무슨 의미가 있는가?" 하는 회의적 질문을 할 수 있겠군요. 우리가 선을 수행하는 것은 단계별 과위를 얻기 위해서가 아니라 본래 없던(空) 나는 누구인가 하는 깨달음의 진리를 증득하여 마침내는 나고, 죽음도 없는 해탈의 피안에 이르기 위함이 아니겠습니까?

그런데 선 수행과 기도에 잘못 집중하면 초염력 현상에 몰입되어 그것이 수행의 궁극적 목표라 집착하는 부작용이 발생하게 됩니다. 그래서 부처님과 관세음보살을 친견했다든지, 기도 중 영롱한 무지개 속에 예수님이 좌임하셨다는 등의 정신작용에 기인한 무의식의 환상을 보고 거기에 용맹으로 정진하는 신자들도 적지 않습니다. 이런 것들은 선 수행을 통해 의식이 재편되는 과정에서 그동안 습으로 저장되었던 육식의 부스러기들이 충돌을 일으킨 마장에 불과한 것들입니다. 마치 눈병 걸린 사람이 헛꽃을 보는 것처럼 말입니다.

그것은 내가 부처를 구하겠다는 욕망이 무의식의 그림자에 투영된 아상에 지나지 않습니다. 본래 무일물(無一物)이라 했거늘 그 환영을 보는 나도 내가 아닌데, 무슨 피지도 않은 헛꽃을 본단 말입니까? 부처와 범부는 종이 한 장 차이라고 했습니다. 마음에 습으로 저장된 삿된 상(相)을 한 방에 타파하고, 내 안에 잠들어 있던 불성의 심지에 일점 횃불을 밝히기만 하면 모두가 부처 아니겠습니까?

그러면 삼천대천세계에 있는 미진(三千大千世界所有微塵)에 대하여 살펴보아야겠군요. 불교에서는 하나의 티끌에도 온 우주가 들어 있는 거로 보는 동일 공간의 세계관을 견지합니다. 시방세계를 잘게 자르고 자르면 극미(極微)의 세계에 도달하고, 극미의 7배를 미진의 세계로 봅니다. 현대 물리학에서는 물질을 분자 → 원자 → 원자핵 등으로 세분하고 마지막에 더 이상 나눌 수 없는 가장 작은 알갱이에 이르게 되는데 이를 소립자라고 하지요.

소립자는 현재까지 발견된 물질을 구성하는 가장 작은 단위의 입자이거니와 불교에서의 극미의 세계는 궁극적으로 공(空)의 세계로 귀결됩니다. 그래서 부처님은 티끌은 티끌 아닌 것을 티끌이라 하고 다만 그 이름이 티끌일 뿐이라 하십니다. 본래 티끌도 없었던 것인데 수보리가 많다고 대답한 것은 그것이 공한 채로 이름만 무성하기 때문인 거지요.

이어지는 부처님의 질문. "수보리야. 32상으로는 여래를 볼 수 있겠니?" 뭐 답은 이미 준비되어 있으니 잠시 미루고, 여기서는 32상에 대해 간략히 알아보고 다음 분으로 나아가도록 하겠습니다. 부처님이 몸에 갖추신 뛰어난 상호(相好)를 '32상(相) 80종호(種好)'라고 하는데, 부처님의 훌륭한 상호는 우연히 이루어진 것이 아니라, 다겁생에 걸쳐 쌓은 보살행의 결과로써 나타난 것입니다.

부처님의 발바닥이 평평한 모습(足下平安立相), 발바닥에 2개의 바퀴가 있는 모습(足下二輪相), 손가락이 긴 모습(長指相) 등등의 32가지 묘상(妙相)을 이르는데, 수보리는 여래께서 설한 서른두 가지 훌륭한 모습이란 곧, 이것이 훌륭한 모습이 아님을 말씀하신 것으로, 그 이름이 서른두 가지 훌륭한 모습이기 때문이라고 답합니다. 이처럼 일체의 모든 법이, 법 아님을 말함이니 다만 그 이름이 법일 뿐입니다. 따라서 어떠한 가치라 해도 금강경 가운데서 사구게만이라도 지니고 남을 위해 설하는 복덕은 따라올 수 없음이니 우리도 늘 이 가르침을 생활화하여야겠습니다.

중요 용어

❀ 아등운하봉지(我等云何奉持) : 저희들이 어떻게 받들어 지녀야 하오리까?

❀ 금강반야바라밀(金剛般若波羅蜜) : 피안에 이르는 금강석 같은 지혜란 뜻. 급다 번역본에는 '금강반야바라밀'이라 하지 않고 '지혜도피안명(智慧到彼岸名)'이라는 법문이라 번역하였습니다.

❀ 미진(微塵) : 시방세계를 잘게 자르고 자르면 극미(極微)의 세계에 도달하고, 극미의 7배를 미진의 세계로 봅니다. 현대 물리학에서는 물질을 분자 → 원자 → 원자핵 등으로 세분하고 마지막에 더 이상 나눌 수 없는 가장 작은 알갱이에 이르게 되는데 이를 소립자라 합니다. 소립자는 현재까지 발견된 물질을 구성하는 가장 작은 단위의 입자인데, 불교에서의 극미의 세계는 궁극적으로 공(空)의 세계로 귀결됩니다.

❀ 32상(相) : 부처님이 몸에 갖추신 뛰어난 상호(相好)를 '32상(相) 80종호(種好)'라고 하는데, 부처님의 훌륭한 상호는 우연히 이루어진 것이 아니라, 다겁생에 걸쳐 쌓은 보살행의 결과로써 나타난 것입니다. 부처님의 발바닥이 평평한 모습(足下平安立相), 발바닥에 2개의 바퀴가 있는 모습(足下二輪相), 손가락이 긴 모습(長指相) 등등의 32가지 묘상(妙相)을 이룹니다.

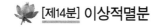 **[제14분] 이상적멸분**

단락	구분	원문 및 한글번역
	이상적멸분[離相寂滅分] : 상을 초월하면 적멸에 든다	
1	원문	爾時 須菩提 聞說是經 深解義趣 涕淚悲泣 而白佛言
	한글 토	이시 수보리 문설시경 심해의취 체루비읍 이백불언
	한글번역	그때 수보리가 본 설법을 듣고 그 깊은 뜻을 알고 감격의 눈물을 흘리며, 부처님께 고하기를
2	원문	希有世尊 佛說 如是甚深經典 我從昔來所得慧眼 未曾得聞 如是之經
	한글 토	희유세존 불설 여시심심경전 아종석래소득혜안 미증득문 여시지경
	한글번역	놀라운 일입니다. 세존이시여. 이렇게 깊고 깊은 경전의 법을 설해주시니 제가 지혜의 눈을 뜬 이후로 일찍이 이와 같은 법문을 들어보지 못하였나이다.
3	원문	世尊 若復有人 得聞是經 信心淸淨 則生實相 當知是人 成就第一 希有功德
	한글 토	세존 약부유인 득문시경 신심청정 즉생실상 당지시인 성취제일 희유공덕
	한글번역	세존이시여. 만약 또 어떤 사람이 이 법문을 듣고 믿는 마음이 깨끗하여 진실한 지견을 낸다면 이 사람은 가장 뛰어나고 놀라운 공덕을 성취할 것임을 마땅히 알아야 할 것입니다.
4	원문	世尊 是實相者 卽是非相 是故 如來說名實相
	한글 토	세존 시실상자 즉시비상 시고 여래설명실상
	한글번역	세존이시여. 이 진실한 지견이라는 것도 이것이 지견 아닌 것을 말하심이며, 이런 까닭에 여래께서는 진실한 지견이라고 이름하여 말씀하시는 것입니다.
5	원문	世尊 我今得聞如是經典 信解受持 不足爲難
	한글 토	세존 아금득문여시경전 신해수지 부족위난
	한글번역	세존이시여. 제가 지금 이 법문을 듣고서 믿고 이해하며, 지니기는 어렵지 않습니다.
6	원문	若當來世 後五百歲 其有衆生 得聞是經 信解受持 是人 卽爲第一希有
	한글 토	약당래세 후오백세 기유중생 득문시경 신해수지 시인 즉위제일희유
	한글번역	만약 다가올 세상 후오백세에 어떤 중생이 있어 이 경을 믿고 이해하여, 받들어 지닌다면 그 사람은 곧 가장 놀라운 사람이 될 것입니다.

7	원문	何以故 此人 無我相 無人相 無衆生相 無壽者相 所以者何 我相 卽是非相 人相 衆生相 壽者相 卽是非相
	한글 토	하이고 차인 무아상 무인상 무중생상 무수자상 소이자하 아상 즉시비상 인상 중생상 수자상 즉시비상
	한글번역	왜냐하면 이 사람은 나라는 관념(相), 사람이라는 관념, 중생이라는 관념, 목숨이라는 관념이 없을 것이기 때문에 그런 까닭으로 '나'라는 관념이 곧 관념이 아니며, 사람이라는 관념, 중생이라는 관념, 목숨이라는 관념이 곧 관념이 아니게 됩니다.
8	원문	何以故 離一切諸相 卽名諸佛
	한글 토	하이고 이일체제상 즉명제불
	한글번역	왜냐하면 모든 부처님이란 일체의 상(또는 관념)으로부터 벗어난 것을 곧 이름한 것이기 때문입니다.
9	원문	佛告須菩提 如是如是 若復有人 得聞是經 不驚不怖不畏 當知 是人 甚爲希有
	한글 토	불고수보리 여시여시 약부유인 득문시경 불경불포불외 당지 시인 심위희유
	한글번역	부처님께서 말씀하셨다. 수보리여. 옳고도 옳도다. 만약 다시 어떤 사람이 이 경을 듣고 놀라지도 않고, 겁내지 아니하며, 두려워하지도 않는다면 의당 이 사람은 매우 놀라운 사람임을 알아야 할 것이니라.
10	원문	何以故 須菩提 如來說第一波羅蜜 卽非第一波羅蜜 是名第一波羅蜜
	한글 토	하이고 수보리 여래설제일바라밀 즉비제일바라밀 시명제일바라밀
	한글번역	왜냐하면 수보리여. 여래가 설한 최고의 바라밀이란 곧 최고의 바라밀 아님을 말함이며, 다만 그 이름이 최고의 바라밀이니라.
11	원문	須菩提 忍辱波羅蜜如來說 非忍辱波羅蜜
	한글 토	수보리 인욕바라밀여래설 비인욕바라밀
	한글번역	수보리여. 여래가 설한 인욕바라밀 또한 인욕바라밀이 아니라고 말했느니라.
12	원문	何以故 須菩提 如我昔爲歌利王 割截身體 我於爾時 無我相 無人相 無衆生相 無壽者相
	한글 토	하이고 수보리 여아석위가리왕 할절신체 아어이시 무아상 무인상 무중생상 무수자상
	한글 번역	왜냐하면 수보리여. 내가 옛날에 가리왕에게 몸이 베이고 잘리게 된 것과 같기 때문이니라. 그때 나에게는 나라는 관념, 사람이라는 관념, 중생이라는 관념, 목숨이라는 관념이 없었느니라.
13	원문	何以故 我於往昔節節支解時 若有 我相 人相 衆生相 壽者相 應生嗔恨

	한글 토	하이고 아어왕석절절지해시 약유 아상 인상 중생상 수자상 응생진한
	한글번역	왜냐하면 내가 옛날 그때, 마디마디 사지가 잘릴 때에 만약 아상 인상 중생상 수자상이 있었다면 마땅히 성내고 원망하는 한을 내었을 것이기 때문이니라.
14	원문	須菩提 又念過去於五百世 作忍辱仙人 於爾所世 無我相 無人相 無衆生相 無壽者相
	한글 토	수보리 우념과거어오백세 작인욕선인 어이소세 무아상 무인상 무중생상 무수자상
	한글번역	수보리여. 또 생각하건대 과거 오백세 동안에 인욕의 스승이었는데, 그 세상에서도 아상 인상 중생상이 없었고, 수자상 또한 없었느니라.
15	원문	是故 須菩提 菩薩 應離一切相 發阿耨多羅三藐三菩提心 不應住色生心 不應住聲香味觸法生心 應生無所住心
	한글 토	시고 수보리 보살 응이일체상 발아뇩다라삼막삼보리심 불응주색생심 불응주성향미촉법생심 응생무소주심
	한글번역	그런고로 수보리여. 보살은 마땅히 일체의 상을 버리고, 아뇩다라삼막삼보리심을 내어야 하나니, 마땅히 색에 집착하는 마음을 내지 말 것이며, 마땅히 소리, 향기, 맛, 감촉, 이치에 집착하지 않는 마음을 내야 하느니라. 마땅히 머무는 바 없이 마음을 내야 하리라.
16	원문	若心有住 卽爲非住 是故 佛說 菩薩 心不應住色布施
	한글 토	약심유주 즉위비주 시고 불설 보살 심불응주색보시
	한글번역	만약 마음에 집착이 있으면 곧 바른 경지가 아니니 이런 까닭에 부처가 이르기를, '보살은 색에 집착하지 않는 마음으로 보시해야 한다.'라고 하느니라.
17	원문	須菩提 菩薩 爲利益一切衆生 應如是 布施 如來說一切諸相 卽是非相 又說一切衆生 卽非衆生
	한글 토	수보리 보살 위이익일체중생 응여시보시 여래설일체제상 즉시비상 우설일체중생 즉비중생
	한글번역	수보리여. 보살은 모든 중생을 이익되게 하기 위하여 마땅히 이와 같이 보시해야 하느니라. 여래가 설한 일체의 모든 관념(相)이 곧 관념(相)이 아니며, 또한 설명한 것과 같이 일체의 중생도 곧 중생이 아니니라.
18	원문	須菩提 如來 是眞語者 實語者 如語者 不狂語者 不異語者 須菩提 如來所得法 此法無實 無虛
	한글 토	수보리 여래 시진어자 실어자 여어자 불광어자 불이어자 수보리 여래소득법 차법무실 무허
	한글번역	수보리여. 여래는 참된 말을 하는 자이며, 실다운 말을 하는 자이고, 한결같은 말을 하는 자이며, 속이는 말을 하지 않는 자이고, 다른 말을 하지 않는 자이니라. 수보리여. 여래가 깨닫고 설한 법에는 이 법이 실함도 없고 허망함도 없느니라.

19	원문	須菩提 若菩薩 心住於法 而行布施如人入闇 卽無所見 若菩薩 心不住法 而行布施 如人有目 日光明照 見種種色
	한글 토	수보리 약보살 심주어법 이행보시여인입암 즉무소견 약보살 심부주법 이행보시 여인유목 일광명조 견종종색
	한글번역	수보리여. 만약 보살이 마음을 이치(사물 또는 상)에 집착하여 보시한다면 마치 사람이 어두운 곳에서 아무것도 보지 못하는 것과 같으며, 만약 보살이 이치에 집착하지 않고 보시를 한다면, 눈 밝은 사람이 밝은 햇빛 아래서 갖가지 색을 보는 것과 같으니라.
20	원문	須菩提 當來之世 若有 善男子 善女人 能於此經 受持讀誦 卽爲如來 以佛智慧 悉知是人 悉見是人 皆得成就 無量無邊功德
	한글 토	수보리 당래지세 약유 선남자 선여인 능어차경 수지독송 즉위여래 이불지혜 실지시인 실견시인 개득성취 무량무변공덕
	한글번역	수보리여. 다가오는 세상에 만약 어떤 자질이 뛰어난 남자나, 자질이 뛰어난 여인이 능히 이 경을 받아 지녀 읽고, 외우면 곧 여래가 부처의 지혜로써 이 사람을 다 알고, 이 사람을 다 보게 되어 모두가 한량없고 끝없는 공덕을 성취하게 될 것이니라.

구마라집 번역본 기준 금강경 32분 중 글자의 수가 600자에 달하는 가장 긴 본문으로 이루어진 제14분 이상적멸분은 '상을 떠나면 적멸에 든다.' 또는 '고요한 열반의 도리' 등으로 해석할 수 있겠습니다. 긴 문장인 만큼 쇼킹한 사건의 묘사도 서술되어 있군요.

'이시 수보리 문설시경 심해의취 체루비읍 이백불언(爾時 須菩提 聞說是經 深解義趣 涕淚悲泣 而白佛言)', 즉 '그때 수보리가 본 설법을 듣고 그 깊은 뜻을 알고 감격의 눈물을 흘리며, 부처님께 고하였다.'라는 첫 문단을 주시할 필요가 있겠습니다. 이때의 상황은 금강경의 구전자(口傳者)인 아난존자가 부처님과 수보리 사이에서 일어난 상황 묘사를 삼인칭 관찰자의 입장에서 서술한 것입니다.

부처님의 감동적 설법에 전율한 수보리가 '심해의취(深解義趣)', 곧 그 깊은 뜻을 깨닫고 감격의 눈물을 흘립니다. 그냥 눈물방울을 떨구는 정도가 아니라 '체루비읍(涕淚悲泣)', 그러니까 아예 펑펑 소리

내어 운다고 아난은 전하고 있습니다. 마치 어린아이가 어머니에게 젖을 달라며 막무가내로 우는 것처럼 말이지요. '체(涕)'는 눈물이라는 명사로도 쓰이지만 여기서는 '눈물을 쏟으며 운다.'는 동사로 쓰였습니다.

수보리에 대한 동작이나 구체적 행동 묘사는 제2분 선현기청분에서 '즉종좌기 편단우견 우슬착지 합장공경(卽從座起 偏袒右肩 右膝着地 合掌恭敬)', 즉 '곧 자리에서 일어나 오른쪽 어깨를 드러내고 오른쪽 무릎을 땅에 꿇고 합장공경 하여' 이후 다시 묘사되고 있습니다. 다 큰 수보리가 눈물을 펑펑 쏟으며 울 정도로 부처님의 금강법회 설법이 감동을 주었기 때문일 텐데, 어느 부분에서 감동을 먹었을까요? 직전 제13분 여법수지분에서 처음으로 부처님께서 이 경의 이름을 '금강반야바라밀'이라 선언한 것이 수보리의 눈물샘을 터지게 하는 데 결정적 동기가 되었을 터이지만, 지금까지의 금강경 법문은 해공제일이라는 수보리에게도 세포 떨리는 충격적 감동이 되었을 것입니다.

이미 제5분 여리실견분의 사구게 '범소유상 개시허망 약견제상비상 즉견여래(凡所有相 皆是虛妄 若見諸相非相 卽見如來)', '무릇 형상 있는 모든 모습이란 모두가 허망할지니 모양과 모양 아님을 함께 본다면 곧 여래를 볼 수 있을 것이니라.'에서 충격을 받은 수보리가 제6분 정신희유분에서 '이렇듯 신묘막측한 가르침을 세월이 흐른 뒤의 중생들이 어떻게 이해하고 따르겠나이까?' 하는 의구심을 가진 채 "에이~ 부처님! 이렇게 희유한 말씀을 세월이 흐른 뒤에는 어떤 중생이 믿겠십니껴?"라며, 우려스러운 마음까지 내지 않았습니까?

더하여 제10분 장엄정토분의 사구게에서 또 주체할 수 없는 감동을 받은 데다, 제13분 여법수지분에서는 "이 경의 이름은 '금강반야바라밀경(현장 번역본은 '능단금강반야바라밀'로 나옵니다)'이니라."라는 말씀에 완전히 피니쉬 블로우를 맞은 겁니다. 우리도 이런 펀치는 자주 맞으면 좋겠습니다. 부처님의 감동적 설법에, 수보리 제자의 진리를 향한 반야의 눈물겨운 자세가 어우러져 그야말로 감동의 도가니가 아닐 수 없습니다. '눈물이 진주라면'이라는 대중가요가 있습니다만, 슬플 때의 눈물보다 감격했을 때의 눈물에 염도가 더 진하다고 했던가요?

이처럼 금강경의 사자후는 주체하지 못할, 인류를 향한 최고의 자기해방 선언문이며, 지혜로운 인간으로 살아갈 수 있게 하는 인류 최초의 자기계발서인 것입니다. 그러니 우리가 부처님 이전의 금강경이 세상에 나오기 전에 태어나 생을 마치지 않았음을 감사히 여겨야 하고 또한 저와 함께 금강경의 대장정을 헤쳐나가는 대승의 동도(同徒)가 되었음을 감읍해야 하지 않겠습니까? 이와 같이 수보리도 부처님을 향해 환희에 찬 고백을 늘어놓습니다.

"놀라운 일입니다. 세존이시여. 이렇게 깊고 깊은 경전의 법을 설해주시니 제가 지혜의 눈을 뜬 이후로 일찍이 이와 같은 법문을 들어보지 못하였나이다." 즉 심해의취에 이르고 보니 활연히 부처님의 근본 종지(宗志)를 깨닫게 되었다는 것입니다. 우리도 마땅히 맹목적·반복적으로 경전을 염송하고, 절하면서 복을 빌 것이 아니라, 부처님이 중생을 향해 가슴 열어 지혜로써 전하고자 했던 메시지가 무엇인지를 깊이 이해하여, 잘못된 상(相)을 하나하나 타파해 나가서 궁극에는 도피안에 이르는 심해의취를 반드시 이뤄내야 하겠습니다. 신앙 간증이라 할까요? 수보리의 깨달음의 소회는 다음과 같이 이어집니다.

"세존이시여. 만약 또 어떤 사람이 이 법문을 듣고 믿는 마음이 깨끗하여 진실한 지견을 낸다면 이 사람은 가장 뛰어나고 놀라운 공덕을 성취할 것임을 마땅히 알아야 할 것입니다. 세존이시여. 제가 지금 이 법문을 듣고서 믿고 이해하며, 지니기는 어렵지 않습니다. 만약 다가올 세상 후오백세에 어떤 중생이 있어 이 경을 믿고 이해하여, 받들어 지닌다면 그 사람은 곧 가장 놀라운 사람이 될 것입니다.”

제6분 정신희유분에서는 “에이~ 부처님! 이렇게 희유한 말씀을 세월이 흐른 뒤에는 어떤 중생이 믿겠십니껴?”라며, 우려스러운 마음을 냈었으나 이제는 수보리도 확신에 찬 믿음으로, 후오백세에 이르도록 금강경의 진리는 다이아몬드처럼 찬연히 빛날 것을 수보리는 서원하고 있습니다. 후오백세가 언급되었군요. 바로 우리들이 살고 있는 이 시대의 세상입니다.

제6분 정신희유분에서 전술한 것처럼, 후오백세는 부처님 열반 후 2천5백 년을 각 5백 년씩 다섯으로 나누어 불교의 흥망성쇠를 나타내는 단계로 삼는데, 정법시대 1천 년, 상법시대 1천 년, 말법시대는 1만 년이 이어지고, 후오백년은 말법 1만 년이 시작된 최초의 5백 년을 말하는 것입니다. 그러니 지금은 말법 1만 년 중 후오백년을 막 통과하는 때라고 전술한 앞장의 설명을 상기해 보시기 바랍니다.

다시 본문으로 돌아갑니다. 수보리는 후오백세에도 이 경을 믿고 이해하여, 받들어 지니는 사람은 아·인·중생·수자상의 4상을 여의기 때문에 모든 부처님이란 일체의 상(또는 관념)으로부터 벗어난 것을 곧 이름한 것인바, 성불할 것임을 확신하고 있습니다. 새로운 것은 아무것도 없습니다. 모든 경전이 그러하듯 불법의 가르침은 가슴으로 받아들여 편벽되었던 마음을 진리의 파장에 동조시키는 것이지, 문자로 해석하고 분석하여 알음알이를 저장해 가는 지식의 습득 과정이 아님은 부연 설명이 필요 없을 테지요.

금강경은 이미 제5분까지에서 정신과 사상이 모두 드러났기 때문에 이후는 이렇듯 심화학습 과정임을 이미 알고 계실 겁니다. 상을 버리고(이상 離相), 집착을 놓는 것(멸집 滅執), 그것이 불교의 시작이고 끝이 아니겠습니까? 부처와 범부의 경계가 따로 있는 것이 아니라 이상(離相)과 공(호)을 생활 규범으로 일반화할 수 있느냐, 없느냐의 차이일 뿐입니다. 그러나 그 일이 술집에서 술값 서로 내려고 던지듯 내려놓는 대폿값처럼 간단한 문제가 아니기 때문에 온갖 언어적 비유와 모든 방편을 총동원하여 부처님이 설하고 있는 것이지요.

여기서 부처님은 극악무도한 왕 가리왕(迦利王)으로부터 당했던 할절신체(割截身體)의 과거를 비유로 들고 있습니다. 즉 전생에 부처님이 인욕정진을 할 때 악세무도왕(惡世無道王)으로 불리는 가리왕이 부처님의 인욕을 시험하기 위해 팔다리를 잘랐을 때에도 마땅히 아·인·중생·수자상이 없었고 그래서 성내고 원망하는 마음을 돕지 않았다고 설하십니다.

전생의 부처님이 산속에서 인욕정진 중이었을 때 가리왕이 수많은 왕비, 궁녀를 거느리고 사냥을 나왔다가 잠시 낮잠이 들자, 왕비와 궁녀들은 수행삼매에 든 부처님에게 경배했고 잠에서 깨어난 가리왕이 심한 질투와 분노를 느껴 부처님의 코와 귀를 베고, 팔다리를 잘라 인욕을 시험했다는 불교 설화입니다. 육바라밀의 하나인 인욕바라밀은 모든 정신적·육체적 가해로부터 능히 참아내는 능인(能忍)의 경지에 드는 것으로서, 사상(四相)을 여의지 않고는 넘어설 수 없는 무성한 고난의 다른 이름이기도 한 것입니다.

이처럼 인욕바라밀은 내가 참는다거나, 참아냈다는 마음을 도우면 안 되고 그야말로 더 이상 참고, 참지 못할 것도 없는 궁극적·무조건적 인욕의 경지를 이룹니다. '지금은 내가 힘이 없으니 때려도 참고 맞는다만 두고 보자. 반드시 복수하겠다.'라면서 이를 가는 게 아니라, '지금 네가 나를 때리려니 네 손은 얼마나 아프겠노? 내가 어떻게 하면 네가 날 편히 때릴 수 있겠니?' 하고 걱정하는 그런, 우리들 중생심으로 보면 말도 안 되는 무조건적으로 참는 걸 말합니다. 참 성불의 길은 멀고도 멉니다.

　예수께서 가르친 대로 '누가 네 왼뺨을 때리면 감사한 마음으로 오른쪽 뺨을 바로 디밀어주라.'라는 말씀과 같은 맥락이라 보면 되겠으나, 혹시 이 책을 읽고 사람 찾아다니며 스스로 뺨을 내미는 그런 일은 없어야겠지요? 요즘 세상에는 맞고도 감사해하고, 덤으로 추가로 맷집을 갖다 바친다면 얼마나 많은 죄를 지었기에 저러느냐면서 아예 중죄인 취급 받기 십상일 테니까요. 간음한 여인에게 돌을 던지려는 사람들에게 예수께서 가라사대 '너희들 마음에 죄짓지 않은 자 저 여인을 돌로 치라.'는 말씀을 요즘 세상에 뱉었다가는 그 여인은 순식간에 박살이 나지 않겠습니까? 돌을 안 던지면 내게 죄가 있는 걸 인정하는 꼴이 되니 말입니다.

　불자님들이 법회에서 일상으로 염송하는 사홍서원(四弘誓願)에서 일체의 중생을 모두 구하겠다는 중생무변서원도(衆生無邊誓願度)처럼, 인욕도 보시도 내가 참는다거나, 보시하고 있구나 하는 생각이 아예 없이 하는 것이야말로 이상(離相)을 통해 적멸에 다가가는 것이 되는 것입니다.

　예수님의 십자가 고난이나, 부처님의 할절신체가 뜻하는 바가 무엇이겠습니까? 나 하나를 버려 대의(大義)와 인(仁)을 이룬다는 '살신

성인(殺身成仁-살찐 성인이 아닙니다.)'으로, 분노와 원한에 물들지 않고 무생의 법리에 편안히 머무는 무생법인(無生法忍)을 성취함에 있습니다.

사바세계는 만인 대 만인의 투쟁에, 애증과 욕구의 끊임없는 각축이 벌어지는 전쟁터와 같습니다. 이 전쟁을 종식시키고 불국토를 장엄하는 수행이 바로 인욕바라밀인 것입니다. 참을 '인(忍)' 글자 석 자면 능히 '살(殺)'을 면할 수 있다고 하였습니다. 위대한 성과는 힘이 아닌 인내의 산물이라는 사무엘 존슨의 말처럼, 부처님의 성불도 능력이 아닌 인욕이 기반이고, 불교는 인욕의 씨앗으로 자비의 꽃을 피워내는 무상(無相)의 보리수라 생각해 주시기 바랍니다.

지금 우리는 한없이 풍부하여, 일신의 불편은 고사하고 왕의 침실보다도 더 화려하고 깨끗한 환경과 과잉으로 오는 온갖 고통을 감내해야 할 만큼의 영양을 일상으로 누리며 살아가고 있습니다. 그러나 우리들의 자아의 빈곤과 정신의 황폐는 어디를 향해 달려가고 있습니까? 내 것이 없으면 곧 죽음이라는 절박한 소유욕과 나에게 없는 것을 가진 자에 대한 주체할 수 없는 적개심 그리고 그까짓 명예가 무엇이라고 흘려버릴 말 한마디에도 거대한 분노에 사로잡혀 복수의 칼을 가는 분노조절 장애 등, 조그마한 일신의 불편도 참지 못하고 나의 몸은 영원할 것이라는 아인사상의 노예가 되어 관 속으로 들어가면서까지 내일의 거래처 수금을 계산하는 세일즈맨은 아닐까요?

불교에서의 무아(無我)라는 것은 육체적·감각적 신체로서의 내가 없는 것이 아니라, '나'라는 육신은 일시적 원자의 결합에 의한 인연의 결과물인바 그것을 있게 하는 항존(恒存)하는 실체가 없기 때문에 가짜로 이루어진 가상(假相)의 '나'라는 것입니다. 그런데 6식의 분별심은 끊임없는 감각작용을 일으키고 오온은 무성히 자라나서 원래 없던 공한 나를 가려버리니 실재하는 내가 있는 것으로 착각하게 됩니다.

'나'를 '나'라고 느끼는 '나'는 애초에 없었으니 이토록 소중하게 여기는 '나'라는 것이 일시적 인연의 결합일 뿐이라는 거지요. 그런고로 "수보리여. 보살은 마땅히 일체의 상을 버리고, 아뇩다라삼먁삼보리심을 내어야 하나니, 마땅히 색에 집착하는 마음을 내지 말 것이며, 마땅히 소리, 향기, 맛, 감촉, 이치에 집착하지 않는 마음을 내야 하느니라. 마땅히 머무는 바 없이 마음을 내야 하리라."

이미 해공의 법열(法悅)을 체득한 수보리에게 이상(離相)의 도리를 반복적으로 설하실 필요는 없었을 터이나 지금 금강경을 설하는 기원정사에는 각기 근기가 다른 1,250인의 비구가 부처님과 수보리 사제 간의 최상승 법문을 숨죽인 채 경청하고 있는 장엄한 분위기도 상기해 보아야겠지요?

중생에게는 누구나 불성이 있어 나방이가 껍질을 깨고 날아오르듯 불성의 심지에 불쏘시개만 지피면 스스로 깨어나 날 수 있기 때문에 부처님은 온갖 문자적 방편을 다해 설하고 있습니다. 그래도 중생들이 당신의 말을 믿지 못하고 청정한 마음의 진실한 지견을 내지 못할까 저어하여 부처님께서는 "여래는 참된 말을 하는 자이며, 실다운 말을 하는 자이고, 한결같은 말을 하는 자이며, 속이는 말을 하지 않는 자이고, 다른 말을 하지 않는 자이니라. 수보리여. 여래가 깨닫고 설한 법에는 이 법이 실함도 없고 허망함도 없느니라."라고 강조하고 또 강조하십니다.

요한복음〈14장6절〉의 "예수께서 이르시되 내가 곧 길이요. 진리요 생명이니 나로 말미암지 않고는 아버지께로 올 자가 없느니라."에서처럼, 말 그대로 예수님이 진리 자체임을 강조한 것과 같다고 보면 되겠군요. 의심 많은 중생들이 "진짜로? 참말로?", "에이 정말 그럴까 봐?" 등으로 생심(生心)을 못 할 것은 충분히 있을 수 있는 반응이 아니겠습니까? 그래서 부연하면 "믿질 것 없을 거인께 내 말 한번 믿고, 마음을 법에 집착하지 않은 채 보시하면 눈 밝은 사람이 햇빛에서 별의별 사물을 보는 것과 같다 안 카나?" 하며 강조하시는 겁니다.

스승의 길은 참 멀고도 험하지요? 인천 앞바다에 사이다가 떴어도 '꼬뿌(컵)' 없으면 못 마신다는 각설이 타령처럼, 보배로운 길이 있어도 믿고 따르지 않으면 암흑 속의 선글라스가 되어버리기 때문에 "이 경을 받들어 지니고 읽고, 외우면 내가 부처의 지혜로써 니들을 다 알고, 다 보게 될낑께. 그 얼마나 한량없이 큰 공덕이 되겠노?"라며 간곡히 당부하시는 겁니다. 본 14분의 키워드 이상(離相)과 적멸(寂滅)의 네 글자는 불교의 주제곡 제목이라 할 수 있겠습니다.

중요 용어

❀ 문설시경(聞說是經) : 직역하면 '이 경을 설하심을 듣고'가 되지만, 여기서의 경(經)은 '법문을 듣고는'으로 번역함이 맞겠습니다. 진제 번역본에는 '문설시경'을 '유법이질(由法利疾)'로 표현한바, '법문의 이익으로 말미암아'로 번역하였는데, 진제본이 더 사실적으로 보입니다.

❀ 심해의취(深解義趣) : 의역하면 부처님의 진실한 뜻을 깊이 이해했다는 뜻. 그냥 지식으로 안 것이 아니라 가슴으로 새겨 알았다는 뜻입니다.

❀ 체루비읍(涕淚悲泣) : 아주 슬피 운다는 뜻인데, 슬픔이 아니라 여기서는 수보리가 감격의 눈물을 흘리는 걸 이릅니다. '체(涕)'는 눈물이라는 명사로도 쓰이지만 여기서는 '눈물을 쏟으며 운다.'는 동사로 쓰였습니다. 이 부분을 진제 번역본에는 '즉변비읍 수루이언(卽便悲泣 收淚而言)' 즉 '곧 문득 눈물을 흘리며 슬피 울다가 그 눈물을 거두고'로 번역하고 있습니다. 한편 현장번역본은 '문법위력 비읍타루 면앙문루(聞法威力 悲泣墮淚 俛仰捫淚)' 즉 '법의 위력을 듣고 슬피 울며 눈물 흘리고, 우러러 눈물을 씻으며'로 표현하였습니다. 현장본의 묘사가 더 감각적으로 보입니다.

❀ 아종석래소득혜안(我從昔來所得慧眼) : 제가 옛날 지혜의 눈을 뜬 후로.

❀ 즉생실상(則生實相) : 곧 진실한 지견을 낸다는 뜻. 현장본에는 '진실상'으로 번역되었습니다.

❀ 신해수지(信解受持) : 믿고, 알며, 받들어 지님.

❀ 부족위난(不足爲難) : 어렵지 않음.

❀ 약당래세(若當來世) : 만약 오는 세상에.

❀ 불경 불포 불외(不驚 不怖 不畏) : 놀라지 않고, 겁내지 않으며 두려워하지 않음.

❀ 할절신체(割截身體) : 부처님이 과거세에 인욕정진 중 가리왕으로부터

귀와 코가 베이고 몸통이 잘리는 박해 받음을 이름. 진제본에는 '가릉가왕 참작신체 육골수쇄(迦陵伽王 斬斫身體 肉骨雖碎)' 그러니까 '가릉가왕에게 몸이 베이고 쪼개어져 골육이 비록 부서져도'로 더욱 구체적 서술로 번역되었습니다.

❈ 응생진한(應生瞋恨) : 마땅히 성내며 원망하는 생각을 냄.

❈ 우념과거(又念過去) : 또 과거를 생각하니.

❈ 시진어자(是眞語者) : 참된 말만 하는 이.

❈ 불광어자(不狂語者) : 속이는 말을 하지 않는 이.

❈ 불이어자(不二語者) : 두말을 하지 않는 이.

❈ 무실무허(無實無虛) : 직역하면 진실도 아니고, 허망함도 아니라는 뜻인데, 여래가 설한 법은 진리라 할 수도 없고, 거짓이라고도 할 수 없는 것이라는 뜻입니다. 다시 말해 깨달은 자에게는 허망함이 아니고, 깨닫지 못한 자에게는 진실이 되지 않기 때문입니다. 보리류지본은 '무실무망(無實無妄)'으로, 진제본은 '비실비허(非實非虛)', 현장본은 '비체비망(非諦非妄)'으로 번역하였는데, 뜻에는 큰 변화가 없을 듯합니다.

❈ 실지시인 실견시인(悉知是人 悉見是人) : 이 사람을 모두 다 알고, 모두 다 본다는 뜻.

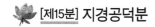 **[제15분] 지경공덕분**

단락	구분	원문 및 한글번역
		지경공덕분[持經功德分] : 경을 지니는 한량없는 공덕
1	원문	須菩提 若有善男子善女人 初日分 以恒河沙等身布施 中日分 復以恒河沙等身布施 後日分 亦以恒河沙等身布施 如是無量百千萬億劫 以身布施
	한글 토	수보리 약유선남자선여인 초일분 이항하사등신보시 중일분 부이항하사등신보시 후일분 역이항하사등신보시 여시무량백천만억겁 이신보시
	한글번역	수보리여. 만약 어떤 자질이 뛰어난 남자나 자질이 뛰어난 여인이 아침나절에 갠지스강의 모래알 수만큼의 목숨으로 보시하고, 점심나절에 다시 갠지스강의 모래알 수만큼의 목숨으로 보시하며, 저녁나절에 역시 갠지스강의 모래알 수만큼의 목숨으로 보시하여 이렇게 한량없는 백천만억겁을 보시한다 해도
2	원문	若復有人 聞此經典 信心不逆 其福勝彼 何況書寫受持讀誦 爲人解說
	한글 토	약부유인 문차경전 신심불역 기복승피 하황서사수지독송 위인해설
	한글번역	만약 다시 어떤 사람이 이 경전을 듣고 믿는 마음으로 비방하지만 않아도 그 복이 앞의 것보다 뛰어난 것이거늘 하물며 베끼고 받아 지니며, 읽고 외우고 남을 위해 설명해 주는 것이겠느냐?
3	원문	須菩提 以要言之 是經 有不可思議 不可稱量 無邊功德 如來 爲發大乘者說 爲發最上乘者說
	한글 토	수보리 이요언지 시경 유불가사의 불가칭량 무변공덕 여래 위발대승자설 위발최상승자설
	한글번역	수보리여. 요약해서 말할라치면 이 경에는 생각할 수도 없고, 헤아릴 수도 없는 가없는 공덕이 있나니 여래가 보살행을 결심한 사람을 위해 이 경을 가르치며, 최상승의 뜻을 세운 사람을 위해 가르치는 것이니라.
4	원문	若有人 能受持讀誦 廣爲人說 如來 悉知是人 悉見是人 皆得成就 不可量 不可稱 無有邊 不可思議功德 如是人等 卽爲荷擔 如來 阿耨多羅三藐三菩提
	한글 토	약유인 능수지독송 광위인설 여래 실지시인 실견시인 개득성취 불가량 불가칭 무유변 불가사의공덕 여시인등 즉위하담 여래 아뇩다라삼먁삼보리
	한글번역	만약 어떤 사람이 능히 이 경을 받아 지녀 읽고, 외우며, 널리 남을 위해 설명해 준다면 여래가 이 사람을 모두 다 알고, 모두 다 보리니 모두가 한량없고, 일컬을 수 없으며, 가없고, 생각할 수 없는 공덕을 성취하리라. 이러한 사람들은 곧 여래의 가장 높고 바르며, 원만한 깨달음을 감당할 것이니라.
5	원문	何以故 須菩提 若樂小法者 着我見 人見 衆生見 壽者見 卽於此經 不能聽受讀誦 爲人解說

5	한글 토	하이고 수보리 약요소법자 착아견 인견 중생견 수자견 즉어차경 불능청수독송 위인해설
	한글번역	왜냐하면 수보리여. 만약 믿고 받아들이는 능력이 부족한 중생은 나라는 견해, 사람이라는 견해, 중생이라는 견해, 목숨이라는 견해에 집착하므로 곧 이 경을 듣고 받아들이거나, 읽고 외우거나, 남을 위해 설명하지도 못하기 때문이니라.
6	원문	須菩提 在在處處 若有此經 一切世間 天, 人, 阿修羅 所應供養. 當知此處 卽爲是塔 皆應恭敬 作禮圍繞 以諸華香 而散其處
	한글 토	수보리 재재처처 약유차경 일체세간 천, 인, 아수라 소응공양 당지차처 즉위시탑 개응공경 작례위요 이제화향 이산기처
	한글번역	수보리여. 어떠한 곳이라도 만약 이 경이 있다면 모든 세상의 천신, 사람, 아수라가 당연히 공양할 것이니라. 마땅히 알아야 할지니 이 경이 있는 곳은 곧 부처님의 사리탑처럼 되어 모두가 마땅히 공경하여 예배하고, 주위를 돌며 온갖 꽃과 향으로써 그곳에 뿌릴 것이리라.

제15분 지경공덕분은 글자 그대로 경을 지니는 한량없는 공덕을 명쾌한 비유로 강조하신 분단입니다. 지금까지 금강경에 대한 비교 불가의 가치는 제8분 의법출생분에서 '어차경중수지 내지 사구게등 위타인설 기복승피(於此經中受持 乃至 四句偈等 爲他人說 其福勝彼)' 즉 '이 경을 지니거나 또는 사구게 등을 남을 위해 설명한다면 그 복은 앞의 칠보 보시(삼천대천세계에 가득 찬 칠보 보시)보다 나을 것이니라.' 라며 강조한 바 있고, 제11분 무위복승분에서도 사구게 등을 남을 위해 설하는 공덕이 삼천대천세계에 가득 찬 칠보로 보시하는 것보다 훨씬 뛰어난 것이라 설하신 걸 기억하실 겁니다.

또한 제12분 존중정교분과 제13분 여법수지분 그리고 제14분 이상적멸분에서도 금강경의 사구게 설법 공덕과 수지·독송의 무량무변의 성취공덕을 강조하고 있습니다. 나아가 본 15분에서는 아예 이 경전을 듣고 믿는 마음으로 비방하지만 않아도 하루 세 번을 갠지스강의 모래알 수만큼의 목숨으로 보시하는 것보다 뛰어난 복이라 설하시고 있습니다. 그러니 하물며 '베끼고 받아 지니며, 읽고 외우고 남을 위해 설명해 주는 공덕은 일러 무엇 하겠느냐?'라고 하시면서, 뭐 입 아프게 얘기할 필요조차 없는 절대적 우위의 공덕이라는 말씀을 하십니다.

이렇게 반복에 반복, 비교에 비교를 더하여 금강경을 희유한 공덕이라 강조하신 이유는 뭘까요? 먼저 '공덕(功德)'이라는 문자의 불교적 이해에 대해 살펴보도록 하겠습니다. 불교에서의 '공(功)'은 자비심을 이르고, '덕(德)'은 착한 마음자리를 일컫는 말로, 청정한 마음에서 우러난 반야지혜의 성취를 가리킵니다. 이렇게 얻어진 공덕이야말로 희유한 공덕이요, 진실한 모습이 드러난 실상의 반야가 되기 때문에 반야바라밀의 경전인 금강경을 듣고, 맑고 깨끗한 신심을 낸다면 그것이 곧 무상정등정각에 이르는 길이라 확신하셨던 것이지요.

부처님께서는 금강경을 불법의 불씨라 생각하셨던 것 같습니다. 그래서 후오백세에도 이 경을 받들어 지니고, 사구게 등을 남을 위해 설하는 공덕을 비교 불가의 희유한 무량무변의 공덕이라 하신게 아니겠습니까? 부처님께서는 열반 후 말법시대의 도래를 이미 예견하고 부처의 핵심 가르침인 금강경의 불씨만 살아있다면 그때도 불법 부흥의 불길은 활활 타오를 것을 확신하신 겁니다. 그 불씨를 꺼뜨리지 않고 살리는 일은 불성이라는 심지를 누구나 지니고 있는 '실유불성(悉有佛性)'의 우리들 중생의 몫인 것입니다.

금강반야를 증득하는 것은 지금껏 우리들이 공부해온 것처럼, 맑은 마음으로 신심을 내어 머무르지 않고 보시하며, 사구게에서처럼 마음을 내어 수지·독송하고 남에게 설하는 평범한 실천일 뿐 결코 소신공양(燒身供養)을 하듯 살을 태우고, 피를 말리는 수행으로 증득하는 것은 아닙니다. 금강경의 정신대로 직장에서, 가정에서 또

사회의 일원으로서 자리이타를 행하는 단순한 자기완성의 철학만 있으면 되는 것이지요. 그냥 금강경처럼 생각하고, 금강경처럼 살아가는 것입니다.

상에 얽매여 스스로를 가두었던 마음의 감옥을 허물고, 한 생각 바꾸어 큰마음을 낸다면 현생이 극락이고 천당인데, 무엇 하려고 사후의 극락을 위해 삼천 배, 삼만 배 무르팍에 피고름 맺히게 한단 말입니까? 절은 하심의 대표적 불교 수행의식이라 그 자체는 소중한 것이지만, 주변에는 의외로 많은 분들이 단순명쾌한 불법의 핵심을 간파하지 못하고 맹목적·반복적 의례에 소중한 인생의 시간을 낭비하는 걸 보았습니다. 그것이 자기최면과 기복의 자기충족 예언으로 나타날 수도 있겠지만, 아무래도 그 시간에 금강경 한번 맑은 정신으로 독송하는 게 나을 것이라는 저만의 생각을 가져봅니다.

혹자는 묻습니다. 금강경을 일상으로 독송하고 사경하면 많은 돈을 벌 수 있느냐고? 또는 승진을 하고 출세할 수 있느냐고 말입니다. 금강경이 인류 최고의 자기계발서라고는 하나 인간사의 구체적 사안에 대한 답을 주는 것은 아닙니다. 돈을 많이 벌기 위해서는 사업 수완을 길러 해박한 시장 정보와 개척이 있어야 할 것이고, 승진을 위해서는 회사가 필요로 하는 인재가 되기 위한 자기관리와 남다른 노력이 있어야 할 것입니다. 하지만 금강경의 가르침대로 일상생활에서도 남을 위해 보시하고 마음을 맑혀 이웃과 동료 선후배를 공경한다면 타인의 신망을 얻어, 출세와 재산도 그만큼 얻기 쉬워지는 건 당연하지 않겠습니까? 하긴 출세와 승진이란 게 아부와 중상모략이 더 빠른 길이라 한다면 할 말은 없겠지만요.

본 15분의 구절인 '약부유인 문차경전 신심불역 기복승피 하황서사 수지독송 위인해설(若復有人 聞此經典 信心不逆 其福勝彼. 何況書寫 受

持讀誦 爲人解說)' 즉 '만약 다시 어떤 사람이 이 경전을 듣고 믿는 마음으로 비방하지만 않아도 그 복이 앞의 것보다 뛰어난 것이거늘, 하물며 베끼고 받아 지니며, 읽고 외우고 남을 위해 설명해 주는 것이겠느냐?'라는 부분에서 금강경 본문 글자의 1/2인 2,600여 글자를 넘기고 있습니다.

물론 구마라집 번역본 기준입니다만, 본문의 딱 중간에 금강경을 듣고 믿는 마음으로 비방만 하지 않아도 상상 불가의 공덕이 있다고 설하신 겁니다. 그런데 이 비방만 하지 않는다는 것이 매우 쉽고 간단한 것 같지만, 세상사 잡다한 분석적 알음알이와 내 것과 네 것, 좋음과 싫음의 이분법적 분별심에 길든 우리 중생들이 활연히 깨끗한 마음으로 믿고 받아들이기는 실로 어렵다 하겠습니다. 그래서 부처님께서는 근기에 따라 맞춤식 반복 교육을 통하여 중생 누구나가 스스로 피안에 도달할 수 있도록 금강석 같은 굳은 결기로, 강조에 강조를 더하고 또 당부하는 것입니다.

깨닫지 못한 자에게는 아무리 진실을 이야기해도 진리에 다가가는 지혜의 눈이 뜨여지지 않습니다. 마치 장님에게 저 태양이 삼라만상의 만유를 비추는 찬란한 햇빛이라고 해도 그에게는 늘 같은 암흑일 뿐이듯이 또한 저 길로 몇백 리를 가면 반드시 서울에 갈 수 있다고 가리켜도, 서울에 가겠다는 의지도 없이 이정표만 바라보는 어리석음과 같다고나 할까요?

그래서 눈 밝은 자가 장님을 인도하듯, 서울로 가는 길을 너무나 잘 아는 노련한 마부가 서울로 갈 사람을 자신의 수레에 태워 서울로 데려가듯, 부처님께서는 보살의 삶을 결심한 사람을 위해 이 경을 가르치며, 성불에 뜻을 둔 사람을 위해 이 경을 가르친다고 하신 겁니다. 나아가 만약 어떤 사람이 능히 이 경을 받아 지니고 읽고 외우며, 널리 다른 사람을 위해 설명해 준다면 부처님이 이 사람을 다 알고, 다 보기 때문에 불가사의의 공덕을 성취함은 물론 아뇩다라삼먁삼보리를 감당할 것이라고 강조하고 있습니다.

여기서 능히 이 경을 받아 지닌다는 '능히'를 주목할 필요가 있겠습니다. 여기서 '능히'는 '마땅히'라는 해석보다는 스스로 마음을 내서 능동적인 신심으로 이 경을 받아들여야 한다는 가르침인 것입니다. 구슬이 서 말이라도 꿰지 않고 창고에 있으면 보석이 아니라 쥐가 밟고 다니는 비품일 뿐이듯, 아무리 금과옥조 진리의 가르침이라 해도 기꺼이 마음을 내어 실천하지 않는다면, 예리한 날의 촉을 가진 화살이 부러져 녹슨 채로 과녁을 향해 날아갈 수 없는 안타까움과 무엇이 다르겠습니까?

그래서 부처님께서 이름 없이 흩어져 피어 있는 꽃이라 해도 잘 거두어 꽃 둘레를 만들면 아름다운 꽃다발을 빚어낼 수 있는 '잡화엄식(雜華嚴飾)'이 된다고 하신 것처럼, 근기 다른 중생들도 이렇듯 헤아릴 수 없는 무변 공덕의 금강지혜를 통해 성불로 이끈다면 닿지 못하고, 이루지 못할 중생이 없음을 확고히 하신 것입니다.

화엄경의 근본이념이기도 한 잡화엄식은 일체 만유가 높고 낮음이 없는 평등의 세계에서 우아하고 천한 꽃이 달리 없나니 저마다의 자태와 향기로 피어 한바탕 아름다운 꽃 세계를 만들어 간다는 뜻으로, 그 맥도 일체중생 개유불성에 닿아 있습니다. 티끌 먼지 하나에도 저 나름대로의 우주와 세계의 질서가 들어 있고, 이름 없는 잡초도 시방세계의 질량을 지니고 있거늘, 하물며 우주 만물 지혜의 소통 근원인 사람이겠습니까? 그러니 사람에게는 남자 여자, 큰 키, 작은 키 등의 차이는 있을 수 있으나, 잘나고 못나고, 애초에 존귀하고 천한 차별은 있을 수 없습니다.

부처님께서 이르기를 내가 이 땅에서 핍박받고 빈한하며, 못생기고 수난 멸시를 당하는 것도 삼세의 인과를 따라가 보면 너무나 공평한 결과일 뿐이니 내가 남에게 이유 없이 매를 맞는 것조차 수행의 대상으로 삼아 성불로 가는 방편으로 삼아야 한다고 하였습니다. 따라서 전생의 공덕에 후천적 노력이 더하여 인생의 결과가 나타날 뿐이니 우리들도 금수저니 흙수저, 기울어진 운동장 따위를 운운하며, 하늘과 운명을 원망할 게 아니라 부처님이 성불의 뜻을 세운 사람을 위해 가리키신 금강경의 그 길을 따라 묵묵히 걸어가면 반드시 무상정등각의 성불을 이룰 수 있을 것입니다.

사실 인간의 불평등 기원은 그리 오랜 역사는 아닙니다. 청동기 문명이 시작되기 전 신석기시대까지만 해도 인류 최대의 목표는 자연재해로부터의 안전 보장과 생명의 유지를 위한 먹거리 확보에 있었습니다. 그 목표 하나를 위해 온 부족이 협업을 해도 사냥감 확보며 태풍, 폭우, 혹한 같은 생존을 위협하는 극한상황은 일상으로 그들을 위협했고, 집단 안보체제 구축을 위해서는 누구 하나도 소중하지 않은 사람이 없었을 것입니다.

건장한 사내는 사냥을 하고, 여자는 고기와 가죽으로 음식과 옷을 만들며, 체력이 약한 남자는 동굴의 불씨를 간수하고, 장애가 있거나 정서적 재주가 있는 사람은 사냥에서 돌아오는 전사를 위해 춤과 노래를 부르면서 공존 호혜의 공동체적 삶을 꾸릴 수 있었습니다. 그래서 인류 최초의 시인은 장애인이었을 거라는 설이 설득력을 얻는 것이겠지요? 그러던 인류의 교활한 생각이 미친 곳은 남이 확보해 놓은 삶터와 먹거리를 빼앗는 것이 훨씬 더 편하고 양적으로 풍족하다는 지배 논리였던 것입니다.

그러기 위해서 필수적인 것이 월등한 힘과 무기의 개발이었습니다. 돌도끼, 돌칼 같은 무기를 가지지 못한 짐승과는 달리 대등한 도구를 지닌 부족 집단을 공격하기 위해서는 치명적인 무기의 개발이 절실하였으니, 당시로써는 지금의 핵무기에나 해당할 청동기 무기였던 것이지요. 참, 필요는 발명의 어머니란 말이 그때부터 있었나 보네요. 그래서 지배와 복종, 정복한 자와 정복당한 자의 인격적 차별과 불평등의 역사가 시작됩니다.

이 부분을 장 자크 루소는 그의 『불평등 기원론』에서 이렇게 서술하고 있습니다. "자연 상태의 인간, 어떠한 감정도 없는 오롯이 생존에만 집중하여 소유의 개념도 없이 자연법이라는 생존에 필요한 법에 의해 살아갔을 때 인간은 모두 평등했다."라고 말입니다. 지금의 인류는 이미 돌아오지 못할 강을 건너고 말았습니다.

미국 핵과학자회(BAS)에서 밝힌 지구종말시계는 최근, 100초 전의 카운트다운을 시작했습니다. 핵무기와 기후변화 등으로 인류는 스스로가 파놓은 거대한 무덤을 향해 빠른 속도로 질주해 가고 있습니다. 부처님이 설하신 말법시대 중 후오백년이 시작된 지금의 세계는 서로 배척하고 투쟁하는 풍조가 더욱 심해지는 시대라 하였으니, 어쩌면 이리도 정확히 시대의 절망감을 읽고 계셨던지 그저 아득한 생각에 망연할 뿐입니다.

그러나 후오백세에도 바른 믿음과 청정한 마음을 내어 인류 상호 간 상을 여의고 능히 금강경을 수지 독송하며, 사구게를 남을 위해 설명해 준다면 어디라도 그곳은 부처의 사리탑처럼 되어 불국정토의 하늘 문이 열리도록 부처님이 코디해 두셨으니, 이처럼 부처님의 중생 사랑은 불가칭량의 무한한 은혜가 아닐 수 없습니다.

중요 용어

🏵 초일(初日), 중일(中日), 후일(後日)분 : 불교에서는 깨어 있는 일상의 시간을 하루 세 번으로 나누는데, 초일은 03시~09시까지, 중일은 09시~15시, 후일은 15시~21시까지를 의미합니다. 여기서는 시간보다는 하루에 세 번씩이나 자주 또는 '많이'라는 뜻으로 쓰였습니다.

🏵 백천만억겁(百千萬億劫) : 겁(劫)은 산스크리트어로 kalpa라 하고, 팔리어로는 kappa라 하는데, 고대 인도 및 불교에서 우주의 시간을 재는 단위로써 숫자로 나타낼 수 없는 무한한 시간을 말합니다. 가로·세로·높이가 각각 1유순(由旬 : 보통 8km)의 큰 바위를 백 년마다 한 번씩 선녀가 내려와 비단 옷자락으로 닦아서 그 바위가 다 닳아 없어져도 겁은 끝나지 않는다고 하지요. 또는 가로·세로·높이가 각각 1유순이 되는 철로 된 성안에 겨자씨를 가득 채우고 백 년마다 한 알씩 꺼내어, 마침내 겨자씨를 모두 다 꺼내도 겁은 끝나지 않는다고 하니 그냥 긴 시간이라 생각하시면 되겠습니다. 그러니 백천만억겁은 겁보다는 훨씬 더 긴 시간이겠지요? 불교의 시공관은 이처럼 공허한 것 같지만 우주의 생성과 팽창우주를 생각해 보면 결코 허황한 시간개념은 아닙니다. 이 부분을 보리류지 역본에서는 '백천만억나유타겁(百千萬億那由他劫)'으로 번역하였는데, 나유타는 아승기(阿僧祇)의 1만 배로 봅니다.

🏵 신심불역(信心不逆) : 직역하면 믿는 마음을 거꾸로 먹지 않음, 즉 '비방하지 않는다.'로 해석합니다. 현장 역본은 '불생비방(不生誹謗)'으로, 의정은 '불생훼방(不生毁謗)'으로, 보리류지는 '심신불방(信心不謗)'으로 번역하였으나 뜻은 모두 비방하지 않는 것으로 풀이합니다.

❀ 하황(何況) : 부사로 하물며. 앞의 것이 그러하니 뒤의 것은 말할 필요 없다는 뜻.

❀ 이요언지(以要言之) : 요약해서 말하자면 또는 쉽게 얘기하면.

❀ 약요소법자(若樂小法者) : 직역하면 '만약 소법을 즐기는 자'란 뜻이지만, 소승에 머물러 있는 자로, 자신의 열반만을 추구하기 때문에 아인4상을 버리지 못하고 과위를 얻는 것만 생각하여 이 경을 듣고 받아들이거나, 수지 독송 및 남을 위해 설명하지도 못하는 부족한 능력의 하근기 중생을 이릅니다.

❀ 개응공경 작례위요(皆應恭敬 作禮圍繞) : 당연히 공경하여 예배하고 주위를 돈다는 뜻. 위요(圍繞)는 주위를 빙빙 도는 것을 말하는데, 예배 대상을 공경하여 합장하고 예를 올리며 탑 주위를 도는 탑돌이 같은 의식을 이릅니다.

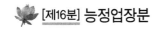

[제16분] 능정업장분

단락	구분	원문 및 한글번역
	능정업장분(能淨業障分) : 능히 마음의 업장을 맑힌다	
1	원문	復次 須菩提 善男子 善女人 受持讀誦此經 若爲人輕賤
	한글 토	부차 수보리 선남자 선여인 수지독송차경 약위인경천
	한글번역	그리고 수보리여. 자질이 뛰어난 남자나 자질이 뛰어난 여인이 이 경을 받아 지니고 읽고 외우는데도 불구하고 혹 다른 사람으로부터 무시당하고 천대받는다면,
2	원문	是人 先世罪業 應墮惡道 以今世人輕賤故 先世罪業 卽爲消滅 當得 阿耨多羅三藐三菩提
	한글 토	시인 선세죄업 응타악도 이금세인경천고 선세죄업 즉위소멸 당득 아뇩다라삼먁삼보리
	한글번역	이 사람은 지난 세상에 지은 죄업으로 인하여 악도에 떨어졌어야 마땅하지만, 금생에 남으로부터 무시되고 천대받음으로써 전생의 죄업이 곧 소멸되고 반드시 가장 높고 바르며, 원만한 깨달음을 얻게 되리라.
3	원문	須菩提 我念過去無量阿僧祗劫 於燃燈佛前 得値八百四千萬億那由他 諸佛 悉皆供養承事 無空過者
	한글 토	수보리 아념과거무량아승기겁 어연등불전 득치팔백사천만억나유타 제불 실개공양승사 무공과자
	한글번역	수보리여. 내가 과거 한량없는 아승기겁을 돌이켜 생각건대, 연등부처를 만나기 전 팔백사천만억나유타 제 부처를 만나 모두 공양하고, 받들어 섬기어 그냥 지나친 분이 없었노라.
4	원문	若復有人 於後末世 能受持讀誦此經 所得功德 於我所供養諸佛功德 百分 不及一千萬億分 乃至算數譬喩 所不能及
	한글 토	약부유인 어후말세 능수지독송차경 소득공덕 어아소공양제불공덕 백분 불급일천만억분 내지산수비유 소불능급
	한글번역	만약 누군가 이후 말법 세상에 능히 이 경을 지녀 읽고 외우면, 그가 얻는 공덕은 내가 모든 부처님께 공양한 공덕으로는 백분의 일에도 미치지 못할 것이며, 천억분이나 더 나아가 숫자로 헤아려서는 비유할 수 없을 만큼 미약한 것이니라.
5	원문	須菩提 若善男子 善女人 於後末世 有受持讀誦此經 所得功德 我若 具說者 或有人聞 心卽狂亂 狐疑不信.
	한글 토	수보리 약선남자 선여인 어후말세 유수지독송차경 소득공덕 아약 구설자 혹유인문 심즉광란 호의불신

5	한글번역	수보리여. 만약 자질이 뛰어난 남자나 자질이 뛰어난 여인이 다음 말법 세상에서 이 경을 받아 지니고 읽고 외운다면, 그 얻게 될 공덕을 내가 자세하게 설명한다 해도 내 말을 듣는 사람은 마음이 미친 듯 어지러워 의심하고 믿지 않을 것이니라.
6	원문	須菩提 當知 是經義 不可思議 果報 亦不可思議
	한글 토	수보리 당지 시경의 불가사의 과보 역불가사의
	한글번역	수보리여. 마땅히 알아야 할지니, 이 경은 뜻도 생각할 수 없지만 그 과보 또한 생각할 수 없을 것이니라.

본 16분 능정업장분을 공부하기 전 먼저 삼세인과(三世因果)에 대해 살펴보는 것이 순서일 듯합니다. 불교의 기본이념은 연기론에 입각하여, 우주법계가 철저한 인과의 질서로 존재한다는 윤회적 인연을 바탕으로 하고 있음은 주지의 사실입니다. 부처님이 깨우친 진리는 "주 예수를 믿어라! 그러면 너와 너의 집이 구원을 얻으리라." 같은 교조적(敎條的) 이념이 아니라, 왜 인간은 고통의 굴레에서 벗어날 수 없는가 하는, 구체적이고도 현실적인 인간 문제의 해결 방안이었습니다.

일체 현상은 신에 의해 창조된 것이 아니고 서로의 의존관계, 즉 조건과 인연 따라 생멸한다는 12연기법을 제시하신 것인데요. 삼라만상 유·무상의 일체 현상들에는 원인이 있음에 결과가 있다는 인과론적 연기론을 강조하시면서, 인생의 근본 고통의 원인을 무명(無明)에 있음을 밝힌 것이 12연기법입니다.

'연기(緣起)'란 말을 쉽게 풀이해 보면 우리가 불을 때면 필히 발생하는 연기와 같은 것이라 하겠습니다. '아니 땐 굴뚝에 연기 나랴?'라는 말처럼, 불을 땐 원인인 '인(因)'이 있으니, 결과인 '과(果)'의 연기가 일어났으므로 그야말로 연기(緣起)가 일어난 것입니다.

삼세란 잘 아시다시피 과거세와 현세 그리고 미래세의 삼세를 일컫는 무한반복의 시공간을 이룹니다. 일체 현상은 덧없는 것이어서 무한히 반복되는 생멸의 법칙으로 존재하는데, 전생은 현생 이전의 무량겁의 과거세를 의미하고, 내생은 현생 이후의 무한한 미래세를 의미합니다. 오늘의 현실은 어제에 준비하였던 인(원인)의 결과이고, 내일의 현실은 오늘 준비한 원인의 과(결과)로 나타나는 것으로, 그 인과는 수레 자국이 바퀴를 따르듯 정연한 결과로 나타나게 됩니다.

오늘의 그릇된 생각이나 언행은 내일 또는 미래세의 무한한 시간대 속 어느 때라도 상응한 결과로 나타나기 때문에 지금 이 순간의 한 생각 바로 먹는 것이 중요하지만, 우리 중생들의 6식으로는 삼세인과의 기(氣) 파장을 받아들일 수 있는 의식의 통로가 없는바 잘못된 행위 종자를 뿌리면서도 순간의 즐거움을 추구하며, 조그마한 인내나 고통도 싫어하게 되는 것입니다.

업장의 에너지는 우주라는 거대한 시공의 그물에 날줄과 씨줄처럼 짜인 채 에너지 불변의 자기장을 형성하기 때문에 그물에 갇힌 새가 제힘으로 그물을 벗어날 수 없듯, 삼세의 인과는 뿌린 대로 거두는 업장의 종자로 존재하며 계생적(繼生的) 윤회를 이어가게 됩니다. 거기에는 왕후장상이 따로 없고, 미추와 귀천이 달리 존재하지 않습니다. 비옥한 토양에 좋은 씨앗을 뿌려, 물주고 가꾸면 반드시 좋은 결실로 나타나고 또 그 알곡은 다음 해의 튼실한 종자가 되어 미래세를 이어가는 것과 같은 이치라 할 것입니다.

그래서 착한 업은 착한 과보를 만들어 '선업선과(善業善果)'를 낳고 악한 인연은 악한 과보를 낳으니 '악업악과(惡業惡果)'라는 지극히 당연한 상식의 인과를 만드는 것이 아니겠습니까? 『삼세인과경』에 의하면 부처님이 영산회상에 계실 때 천이백 대중과 아난존자를 위하여 다음과 같이 설법하셨다고 전합니다.

"인간의 행복이나 부귀영화 등의 존귀함은 다 전생에 닦은바 인연이 바탕이 되어 얻어지는 법, 따라서 하나의 사람은 몸으로 태어나서 손과 눈이 같으며 또 같은 태양과 달 아래서 같은 공기를 마시며 살았으되, 착한 사람과 악한 사람 또 잘사는 사람과 못사는 사람으로 나뉘어 그 삶이 각양각색이니 그 까닭은 자작자수(自作自受)요, 인과응보인지라, 곧 스스로 지어서 스스로 받기 때문이니라."

참말이지, 부처님의 비유설법은 명쾌하다 못해 명징하다는 표현이 맞으려나요? 심은 대로 거두고, 베푼 대로 받으니 '자경자획(自耕自獲)'이요, 내가 뱉은 망령된 말도 내게로 되돌아오기 때문에 '망어환수(妄語還受)'라 하는 것입니다. 우리가 부처님을 존경할 수밖에 없는 이유가 부처님은 어떤 경우에도 하늘의 뜻이라며, 하늘 핑계를 대신 적이 단 한 번도 없습니다. 만약 고난과 기쁨, 비극과 영광까지도 이미 전지전능한 하늘의 뜻대로 조화 예정되어 있다면, 와야 할 하늘의 역사하심은 올 수밖에 없고, 인간의 어떠한 노력이나 헌신적 희생은 물론, 온갖 패륜이나 악행에도 불구하고, 미래는 이미 예정된 하늘의 뜻대로만 역사의 수레바퀴는 굴러갈 것입니다. 체념과 순종! 오로지 복종과 굴종만 가르치는 하나님! 그런 하나님은 450억 광년의 이 우주 공간 어디에도 없습니다.

주 예수그리스도와 아버지 하나님을 믿는 건 자유지만, 나약한 인간들이 만들어낸 상상 속의 위탁권능인 하나님이 세상을 주도하는 것이 아니라, 나 자신의 행위업장이 행복과 불행의 인연 종자가 됨은 물론 천국과 천당, 극락과 지옥조차도 스스로 허물고 장엄하게도 한다는 절대 진리를 잊어서는 안 됩니다.

그러나 우리들이 살아가고 있는 이 세상사를 보노라면 착하디착한 사람이 정말로 열심히 노력하는데도 가난과 질고 액난이 끊이지 않거나, 갖은 오만과 권모술수에 기세도명(欺世盜名)을 일삼아도 날로 번성하고 자식들까지 일취월장하는 모순의 경우를 수없이 만날 수 있습니다. 그래서 쉬 절망하고, 하늘을 우러러 자신의 박복함을 원망하기도 하지요. 그러나 그것은 씨앗을 뿌려도 발아하고 싹이 나서 결실의 열매를 맺기까지는 종자마다 그 시간이 다르듯, 선업이든 악업이든 과보로 나타나는 데는 원인되는 업장의 에너지파가 작용 반작용으로 발현하는 소요 시간이 각기 다르기 때문입니다.

내가 이유 없이 지나가는 사람에게 욕설을 퍼붓거나 따귀를 때리는 패악을 저지르면, 그 과보는 즉석에서 욕으로 되돌아오거나 매를 맞아야 하는 즉시 인과가 있는가 하면, 청소년기에 열심히 공부하고 재물을 쌓으면 편안한 노후의 삶을 맞게 되는 중장기 인과도 있는 것이지요. 기독교 사상에서는 모든 인간의 전생은 모두 하나님의 종이었을 뿐, 다만 현생과 내생만이 존재하거니와 다음 생은 오직 천당과 지옥 두 세계로만(가톨릭에서는 두 세계의 중간인 연옥煉獄을 한시적으로 두고는 있지만요.) 구성됩니다. 사후의 천국잔치를 위해서 기도하라면 모든 영혼을 바쳐 열망하지만, 내생의 보다 나은 삶을 위해 선업을 쌓는 것에는 의미를 두지 않습니다. 다음 생의 천국은 영생이며, 한번 천국은 영원한 천국이니 당연한 것이겠습니다만, 불교에는 영원한 것은 아무것도 없습니다. 극락도 지옥도 모두가 한시적이고 언젠가는 끝없이 쌓아온 적업에 의해 또 다음의 보직은 바뀌게 됩니다. 너무나 평등한 인과론이 아니겠습니까?

땅속에서 7년여를 굼벵이로 살다가 허물을 벗고 우화(羽化)하여, 약 20일만을 살다가 죽는 매미도 모든 우주 질서의 중심은 자신인 것처럼, 나 김 아무개라는 존재는 내가 지은 업장의 인연 따라 존재론적 형태를 달리할 뿐, 에너지 불변의 윤회를 거듭하며, 우주에 항존하는 하나뿐인 하늘 같은 '나'가 되는 것입니다.

인간은 전생을 기억할 수 없고, 내생을 예견할 수도 없기 때문에 삼세인과의 교훈은 현상적 실재의 분석에만 익숙해진 6식만으로는 감각적 실체로 받아들이기 어려울 것이나, 물 분자도 수없는 윤회를 통해 생명의 구성원이 되기도 하고, 바닷물 또는 구름을 이루는 수증기로도 인연 맺어, 고유한 에너지는 우주 전체에 편재되어 있음을 상기해야겠지요? 그러니 이와 같은 삼세인과라는 엄숙한 시공의 법칙에서 한 차원 먼 곳의 정연한 인과를 체득하게 되면 하늘을 원망치 않고, 자신의 운명을 한탄하지 않는 무상(無相) 도리의 참 나를 찾게 되는 것입니다.

부처님께서도 사람이 현생에 절세의 미인으로 태어나 만인의 사랑을 받으며, 세상의 부러움을 사는 것은 전생에 냄새 좋은 향이며 아름다운 꽃을 불전에 헌공한 공덕이라 하셨고, 현생에 비천하여 사람답게 살지 못하는 까닭은 전생에 남을 학대하고 남에게 도움이 되는 일을 하지 아니하였으며, 또 비록 재물이 없어 보시공덕을 못 지을 적에 남에게라도 선행을 권유하는 일을 꺼린 연고라 하셨잖습니까? 본 능정업장분에서는 이러한 삼세의 인과율에 대한 업장(카르마: Karma)의 발현과 금강경의 수지 독송이 업장 소멸에 미치는 절대적 권능을 면밀히 설하고 있습니다. 본문의 내용으로 들어가 봅니다.

"그리고 수보리여. 자질이 뛰어난 남자나 자질이 뛰어난 여인이 이 경을 받아 지니고 읽고 외우는데도 불구하고 혹 다른 사람으로부터 무시당하고 천대받는다면, 이 사람은 지난 세상에 지은 죄업으로 인하여 악도에 떨어졌어야 마땅하지만, 금생에 남으로부터 무시되고 천대받음으로써 전생의 죄업이 곧 소멸되고 반드시 가장 높고 바르며, 원만한 깨달음을 얻게 되리라."

여기서 '그리고(부차 復次)'는 앞 16분의 금강경을 듣고 받아들이거나, 읽고 외우거나, 남을 위해 설명하는 공덕으로 모두가 당연히 공경하여 예배하고 주위를 돌며, 온갖 꽃과 향기로써 그곳에 뿌릴 것이라는 설법에 이어지는 예외적 케이스의 접속사인데요. 그렇게 금강경을 받들어 수지 독송하여도 무시당하고 천대받는 경우가 있을 수 있으니 그 이유가 지난 세의 악업으로 악도에 떨어졌어야 할 경우였지만, 다행히 금강경을 수지 독송하고, 남을 위해 설명해준 공덕으로 인하여 천대받고 무시당하는 것 정도로 죄업을 소멸함은 물론 나아가 마침내는 아뇩다라삼먁삼보리를 얻게 되리라는 말씀입니다.

다시 설명하자면 지난 과거세에 지은 업을 현세와 미래세에서 선업으로 발현되게 하는 방법이 지금 현생에서 신·구·의(身口意) 삼업(三業)을 맑혀 금강경의 정신대로 한 생각 바로 먹고, 일체의 행위에 선근종자를 뿌리면 전생의 업장을 말끔히 소멸하고 무상정등각을 이룰 수 있다는 가르침이라 하겠습니다. 정말 숙연하고, 신묘한 전율이 느껴지지 않습니까?

본 16분을 공부하면서 금강경과 인연 맺은 저와 여러분들의 만남이 얼마나 소중하고 다행한 연분인지, 감히 감사하다는 말씀조차 나오지 않을 듯한 감동에 젖게 되는군요. 그러니 더더욱 금강경의 진리의 팽팽한 끈을 붙잡고 우리의 삶 자체가 반야지혜로 번뜩이는 보살의 길을 걸어가야겠습니다. 중생이 저지르는 세 가지 업장은 일반적으로 신업(身業)·구업(口業)·의업(意業)으로 나누고 이를 신·구·의 삼업(三業)이라 하는데, 신업은 신체적 행동으로 나타나고, 구업은 언어적 표현으로 나타나며, 의업은 정신적 활동으로 나타나니 인간사의 모든 정신적, 육체적 행위를 포괄하는 능동적 행동 양식을 말하는 것입니다.

오늘 나의 악업이 즉시 과보로 이어지지 않았다고 하여 무심코 반복하여 저지르는 불선은, 삼세인과율의 고감도 필름에 제곱, 세제곱으로 기록되게 됩니다. 또한 오늘의 선행이 단기적·가시적 결과가 나타나지 않았다고 하여, 스스로가 복 짓는 적덕(積德)을 포기한다면 지나간 선업마저 무색하게 되니 그래서 부처님께서는 아무런 조건 없는 무주상보시를 그토록 강조하시는 거지요.

원인 없는 결과는 결코 있을 수 없습니다. 우리 중생들이 삼세인과를 피부로 느낄 수 없는 것은 전술한 바와 같이 과거세에 대한 기억과 미래세에 대한 예측이 불가능하고, 다차원의 시공간을 6식의 지배를 받는 우리의 의식으로는 초월할 방도가 없기 때문입니다. 그러나 우리는 늘 깨어 있는 정신으로 '나는 누구인가?', '나는 어디로부터 왔는가?' 하는 물음을 늘 궁리하고, 지금의 내 생각과 행위가 나는 물론 내 이웃과 세상에 어떤 과보로 남게 될 것인가 하는 성찰의 거울을 잠시라도 내려놓아서는 아니 됩니다.

아버지의 정자와 어머니의 난자로 수억 만분의 일의 조건 결합 결과 태어난 '나'가 있기 전의 나는 무엇이었을까요? 아버지의 골수를 구성하는 한 개의 세포로 존재하였을 것이고 그 이전에는 할아버지의 또 할아버지, 궁극에는 우주 대폭발 이전으로 거슬러 올라가는 '나'라는 존재의 시원도 엄숙히 따져 보아야 할 것입니다. 이토록 경이로운 희유한 존재가 바로 '나'일진대 비록 오늘 가난과 액난에 처했다고 하여 어찌 이러한 우주의 대 사명을 띠고 태어난 '나'를 소홀히 대할 수 있겠습니까?

부처님도 당신의 아득한 아승기겁의 과거를 생각할 때, 연등부처를 만나기 전 팔백사천만억 나유타 제 부처님을 만나 빠짐없이 공양하고, 받들어 섬기어 그냥 지나친 분이 없었다고 하십니다. 여기서 말씀한 팔백사천만억 나유타 제 부처님이란 부처님의 숫자가 그러하다는 뜻이 아니라, 한량없는 제 중생 생명을 일념으로 부촉하고, 그러한 마음가짐으로 사셨다는 뜻으로 이해하면 좋을 듯하군요.

부처님의 생명 사랑과 존중의 선념(善念)이 읽히는데, 그러한 공덕보다는 금강경을 공부하는 공덕이 훨씬 크다고 밝히십니다. 왜냐하면 금강경은 부처님께서 최고의 깨달음으로 성불하여 해탈의 비법을 가르치신 것으로서, 단순히 보시의 복덕을 쌓는 것보다 업장으로부터 완전히 해탈하여 깨달음에 이르는 것은 서로 비교할 수 없을 만큼 그 공덕이 크기 때문입니다.

'이다음 말법세상에라도 받아 지니고 읽고 외우며, 타인을 위해 설명한다.'면, 부처님이 아득한 과거세에 행한 그 공덕은 그에 비하면 천억분의 일이 아니라 아예 숫자로는 비유할 수 없다고 하시네요. 후말세(後末世)란 제6분 정신희유분에서 살펴본 것처럼, 말법시대 중 부처님 입멸 후 2,001년~2,500년의 전말세(前末世)가 지난 이후의 후오백세를 이르는 것이니 정확하게도 우리들이 지금 금강경을 공부하고 있는 바로 이 시점이 되는 것입니다.

부처님은 2,500여 년 전에 우리들이 이러한 금강경의 마음을 낼 것을 미리 아셨나 봅니다. 우리들 스스로 수행하여 최고의 깨달음에 도달하라는, 보살행을 독려하는 부처님의 육성이 들릴 듯 느껴지지 않습니까? 이처럼 금강경은 그 깊은 뜻은 말할 것도 없고, 과보 또한 헤아릴 수 없을 만큼 불가사의한 것입니다.

중요 용어

❈ 위인경천(爲人輕賤) : 경(輕)은 가볍다는 뜻이 아니라 무시당한다는 피동
사로 쓰이면서 '사람으로부터 무시당하고 천대받는다면'으로 읽습니다.

❈ 선세죄업(先世罪業) : 태어나기 전의 세상인 전생에서 행동과 말, 생각
등으로 지은 모든 죄악을 이릅니다. 전생의 선·악업에 따라 현생의 과
보는 달리 나타나게 되는 것으로 그 업장의 결과는 그림자가 형상을
따르는 것과 같다 하였습니다. '선업선과(善業善果)', '악업악과(惡業惡果)'
라는 지극히 당연한 인과를 만들어 과거-현재-미래로 유전(遺傳)하기
때문에 부처님은 10선업과 10악업을 다음과 같이 가리키셨습니다.

⇒ 10악업
1. 살생 2. 주지 않는 것을 탐취 3. 삿된 음행 4. 거짓말 5. 중상모략 6. 욕
설 7. 잡담하는 말 8. 탐심 9. 악의의 마음 10. 사견(邪見)의 마음
⇒ 10선업 : 위와 같은 10악업을 여의는 것이 바로 10선업입니다.

❈ 응타악도(應墮惡道) : 마땅히 악도에 떨어진다는 뜻. 악도에는 삼악도
(지옥, 아귀, 축생)와 사악도(지옥, 아귀, 축생, 아수라) 및 오악도(지옥, 아귀,
축생, 아수라, 인간) 등이 있습니다.

❈ 득치팔백사천만억나유타 제불(得值八百四千萬億那由他 諸佛) : '득치'란 글
자대로 번역하면 가치를 얻었다는 말이지만, 여기서는 '치(値)'를 만남을
얻었다는 뜻의 '팔백사천만억 나유타 제불을 만나서'로 읽힙니다.

※ 실개공양승사 무공과자(悉皆供養承事 無空過者) : '모두 공양하고 받들어 섬기어 그냥 지나친 분이 없었다.'라는 뜻.

※ 후말세(後末世) : 부처님 입멸 후 2,001년~2,500년의 전말세 이후 후오백 세를 이름.

※ 산수비유 소불능급(算數譬喩 所不能及) : 숫자로 비유하여서는 도저히 미칠 수 없다는 뜻.

※ 심즉광란 호의불신(心卽狂亂 狐疑不信) : 마음이 미친 듯이 어지러워 의 심하고 믿지 않는다는 뜻인데, '호(狐)'는 여우 '호' 자로 여우처럼 의심 이 많다는 비유로 쓰였습니다. 보리류지 번역본에는 호의불신 대신에 '의혹불신(疑惑不信)'으로 직역하였고, 진제 번역본에는 '혹심미란급이전 광(惑心迷亂及以顚光)', 즉 '마음이 미혹해지고 혼란해지며 당황하게 되고 미치게 될 것이다.'로 번역하였는데, 진제본이 더 구체적 의미를 전달하 고 있습니다.

 **[제17분] 구경무아분**

구경무아분[究竟無我分] : 끝내 나라고 할 것이 없다		
단락	구분	원문 및 한글번역
1	원문	爾時 須菩提白佛言 世尊 善男子 善女人 發阿耨多羅三藐三菩提心 云何應住 云何修行 云何降伏其心
	한글 토	이시 수보리백불언 세존 선남자 선여인 발아녹다라삼먁삼보리심 운하응주 운하수행 운하항복기심
	한글번역	그때 수보리가 부처님께 말씀드렸다. 세존이시여. 선남자, 선여인이 가장 높고 바르며, 원만한 깨달음의 마음을 내었다면 마땅히 어떻게 머물며, 어떻게 수행하고, 어떻게 그 마음을 항복받아야 합니까?
2	원문	佛告須菩提 若善男子 善女人 發阿耨多羅三藐三菩提心者 當生如是心 我應滅度一切衆生
	한글 토	불고수보리 약선남자 선여인 발아녹다라삼먁삼보리심자 당생여시심 아응멸도일체중생
	한글번역	부처님께서 말씀하셨다. 수보리여. 만약 선남자, 선여인이 가장 높고 바르며, 원만한 깨달음의 마음을 냈다면 의당 '나는 모든 중생을 열반에 들게 할 것이다.'라는 이러한 마음을 내야 하느니라.
3	원문	滅度一切衆生已 而無有一衆生 實滅度者
	한글 토	멸도일체중생이 이무유일중생 실멸도자
	한글번역	모든 중생을 열반에 들게 한 뒤에는 참으로 열반에 들게 했다는 생각이 없어야 할지니라.
4	원문	何以故 須菩提 若菩薩 有我相 人相 衆生相 壽者相 卽非菩薩
	한글 토	하이고 수보리 약보살 유아상 인상 중생상 수자상 즉비보살
	한글번역	왜냐하면 수보리여. 만약 보살이 나라는 관념, 사람이라는 관념, 중생이라는 관념, 목숨이라는 관념이 있다면 곧 보살이 아니기 때문이니라.
5	원문	所以者何 須菩提 實無有法 發阿耨多羅三藐三菩提心者
	한글 토	소이자하 수보리 실무유법 발아녹다라삼먁삼보리심자
	한글번역	무슨 까닭이냐 하면 수보리여. 실제로는 가장 높고, 바르며, 원만한 깨달음을 내었다고 할 만한 법이 없기 때문이니라.
6	원문	須菩提 於意云何 如來 於燃燈佛 所有法得阿耨多羅三藐三菩提不
	한글 토	수보리 어의운하 여래 어연등불 소유법득아녹다라삼먁삼보리부

	한글번역	수보리여. 그대 생각은 어떠냐? 여래가 연등불 처소에 있을 적에 가장 높고 바르며, 원만한 깨달음을 얻은 법이 있었겠느냐?
7	원문	不也世尊 如我解佛所說義 佛於 燃燈佛所 無有法得阿耨多羅三藐三菩提
	한글 토	불야세존 여아해불소설의 불어 연등불소 무유법득아녹다라삼막삼보리
	한글번역	아닙니다. 세존이시여. 제가 부처님께서 말씀하신 뜻을 이해하기로는 부처님께서 연등불 처소에서 가장 높고 바르며, 원만한 깨달음을 얻은 법이 없습니다.
8	원문	佛言 如是如是 須菩提 實無有法如來得阿耨多羅三藐三菩提 須菩提 若有法如來得阿耨多羅三藐三菩提者 燃燈佛 卽不與我授記 汝於來世 當得作佛 號釋迦牟尼
	한글 토	불언 여시여시 수보리 실무유법여래득아녹다라삼막삼보리 수보리 약유법여래득아녹다라삼막삼보리자 연등불 즉불여아수기 여어내세 당득작불 호석가모니
	한글번역	부처님께서 말씀하셨다. 옳고도 옳도다. 수보리여. 진실로 여래가 가장 높고 바르며, 원만한 깨달음을 얻은 법이 없느니라. 수보리여. 만약 여래가 가장 높고 바르며, 원만한 깨달음을 얻은 법이 있다면, 연등불께서 나에게 '그대는 내세에 마땅히 부처가 되어 석가모니라고 이름할 것이다.'라는 수기를 주지 않으셨을 것이니라.
9	원문	以實無有法得阿耨多羅三藐三菩提 是故 燃燈佛 與我授記 作是言 汝於來世 當得作佛 號釋迦牟尼
	한글 토	이실무유법득아녹다라삼막삼보리 시고 연등불 여아수기 작시언 여어내세 당득작불 호석가모니
	한글번역	진실로써 가장 높고 바르며, 원만한 깨달음을 얻은 법이 없는 까닭에 연등불께서 나에게 수기를 주시어 '그대는 내세에 마땅히 부처가 되어 석가모니라고 이름할 것이다.'라고 말씀하신 것이니라.
10	원문	何以故 如來者 卽諸法如義 若有人言 如來得阿耨多羅三藐三菩提 卽爲謗佛 不能解我所說故
	한글 토	하이고 여래자 즉제법여의 약유인언 여래득아녹다라삼막삼보리 즉위방불 불능해아소설고
	한글번역	왜냐하면 여래란 곧 모든 존재의 참된 모습이란 뜻이니라. 만약 어떤 사람이 여래가 가장 높고 바르며, 원만한 깨달음을 얻었다고 말한다면 곧 부처를 비방하는 것이니 내가 말한 참된 뜻을 모르기 때문이니라.
11	원문	須菩提 實無有法 佛得阿耨多羅三藐三菩提
	한글 토	수보리 실무유법 불득아녹다라삼막삼보리
	한글번역	수보리여. 실제로는 부처가 가장 높고 바르며, 원만한 깨달음을 얻은 법이 없느니라.

12	원문	須菩提 如來所得阿耨多羅三藐三菩提 於是中 無實無虛
	한글 토	수보리 여래소득아뇩다라삼먁삼보리 어시중 무실무허
	한글 번역	수보리여. 여래가 얻은 가장 높고 바르며, 원만한 깨달음에는 참됨도 없고, 허황됨도 없나니
13	원문	是故 如來說一切法 皆是佛法
	한글 토	시고 여래설일체법 개시불법
	한글번역	그래서 여래는 모든 법이 모두 불법이라고 설하는 것이니라.
14	원문	須菩提 所言一切法者 卽非一切法 是故 名一切法 須菩提 譬如人身長大
	한글 토	수보리 소언일체법자 즉비일체법 시고 명일체법 수보리 비여인신장대
	한글번역	수보리여. 모든 법이란 곧 모든 법이 아님을 말함이며, 그런고로 모든 법이라 표현하는 것이니라. 수보리여. 비유컨대 어떤 사람이 몸이 무척 크다고 하는 것과 같으니라.
15	원문	須菩提言 世尊 如來說人身長大 卽爲非大身 是名大身
	한글 토	수보리언 세존 여래설인신장대 즉위비대신 시명대신
	한글번역	수보리가 말씀드렸다. 여래께서 사람의 몸이 무척 크다고 하신 것은 곧 큰 몸이 아님을 설한 것이며, 다만 그 이름이 큰 몸일 뿐입니다.
16	원문	須菩提 菩薩 亦如是 若作是言 我當滅度 無量衆生 卽不名菩薩
	한글 토	수보리 보살 역여시 약작시언 아당멸도 무량중생 즉불명보살
	한글번역	수보리여. 보살도 이와 같아서 '내가 마땅히 모든 중생을 열반에 들게 했다.'라고 만약에 말을 한다면 곧 보살이라고 표현할 수 없느니라.
17	원문	何以故 須菩提 實無有法 名爲菩薩 是故 佛說一切法 無我無人 無衆生 無壽者
	한글 토	하이고 수보리 실무유법 명위보살 시고 불설일체법 무아무인 무중생 무수자
	한글번역	왜냐하면 수보리여. 진실로 보살이라고 표현할 만한 법이 없으며, 이런 까닭에 부처는 모든 법에는 내가 없고, 사람이 없으며, 중생이 없고, 목숨이 없다고 설하는 것이니라.
18	원문	須菩提 若菩薩 作是言 我當莊嚴佛土 是不名菩薩
	한글 토	수보리 약보살 작시언 아당장엄불토 시불명보살
	한글번역	수보리여. 만약 보살이 '내가 마땅히 불국토를 건설하겠노라.'라고 말한다면 이는 보살이라 부를 수 없으니
19	원문	何以故 如來說莊嚴佛土者 卽非莊嚴 是名莊嚴

19	한글 토	하이고 여래설장엄불토자 즉비장엄 시명장엄
	한글번역	왜냐하면 여래가 말한 불국토를 건설한다는 것은 곧 건설 아닌 것을 말함이며, 그 이름이 장엄한다는 것일 뿐이니라.
20	원문	須菩提 若菩薩 通達無我法者 如來說 名眞是菩薩
	한글 토	수보리 약보살 통달무아법자 여래설 명진시보살
	한글번역	수보리여. 만약 보살이 모든 법에 실체가 없음을 확실히 깨닫는다면 여래는 이 사람을 참 보살이라고 일컬을 것이니라.

제2분 선현기청분에서 수보리가 부처님께 질문하였었지요? "세존이시여! 자질이 뛰어난 남자나 여인이 가장 높고 바르며, 원만한 깨달음을 얻고자 하는 마음을 내었다면 마땅히 어떻게 머물며, 어떻게 수행하여 어떻게 그 마음을 항복시켜야 할는지요?" 똑같은 질문을 금강경 후반부가 시작된 17분에 와서 다시 묻고 있습니다.

부처님의 답변도 모든 중생을 열반에 들게 하되 열반에 들게 했다는 생각이 없어야 하고, 아인중생수자상의 4상을 버려야 한다는 것으로 같습니다만, 여기서는 무아(無我)를 더욱 강조하신 거로 보면 되겠습니다. 그래서 제목도 '구경무아분(究竟無我分)'인데요, '구경'이란 궁극적 경지란 뜻이고, 무아란 보살행과 불법의 처음과 끝이 되는 것으로서 만물을 담고 있는 본질이요, 비교 불가의 절대적 경지를 이르는 것이기도 합니다.

불교에서의 '무(無)'는 단순히 현 존재의 유무를 떠나 한쪽에 치우친 편벽된 생각이나 단견(斷見)에 치우쳐 실상을 그르치는 것을 뜻하는데, 무아의 경지는 생각과 말로 다다를 수 있는 경지가 아닙니다. 나 자신의 무명과 번뇌를 여의고, 저 높은 차원에서 인류 중생의 모든 번뇌를 멸하여 가장 이상적 세계인 무상정등정각(니르바나)에 이르게 하겠다는 자비로운 발심에 걸림이 없어야 가능한 경지인 것이지요. 그러면서도 열반에 들게 했다는 생각마저 멸할 것을 강조하십니다.

나와 내 가족만도 아닌 모든 인류의 열반이라니, 그것이 필부인 중생심의 한 사람으로 가능키나 한 일일까 하는 걱정은 하지 않아도 됩니다. 70억 인류 개개인을 찾아다니며 성불하라며 제도하라는 게 아니라, 그들 모두가 나와는 비교할 수 없을 만큼의 많은 번뇌를 안고 있다는 걸 느끼는 연민의 마음이 곧 무아의 출발이 되는 것입니다. 그래서 우리 모두는 인간이라는 불완전한 원소를 지니고 태어난 하나라는 사실을 느끼면 됩니다.

심심산골의 바위틈에서 떨어져 내리는 물방울과 태평양의 물이 그 자성(自性)으로 다르지 않듯, 450억 광년 크기의 우주에 태어난 모든 중생은 하나라는 대비심(大悲心)을 지닐 때, 비로소 나를 얽매고 있던 나를 홀연히 여읜 '구경무아'가 펼쳐지게 됩니다.

불교를 단 한 글자로 표현하라면 무(無) 또는 공(空)이라 하면 정답입니다. '무'와 '공'은 엄밀히 보면 철학적 사유를 달리한다고 하겠으나, 이 '무'라는 개념 속에서 모든 만유의 생멸 법칙이 시작되니까요. 기독교는 종속된 또는 종속되기를 위하는 자아를 찾아가는 종교인 반면, 불교는 무엇에도 걸리지 않는 대 자유의 무아를 찾아가는 종교입니다. 내가 곧 우주고, 우주가 곧 나이기 때문에 이렇듯 한 생각 바꾸는 것으로 나는 물론, 모든 중생을 무여열반에 들게 하는 대원(大願)의 종자가 뿌려지는 거지요.

그러나 사람은 자신의 손톱 밑 가시 하나를, 타인의 팔이 잘리는 아픔보다 더 고통스럽게 여기는 이기적 동물이기도 합니다. 그래서 오로지 내 육신, 내 명예, 내 재산을 위해 스스로를 불태우면서도 자신이 그것 때문에 정작 스러져감은 잘 알지 못합니다. 부처님이 그토록 갖은 비유를 들어 아상을 버리고 무아를 강조한 이유가, 먼지보다 못한 욕망에 사로잡혀 번뇌의 불구덩이에서 자신의 육신이 불타고 있는 줄도 모른 채 헤어나오지 못하는 중생들의 비상구가 곧 열반임을 알리기 위함 때문인데요, 열반(니르바나)이란 불어서 끈다는 뜻으로, 번뇌의 불을 끄고 생사를 초월한 진여의 세계에 다다름을 뜻하는 것입니다.

아상을 버리면 나머지 인상, 중생, 수자상은 종속적으로 여위게 됩니다. 원래 내가 없는데 내 것과 내 번민이 어떻게 존재할 수 있겠습니까? '나'라는 눈높이의 아상이 있기 때문에 인간은 베푼 것보다 많은 대가를 바라게 마련입니다.

"내가 너한테 어떻게 잘해 주었는데……." 또는 "내가 얼마만큼의 공을 들여 너를 성공시켜 주었는데……." 하는 따위의 유상보시는, 공덕은커녕 원망하는 마음을 돕는 인연의 씨앗이 될 뿐입니다. 그래서 근일대종사는 "세간의 봉사활동이라며 요란 거창을 떠는 행위는 도둑질보다 조금 나은 것일 뿐."이라 하였나 봅니다.

'은혜는 돌에 새기고, 원수는 물에 새기라.'라는 속담이 있습니다만, 우리들 인간사는 그 반대의 경우가 온통 세상을 지배하는 것 같지 않습니까? 아낌없이 주는 나무와 같이, 세상을 두루두루 비춰주면서도 아무런 대가를 바라지 않는 태양과 같이, 그리고 없으면 잠시도 살 수 없는 공기가 한마디 말이 없는 것처럼, 이웃을 배려하고 세상을 살펴야겠습니다.

남을 돕고, 설령 사람을 살린 경우라 하더라도 그 사실 자체를 잊으며, 나에게 박해를 가한 사람도 전생에 내가 지은 악업 때문이겠거니 생각하기가 어디 쉬운 일이겠습니까만, 우리의 무의식에는 원래 없던 나라는 존재 대신 아상의 그림자가 실체인양 주인 행세를 하며,

대가를 바라는 것이라는 반복적 암시를 주어야 할 것입니다.

"수보리 약보살 유아상 인상 중생상 수자상 즉비보살 소이자하 수보리 실무유법 발아뇩다라삼먁삼보리심자(須菩提 若菩薩 有我相 人相 衆生相 壽者相 卽非菩薩 所以者何 須菩提 實無有法 發阿耨多羅三藐三菩提心者)" 풀이하면, 만약 보살이 나라는 관념, 사람이라는 관념, 중생이라는 관념, 목숨이라는 관념이 있다면 곧 보살이 아니라 하시며, 그 까닭이 실제로는 가장 높고 바르며, 원만한 깨달음을 내었다고 할 만한 법이 없기 때문이라고 설하고 있습니다. 뭐 지당한 가르침이며 누차 강조하신 부분이라 새로울 것은 없습니다만, 여기서는 '실무유법(實無有法)'에 주목해 주시기 바랍니다.

앞에서도 여러 차례 살펴보았습니다만 불법에는 '이것이 법이다.'라고 할 만한 고정된 법이 없습니다. 오온(五蘊)이 다 공하고 공하여, 그 공한 것까지 공하니 색즉시공이요, 공즉시색이라 일체의 얻을 수 있는 것이 없는 세계에서 이것이 법이라고 하면 법이라는 경계가 생겨나기 때문에 무유정법(無有定法)의 중도실상(中道實相)에서는 한참을 멀어지게 되겠지요. 세상에서 가장 지키기 쉽고 그러면서도 가장 지키기 어려운 법이 무법(無法)이 아닐까요? 그래서 '법도 아니요, 법 아닌 것도 아니다.'라는 언어적 방편을 택하는 것인데, 법 아닌 것으로 법을 삼으면 일체의 무법이 곧 일체 법이 되는 논리라 기억해 두시면 좋을 듯하군요.

제6분 정신희유분에서도 "모든 중생이 진리(법)라는 관념을 가져도 4상에 집착하는 것이 되고, 진리가 아니라는 관념을 가져도 곧 4상에 집착하는 것이기 때문에 법과 비법(非法)을 공히 경계하면서 부처님의 설법을 뗏목에 비유, 법도 버려야 하거늘 하물며 법 아닌 것이야 말해 무엇 하겠는가?"라 하시지 않았습니까? 그러나 세상사는 '맞다. 틀리다.' 또는 '이것은 저것이 아니고, 저것은 이것이 아니다.'라는 식의 이분법적 분석 논리에 최적화되도록 편재되어 왔습니다.

학교에서의 공부도 '다음 중 맞는 것은?' 또는 '다음 중 틀리는 것은?' 등으로 도식화된 뽑기 교육이 전부이지 않습니까? 그래서 공부를 잘한다는 말은 뽑기의 달인이 되었다는 말과 다름이 없는 듯합니다. 어느 학교의 선생님이 고정관념의 틀을 깨는 혁신적 사고로 학생들의 주의력을 환기시켜야겠다는 마음으로(실은 저의 경험담입니다만) 시험문제를 냈는데, '다음 중 맞는 것은 'X'표, 틀린 것은 'O'표를 하라.'는 출제를 하였더랍니다. 그 결과 공부 잘하는 아이들은 0점이 나왔고, 확률로 찍은 공부 못 한 학생들은 50점이 나왔더라는 이야기.

O×란 것이 사람들이 편의상 그어놓은 기호일 뿐인데, 우리들은 그 기호가 애초부터 의미를 지닌 절대불변의 법이라는 생각에 젖게 됩니다. 금강경은 법이란 이름으로 외면된, 법 아닌 진리마저도 수용하라는 발상의 전환을 주문하고 있습니다.

적절한 비유일지는 모르겠습니다만 한 가지 예를 들어보겠습니다. 우리가 여름밤에 잠을 자려고 하면 모기와 날벌레 떼의 극성으로 잠을 설치게 됩니다. 모기도 종족 보존을 위해 산란의 목적으로 사람의 피를 빼는 것이니 중생 사랑의 대자대비심으로 그냥 헌혈을 하면 좋겠습니다만, 우리는 방편을 찾게 됩니다. 살충제를 뿌리는 것은 살생이 되니 모기장을 치지 않습니까? 그래서 사람이 출입할 때도 재빨리 모기장을 여닫고 틈이라도 없나 살피게 되지요.

이러한 경우는 모기로부터 사람이 격리된 경우인데, 그 넓은 세상 모기에게 다 내어주고 만물의 영장이라는 사람이 그 좁은 공간에서 미물에 의해 격리된 꼴이라니 좀 거시기하다는 생각이 드네요. 이때는 세상의 모기들을 모기장 안에 다 가두고 우리가 바깥세상을 차지하면 편히 잘 수 있을 것입니다. 원래 모기와 사람을 나누는 장벽은 애초에 없었습니다.

원래 모기를 가두는 모기장인 만큼 그 이름이 모기장일 뿐 누구를, 무엇을 가두는가 하는 법은 애초에 없었습니다. 모기장 안에서 보면 모기장 바깥이 모기장이고, 모기장 바깥에서 보면 모기장 안이 모기장이 되는 것입니다. 콜럼버스의 달걀 이야기처럼 세상을 뒤집어 생각해 보는 발상의 전환은 인류의 무한한 가능성을 성취케 해 줍니다.

부처님은 반세기 가까운 설법 전도 기간 내내 당신의 설법으로부터 파생될 수 있는 중생들의 혼란을 심히 우려하였습니다. 중생 근기는 천인천색이요, 만인만색이기 때문인데요, 우리 모두가 금강경을 읽고 있지만 모두가 다른 금강경을 읽고 있다는 자성(自省)의 끈을 놓아서는 아니 되겠습니다. 그래서 부처님은 실제로는 가장 높고 바르며, 원만한 깨달음을 내었다고 할 만한 법이 애초에 있을 수 없다고 설하는 것입니다.

이어서 "수보리 자네 생각은 어떠노? 여래가 연등불 처소에 있을 적에 가장 높고 바르며, 원만한 깨달음을 얻은 법이 있었것냐?"고 묻습니다. 제10분 장엄정토분에서 이미 같은 질문을 수보리에게 한 것과 같은 물음이 다시 이어지고 있는데요.

수보리는 "그렇지 않습니다. 세존이시여. 여래께서 연등불 처소에 계실 때 진리(법)에 대해 실로 얻은 바가 없습니다."라고 답합니다. 법은 법을 떠나서 있는데, 어찌 법으로 법을 설명할 수 있겠습니까? 이에 부처님께서는 "마땅히 색(모양)에 집착하는 마음을 일으키지 말 것이며, 마땅히 소리, 냄새, 맛, 감촉, 이치에 집착하는 마음을 일으키지 말고, 마땅히 머무는 바 없이 그 마음(청정심)을 일으켜야 하느니라."라며 사구게를 읊으신 걸 기억하실 겁니다.

마찬가지로 본 분에서도 만약 여래가 가장 높고 바르며, 원만한 깨달음이라는 것을 얻은 법이 있다면 연등불께서 어찌 '내세에 부처가 되어 이름을 석가모니라 할 것'이라는 수기를 주었겠느냐고 반문하고 있습니다. 부처님은 금강경에서 이처럼 이미 알고 있는 사실에 대해 짐짓 질문을 함으로써, 스스로가 답을 이끌어내게 하는 설의법의 형식을 많은 부분에서 교수법으로 활용하고 있군요.

이 부분을 보리류지 번역본에는 "부처가 되어 이름을 석가모니라 할 것이다."에 이어 "무슨 까닭인가? 수보리여. 여래란 말은 곧 참다운 진여이기 때문이니라(언여래자 즉실진여-言如來者 卽實眞如)."로 이어지는데, 진여란 연기(緣起)로 일어나는 우주 만유의 평등하고 차별이 없는 있는 그대로의 모습을 보는, 참되고 한결같은 마음을 뜻하는 것으로서, 참된 진여는 결국 법을 떠나 있음을 부연하고 있습니다.

아뇩다라삼먁삼보리(무상정등정각)를 얻었다 해서도 안 되고, 어떤 사람이 그렇다고 말한다는 것은 부처님이 설한 참뜻을 이해하지 못한 채 비방하는 것이 된다고 강조하시는군요. 아뇩다라삼먁삼보리는 제2분에서 수보리가 처음 언급한 이래 구마라집 번역본에서는 모두 29회나 기술되는 매우 중요한 용어인데, 산스크리트어의 anuttarā-samyak-saṃbodhi를 소리 나는 대로 음역한 말로, 한자로는 무상정각(無上正覺)·무상정등각(無上正等覺)·무상정등정각(無上正等正覺)·무상정변지(無上正遍知) 등으로 번역한다고 중요 용어 해설편에서도 읽은 기억이 나실 겁니다.

결국 불교의 궁극적 귀착점이라고도 할 수 있는 완전 해탈의 부처의 경지에 이른다는 뜻인데도, 부처님께서는 실제로는 자신이 가장 높고 바르며, 원만한 깨달음을 얻은 법이 없다고 하시며, 그 가운데는 참됨도 없고 허황함도 없다고 설하십니다.

여기서는 참됨도 없고 허황함도 없다는 '무실무허(無實無虛)'를 주시할 필요가 있습니다. 부처님은 중생들의 모든 번뇌 고통을 모두 다 알고, 모두 다 볼 수 있기 때문에 금강경을 등대 삼아 바른길을 가게 하고자 함이었는데, 중생들은 자칫 부처님의 설법이나 금강경 자체가 진리인 줄 아는 집착을 심히 우려하신 겁니다. 그래서 진리는 진실이라 말할 수 없고, 허황하다고도 말할 수 없다고 하신 것인데, 우리는 실체가 없는 것은 허황하고, 공허한 것은 실체가 아니라는 이분법적 분별심에 길들여져 있습니다.

그러나 공간의 일부인 시간을 우리들이 만지거나 실체적 색깔로 느낄 수는 없지만, 시간도 질량과 중력의 지배를 받는 것처럼, 어떤 것도 고정된 불변의 실체는 있을 수 없기 때문에 부처님은 '일체법=개시불법(一切法 皆是佛法)'이라 가리키신 것입니다. 모든 법이 곧 불법이라는 말은 불법 아닌 것이 없다는 말과 다르지 않습니다.

법과 진리가 교실 안에 있는 것이 아니고, 경전 속에 있는 것도 아니며, 법당 안에 있는 것도 아닌 먼지 한 톨, 구름 한 점 속에도 법은 편재되어 있습니다. 부처님도 이렇게 설하셨습니다. "모든 법이란 곧 모든 법이 아님을 말함이며, 그런고로 모든 법이라 표현하는 것이니라. 수보리여. 비유컨대 어떤 사람이 몸이 무척 크다고 하는 것과 같으니라."

법은 아무 곳에나 있지만 어디에도 없는 것이기 때문이지요. 법이라고 말하면 이미 법이 아닌 것이 되고, 크다고 하는 것도 크다는 개념 또한 홀로이 존재할 수 없으니 다만 그 이름이 법이고 크다는 것입니다. 그러니 그 법을 어디에서 구하겠습니까? 오로지 자신의 마음속뿐입니다. 그러니 '심외무법(心外無法)', 즉 마음 밖에 따로 법이 없다고 말하는 것이지요.

우리 중생들의 마음속에는 누구나 찬연히 빛나는 불성의 보석이 함장되어 있습니다. 다만 무명의 아상이 먹구름처럼 덮고 있기 때문에 그 빛을 보지 못할 뿐, 애초부터 없던 '나'라는 허상을 걷어내고 무아에 이르면 찬란한 태양빛이 천지를 비추듯 진여의 광명 세계에 다다를 수 있습니다. 부처는 법당에만 있는 것이 아니요, 불경 속에만 있는 것도 아니고, 서방정토나 수미산 꼭대기에 있는 것도 아닙니다. 바로 우리들 자신의 솔성으로 참 나를 깨우친 이 자리가 바로 부처의 자리인 것입니다. 설법은 이어집니다.

"수보리여. 만약 보살이 '내가 마땅히 불국토를 건설하겠노라.'라고 말한다면 이는 보살이라 부를 수 없으니 왜냐하면 여래가 말한 불국토를 건설한다는 것은 곧 건설 아닌 것을 말함이며, 그 이름이 장엄한다는 것일 뿐이니라. 수보리여. 만약 보살이 모든 법에 실체가 없음을 확실히 깨닫는다면 여래는 이 사람을 참 보살이라고 일컬을 것이니라."

법에 실체 없음을 확실히 깨달은 자를 부처님께서는 참 보살이라 정의하고 있습니다. 달리 설명하자면 무아법을 깊이 믿어 알면 그가 곧 보살이라는 말씀인데, 현장 번역본에는 실제로 "약제보살어무아법무아법심신해자 여래·응·정등각설위보살보살(若諸菩薩於無我法無我法深信解者 如來·應·正等覺說爲菩薩菩薩)"로 나옵니다. 즉 "만약 모든 보살이 무아법, 무아법을 깊이 믿어 알면 여래·응·정등각은 그를 보살이고, 보살이라 설하느니라."

법의 실체 없음과 무아법의 깊은 깨달음이 참된 보살행이란 뜻이
니 이번 분에서는 일체제법이 불법이며, 무아법의 깊은 깨달음이야
말로 참된 보살의 길임을 강조하신 것이라 상기해 두시기 바랍니다.

중요 용어

❀ **운하수행(云何修行)** : 제2분에서와 같이 '어떻게 수행합니까?'로 읽힙니
다. 그런데 이 부분을 구마라집 번역본에서는 '운하응주 운하항복기심
(云何應住 云何降伏其心)'으로, '운하수행'이 빠져있으나 제2분에서와 같이
이해의 편의를 위해 다른 역본에서 공통으로 나오는 '운하수행'을 첨가
하였습니다.

❀ **실무유법(實無有法)** : 실제로는 법이 없다는 뜻인데, 이어지는 '발아뇩
다라삼먁삼보리심자(發阿耨多羅三藐三菩提心者)'를 직접 수식하고 있습니
다. 즉 '실제로는 가장 높고 바르며, 원만한 깨달음의 마음을 내었다고
할 법이 없느니라.'로 읽습니다.

❀ **즉위방불 불능해아소설고(即爲謗佛 不能解我所說故)** : 해석하면 '곧 부처
를 비방하는 것이 되고, 내가 말한 참된 뜻을 모르는 까닭이라.'가 되
는데, 부처를 비방한다는 것은 여래가 아뇩다라삼먁삼보리를 얻었다
고 말하는 것을 뜻합니다.

❀ **일체법(一切法)** : 그야말로 모든 유무형의 존재는 물론 관념적인 것과
의식적인 것을 포괄하는 일체의 제 현상으로 유위법과 무위법도 포함
됩니다.

❀ 무실무허(無實無虛) : 참됨도 없고, 허황함도 없다는 뜻. 가장 높고 바르며, 원만한 깨달음을 얻은 법이 없으니 그 가운데는 참됨도 없고 허황함도 없다는 것입니다.

❀ 무아법(無我法) : 무아는 범어(梵語)로는 아나트만(Anātman)인데, 만물에는 고정 불변하는 실체로서의 '나'인 실아(實我)가 없다는 뜻입니다. 무아를 직역하면 '나(我)'가 없다는 뜻이 되지만, 불교에서의 무아는 존재의 유무를 떠나 '나'라는 것은 오온의 인연 따라 거짓된 결합으로 이루어진 가정(假定)의 허상이므로, 실체가 없는 것을 실체로 보아서는 안 된다는 실천적 교훈을 담고 있습니다. 무아란 모든 존재는 상주, 불변하지 않고 모두 생멸변화(生滅變化)한다는 제행무상(諸行無常)과 함께 모든 법은 인연으로 생한 것인 만큼, 실로 자아라 할 만한 실체가 없으니 '나'에 집착하지 말라는 '제법무아(諸法無我)'의 불교적 기본사상이며, 실천 강령이 되는 것입니다.

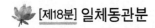# [제18분] 일체동관분

일체동관분[一體同觀分] : 지혜는 하나의 몸과 같다		
단락	구분	원문 및 한글번역
1	원문	須菩提 於意云何 如來有肉眼不 如是 世尊 如來有肉眼
	한글 토	수보리 어의운하 여래유육안부 여시 세존 여래유육안
	한글번역	수보리여. 그대 생각은 어떠한가? 여래에게 육신의 눈이 있겠느냐? 그렇습니다. 세존이시여. 여래께서는 육신의 눈을 가지셨습니다.
2	원문	須菩提 於意云何 如來有天眼不 如是 世尊 如來有天眼
	한글 토	수보리 어의운하 여래유천안부 여시 세존 여래유천안
	한글번역	수보리여. 그대 생각은 어떠한가? 여래에게 하늘의 눈이 있겠느냐? 그렇습니다. 세존이시여. 여래께서는 하늘의 눈을 가지셨습니다.
3	원문	須菩提 於意云何 如來有慧眼不 如是 世尊 如來有慧眼
	한글 토	수보리 어의운하 여래유혜안부 여시 세존 여래유혜안
	한글번역	수보리여. 그대 생각은 어떠한가? 여래에게 지혜의 눈이 있겠느냐? 그렇습니다. 세존이시여. 여래께서는 지혜의 눈을 가지셨습니다.
4	원문	須菩提 於意云何 如來有法眼不 如是 世尊 如來有法眼
	한글 토	수보리 어의운하 여래유법안부 여시 세존 여래유법안
	한글번역	수보리여. 그대 생각은 어떠한가? 여래에게 진리(법)의 눈이 있겠느냐? 그렇습니다. 세존이시여. 여래께서는 진리(법)의 눈을 가지셨습니다.
5	원문	須菩提 於意云何 如來有佛眼不 如是 世尊 如來有佛眼
	한글 토	수보리 어의운하 여래유불안부 여시 세존 여래유불안
	한글번역	수보리여. 그대 생각은 어떠한가? 여래에게 부처의 눈이 있겠느냐? 그렇습니다. 세존이시여. 여래께서는 부처의 눈을 가지셨습니다.
6	원문	須菩提 於意云何 如恒河中所有沙佛說是沙不 如是 世尊 如來說是沙
	한글 토	수보리 어의운하 여항하중소유사불설시사부 여시 세존 여래설시사
	한글번역	수보리여. 그대 생각은 어떠한가? 저 갠지스강에 모래알이 있는데 부처가 모래알에 대해 설한 바 있었느냐? 그렇습니다. 세존이시여. 여래께서 그 모래알에 대해 말씀하셨습니다.
7	원문	須菩提 於意云何 如一恒河中所有沙 有如是沙等恒河 是諸恒河所有沙數佛世界 如是寧爲多不 甚多世尊

7	한글 토	수보리 어의운하 여일항하중소유사 유여시사등항하 시제항아소유 사수불세계 여시영위다부 심다세존
	한글번역	수보리여. 그대 생각은 어떠하냐? 저 하나의 갠지스강에 있는 모래알 만큼의 수많은 갠지스강이 있는데, 그 모든 갠지스강에 있는 모래알 수 의 부처님 나라가 있다면 이것을 많다고 하겠느냐? 매우 많습니다. 세 존이시여.
8	원문	佛告 須菩提 爾所國土中所有衆生 若干種心 如來悉知
	한글 토	불고 수보리 이소국토중소유중생 약간종심 여래실지
	한글번역	부처님께서 말씀하셨다. 수보리여. 이 많은 나라에 있는 중생들의 갖가지 마음을 여래는 다 알고 있느니라.
9	원문	何以故 如來說諸心 皆爲非心 是名爲心
	한글 토	하이고 여래설제심 개위비심 시명위심
	한글번역	왜냐하면 여래가 설한 모든 마음이란 모두가 마음이 아니라 그 이름이 마 음이라고 하기 때문이니라.
10	원문	所以者何 須菩提 過去心不可得 現在心不可得 未來心不可得
	한글 토	소이자하 수보리 과거심불가득 현재심불가득 미래심불가득
	한글번역	무슨 까닭이겠는가? 수보리여. 과거의 마음도 얻을 수 없고, 현재의 마음 도 얻을 수 없으며, 미래의 마음도 얻을 수 없기 때문이니라.

일체동관분(一體同觀分)의 대의와 개념을 먼저 살펴보도록 하겠습니다. 문자적 해석으로는 '한 몸으로 같이 본다.'는 뜻인데, 언뜻 이해가 어려운 부분이기도 하군요. 의역을 해보면 '지혜는 하나의 몸과 같다.' 또는 '하나의 몸 같은 지혜', 더 확대 해석한다면 '만물의 뿌리는 하나' 등으로 읽을 수 있을 것입니다. 그러면 무엇과 무엇이 한 몸이라는 것일까요? 바로 앞 17분에서 부처님의 설법 '여래설일체법 개시불법(如來說一切法 皆是佛法)' 곧 '모든 법이 모두 불법'이란 말씀을 가져와 봅니다.

부처님의 법은 우리 중생들에게 길들여진 상대적 논리에 기인한 분별이 아니라, 절대적 경지에서 이루어진 불가역적 진리 그 자체를 말하는 것입니다. 같은 코끼리 하나를 두고도, 누구는 절굿공이처럼 생겼다 하는가 하면, 누구는 곡식을 까부는 키처럼 생겼다고 하면서 저마다 자신이 분별해 낸 단편적 지식에 경도되어 서로가 정답이라 우기지만, 실상의 눈으로 보면 코끼리는 엄연한 코끼리일 뿐이지 않습니까?

만법은 오직 하나일 뿐입니다. 부처님의 법은 이미 모든 경계를 허문 오직 한 마음에서 비롯되는 심외무법(心外無法)의 법이기 때문에 만물과 만법의 뿌리는 하나로 보는 것입니다. 골짜기의 계곡물이 시냇물을 만들고 강을 이루어 바다에 다다르듯, '만 가지 법도 한 곳으로 돌아가니 그 돌아간 곳은 어디인가(만법귀일 일귀하처 萬法歸一 一歸何處)?' 하고 물었을 때 조주선사는 "내가 칭저우(靑州)에 있을 때 삼베 적삼 하나를 만들었는데, 그 무게가 일곱 근이었지."라고 대답하였다고 하지요. 참 선문답이란 것이 지금의 가치 잣대로 해석하려면 거의 사이코패스처럼 정신 줄을 놓은 사람들이나 할 수 있는 말 같지만, 거기에 깊은 불교의 참 얼굴이 있다는 걸 알아야겠지요?

만법은 어차피 하나로 돌아가게 되는 것을, 논리와 분석력으로 따질 게 아니라, 그 자체의 모습으로 받아들이라는 겁니다. 중생들의 이원론적 분별의 논리에 갇히지 말고, 그 자체의 모습을 실상의 반야로 받아들이면 현실 경계에서 일어나는 허망한 분별의 시비를 잠재울 수 있습니다. 우리들이 인식하는 현상적 경계는 음과 양, 하늘과 땅, 무와 유, 빛과 어둠처럼, 대극적 양상 위에 세계의 질서가 편재된 것으로 보는 이원적 사고를 강요하지만, 어떠한 것도 독립적인 요소로 존재할 수는 없습니다.

음양을 예로 들어본다면 음의 기운 속에는 양의 작용이 있기 때문에 음중양의 기운으로 음양합(陰陽合)이 가능하며, 양 또한 이와 같습니다. 남자가 여자를 그리워하고, 여자가 남자를 연모케 하는 기운이 바로 이러한 상생과 순환의 작용 탓이지요. 하나이면서 둘이고, 둘이면서 하나인 것이 우주의 존재 원리인 것입니다.

흔히 물과 불은 상극이라 생각하지만 사실 물속에는 불길처럼 위로 솟구치는 기운이 있고, 불은 물이 내려오는 것 같은 하강(下降)의 기운이 있으니 이를 오행학에서는 '수승화강(水升火降)'이라 하여 서로의 중심을 향해 끊임없이 끌어안고 돌아감으로써 생명의 근원인 태극이 탄생하게 됩니다.

〈태극도 그림〉

헤겔의 변증법을 도식화한 '정반합(正反合)'의 이론 또한 정(正)이 그것과 상반되는 반(反)과의 갈등을 통해 정과 반이 모두 배제되고, 합(合)으로 초월한다는 명제가 아닙니까? 이처럼 우리들의 이성으로는 모순되는 두 개의 대극적 요소라 해도 기운과 작용으로는 하나 됨을 알면, '삼라만상 만물, 만법이 부처 아님이 없다.'라는 절대적 진리에 우리도 한 걸음 다가갈 수 있을 것입니다.

450억 광년 크기의 시공 속에 갇힌 모든 중생은 풀 한 포기, 먼지 한 톨조차 무관한 것이 있을 수 없습니다. 기독교에서는 하나님으로 지칭하는 우주 질서의 창조 작용에 따라 만유의 질서가 창조주의 뜻대로 생장 소멸한다고 보지만, 불법의 수레바퀴는 인연의 정연한 법칙대로만 굴러가게 됩니다.

지구의 자전운동으로 해류와 풍향이 생겨 그 편서풍에 편승한 고비사막의 황사가 덮쳐오며, 브라질에서의 한 마리 나비의 날갯짓이 대서양에는 강력한 토네이도로 발전하기도 하지요. 이 우주에는 인연 없는 결과가 없습니다. 그러니 모든 법이 모두 다 불법임을 깨달아 만물의 뿌리는 하나라는 호흡을 할 것을 강조한 설법이 본 18분이라 상기해 두시기 바라며 본문 공부로 들어가 봅니다.

본 18분에서 다섯 가지 눈(오안 五眼)이 처음으로 등장합니다. 우리들이 일상에서도 '눈높이'라든지, '마음의 눈' 또는 '지혜의 눈으로 세상을 보라!'는 등의 말을 합니다만, 통상 눈이라고 하면 외부 세계의 형상이 있는 물체를 색이라는 특수한 파장의 감각으로 시각화하여, 대뇌에 정보로 전달하는 생물학적인 창구를 뜻하는 것이기도 합니다.

그 전달된 정보에 따라 아름답다거나, 추하다거나 또는 모나다, 둥글다 등으로 훈련된 유형화 작업을 통해 의식의 바탕에 저장하게 되지요. 우리 속담에 몸이 천 냥이면, 눈은 구백 냥이란 말이 있는만큼 눈은 우리의 6식인 안이비설신의(眼耳鼻舌身意)의 첫 단계 분별을 일으키는 가장 중요한 감각기관이 아닐 수 없습니다.

그런데 불법에서는 이처럼 외부 사물의 형상을 보는 눈으로부터, 보이지 않는 모든 것을 꿰뚫는 눈인 '불안(佛眼)'까지의 다섯 가지 눈을 수행의 단계별로 규정하고 있습니다. 인간의 근본 번뇌가 미혹에 싸여 반야의 지혜 광명을 보지 못하는 무명에 기인하므로, 미혹을 걷어내면 홀연히 부처의 눈으로 세상을 보는 '불안(佛眼)'을 이룰 수 있다는 가르침인데, 우리 중생들이 타고난 육체의 눈은 '육안(肉眼)'이라 합니다. 이 육안으로는 형상을 보는 것인데, 가까운 곳은 보되 먼 곳은 볼 수 없고, 그 형상의 앞은 보되 뒤는 볼 수 없으며, 밝은 데서는 볼 수 있지만 어두운 데서는 볼 수 없는, 육신의 조건에 종속되는 눈을 일컫습니다.

육신의 눈으로는 피부 속 1㎜도 볼 수 없고 몇백 미터만 떨어지면 그 형상을 구분해내기조차도 어렵습니다. 그래서 인류는 X-ray며 망원경, 현미경 등을 만들어냈지만, 그런 만큼 육안(肉眼)의 차원에서 보는 우리들의 눈은 청맹과니에 가깝다 하겠습니다. 대략 성인의 두 눈 사이의 거리는 수평으로 65㎜ 정도로, 시야의 각도는 120도가량이 됩니다. 개구리는 두 눈이 각각 머리의 반대편에 위치해 서로 다른 방향을 보며 두 눈의 시야가 겹치는 부분이 없기 때문에 거의 360도를 볼 수 있으니 인간의 육안이라는 것은 하등동물보다도 보잘것없는 것이기도 합니다.

그런데 수행을 통해 만물에 불성이 있다는 발심으로 세상의 이치와 자연의 질서 등을 파악하면 천안(天眼)을 얻게 됩니다. 나아가 지혜의 눈으로 형상을 보면서 그 모양에 얽매이지 않은 채 내면의 참된 이치와 질서를 알게 되어, 어리석음을 멀리하고 모든 것이 마음에 투영된 그림자임을 알게 되면 그 눈을 지혜의 눈이라 하여 혜안(慧眼)이라 하는데, 아라한 과위를 증득한 단계로 봅니다.

이러한 지혜의 눈에서 자비로운 마음으로 중생들을 제도하고 제 현상의 참모습을 볼 줄 알면 법안(法眼)을 얻게 되고, 궁극에는 완벽한 깨달음의 눈이라 할 수 있는 부처의 눈, 즉 불안(佛眼)에 이르게 됩니다. 그래서 사찰에서 불상의 눈에 안구의 점을 찍는 점안 의식이 가장 성스럽고 엄숙한 것인가 봅니다. 다음에 오안의 단계별 수행 경지를 표로 정리해 둡니다.

〈오안의 단계별 경계〉

오안(五眼)	소견	단계별 수행경지
육안(肉眼)	생물학적, 감각적 눈	범부중생
천안(天眼)	물질의 내·외면을 투시하는 확장된 능력의 눈	욕계 천인
혜안(慧眼)	지혜의 눈. 내면의 질서와 이치를 파악하는 눈	아라한
법안(法眼)	진리의 눈. 중생을 제도하는 자비의 눈	대승보살
불안(佛眼)	완벽한 절대적 깨달음의 눈	부처

　그러면 이 다섯 가지 눈의 경지를 구체적 비유를 들어 설명해 보겠습니다. 여기 연꽃이 한 송이 있다고 가정해 봅시다. 범부의 소견인 육안으로 이 꽃을 본다면 '아! 분홍색(또는 흰색) 연꽃이네.' 하며 생물학적 인식에 그치며, 연꽃이라는 형상의 고정관념에 젖어 연꽃은 연꽃일 뿐이라는 아집이 장애로 존재하게 됩니다.

　그런데 천안의 눈으로 연꽃 한 송이를 본다면 눈앞의 연꽃 한 송이뿐만 아니라, 여러 색깔의 연꽃을 투시하듯 볼 수 있으며, '물 위에서 피어 있는 꽃이지……'라며 자연의 질서 등을 볼 수 있습니다. 귀신을 본다거나 안식(眼識)의 능력이 중생에 비해 초월적으로 확장된 경우라 하겠군요. 그리고 혜안의 눈으로 연꽃 한 송이를 본다면 연꽃의 형색에 집착하지 않고, 진흙밭에 뿌리를 내렸지만 저토록 예쁜 꽃을 피울 수 있다는 내면의 참된 질서와 이치를 꿰뚫어 볼 수 있게 됩니다.

　나아가 법안으로 연꽃을 본다면 부처님의 염화미소 속에 불교의 상징인 중생제도와 자비라는 진리의 눈으로 연꽃을 보게 되겠지요. 대승불교의 보살도라 하겠습니다. 그리고 궁극에서 불안으로 연꽃을 보면 거기에는 연꽃은 없고, 만물의 본질이 텅 비었으니 너와 내가 따로 없으며, 부처와 중생 또한 하나라는 '일체동관(一體同觀)'의 완벽한 깨달음의 눈이 있을 뿐입니다.

따라서 연꽃 한 송이가 우리의 육안으로 들어와서 감각적 작용을 일으키되, 그 모양을 있게 하는 연원의 눈을 맑히면 끝내는 만물의 본질이 공하고 공하여, 일체가 하나라는 경지에 다다른다는 것입니다. 그러니 불안과 나머지 네 개의 눈이 별도의 눈이 아니라 모양에 속지 않고, 세상 모든 것을 진실된 눈으로 보는 수행의 인과를 거쳐 누구나 성불에 이르게 되는 것이랍니다.

이처럼 부처님도 애초에는 중생의 눈인 육안을 가졌을 뿐인데, 수행을 통해 무명을 걷어내고 이 세상 모든 것을 완벽한 깨달음의 눈으로 보는 불안을 얻으신 겁니다. 우리 중생들에게도 누구나 다 오안이 갖추어져 있습니다. 그러나 마음이 미혹하여 만물의 실상을 볼 수 없을 따름이니, 먹구름 걷히듯 미혹의 마음을 제거하면 오안은 일거에 열리게 되는 것입니다. 그러니 이 길은 일체중생 누구나가 갈 수 있는 길이며 또한 가야만 할 길이라 하겠습니다.

부처의 길이 심산유곡 암자나 토굴에만 존재할 리 만무합니다. 성도(成道) 후 부처님의 일대기도 중생 구제를 위한 길 위에서의 삶이었습니다. 그 길은 수없이 늘려 있습니다. 우리들 일상의 직장이나 가정에서 또는 학교에서나 법당에서 그리고 여행길에서도 일체 만유(萬有)가 스승이라는 말을 새겨, 스스로 모든 미혹을 한 방에 끊어버리고, 대자대비의 마음으로 아지랑이같이 세상을 본다면 흙 알갱이, 먼지 한 톨도 모두가 부처로 보이는 완벽한 깨달음의 눈을 얻게 될 것입니다.

금강경의 다른 이름이 능히 일체의 번뇌를 끊고 도피안에 이르는 금강석 같은 반야의 경전이란 뜻의 『능단금강반야바라밀경』이 아님니까? 부처님이 수보리에게 물을 필요도 없는 질문을 하십니다. "수보리 자네는 우찌 생각하노? 여래인 나한테 육안, 천안, 혜안, 법안, 불안이 있겠노?"라며 그것도 일일이 다섯 번이나 반복해서 말이지요.

그것은 범부의 육안으로 보면 그 세계가 매우 한정적이어서 갠지스강의 모래알 수만큼 많은 갠지스강이 있고, 이 모든 강의 모래알 수만큼의 부처의 나라가 있다면 당연히 무한하다고 보겠지만, 불안으로 보면 오히려 그 많은 나라조차 갠지스강의 모래 한 톨처럼 보잘것없는 것이어서 말할 필요조차 없음을 강조하시기 위함인데요. 이어서 부처님은 이 많은 나라에 있는 중생의 갖가지 마음을 다 알고 있는데, 그 모든 마음이란 모든 마음이 아님을 설하는 것이기에 다만 그 이름이 마음이라고 하기 때문이라고 하십니다.

'여래설제심 개위비심 시명위심(如來說諸心 皆爲非心 是名爲心)', 여기서도 다만 그 이름이 마음이기 때문이라는 건데요. 마음은 마음이 아닙니다. 그래서 그 이름을 마음이라 할 뿐입니다. 우리가 지금껏 금강경의 여정을 헤쳐 오는 동안 무수히 되새겼던 요체(要諦)에 마음이 예외일 수 없습니다. 마음이란 것이 푸른 하늘에 일시적으로 구름이 모이듯 잠시 오온의 집합으로 일어났을 뿐, 상주 불변하는 것이 아닌 가공의 허상인데, 과연 어디에서 없는 마음을 내어 원래 없던 마음을 붙들 수 있겠습니까?

그래서 과거심불가득, 현재심불가득, 미래심불가득(過去心不可得 現在心不可得 未來心不可得)이라 하신 겁니다. 우리는 과거, 현재, 미래라는 절댓값의 시간이 있는 거로 착각하고 살아가지만, 그런 연장선상에서의 시간이라는 고유한 값은 있을 수 없습니다. 대체로 우주 대폭발로 시간이 생겨난 것이라 보는 것이 우주과학계의 정설이라고 해도, 시간 이전의 시간을 규정할 방법을 인류는 찾아내지 못했습니다.

지구가 태양 주변을 한 바퀴 자전하면 하루가 되어 24시간으로 나누고, 한 바퀴 공전하면 1년 12달이 되어 계절의 변화를 이끌어내지만 그것은 편의상 인간이 만들어낸 허구의 약속일뿐입니다. 그야말로 물 위에 새긴 계약서 같은 것인데요.

여러분들께서도 잘 아시는 고사로 '각주구검(刻舟求劍)'을 인용해 보는 것도 적절할 것 같군요. 어느 어리석은 사람이 배를 타고 가다가 그만 칼을 빠뜨렸는데, 칼이 빠진 곳을 표시해 두었다가 나중에 찾아야겠다며, 칼이 빠진 지점에서 뱃전에 표시를 해둔다는 초나라의 고사가 있습니다. 과연 우리들이 금강경을 공부하지 않았다면 일상에서 이러한 어리석은 생각을 남의 일이라고만 치부할 수 있겠습니까?

시간은 절댓값을 가지고 제 스스로 앞으로만 흘러가는 것 같지만, 시간도 공간과 중력의 조건에 영향을 받는 상대적 존재일 뿐입니다. 중력이 클수록 시간은 천천히 흐르는데, 지표면에서 멀어질수록 시간은 빨리 흐르게 됩니다. 따라서 지구의 중력을 많이 받는 평지나 해수면 근처의 해발 표고가 아주 낮은 지역에 사는 사람에 비해, 고산지대에 사는 사람들이 더 빨리 늙게 되지요. 실제로는 극미한 시간차이기는 하지만 이 이론은 아인슈타인의 상대성이론 세 번째 예측으로, 지구상의 서로 다른 고도에서 원자시계로 측정한 실험에서도 밝혀진 결과입니다.

이러한 가역적이고, 상대적인 시간상에서 현재라는 순간을 어찌 잡을 수 있겠습니까? 현재라고 느끼는 순간 이미 과거가 되어버리고, 빛의 속도 이상으로 달려가지 않는 한 과거는 붙잡을 수 없는 영역으로 멀어져 갑니다. 미래 또한 같습니다. 우리가 올 것이라는 예측은 할 수 있지만 하루, 한 달, 일 년, 이 년의 미래를 당겨오게 할 수는 없습니다. 그러니 그러한 잡을 수 없는 삼세 시간 속에서 애초에 없던 마음을 어떻게 찾을 수 있을 것입니까?

우리가 태어나고 싶은 세월을 선택하여 태어날 수 없듯 과거, 현재, 미래 속에서 실체 없는 마음을 의지로써 선택할 수도 없습니다. 과거는 이미 흘러갔고, 현재는 지금이라고 느끼는 순간 이미 과거가 되어 흘러갔습니다. 미래의 시간 또한 완급을 선택하여 맞이할 수 있는 것도 아닙니다. 삼세의 마음이 모두 이름일 뿐인데 우리들은 과거, 현재, 미래가 실로 존재하는 것으로 착각하여 그 공함의 이치를 꿰뚫지 못하고 온갖 희비애락에 울고 웃으며, 육신과 영혼을 불태우게 됩니다.

그렇다고 시간을 오려면 오고, 가려면 가라는 식으로 아무렇게나 태만히 맞으라는 뜻은 아닙니다. 다만 이처럼 마음이 만들어 내는 번뇌와 애욕들이 본래 공하여 그 실체 없음을 깨닫고, 원래 생겨난 것이 없기 때문에 무너질 것도 없다는 불생불멸의 반야지혜로, 머무는 바 없이 그 마음을 내면 될 것입니다. 본 18분 일체동관분은 삼세의 마음이 애초에 없는 마음임을 깨달아 어디에도 걸림 없이 만법의 뿌리를 하나로 보는 지혜의 눈을 밝히라는 설법임을 상기해 주시기 바랍니다.

중요 용어

⊛ 육안(肉眼) : 육체의 눈으로 생물학적·감각적 눈을 이르는데 범부 중생의 눈을 통칭합니다.

⊛ 천안(天顔) : 물질의 내·외면을 투시하는 확장된 능력의 눈으로 욕계 천인의 눈.

⊛ 혜안(慧眼) : 지혜의 눈. 내면의 질서와 이치를 파악하는 눈으로 아라한과에 이릅니다.

⊛ 법안(法眼) : 진리의 눈. 중생을 제도하는 자비의 눈으로 대승보살도를 이룬 단계.

⊛ 불안(佛眼) : 완벽한 절대적 깨달음의 눈으로 부처의 단계입니다.

⊛ 여항하중소유사(如恒河中所有沙) : 저 갠지스강에 있는 모래알로 읽히는데, 여기서 '여(如)'는 지시대명사로 쓰였습니다. 구마라집 역본에는 '如'자가 없으나 다른 번역본에는 모두 쓰였습니다.

⊛ 약간종심 여래실지(若干種心 如來悉知) : '갖가지 마음을 여래가 모두 아느니라.'로 번역하는데, 여기서 '종(種)'은 씨앗, 종자의 뜻이 아니라 많다는 뜻으로 쓰였습니다.

⊛ 개위비심 시명위심(皆爲非心 是名爲心) : 모두가 마음 아닌 것을 말함이며 그 이름이 마음일 뿐이라는 뜻.

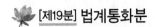 **[제19분] 법계통화분**

법계통화분[法界通化分] : 법계를 두루 교화하는 법		
단락	구분	원문 및 한글번역
1	원문	須菩提 於意云何 若有人 滿三千大千世界七寶 以用布施 是人 以是因緣 得福多不
1	한글 토	수보리 어의운하 약유인 만삼천대천세계칠보 이용보시 시인 이시인연 득복다부
1	한글번역	수보리여. 그대 생각은 어떠한가? 어떤 사람이 삼천대천세계에 가득 찬 칠보로써 보시한다면 이 사람이 그 인연으로 얻는 복이 많다 하지 않겠느냐?
2	원문	如是世尊 此人 以是因緣 得福 甚多
2	한글 토	여시세존 차인 이시인연 득복 심다
2	한글번역	그렇습니다. 세존이시여. 이 사람이 그 인연으로 얻는 복이 심히 많습니다.
3	원문	須菩提 若福德有實 如來不說 得福德多 以福德無故 如來說 得福德多
3	한글 토	수보리 약복덕유실 여래불설 득복덕다 이복덕무고 여래설 득복덕다
3	한글번역	수보리여. 만약 복덕이 참으로 있다면 여래가 얻는 복덕이 많다고 말하지 않겠지만, 복덕이 없는 까닭에 여래가 얻는 복덕이 많다고 설하는 것이니라.

제19분 법계통화분은 법계를 두루(通) 교화한다는 뜻으로, 본문 내용에 반복 심화 설법 외의 새로운 법문은 없습니다. "약유인 만 삼천대천세계칠보 이용보시 시인 이시인연 득복다부(若有人 滿三千大千世界七寶 以用布施 是人 以是因緣 得福多不)" 풀이하면 "어떤 사람이 삼천대천세계에 가득 찬 칠보로써 보시한다면 이 사람이 그 인연으로 얻는 복이 많다 하지 않겠느냐?"라는 뜻인데, 이 설법은 이미 제8분 의법출생분에서 "만약 어떤 사람이 있어 삼천대천세계에 가득 찬 칠보로써 보시한다면 이 사람이 얻게 되는 복덕이 어찌 많지 않겠느냐?"라고 수보리에게 하문하신 부처님 설법의 재등장임을 여러

분은 아셨을 것입니다.

다만 본 19분에서는 '이시인연(以是因緣)' 그러니까 이러한 인연으로 얻게 되는 복이 많다 하지 않겠느냐고 하시며, 인연이란 글자만 추가되었군요. 이 부분을 급다 번역본에는 '약피연(若彼緣)'으로, 현장 번역본에는 '유시인연(由是因緣)' 등으로 번역하였으나, 다 같이 '인연으로 연유하다.'로 읽으면 됩니다.

그러면 이쯤에서 복습을 겸해 지금껏 부처님이 금강경에서 보시에 관련된 설법을 하신 부분들을 다시 되새겨 보도록 하겠습니다. 보시는 산스크리트어로 단나(檀那 dāna)로 음역하는데, 6바라밀의 실천수행 덕목의 으뜸인 보시의 의미와 중요성 그리고 실천 방식 등에 대하여서는 제4분에서 설명 드린 내용을 참고하시기 바라며, 지난 설법에서는 보시에 대한 상황이 어떻게 나타났던지를 기술해 보렵니다.

금강경에서 구체적으로 보시라는 용어가 등장하는 것은 제4분 묘행무주분에서 처음으로 나타납니다. 제4분 중 보시를 설한 본문 부분을 인용해 봅니다. 여러분도 다음의 제4분 일부를 다시 한번 소리 내어 독송해 보시기 바랍니다.

"부차 수보리 보살어법 응무소주 행어보시 소위(육군 소위가 아니고, 말하자면의 뜻입니다.) 부주색보시 부주성향미촉법보시 수보리 보살 응여시보시 부주어상 하이고 약보살 부주상보시 기복덕 불가사량 (復次 須菩提 菩薩於法 應無所住 行於布施 所謂 不住色布施 不住聲香味觸法布施 須菩提 菩薩 應如是布施 不住於相 何以故 若菩薩 不住相布施 其福德 不可思量)"

보시의 정신과 실천 방식은 이 설법으로 종결될 만큼, 보살의 바른 자세를 강조하셨습니다. 대상(법)에 집착함이 없으며, 색(모양)은 물론 소리, 냄새, 맛, 감촉, 이치 또한 초월하여, 마땅히 이와 같이 보시하되 관념(상)에도 얽매이지 않고 보시를 한다면 그 복덕이 헤아릴 수 없이 크다 하셨더랬지요?

참말이지 보시의 마음 내는 것도 쉽지 않은데, 옳은 보시를 행함은 실로 어려운 일이 아닐 수 없네요. 하지만 오른손이 한 일을 왼손이 모르게 하라는 성경 말씀처럼, 베풀되 베풀었다는 상을 여의라는 말씀인 것만 새겨두시면 되겠습니다.

한편 제8분 의법출생분에서는 삼천대천세계에 가득한 칠보 보시를 비유로써 설하셨고, 제11분 무위복승분에서는 갠지스강 모래알 수만큼의 삼천대천세계에 가득 찬 칠보로써의 보시 복덕을, 그리고 제13분 여법수지분에서는 갠지스강 모래알 수만큼의 목숨으로 보시하는 것과 금강경의 사구게 등을 받아 지니고, 남을 위해 설하는 복덕의 차이를 비교하신 바 있습니다.

또한 제14분 이상적멸분에서는 모양(색)에 집착하지 않는 마음으로 보시하되 일체중생을 이익되게 하기 위해 관념(상)을 버리라고 하셨고, 제15분 지경공덕분에서는 갠지스강 모래알 수만큼의 목숨으로 삼시(三時)를 보시한다 해도 금강경을 비방만 하지 않는 것에도 미치지 못하는 복덕이거니와 읽고 외우며, 적고 지니는 복덕과는 감히 비교할 수 없음을 강조하셨는데 부처님은 왜 이렇게 같은 주제를 반복하여 비교 설명하셨을까요?

물론 교육 효과를 내는 최선의 방법은 반복이긴 하지만, 부처님께서는 보시의 정신을 비유의 대상을 달리하며, 명쾌히 대중에게 전달코자 함이었던 것입니다. 다음 표에서 지금까지 인용된 보시의 유형과 대상별 복덕을 정리해 둡니다.

〈보시의 유형과 복덕의 비유〉

출전	강조한 보시의 유형	보시의 자세	복덕의 비유 (이런 복덕에 못 미침)
제4분 (묘행무주분)	보시의 근본정신	집착 없는 부주 상보시	절대복덕, 비교불가
제8분 (의법출생분)	삼천대천세계를 가득 채울 칠보 보시	물질보시	사구게 등의 수지 및 남을 위 한 해설
제11분 (무위복승분)	갠지스강 모래알 수만 큼의 삼천대천세계에 가득 찬 칠보 보시	물질보시	〃
제13분 (여법수지분)	갠지스강 모래알 수만 큼의 목숨으로 보시	희생보시	〃
제14분 (이상적멸분)	모양에 집착하지 않는 마음의 보시	색에 머물지 않는 보시, 중생 이익 보시	절대복덕, 비교불가
제15분 (지경공덕분)	갠지스강 모래알 수만 큼의 목숨으로 삼시(三 時)를 보시	희생보시, 시간 보시 (백천만억겁)	금강경을 비방치 않거나 베 끼고, 수지 독송, 위타인설 하는 복덕

표로 정리해 보니 부처님이 막연히 같은 말, 같은 정신만 주문하신 게 아니라, 물질적·육체적·정신적 모든 형태의 보시 유형을 망라하고 또 비유를 통해 그 복덕이 어디에 미치는지를 강조하신 깊은 뜻을 알 수 있겠지요?

아무리 계측 불가한 물질과 목숨을 바쳐 긴 긴 시간을 초월해 보시하더라도 금강경을 비방치 않고 베끼며, 사구게 등을 수지 독송하거나, 남을 위해 설명해 주는 공덕에는 감히 미칠 수 없는 복덕임을 강조하면서, 모든 보시는 원론적으로 부주상보시가 되어야 함을 기본으로 주문하고 있음을 알 수 있습니다.

이렇게 보시의 기본 정신과 자세를 정리하고 보니 금강경의 위상을 다시 한번 절감할 수밖에 없고, 금강경으로 연유하여 만난 여러분과 저의 인연이 얼마나 소중한 것인가를, 맑은 영혼에 흰색 글씨로 써서 새겨두고 싶은 생각이 드는 것 같습니다. 아울러 앞으로 저의 보시 방향도 어떠해야 할지 그 답과 각오를 깊이 새기게 되는군요. 본 19분에서도 부처님께서는 예의 금강경처럼 생각하고, 경도된 고정관념을 멸하는 설법이 어김없이 이어지고 있습니다.

"수보리여. 만약 복덕이 참으로 있다면 여래가 얻는 복덕이 많다고 말하지 않겠지만, 복덕이 없는 까닭에 여래가 얻는 복덕이 많다고 설하는 것이니라.(須菩提 若福德有實 如來不說 得福德多. 以福德無故 如來說 得福德多)" 한자를 풀이해 봐도 결국 복덕이 없으니 복덕이 많다는 말씀으로, 수사법상 역설적 강조법인 줄은 알겠는데, 국어 문법적으로 해석해 보면 도저히 이해가 되지 않는 부분이 아닐 수 없습니다.

여기서 잠깐! 복덕에 아상을 두면 무엇보다 못하다? 아니한 만 못하다는 가르침을 가져와야겠습니다. 반대로 아상을 멸하면 그 복덕은 헤아릴 수 없는 무한대가 된다는 뜻이기도 합니다. 아상을 버린다는 것은 단적으로 자신을 비운다는 말에 다름이 아닙니다. 모든 복의 원천은 무아와 무상(無相)이며, 모든 재앙의 시발은 아상과 집착에서 비롯됩니다. 이처럼 법계를 두루 교화하는 데 있어서 무상·무아의 경지로 중생을 제도하는 공덕은 삼천대천세계에 가득 찬 칠보 보시 따위로는 감히 잽도 되지 않는다는 절대 우위의 비유적 가르침이 본 분의 주제라 파악하면 되겠습니다.

우리들은 이미 앞 장에서 무주상보시와 유상보시 그리고 유위법과 무위법 등을 공부하면서 금강경으로의 몸풀기는 충분히 하였기 때문에 본 분에서 설하신 부처님의 대의는 쉽게 파악하셨으리라 믿습니다. 사람들은 자신의 행위에 대해 인정받고 싶어 하고, 설령 잘 못된 행위에조차 정당성을 부여하고자 온갖 궤변과 심지어 기망까지 늘어놓으면서 '나'라는 존재에 집착하여 결국은 자신은 물론 가족과 세상까지를 망가뜨리곤 합니다.

불자라면 의당 부처의 가르침을 따라 베풀되 대가를 바라지 않고, 오직 최선을 위한 최선의 선택과 행위만을 생각하며, 나를 비우는 실천 수행을 꾸준히 해야 합니다. 바라던 대가가 충분치 못하다는 마음을 내면 원망을 돕는 불씨가 되고, 스스로 최선을 다하면 될 것을, 남과 비교하는 순간 불행은 예비된 결과로 우리의 의식 깊은 아뢰야식에 습으로 저장됨은 당연한 진리인 것입니다.

태양빛이 만물을 생육하지만 대가를 바라지 않고, 꽃이 향기로우나 흔적이 없듯, 우리의 생각과 행동도 그물에 걸리지 않는 바람처럼, '나' 아닌 무아가 되어 아상을 버리고 홀로 갈 수 있다면 그때는 우리들이 법계를 통화(通化)하는 법신(法身)으로 나투어질 것입니다.

세상 으뜸의 선량(選良)인 척 교언영색(巧言令色)으로 세상을 속여 자신의 권력과 명예를 추구하거나, 세상을 속이고 이름을 도둑질하는 것도 모자라 예수의 얼굴 뒤에 숨어 훼괴한 교리로 재림예수를 자칭하며, 막강한 교단의 교주로 군림하는 적잖은 악마의 무리를 봅니다.

우리나라에만 스스로 자신이 재림예수라 자처하는 인간이 수십 명이 된다는데, 피전도자의 약점을 교묘히 파고들어 자신의 무리로 끌어들이고, 철저한 세뇌로 인간 영혼을 말살하여 육신의 영생은 물론, 천국 잔치에 들림 받는 추수꾼이 된다는 혹세무민을 당당한 신념으로 행하는 사이비 집단도 있더군요.

그 교세가 막강하게 불어나 이름만 대면 누구나 알 만한 이 사이비교회의 교주는, 자신은 하늘의 계시를 받아 종말 때 재림예수와 영통을 하여 영생불사하는 존재라며, 요한계시록을 교묘히 왜곡하여 14만 4,000명의 추수꾼만 도장을 받아 육신의 영생과 천국을 선택받는다는 대목에서는 가련한 동정심마저 드는 것은 저만의 편견일까요?

그 신도들 대부분이 젊은 층이 많으며, 대부분 고등교육을 받은 사람들이라는데, 아무리 영혼이 순수하여 무방비 상태였다 하더라도 어떻게 영생과 천국 왕림 때문에 광신의 불구덩이에 자신을 던질 수 있었는지 과문한 저로서는 이해 불가의 혼란은 어찌할 수 없습니다. 예수는 고통받던 민중들이 희망의 돌파구로 열어놓았던 희망 속의 메시아였을 뿐입니다.

140억 년의 나이와 450억 광년의 시공간을 지닌 이 우주의 어디에 있는 하나님이 어떻게 예수를 낳고, 어떻게 7일 만에 온 우주를 창조하였단 말입니까? 이 지구상 수십억 기독교인들은 이러한 저의 논리를 사탄으로 치부하고, 그 특유의 박애 정신으로 저를 향해 "주여! 저 어린 양을 용서해 주소서! 저 자는 자신의 죄를 모르고 있나이다!"라며 대속의 기도를 해 줄지도 모르지만, 동정녀의 몸을 빌려 태어나고, 죽은 자 중에서 부활케 하여 인류의 죄를 대속하게 했다는 구도의 설정은 작가적 상상력으로는 만점을 줄 수 있겠지만, 인류의 고귀한 인간성을 신성(神聖)에 얽매이게 했다는 이성적 비판은 피해 갈 수 없으리라 믿습니다.

인간은 반복적, 주입적 세뇌에 매우 취약한 영적 구조를 지닌 동물입니다. 처음엔 비록 틀린 논리임을 자각하였더라도 반복적 무의식에 저장되는 습식(習識)은 훈련된 의식으로 구체화된 채 표출하게 됩니다. 그래서 칼 융은 "무의식을 의식화하지 않으면 무의식이 운명을 지배한다."라고 하였습니다. 만약 백 번을 양보하여 구약과 신약의 말씀이 한 글자 틀림없는 진리라 치더라도, 예수 이후의 이 세상은 배타적 종교 이념과 교권의 전횡으로 인해 또 얼마나 많은 전쟁과 박해가 자행되었습니까?

예수는 절대 진리요, 하늘의 독생자이기 때문에 이토록 혼탁한 세상을 열게 된 자신의 눈물에 찬 후회와 번민으로 얼마나 고통스러운 세월을 보내고 있을 것입니까? 이제는 기독교인들도 제발 예수를 편히 좀 놔두고, 아름답고 순수한 인간 본래의 영혼으로 스스로가 하늘이 되어 이웃을 사랑하며, 편견 없는 박애의 세상을 열어가야 할 것입니다.

인간은 절대자에 의해 한 방에 창조된 피조물이 아니라, 5억여 년에 걸친 조건이 연기하여 결합된 생물학적 진화의 존재이기 때문에 결코 죄인이 아닙니다. 그래서 불교에서는 어떠한 신앙 대상으로서의 절대자도 인정하지 않으며, 스스로 함장된 불성(하늘)의 완성을 통해 껍질을 깨고 자유롭게 날아오르라고 가리킵니다.

해탈과 피안(기독교로서는 천국)의 이상세계(도피안)에 다다르는 것도 절대자의 인도로써 가는 게 아니라, 스스로 무명을 벗고 자비와 보시를 실천하여 자신이 사바의 혼탁한 강물을 건너라는 것이 불교입니다. 불교는 부처를 연호하며, 부처의 위신을 숭배하고 기복과 사후 극락을 예약하는 의타 종교가 아닙니다.

불교는 부처가 발견한 진리를 따라 자신과 법을 의지처로 삼아, 스스로가 무명을 여의고 해탈에 드는 자력 신앙이기 때문에 무조건 믿기만 하면 천국을 얻는다는 의타 신앙에 비해, 때로는 난해하고 수행에 많은 장애가 있기 마련입니다. 그러나 그 장애를 극복하는 과정이 참 나를 밝히고, 고귀한 인간 정신의 승리를 도모하는 위대한 과정이 아니겠습니까?

인간은 모두가 부처와 예수, 공자 같은 성인이 될 수 있는 영적 지혜를 갖추고 있습니다. 아니 그들을 능가할 수 있는 우주의 마음이 깃들어 있습니다. 금강경에서처럼 홀연히 아상을 비우고 한 생각 바꿔 먹으면 그 길이 열릴 것이므로, 우리를 덮고 있는 무명의 먹구름을 걷어내기 위해 이 길을 가는 것이라 하겠습니다.

그러면 인류 진화의 역정을 한번 더듬어 볼까요? 현생인류의 생물학적 조상은 약 5억여 년 전 캄브리아기에 출현한 최초의 척추동물 피카이아(몸길이 약 4㎝ 정도의 지렁이처럼 생긴 동물)로 보고 있습니다. 이 시기에 지구의 전체적 기온이 상승하였고, 해수면도 상승하여 다양한 생명체의 발현과 해양생물의 화석이 쏟아지게 되는데, 학계에서는 이를 가리켜 캄브리아기 대폭발(Cambrian explosion) 또는 생물학적 빅뱅이라고도 합니다.

이 피카이아는 눈을 가지지는 못했었지만 빛을 감지하는 감광세포(感光細胞)가 있었기 때문에 인간의 눈으로의 기적적인 진화를 할 수 있었습니다. 5억 년에 걸친 진화의 결과 인간은 수만 광년 동안 우주 공간을 날아온 태초의 빛을 물리적 특성으로 분석하여, 우주의 탄생 비밀을 하나씩 벗겨 나가고 있으며, 지금도 우주는 팽창을 계속하고 있다는 팽창우주의 이론을 정립하게 된 것이지요.

이로써 인간이 창조주에 의해 급조된 피조물이 아니라 140억 년 전 초기, 우주가 높은 온도와 밀도에서 대폭발을 일으키고, 점차 온도가 낮아지면서 수소와 헬륨 등의 원소들이 반응하면서 물질의 역사가 시작되어 현생인류로의 진화의 단초가 되었다는 점도 알 수 있게 되었습니다.

태양계에 존재하는 원소는 수소, 헬륨, 리튬, 베릴륨, 불소, 탄소 등 118종으로, 이것이 지금까지 인류가 발견해낸 원소의 전부입니다. 그중에서도 24종은 실험실에서 인공적으로 만든 것이기 때문에 천연으로 존재하는 원소는 94종뿐으로서, 자연계에 존재하는 모든 물질의 원소는 이들 중 하나 또는 여러 개로 구성된 복합체이거니와 인간도 예외일 수 없습니다.

저 먼 안드로메다은하 가운데의 별의 성분과 내 육신의 구성 성분이 별개의 성분이 아니고 똑같은 물질 원소로 구성되어 있습니다. 심심산골의 골짜기를 적시는 물이 큰 강물이 되기도 하고, 다시 증발하여 수증기가 되었다가 심산유곡에 내리는 빗물이 되기도 하는 것처럼, 나의 전전생은 시리우스별일지도 모릅니다. 그러니 내가 곧 우주고, 우주가 바로 나라는 것이지요. 그래서 나 하나 맑아지면 온 우주가 다 맑아지는 것입니다. 법성게의 가르침을 가져와 봅니다.

"하나 속에 모두가 있고, 많은 속에 하나가 있네. 하나가 곧 모두이고, 많은 것이 하나일세." 티끌 속에 시방세계가 다 들어 있으니, 나의 과거는 풀이나 암석, 공룡과 같은 다른 물체의 일부였을 수도 있고, 연등불의 신경세포를 이루는 원소였을 수도 있는 것입니다.

바다가 산이 되기도 하고, 산이 다시 바다가 되기도 하듯, 에베레스트 정상에서 조개류 같은 해양생물의 화석이 발견되지 않습니까? 창세기에서처럼 태초에 말씀이 있었던 것이 아니라, 태초에 우주 대폭발이 있었을 뿐입니다. 그런데 기독교에서는 그러한 우주 대폭발을 역사하신 주재자가 곧 하나님이란 것인데요, 인간을 하나님의 종으로 만들기 위해, 물질에서 진화한 존재가 아님을 강변하기 위한 구약 편집자들의 눈물겨운 고충은 충분히 이해가 가지만, 영원한 죄인으로 태어날 수밖에 없도록 인간을 창조한 하늘의 실수로, 모든 인류가 영원히 죄 사함 속에 살아가야 한다니, 애초에 죄지음이 없도록 좀 잘 만드실 일이지, 하늘이 그저 야속할 따름입니다.

하늘은 하늘을 닮은 인간을 만드셨다고 했는데<창세기 1:27>, 어째서 영원한 죄인의 굴레를 뒤집어쓰고 죄 사함을 일심으로 빌도록 만드신 건지 저로서는 꼬리를 무는 혼란에 막막할 따름입니다. 기독교는 교회 밖에 더 많은 죄인을 확대 재생산하고, 죽음과 지옥 같은 공포를 팔아야 존재할 수 있기 때문에 불교처럼 스스로 우화(羽化)하여 도피안 즉, 천국에 이르게 할 수는 없는 구조로 재편되어 있습니다.

오로지 교회와 주 예수그리스도 아버지 하나님을 말미하지 않고는 어떤 경우에라도 천국에 갈 수 없음이니, 불교의 모든 중생이 부처라는 '일체중생개유불성'을 기독교에 적용하면, 모든 죄인이 예수그리스도란 말이 되는데, 당연히 배척할 수밖에 없는 논리가 되지 않겠습니까? 그러면 예수 탄생 이전에 이 땅을 살다간 사람과 기독교가 전파되기 전 약 200년 이전의 한국인은 모두가 지옥에 가 있을까요? 기독교의 박애 정신과 합리적 이상주의는 존중받아 마땅할 터이지만, 무엇이 참다운 인간 해방의 길인가 하는 명제를 놓고 많은 고민 끝에 기술한 부분이니 독자 여러분의 곡해 없는 판단을 구할 뿐입니다.

중요 용어

❀ 이시인연(以是因緣) : 이러한 인연으로란 뜻. 이 부분을 급다 번역본에
는 '약피연(若彼緣)'으로, 현장 번역본에는 '유시인연(由是因緣)' 등으로 번
역하였으나, 다 같이 '인연으로 연유하다.'로 읽으면 됩니다.

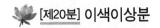 **[제20분] 이색이상분**

단락	구분	원문 및 한글번역
	이색이상분[離色離相分] : 색과 상으로는 여래를 볼 수 없다	
1	원문	須菩提 於意云何 佛可以具足色身見不
	한글 토	수보리 어의운하 불가이구족색신견부
	한글번역	수보리여. 그대 생각은 어떠한가? 완전한 몸을 갖추었다고 부처라 볼 수 있겠는가?
2	원문	不也世尊 如來 不應以具足色身見
	한글 토	불야세존 여래 불응이구족색신견
	한글번역	아니옵니다. 세존이시여. 완전한 몸을 갖추었다고 여래라 볼 수 없습니다.
3	원문	何以故 如來說 具足色身 卽非具足色身 是名具足色身
	한글 토	하이고 여래설 구족색신 즉비구족색신 시명구족색신
	한글번역	왜냐하면 여래께서 완전한 몸을 갖추었다고 하신 말씀은 곧 완전한 몸을 갖추지 않음을 말씀하심이며, 그 이름이 완전한 몸을 갖추었다는 것이기 때문입니다.
4	원문	須菩提 於意云何 如來 可以具足諸相見不
	한글 토	수보리 어의운하 여래 가이구족제상견부
	한글번역	수보리여. 그대 생각은 어떠한가? 모든 상호를 갖추었다면 여래라 볼 수 있겠느냐?
5	원문	不也世尊 如來 不應以具足諸相見
	한글 토	불야세존 여래 불응이구족제상견
	한글번역	아니옵니다. 세존이시여. 모든 상호를 갖추었다고 하여 여래라 볼 수 없습니다.
6	원문	何以故 如來說諸相具足 卽非具足 是名諸相具足
	한글 토	하이고 여래설제상구족 즉비구족 시명제상구족
	한글번역	왜냐하면 여래께서 모든 상호를 갖추었다 함은 곧 갖추지 않음을 말씀하심이며, 그 이름이 모든 상호를 갖추었다는 것이기 때문입니다.

본 20분 이색이상분의 큰 뜻은 색과 상으로는 진정한 여래(진리)

를 만날 수 없으니 오직 무상(無相)의 도리만이 여래를 볼 수 있다는 거로 압축할 수 있습니다. 이미 제5분에서 제상(諸相)을 비상(非相)으로 보며, 제10분에서는 색성향미촉법의 육경(六境)에 마음을 내지 말고, 응당 머문 바 없이 그 마음을 낼지니라는 4구게를 설하셨습니다. 그리고 많은 부분에서 색과 상의 허망한 본질과 무주상(無住相) 설법에 대해 우리는 공부해 왔습니다. 앞으로 제26분 법신비상분에서도 색으로 여래를 볼 수 없다는 4구게의 심화학습이 이어질 것입니다.

본 분을 축약하면 딱 두 문장으로 정리할 수 있는데, 구족(具足)된 색신(色身)으로 부처를 볼 수 없고, 구족된 제상(부처님의 32상 80종호를 의미)으로도 여래를 볼 수 없다는 것입니다. 그러한 현상적 색신이나 제상들을 갖추었다고 해도 그것은 이름일 뿐, 진정한 여래를 보는 것은 색에 머물지 않고, 상을 떠나는 무상(無相)의 도에 있음을 설하신 겁니다. 색신이란 곧 중생들이 육안으로 보는 형상 있는 몸을 말함이고, 이와 상대되는 개념으로는 중생의 눈으로는 볼 수 없는 절대 진리의 형상 없는 몸인 법신(法身)이 있습니다.

"A는 A가 아니다. 다만 그 이름이 A일 뿐이다."라는 "시명(是名) A"라는 표현은 구마라집 번역본 기준, 금강경 전체에서 24번이나 언급될 만큼 자주 인용되고 있는데, 그것은 색과 상으로 표상된 허울뿐인 이름에 속지 말라는 설법임은 잘 아시리라 믿습니다.

보이는 유상(有相)은 예외 없이 무상(無相)의 작용을 기반으로 하기 때문에 잡을 수 있는 상(相)은 모두가 이름일 뿐 실상은 아니라는 것입니다. 진정한 실상은 색을 떠난 색, 상을 떠난 상에서만 볼 수 있습니다. 우리나라 산천에만도 부처와 보살을 닮은 수백, 수천 개의 부처바위, 미륵산, 관음봉, 의상봉 같은 헤아릴 수 없는 불보살 형상의 산과 바위가 있습니다만, 그 산과 바위가 어찌 부처이고 보살일 수 있겠습니까? 다만 그 이름이 부처바위고 미륵산인 것이지요.

그 산과 바위는 우리들의 의식에 학습으로 저장되어 있던 불보살의 형상이 바위나 산에 투영되어 나타난 관념의 허상으로서, 본질은 다만 산이고, 바위일 뿐입니다. 부처님께서도 여래(如來)! 즉 같을 '여', 올 '래'. 그대로 보라고 하였습니다. 진정한 불성에는 형상이 있을 수 없습니다.

불교 설화에도 많이 등장하지만, 기도 중 부처님을 친견하고, 관세음보살이 좌임하셨다는 등의, 수행의 성취로 착각하게도 하는 정신 현상은 불보살을 구하겠다는 집념이 무의식에 나타난 미혹의 환영(幻影)으로서, 기도의 정신 집중 현상이 끝나면 그 또한 사라지는 하나의 허상에 불과할 뿐입니다. 그런 것이 부처이고 실상이라면, 우리나라 도처에 널려 있는, 하루에도 몇 번을 접신한다는 무당과 그들의 귀신 세계와 다를 게 없다는 것이 저의 짧은 소견이기도 합니다. 무슨 무슨 산꼭대기에서 몇몇 날의 기도 끝에 하늘이 열리며, 그리스도의 신통력으로 자신이 재림예수가 되었다는 등등의 많은 사이비 교주들이 써먹는 단골 메뉴가 아니더이까?

2009년 11월 30일 국내 주요 일간지 기사에는 미국 매사추세츠 주 메스벤에 사는 메리 조 코디(44)라는 여인이 다리미질을 하다가 다리미 바닥에 예수의 형상이 나타난 것을 보고 소스라치게 놀랐다는 소식이 실린 바 있었습니다. 기사에는 다리미 밑바닥의 그을음이 마치 머리칼이 긴 예수의 형상과 흡사한 사진이 같이 실렸는데, 가톨릭 신자인 그녀는 "예수님이 내 기도를 듣고 있다는 증거"라고 말하면서 "새 다리미를 구입하고 예수의 얼굴이 나타난 다리미는 귀중하게 보관할 것"이라며 신문은 전한 바 있었는데요, 그 몇 년 전에도 구운 치즈 샌드위치에 성모 마리아 형상이 나타났다고 해서 인터넷 경매에서 2만8,000달러(약 3,100만 원)에 팔렸다는, 저로서는 믿기 어려운 황당한 기사를 접한 바 있습니다.

현생 세계인류 중에 예수의 얼굴을 직접 본 사람은 단연코 없습니다. 그런데 어떻게 그 형상이 예수의 얼굴이라고 믿게 되었을까요? 역사상 수많은 성화(聖畵)와 영화 등에서 예수는 푸른 눈의 흰 피부에, 갈색의 긴 머리를 한 스칸디나비아인 정도로 묘사되어 왔기 때문에 기사의 사진에서와 흡사한 이미지로 우리들의 의식에 깊이 저장되어 있었을 터입니다.

그러나 일부 문화인류학자 중에는 예수는 백인이 아니라, 구릿빛 피부에 짧은 머리를 한, 중앙아시아계 사람이었다는 설이 더 진실에 가깝다고 보는 견해가 있습니다. 부처님도 경전에서 여래 10호 32상 80종호로 묘사되고 있습니다만, 지금 우리들에게 전래된 부처님의 얼굴은 간다라 미술의 영향을 받은, 곱슬머리에 크나큰 귓밥과 발달된 하관이 특징인 불상으로 인식되어 있습니다. 그러나 단군의 자손인 부처님의 얼굴은 북방계 몽골리안인 우리 한국인의 얼굴과 매우 닮았을 것으로 저는 생각합니다.

불상은 불심의 장엄물로써 믿음의 상징적 방편은 될 수 있을 것이나, 불상 자체에는 불성이 없고 나무나 금속의 탄소 원자와 무기물 원소만 가득할 뿐입니다. 불성은 이미 나 자신은 물론 전 우주에 충만해 있는데, 불성과 해탈이 특정한 곳에, 특별한 모습으로 존재한다고 착각하는 것은 마치 아이를 업고 아이를 찾는 것과 다를 바 없다 하겠습니다. 아인사상을 버리라는 말은 나를 버리라는 말이 아니라, 나로부터 자유로워져서, 이처럼 허구의 상(相)에 걸리지 말라는 가르침으로 이해해 두시면 좋을 듯하군요.

불교에서 부처를 만나면 부처를 죽이고, 조사를 만나면 조사를 죽이라는 법어가 회자되는 이유가 이와 같이 상(相)에 얽매인 채, 상(相)을 떠나 있는 실상의 상(相)을 보지 못하는 어리석음(아치 我癡)을 경계하기 위함임은 잘 아실 겁니다. 모두가 부처이고, 어느 것도 부처 아닌 것이 없을진대 그래서 부처님께서는 그토록 이런저런 상(相)을 만들지 말라고 하신 게 아니겠습니까?

색성향미촉법에 마음을 내지 말 것이며, 색과 소리로 부처를 구하려고도 하지 말고, 응당 머무는 바 없이 그 마음을 내라고 하신 사구게를 다시 한번 본 분에서도 되새겨봅니다. 그러나 보이고, 들리는 것으로만 훈련된 우리들의 6식으로는 상을 떠난 상을 실상으로 받아들이기란 정말로 어려운 일이 아닐 수 없습니다. 좀 더 이해의 폭을 넓히기 위하여 과학적 진실을 금강경에 대입해 보도록 하겠습니다.

우리는 TV 화면에 나오는 아름다운 배우나 코미디언을 보고 아름답다거나, 우습다는 감정을 가지며 빠져들기도 합니다. 그런데 그 화면이 비록 생방송이라 하더라도 내가 보는 화면 속의 배우는 실상이 아닙니다. 그것은 전파와 빛 에너지가 동조하여 만들어낸 허상일 뿐으로서, 훈련된 우리들의 의식이 배우다, 코미디언이다 또는 잘생겼다는 따위로 유형화하여 대뇌에 전기적 신호로 전달하면, 대뇌는 그것을 실제 상황으로 인식하여, 좋거나 싫음 또는 좋지도 않고 싫지도 않다는 세 가지 분별적 생각을 일으키도록 6식에 명령을 하게 되는 것입니다.

이렇게 나의 의식이 대뇌를 거쳐 와 반사적 분별을 일으키는 감지할 수 없는 짧은 순간에도, 시간은 공간의 지배를 받으며 과거로 흘

러가 버리므로, 우리는 그 배우의 과거 모습을 보고 현재의 실상이
란 착각에 젖게 됩니다. 여러분은 어떻게 생각하십니까? 시간 이전
에도 시간은 존재하였을까요? 빅뱅으로 우주의 역사가 시작된 때에
시간의 역사도 같이 시작되었다는 이론이 우주과학계의 대체적인
정설이긴 합니다만, 앞으로 블랙홀과 양자중력이론이 완성되면 시
간의 역사는 바뀔 수 있을 것입니다.

　불교에서의 시간의 끝과 시작점에 대하여서는 『밀린다왕문경(彌蘭
陀王問經)』에 잘 나타나 있는데, 어떤 시간은 존재하고, 어떤 시간은
존재하지 않으며, 열반에 든 사람에게는 시간이 존재하지 않는다는
유동적 시간관을 가지고 있습니다. 시간의 끝도, 최초의 기점도 인
식할 수 없다는 부처님의 무시무종(無始無終) 설법은 불교의 과학성
을 여실히 보여주는데, 우리의 민족 경전인 『천부경(天符經)』에도 '일
시무시일 석삼극 무진본(一始無始一 析三極 無盡本)' 해석하면 '우주는
시작됨이 없이 시작되었고, 천지인 삼재(三才)로 나눠도 다함이 없
다.'라는 뜻으로, 시간에 대한 인식의 궤를 같이하고 있습니다.

　좀은 난해한 부분이기도 하고, 금강경 공부와는 직접 관련이 없
지 않나 하시는 독자분이 있을지 몰라, 입자물리학의 석학 브라이
언 콕스와 스티븐 호킹의 이론을 참고하여, 금강경의 사상과 소통
되는 우주 이론을 설명해 보겠습니다. 나이가 137억 살인 우주가,
빅뱅으로 생겨난 뒤 약 40만 년 무렵의 우주는 지금 우주 크기의
1/1,000 정도였고, 온도는 3,000℃에 달했다고 하는데요, 이때에 발
생된 전자기파가 지금 라디오를 켜면 잡음의 일부로 재생되어 우리
에게 전달된다는 이론이 빅뱅우주론에 힘을 실어주고 있는 우주배
경복사이론의 일부입니다.

　이후 우주는 점점 식으며 밀도가 낮아져서 태초의 빛들은 공

간을 좀 더 자유롭게 날아다닐 수 있게 되었고, 그들 중 일부가 137억 년을 달려와 오늘날의 라디오 잡음으로 재생된다는 것인데, 이 얼마나 신비로운 우주의 질서이겠습니까? 요즘에야 TV, 인터넷, 스마트폰이 온 세상의 갖가지 정보를 실시간으로 전달해 주지만, 지난날 시골에서는 세상과의 소통 창구가 오직 라디오뿐이었지요. 그 라디오도 부자(富者) 소리 듣는 집에나 있었고, 보통의 가정에서는 유선방송이라 하여 통신선으로 연결된, 다이얼은 아예 없는 스피커를 통해서 설치 업자가 틀어주는 공영 라디오 방송 HLKA 하나만 청취할 수 있었습니다.

전파출력도 낮은 데다 스피커의 기계 성능도 조잡하여, 잡음이 심할 때는 방송 내용을 알아들을 수가 없었는데, 그 잡음이 알고 보니 우주가 탄생할 당시의 빛에너지가 일으킨 전자기파라니 우리를 짜증스럽게 했던 것에도 시공의 엄숙한 진리가 숨 쉬고 있었던 겁니다.

우주라는 거대한 공간구조에서 보면 1초, 100년, 수억 년이라는 시간의 규모는 정말 보잘것없는 경계일지 모릅니다. 우리들은 거울을 보며 거울에 비친 얼굴이 자기 자신이라 믿습니다. 그러나 엄격하게 본다면 거울 속에 나타난 자신의 모습은 현재의 모습이 아니고, 이미 10억 분의 1초가 흘러간 과거의 모습을 보는 것입니다. 내게서 출발한 빛이 거울에 반사되어 나의 육안까지 되돌아오는 공간상의 조건 때문에 우리는 영원히 현재의 내 모습은 볼 수 없고, 다만 반야의 지혜로 혜안과 법안을 증득해야만 참 나의 실상을 볼 수 있게 됩니다.

지금 보고 있는 달의 모습은 1.3초 전의 모습이고, 태양은 지구로부터 1억 5,000만㎞ 거리이니 8분 전의 모습을 우리는 지금의 태양이라 믿게 되는 것입니다. 이처럼 시간과 공간은 별도로 존재하지 않고 시공간에서 하나의 체계로 통합됩니다. 그러면 태양계에서 가장 가까운 별인 프록시마 켄타우리 별은 어떨까요? 초경량급이고 희미하기 때문에 육안으로는 관측이 안 되는 이 별은 태양계로부터 약 40조㎞ 정도의 거리이니 빛의 속도로 약 4년을 달려가야 닿을 수 있는 거리로, 4년 전의 모습을 지금 보고 있는 것입니다.

우리가 속한 은하수는 대략 1,000억 내지 4,000억 개의 별로 이루어져 있고, 지름은 10만 광년, 두께는 1초에 30만㎞를 가는 빛의 속도로 1,000년을 달려가야 닿을 수 있는 1,000광년의 거리입니다. 우리는 애초에 물질마다 고유한 색이 있다고 믿고 있지만 그것은 빛의 파동과 입자가 물체의 질량에 부딪쳐서 발산하는 허상의 공간(색)일 뿐입니다. 그러니 색불이공(色不異空)이고, 공불이색(空不異色)이 되는 겁니다.

쉽게 말하자면 있는 것(물질)이 없는 것(공)이고, 없는 것(공)이 있는 것(물질)이란 말도 되는데, 우리는 빛 자체의 색을 볼 수는 없지만 프리즘을 통과시키면 일곱 가지 무지갯빛을 얻을 수 있습니다.

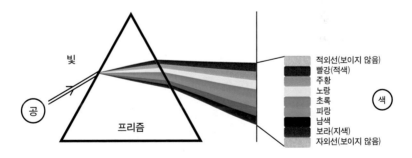

그렇다고 그 일곱 가지 색깔이 빛은 아닙니다. 빛도 전자처럼 파동성과 입자성을 동시에 지니고 있기 때문에 현대의 분광학(分光學)

으로 광자(光子)를 분석하면 질량과 에너지 크기를 알 수 있는 것처럼, 보이지 않는 빛이 색으로 나타났으므로, 빛이 곧 물질이요, 물질이 곧 빛이기도 하여 색즉시공 공즉시색이 되는 것입니다.

20세기에 들어와 밝혀진 상대성 원리를 부처님은 2,500년 전에 아셨다는 거네요. 그러니 색공의 진리를 어느 누가 반박할 수 있겠습니까? 이렇듯 실상은 색과 상을 떠나 있다는 가르침을 본 20분 이색이상분에서 부처님은 다시 강조하고 있는 것입니다. 그러니 과거, 현재, 미래심이 모두 불가득이란 부처님의 말씀이 얼마나 위대한 가르침인가 짐작이 가지 않습니까?

지금 처한 현실이 괴롭고 눈앞의 상황을 바꿀 수 없는 것이라면, 마음을 바꾸면 됩니다. 피할 수 없으면 즐기라는 세간의 말을 금강경으로 해석하면 괴로운 것도, 즐거운 것도 원래 공하여 없었던 것인데, 내 마음의 아상이 없는 괴로움을 보고 괴롭다고 느끼는 어처구니없는 상황을 우려하는 것입니다. 물리적 고통이든, 정신적 고통이든 내가 고통이라고 느끼는 데는, 자극이 대뇌에 전달되어 인식되기까지의 극히 짧지만 시간이 필요하므로, 내가 고통이라 느낀 순간의 고통은 이미 과거의 고통이 되어버린 것이기 때문에 공(空)의 입장에서 보면 색도 없고, 수상행식도 없으며, 안이비설신의도 없다고 하신 것이지요.

괴롭다거나, 즐겁다고 느끼는 현재의 마음이 이미 현재의 마음이 아닌 과거의 아스라한 허상의 부스러기임을 알면 지금까지 우리들은 제대로 된 금강경 공부를 했다고 할 수 있지 않을까요?

중요 용어

❀ 구족색신(具足色身) : 직역하면 '색신을 다 갖추었다.'란 뜻인데, 여기서는 부처님의 신체적 특징에서 중생보다 뛰어난 부분 '80종호를 갖추었다면'으로 읽습니다. 진리를 인격화한 법신(法身)과는 상대적 개념으로 쓰였습니다. 급다 번역본에는 구족색신 대신 색신성취(色身成就)로 번역되었습니다.

❀ 구족제상(具足諸相) : 구족색신이 부처님의 80종호를 의미한다면, 구족제상은 부처님만이 가지고 있는 신체적 특징 32상을 뜻한다 하겠는데, 이마 한가운데 점이 있고, 황금빛 몸에 정수리가 솟아 있는 등 차이가 32가지나 된다는 것입니다.

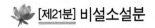 **[제21분] 비설소설분**

비설소설분[非說所說分] : 설하되 설한 바가 없다		
단락	구분	원문 및 한글번역
1	원문	須菩提 汝勿謂如來作是念 我當 有所說法 莫作是念
	한글 토	수보리 여물위여래작시념 아당 유소설법 막작시념
	한글번역	수보리여, 그대는 여래가 「내가 설한 법이 당연히 있다.」라는 생각을 하리라고 말하지 말라.
2	원문	何以故 若人言 如來有所說法 卽爲謗佛 不能解我所說故
	한글 토	하이고 약인언 여래유소설법 즉위방불 불능해아소설고
	한글번역	왜냐하면, 어떤 사람이 말하기를 「여래께서 말씀하신 법이 있다.」 한다면 이는 곧 부처를 비방하는 것이니, 나의 참뜻을 모르기 때문이니라.
3	원문	須菩提 說法者 無法可說 是名說法
	한글 토	수보리 설법자 무법가설 시명설법
	한글번역	수보리여, 법을 설한다지만 설할 수 있는 법이 없으며, 그 표현이 법을 설한다는 것이니라.
4	원문	爾時 慧命須菩提白佛言 世尊 頗有衆生 於未來世 聞說是法 生信心不
	한글 토	이시 혜명수보리백불언 세존 파유중생 어미래세 문설시법 생신심부
	한글번역	그때 혜명 수보리가 부처님께 아뢰어 말씀드렸다. 세존이시여. 먼 훗날에 이 가르침을 듣고 믿음의 마음을 내는 중생이 조금이라도 있겠습니까?
5	원문	佛言 須菩提 彼非衆生 非不衆生
	한글 토	불언 수보리 피비중생 비불중생
	한글번역	부처님께서 말씀하셨다. 수보리여. 그들은 중생이 아니며, 중생 아닌 것도 아니니
6	원문	何以故 須菩提 衆生衆生者如來說 非衆生 是名衆生
	한글 토	하이고 수보리 중생중생자여래설 비중생 시명중생
	한글번역	왜냐하면, 수보리여. 중생이라고, 중생이라고 하는 것은 여래가 중생 아닌 것을 설함이며, 그 표현이 다만 중생이기 때문이니라.

'비설소설(非說所說)'을 글자대로 풀이하면 '설하지 않은 것이 설함

이다.' 또는 '설한 바는 설함이 아니다.'가 되는데, 진리는 오는 법이 없고, 그 자체로 진리이니 설할 것도, 설하지 않을 것도 없다는 금강경의 정신을 깨우치기 위한 것으로 풀이할 수 있겠습니다. 설법이란 깨우친 사람이 깨우치지 못한 사람을 위하여 깨우치는 방편을 말과 글로써 일러주는 것이기는 하지만, 그것은 어디까지나 안내하는 것일 뿐 깨달음 자체를 줄 수는 없으므로, 부처님께서는 본 21분에서 이 점을 심려하는 것입니다.

부처님이 길을 가리킬 수는 있지만 가는 것은 스스로가 가야 하는 것처럼, 문자 이전의 진리인 금강경을 언설로 분별한다면 그 또한 새로운 상(相)을 내는 일이 아닐 수 없습니다. 그러기에 부처님의 고심이 깊어지는데요, 서울 가는 길은 이미 정해져 있지만 그 길을 가리키는 데는 손가락이라는 방편이 개입될 수밖에 없는 것인 만큼, 설하지 않는다고 될 일도 아니기 때문에 이런 극단적인 '비설소설'을 강조하신 거로 보면 되겠습니다.

앞에서도 살펴보았지만 금강경에 담긴 진리는 부처님이 없던 법을 새로이 창안해낸 것이 아니고, 이미 이 세상에 편재되어 있던 진리를 스스로의 깨우침으로 발견해 낸 것이니 이것이 법이라고 말한다면, 법과 법 아닌 것에 대한 경계와 분별이 작용하지 않겠습니까? 이 길이 서울 가는 길이긴 하지만, 이 길을 서울이라 말할 수 없는 것처럼, 말 가운데 말 없음의 참뜻을 새기라는 가르침이라고 이해하면 좋을 듯하군요.

"한 것도 아니고 안 한 것도 아니다.", "법도 아니고, 법 아닌 것도 아니다." 또는 "불국토를 건설한다는 것은 곧 건설 아님을 말함이며, 다만 그 이름이 건설이기 때문이다." 따위의 설법은 어찌 보면 어법상 모순으로 볼 수도 있는데, 이러한 불교적 가르침이 때로는 불교를 혹평하는 이들로 하여금 '불법은 이중적 잣대를 통해 누구에게나 적용될 수밖에 없는 바넘 효과를 노린 모순의 종교다.'라는 주장을 펴게 하는 빌미가 되기도 하지요.

그러나 부처님이 열반에 드실 때 당신은 아무것도 설한 바 없으니 '저마다 자기 자신을 등불로 삼고 자기를 의지하라. 또한 진리를 등불로 삼고 진리를 의지하라(自燈明 法燈明).'라고 하신 마지막 가르침에서 우리는 부처님이 얼마나 진리를 사랑했으며, 인간에 대한 희망적 기대가 컸었던가를 알아야 할 것입니다. 본문으로 들어가 봅니다.

"수보리여, 그대는 여래가 '내가 설한 법이 당연히 있다.'라는 생각을 하리라고 말하지 말라(須菩提. 汝勿謂 如來作是念 我當 有所說法 莫作是念)." 문장구조가 듣는 사람의 입장에서는 언뜻 혼란이 올 수도 있는 구조인데요, 쉽게 말하면 "수보리야. 자네는 내가, 설한 법이 있다는 생각을 나 스스로 하고 있을 거란 생각도 하지 말고, 말도 하지 말거래이."로 풀이하면 쉬울 듯하군요.

진제 역본에는 "나(여래)에게 '내가 실제로 법을 설한다.'라고 하는 그런 생각이 있겠는가?"로 번역하고 있어 좀 더 쉬운 문장으로 읽히고 있습니다. 일체의 상(相)을 떠나 있는 부처님으로서는 설하고, 설하지 않음의 경계가 있을 수 없고, 아니 온 듯 다녀가는 것처럼, 설하되 설한 바가 없으니 그 안에 법(진리)이 존재한다는 생각이 있을 수 없습니다.

바로 상(相)을 떠난 상(相)인 '이상지상(離相之相)'이라 하겠습니다. 중생들이 깨달음을 증득해 가는 데는 어차피 알음알이를 통해서 견해를 정립하고, 굳건한 믿음으로 자신을 깨우침으로 이끌고 가는 지견(知見)과 신해(信解)의 실천적 수행이 수반되어야 합니다. 쉽게 풀이하면 아는 만큼(知) 보이니(見), 믿게 되어(信) 깨우친다(解)가 되는군요.

| 지(知)
<알고> | 견(見)
<보고> | 신(信)
<믿고> | 해(解)
<깨달음> |

따라서 근기 다양한 중생들을 교화하는 데는 방편인 설법이 동원될 수밖엔 없지만, 설법 자체가 진리일 수는 없습니다. 마치 강을 건너는 방편인 뗏목을 법인 줄 착각하여 강을 건너고서도 뗏목을 끌고 가는 어리석음처럼, 부처님의 언설 자체를 법으로 착각하는 상(相)의 집착을 경계하라는 무상설법(無相說法)이 본 21분의 주제라 이해해 주시기 바랍니다.

법은 법을 떠나 있을 때 참다운 법이 되는 것이고, 불법의 진리는 알음알이만 가지고는 다다를 수 없는, 심오하고도 현묘(玄妙)한 진리일진대 진리 밖의 진리를 설법으로 교화하자니 부처님의 고심도 이루 말할 수 없었으리란 생각이 드는군요. 부처님은 다시 강조합니다.

"만약 어떤 사람이 말하기를 '여래께서 말씀하신 법이 있다.'라고 한다면 이는 곧 부처를 비방하는 것이니, 나의 참뜻을 모르기 때문이니라(若人言 如來有所說法 卽爲謗佛 不能解我所說故)." 제발 금강경을 설하거나, 듣는 사람은 부처가 말한 법(진리)이 있다는 상(相)에 집착하지 말고, 무위(無爲)로 설하며 받아들이라고 하십니다.

얼음을 예로 들어보겠습니다. 얼음이 차가운 것은 진실입니다. 그런데 얼음을 직접 보거나 만져보지도 못한 열대지방에 사는 사람들에게 물의 빙점은 0도이고, 결빙하면 고체가 되어 체온이 36도인 사람이 만지면 무척 차갑게 느낀다는 따위의 설명을 아무리 한들 그들에게 얼음의 정체가 다가오지 않듯, 진리를 설한다지만 설할 수 있는 진리가 없다는 것이 부처님의 설법입니다.

언설과 문자로 전할 수 없기 때문에 불립문자요, 가르쳐서 전할 수 없는 법이기에 교외별전인 바, 설할 수 있는 진리가 없이 다만 그 이름이 진리를 설한다는 것이라고 하십니다. 이 부분을 진제 역본에는 "설법, 설법이라는 것은 참으로 설법이라고 이름할 수 있는 법이 없는 것이다."로 번역하였고, 급다 역본에는 "설법, 설법이라는 것은 법을 설한다고 이름 얻을 수 있는 법이 없는 것이다."로 번역하고 있으나, "그 표현이 법을 설한다는 것일 뿐"이라는 해석으로 통일할 수 있겠습니다.

영산법회에서의 부처님의 염화미소(拈華微笑)가 떠오르지 않습니까? 무언설법의 대표적 불교 설화인 염화시중(拈華示衆)으로도 알려진 이 설법은, 연꽃은 탁한 진흙밭에서 피어나지만 그 꽃은 아름답고 깨끗하기 그지없듯, 혼탁하고 어지러운 세상이지만 오히려 인간이 깨달음을 얻으면 부처의 경지에 오르게 된다는 진리를 나타내신 것인데, 마하가섭이 그 깊은 뜻을 깨닫고 무언의 미소를 지어 보였다지요. 이처럼 부처님이 무상설법을 펼쳤지만 아무것도 설한 바 없으니 본 비설소설분의 주제와 일맥상통한다 하겠습니다.

불법은 이와 같이 명쾌하면서도, 6식의 지배를 받는 중생으로서는 쉽게 이해하기 어려운 심오한 사상을 내포하기 때문에 우리의 인식 체계 전반에 전폭적인 발상의 전환을 요구하고 있습니다. 절대자를 연호하고, 성경 가르침을 믿고 따르기만 하면 구원을 받아 천국으로 갈 수 있다는 기독교 신앙과는 달리, 법에 따라 무명을 여의고, 스스로 고해의 강을 건너 피안에 닿아야 하는 불교의 포교와 대중화는 그만큼 난관이 많을 수밖에 없었을 터입니다.

그러나 태어남으로 인해 죄인이 되는 것이 아니라, 인간의 몸을 받았기 때문에 천부적으로 부여받은 개유불성을 통해 누구나가 여래가 될 수 있고, 하늘이 될 수 있는 해탈의 문을 열어둔 불교가 있는 한은, 인간의 굴레로 살아가는 것이 죄 사함의 일생이 아니라, 선택받은 위대한 축복의 인연공덕임을 알아야 하겠습니다.

기독교의 진리는 인간 이성으로 도달할 수 없는, 현실을 초월한 신본적(神本的) 인생관을 요구하지만, 불교는 인간의 참 자아에 호소하며, 어떤 경우에도 천부적 권능을 지닌 절대 신앙의 대상을 인정하지 않습니다. 다시 말하면 "죄인으로 일생을 살래? 아니면 초월적 자유인으로서 대 해탈을 누리며, 우주법계의 진리를 따라 영혼이 승화된 일생을 살래?" 하는 문제로 확장될 수 있는 물음일 것입니다.

인간이 두려움을 느끼는 것은 무지의 소산일 뿐입니다. 일식(日蝕)의 천문학적 메커니즘을 알 수 없었던 고대인들은 일식으로 태양이 사라지는 것에 대해 극심한 공포를 느꼈을 것입니다. 인간이 신을 선택할 수밖에 없었던 이유는 죽음으로부터 자유로울 수 없는 인간의 유한성과 일식, 태풍, 지진 같은 자연재앙에 대한 공포를 이성으로는 극복할 수 없다는 절망감의 도피처가 필요했기 때문인데, 무지를 인정하는 대신 이 모두를 극복할 수 있다는 상상 속의 의지처로 신을 만들어낸 것입니다.

인간의 의지로써는 해결할 수 없는 영역이라면 그냥 원죄로 체념하고 받아들이며, 믿고 맡기면 공포는 줄어들게 됩니다. 그래서 신과 소통할 수 있는 매개자인 제사장이 필요했고, 제사장은 수탁 권력자로서 인류 최초의 전문 직업인이 된 거지요. 그러나 인류의 문명이 이토록 발달한 지금에서도 세계의 거의 모든 종교는 상상 속의 절대권능자에게 맹목적 믿음과 순종만을 강요하며, 대부분 교리가 사후세계의 안일한 보장에 있다는 것이 과연 종교의 본령이 될수 있을까? 하는 의문을 갖지 않을 수 없습니다.

인간은 속박받으며 쾌감을 느끼고, 집단에 소속됨으로써 분리 불안을 극복하고자 하는 본능이 있거니와 이러한 피학본능이 곧 대속신앙으로 이어졌던 것은 자명한 사실입니다. 사람을 불에 태워바치는 구약성경에 나오는 이삭의 번제물이나, 남미의 제국에서 행하였던 산 사람의 심장을 꺼내 신전에 바치는 따위의 의식 그리고예수의 십자가 고난 또한 대리 속죄를 통해 자신의 공포를 극복하고자 한 인간의 극단적 이기주의의 행동 양식이라 하겠습니다.

불교는 인간의 원죄를 인정하지 않습니다. 일체 간의 제 현상이오직 인과와 인연의 결과물로 보되, 인간적 이성으로 반야의 지혜를 증득하여, 스스로 고통을 여의고 대 자유를 누릴 수 있다는 가르침일 뿐, 거기에는 어떠한 절대적 존재도 개입할 수 없는 구조로촘촘히 관계되어 있습니다.

또한 불교는 2,500여 년 전 세상을 떠난 선지자 부처를 믿으라는종교가 아닙니다. 다만 최고, 최선의 인간적 삶을 살았던 부처가 가리킨 저 해탈로 통하는 길을 따라 그 길을 가되, 부처가 제시한 그길보다 더 맑고 지혜로운 길을 닦아 부처를 능가하는 부처가 되라는 인간 개발의 종교가 곧 불교라 저는 믿고 있습니다.

그러나 지금의 불교계와 기독교의 현실은 어떠합니까? 문화체육관광부의 통계에 따르면 전국에는 1만 5,000개 정도의 크고 작은 사찰, 암자와 9만 명에 가까운 승려가 활동하는 것으로 추정하고 있고, 교회는 6만여 개에 신자는 1,400만 명 정도로 추산하고 있습니다. 불교 신자는 1,100만 명에 달하는 것으로 나타나고 있으니 우리나라 국민 2명 중 1명은 고등종교를 믿고 있는 셈이군요. 하지만 작은 교회의 경우 혹평하면 '죄인장사'로 신도 수에 따라 교회의 매매가가 달라진다는 건 공공연한 비밀이라 알고 있습니다.

불교 또한 조계종, 태고종, 법화종 등 모든 종파를 포함하더라도 전통사찰로 등록된 절은 920여 곳에 불과하고, 거의 대부분의 사찰과 암자는 스님 한두 분이 주석하는 그야말로 생계형(?) 사찰이 주를 이루는 구조로 되어 있습니다.

스님도 생활비가 있어야 하고 사찰을 운영해 나가기 위한 최소한의 관리비며 공과금 등은 물론, 사찰 운영에서 손을 놓아야 하는, 연금도 없을 노후의 대비를 위한 수입이 보장되어야 하나 상당수의 사찰이 그에 미치지 못할 것임은 쉽게 짐작할 수가 있겠습니다.

그러다 보니 사주명리와 관상 같은 점복을 봐주기도 하여 복채를 챙기거나, 이벤트성 불사헌금 독려와 삼재기도니, 입시 합격 법회 같은, 정법불교와는 거리가 먼 경영에 젖은 손 마를 날이 없게 되는 것입니다. 심지어 부적을 판매하기도 하고, 달마도 같은 불화를 그리거나 찍어내어 인터넷 판매에 나서는 등 그야말로 각자도생의 생활전선에 뛰어들 수밖에 없는 것일 겁니다. 그러니 언제 직지인심하고, 언제 견성성불하여, 중생교화를 할 수 있겠습니까?

한데도 앞으로 갈수록 청년 인구가 감소하고, 출가를 하겠다는 스님이 부족한 탓에 스님도 외국에서 수입을 해 와야 할 형편이 아닙니까? 그러니 스님들에게 설하되 설한 바 없는, 본 21분의 비설소설을 요구할 수가 없을 것 같군요. 다시 본문으로 들어가 봅니다.

"약인언 여래유소설법 즉위방불 불능해아소설고(若人言 如來有所說法 即爲謗佛 不能解我所說故)" 즉, "만약 어떤 사람이 말하기를 '여래께서 말씀하신 법이 있다.' 한다면 이는 곧 부처를 비방하는 것이니, 나의 참뜻을 모르기 때문이니라." 여기서는 '즉위방불 불능해아소설고(即爲謗佛 不能解我所說故)'에 주목할 필요가 있겠습니다.

부처의 참뜻을 모르고 부처를 비방한다는 뜻인데, 제17분 구경무아분에서 '약유인언 여래득아뇩다라삼먁삼보리 즉위방불 불능해아소설고(若有人言 如來得阿耨多羅三藐三菩提 即爲謗佛 不能解我所說故)' 해석하면 '만약 어떤 사람이 여래가 가장 높고 바르며, 원만한 깨달음을 얻었다고 말한다면 곧 부처를 비방하는 것이니 내가 말한 참된 뜻을 모르기 때문이니라.'를 기억하실 겁니다. 법과 아뇩다라삼먁삼보리만 바뀐 걸 알 수 있습니다. 이토록 부처님께서는 유상(有相)을 경계하셨음이 금강경에서만 여러 번 나타나는군요. 법은 그야말로 물 흐르듯 흐르는 것인데, 거기에 물을 흐르게 하는 법이 있다고 말한다면 어불성설이 아니겠습니까? 물은 그냥 높은 곳에서 낮은 데로 흐를 뿐, 그것에 수력 방정식이 어떻고, 위치 에너지가 어떻게 작용한다느니 따위는 언설에 지나지 않습니다.

부처님이 서울을 가리킨 것에도 법은 있을 수 없습니다. 이 길을 따라 몇백 리를 가면 서울이 나오니 마차를 타든, 기차를 타든, 가는 것은 자유여야 하지 않겠습니까? 배가 고프면 밥을 먹어야지, 밥 먹는 방법을 온갖 언설을 다하여 아무리 설명한다고 해도 아무에게도 이득은 없습니다. 이처럼 진리를 설한다지만 설할 수 있는 진리는 없습니다.

제17분에서 '모든 법에 실체가 없음을 통달한 사람을 여래께서 보살로 칭한다.'라고 하신 것과 같이 법에는 자아가 없습니다. 불법을 어찌 말로 다 표현할 수가 있을 것입니까? 불법은 개념일 뿐 구체적 격식이 있는 것도 아닙니다. 그러나 중생들은 언설이 있는 형식을 중요시할 뿐 정작 글자가 없는 법을 중시하지 않습니다. 그래서 수보리가 걱정하여 부처님께 묻습니다. "세존이시여. 먼 훗날에 이 가르침을 듣고 믿음의 마음을 내는 중생이 조금이라도 있겠습니까?" 제6분 정신희유분에서도 수보리는 같은 질문을 한 바 있습니다만, 여기서 부처님은 "그들은 중생이 아니며, 중생 아닌 것도 아니니, 왜냐하면 수보리여. 중생이라고, 중생이라고 하는 것은 여래가 중생 아닌 것을 설함이며, 그 표현이 다만 중생이기 때문이니라." 하십니다. 다시 말하면 중생이란 근본적으로 존재할 수 없다는 말씀이신데, 그 뜻은 일체중생은 본래 부처라는 뜻입니다. '어떠한 악도에 빠진 사람도 성불하지 못할 사람은 없나니 수보리 자네는 그런 염려 붙들어 매라.'라는 뜻과 다름이 아닙니다. 중생, 중생 하지만 그 이름이 중생일 뿐으로서 우리들도 반드시 성불할 수 있다는 서원을 굳건히 새겨야겠지요?

중요 용어

❀ 여물위여래작시념(汝勿謂如來作是念) : 여(汝)는 너 또는 아랫사람으로서의 자네를 뜻하고, 물위(勿謂)는 일컫지 말라는 지시어. 즉 여래가 생각을 한다고 말하지 말라는 뜻으로, 부처님이 설한 진리가 있다는 생각을 한다고 말하지 말라는 뜻.

❀ 설법자 무법가설 시명설법(說法者 無法可說 是名說法) : 설법자는 법을 설하는 사람이 아니고 여기서는 '법을 설한다지만'이란 뜻의 조건절로 쓰

였습니다. 따라서 '법을 설한다지만 설할 수 있는 법이 없으며, 그 표현이 법을 설한다는 것이니라.'가 됩니다. 이 부분은 보리류지도 똑같이 번역하였으나, 진제역본은 '설법 설법이란 것은 참으로 설법이라고 이름할 수 있는 법이 없다(說法 說法 實無有法 命爲說法).'로, 한편 급다역본에서는 '법을 설함과 법을 설한다지만 수보리여, 설할 수 있는 법이 없으며, 법을 설한다는 이름을 얻을 수 있는 것이다(法說 法說者 善實 無有法 若法說明可得).'로 번역하고 있는데, 하나같이 법은 언설로 다할 수 없음을 표현하고 있습니다.

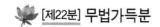 **[제22분] 무법가득분**

무법가득분[無法可得分] : 얻을 수 있는 진리가 없다		
단락	구분	원문 및 한글번역
1	원문	須菩提 於意云何 如來得阿耨多羅三藐三菩提耶?
	한글 토	수보리 어의운하 여래득아뇩다라삼먁삼보리야?
	한글번역	수보리여. 그대 생각은 어떠한가? 여래가 아뇩다라삼먁삼보리를 얻었는가?
2	원문	須菩提言 不也世尊 無有少法 如來得阿耨多羅三藐三菩提
	한글 토	수보리언 불야세존 무유소법 여래득아뇩다라삼먁삼보리
	한글번역	수보리가 말씀드렸다. 아닙니다. 세존이시여. 여래께서 아뇩다라삼먁삼보리를 얻은 조그마한 법도 없습니다.
3	원문	佛言 如是如是 須菩提 我於阿耨多羅三藐三菩提 乃至 無有少法可得 是名 阿耨多羅三藐三菩提
	한글 토	불언 여시여시 수보리 아어아뇩다라삼먁삼보리 내지 무유소법가득 시명 아뇩다라삼먁삼보리
	한글번역	부처님께서 말씀하셨다. 옳고도 옳도다. 수보리여. 내가 아뇩다라삼먁삼보리법에서 조그마한 법도 얻을 수 없으니 그 이름이 아뇩다라삼먁삼보리라 하느니라.

무법가득분을 직역하면, '무법(無法)' 곧 법이 없다는 뜻인데, 그러면 무엇이 없다? '가득(可得)'이 없다는 것이니 얻을 수 있는 법이 없다가 되지만, 의역하면 '법은 얻을 바 없음을 얻는 것이다.'로 달리 해석할 수도 있겠습니다.

바로 앞 제21분 비설소설분에서 법을 설한다지만 설할 수 있는 법이 없다고 강조하신 것처럼, 부처님께서는 무수히 법의 경계 없음을 설하셨고, 어떠한 상에도 걸림이 없는 가장 높고 바르며, 원만한 깨달음도 그 이름이 아뇩다라삼먁삼보리일 뿐 조그마한 법조차 얻을 게 없다고 하십니다.

우리들 자연계와 인간사를 비교해 보도록 합시다. 아침에 해가 떠서 저녁에 지고, 달과 별이 일어나 기우는 것은 그것 자체로 완전한 진리요, 절대성인 것입니다. 태양이 있으니 지구가 있고, 지구가 있으니 달이 있는 것에 무슨 법을 더할 것이 있으며 뺄 것이 있겠습니까?

우리가 깨닫는다고는 하지만 없었던 것을 얻어서 깨닫는 것이 아니고, 더하고 뺄 것 없는 이미 갖추어진 완전함의 이치를 볼 뿐입니다. 말과 도구에 경도되어 진리의 참뜻을 놓치는 것을 얼마나 부처님이 우려하셨는가를 알 수 있겠지요? 그러니 우주의 순행 진리에는 만들어 붙일 법이 있을 수 없는 겁니다.

둥근 것은 둥근 대로 또 모난 것은 모난 대로, 잘난 사람은 잘난 대로, 못난 사람은 못난 대로, 연기적 조건으로 이루어진 절대적 존재라는 것인데, 그래서 삼라만상의 모든 존재는 그 자체로 부처라고 말씀하신 거지요. 법이니, 불법이니, 아뇩다라삼먁삼보리라며 거창한 말의 잔치가 필요 없이 그냥 있는 그대로 보고, 받아들이면 그뿐인 것입니다.

냉철하게 세상을 바라보면 이 세상의 어떠한 것도 우연한 것이 없으며, 불필요한 것도 없습니다. 인간에게 질병을 일으키는 세균, 곰팡이, 바이러스가 멸종하면 인류는 무병장수할 것 같지만 인간의 생명 활동도 멈추고 맙니다. 인류 역사상 가장 위대한 발명품이라는 페니실린 또한 포도상구균을 억제하는 곰팡이에서 비롯된 것처럼, 부처님은 독사의 독도 필요한 것이라 가리켰습니다.

먹이사슬이 끊어지면 상위 사슬도 존재할 수 없게 됩니다. 인간에게 흉기가 된다고 하여 칼을 없앨 수 없듯이 똥이 더럽다고 하여 배설을 하지 않을 수 있겠습니까? 칼은 잘 사용하면 편리한 도구가 되듯, 똥도 오물이기 전에 잘만 쓰면 거름이 되는 것이지요. 똥도 생명 활동의 필연적 결과물로써 그 자체로 완전한 존재이기 때문에 절대 평등을 바탕으로 윤회를 거듭하는 무자성의 똥 철학이 있습니다.

거기에 무슨 더할 법이 있을 것이며, 얻을 법이 있겠습니까? 똥도 그러하거늘 나 자신은 또 얼마나 완전한 존재이겠습니까? 성냥불 하나 그어 무명을 밝히는 법등의 심지에 불을 댕기면 모두가 부처가 되도록 편재된 그 고귀한 인간의 영성은 어디에다 저당 잡히고, 그토록 복과 구원을 갈구하며, 사후 천당 입격에 모든 자아를 '몰빵'할 수 있는 것인지 과문한 저로서는 혼란만 가중되는 것 같습니다.

그러면 어떤 분은 저에게 물을 것입니다. "과연 너는 생명이 경각에 처해도 하나님을 찾지 않을 자신이 있냐고?" 당연히 하나님을 찾아야지요. 인간은 불완전하면서도 매우 약한 유리 건축물 같은 심성으로 지어졌기 때문에 위기에 처하면 본능적으로 절대자를 찾게 됩니다. 그러나 금강경의 공사상을 증득한 불자가 찾는 하나님은 '나' 속에 있는 하늘 같은 '나'를 찾아야겠지요?

앞서 여러 번 강조해 드렸지만 불교에서는 어떠한 절대자나, 창조주도 인정하지 않습니다. 심지어 사랑이란 것도 갈애(渴愛)를 낳는 무명의 씨앗이 되기 때문에 불교에서는 사랑도 하나의 상(相)으로 볼 뿐입니다. 사랑은 사랑 자체로 그 선기능(善機能)을 다하면 그만일 터인데, 인간이 말과 육체로 나누는 사랑에는 엄청난 대가와 아상이 따르게 마련입니다. 사랑하는 사람 만나지 못해 괴롭고, 나만 아끼고 내 것이어야 하는 사람, 남의 눈에 들까 불안한 질투가 불타오르게 됩니다.

자기 꽃술의 꿀을 모두 벌과 나비에 주고도 향기를 잃지 않는 꽃과 같은 사랑이 6식의 지배를 받는 인간에게는 불가능하기 때문에 사랑을 무명의 함정으로 보는 것입니다. 똥 작대기는 똥을 저을 때 절대적 존재가 되는 것이며, 뜰 앞의 잣나무는 뜰을 지킬 때 절대적 존재가 되어 그 자체로 모두가 부처인 것입니다.

부처님이 '일체중생 개유불성'이라 하신 뜻은 살아있는 생명체에 한하는 말씀이 아닙니다. 흙 알갱이 하나, 물 분자 하나도 윤회를 거듭하면 생명체의 세포로 거듭나거나, 인간의 유전형질로의 고급 윤회를 할 수 있습니다. 이처럼 원래 그렇게 갖추어져 있는 법인데 무엇을 따로 얻을 게 있을 것입니까?

불법 곧 부처의 법이라고는 하지만 불법은 부처님이 만든 법이 아니라 만유의 보편적 진리를 깨달아 밝혀놓은 지침일 뿐입니다. 그러니 아뇩다라삼먁삼보리라 하지만, '무유소법가득(無有少法可得)' 즉 조그마한 법도 얻을 수 없으니 다만 그 이름이 아뇩다라삼먁삼보리라 하신 거지요.

본 분에서 인용한 한문 원문은 구마라집본을 채택하지 않고 보리류지본을 인용하였는데, 구마라집 번역본이 문답의 순서가 바뀌어 옮겨졌다고 보기 때문입니다. 구마라집 번역본은 수보리가 먼저 묻고, 부처님이 답하는 것으로 문맥을 잡았고, 보리류지, 진제, 급다본 등에서는 부처님이 수보리에게 하문하고 수보리가 답하는 형식인데, 구마라집 번역본보다 보리류지본이 자연스러운 가독성으로 전개됨을 알 수 있습니다. 그러나 큰 흐름에 있어서는 어떠한 작은 법도 얻을 바가 없다는 전개는 같습니다.

삼라만상 만유의 존재는 절대 평등하다는 것이 부처님법의 시작이자 끝입니다. 가난하고 힘없는 존재로 태어나거나, 왕후장상으로 태어났다 해도 그렇게 태어날 수밖에 없는 인과의 결과물인 만큼 그 또한 절대 평등의 갖추어진 본질이라는 겁니다. 한탄할 필요도 없고, 오만해서도 아니 됩니다.

삼세의 인과는 질서정연하게 짜여 있기 때문에 현세의 삶이 곤고하다면 전생의 과보를 되풀이하지 않도록 현생의 공덕을 쌓아가야 하고, 갖은 영화를 누리고 태어났다면 자신보다 불행한 사람을 긍휼히 여기며, 더 나은 미래세를 위해 덕을 쌓으라는 것이 불법의 전부이니 더할 법도 없고, 뺄 법도 없다는 말씀을 본 분에서 강조하시는구나 하고 이해해 두시면 되겠습니다.

이 원리만 알게 되면 운명을 한탄하지 않고, 하늘을 원망하지 않게 됩니다. 하나님이나 절대자에 의해 역사되어진, 예정된 운명은 있을 수 없습니다. 만약 이미 그러하다면 적선이나 복덕, 수행과 공덕 등 인간의 능동적 노력과는 무관하게 절대자가 역사한 예정된 조화로만 흘러갈 것이니 이 얼마나 불공정한 신의 가혹행위가 되겠습니까?

평면적 사고인 현세의 입장에서 보면 가난하고 병들고, 부유하고 건강한 것 같은 무한한 차별의 상이 난무하겠지만, 삼세차원의 입체적 사고로 보면 돌고 돌아 본래의 자리로 돌아가는, 너무나 평등한 절대성의 원리를 가진 것이 우주의 섭리인 것입니다. 그래서 우리들이 느끼는 현상적 삶은 실체가 아닌 허상의 공이라는 것이 금강경이 지향하는 최고 반야의 정수가 아니겠습니까?

여러분께서도 익히 봐오신 '블루 플래닛(푸른 행성)'이라는 다음의 지구 사진을 한번 봐주십시오. 저 허공에 떠 있는 구슬 한 개가, 우리 70억 인류가 지배와 복종, 도전과 응전을 벌이며, 난무하는 애증과 색수상행식의 오온의 지배를 받으면서도, 용케도 떨어지지 않고 매달려 살아가는 지구라는 공간인 것입니다.

여러분은 어떤 생각이 드시는지요? 위 사진은 Pixabay(픽사베이-무료 사진 사이트)에서 인용하였지만, 1972년에 아폴로 17호의 승무원들이 달로 날아가던 중 촬영한 지구의 전체 모습이 담긴, 인류가 직접 찍은 최초의 컬러 사진인 '블루마블'이라는 지구 사진이 공개되자, 세계인들은 우주 공간 속의 보잘것없는 자신의 존재에 대해 많은 생각을 하게 되었고, 공간우주에 대한 적극적 관심을 갖기 시작한 역사적 계기가 되기도 하였습니다.

이후 1990년에는 60억㎞ 떨어진 명왕성 궤도에서 보이저 1호가 찍은 지구 사진이 공개되었는데, 허막한 공간 속의 티끌 같은 동그라미 한 점으로 나타난 지구의 모습을 보노라면 하찮은 인간 존재의 나약함이 처연한 슬픔으로 밀려오는 걸 느끼게 됩니다.

보이저1호는 지구로부터 60억㎞ 떨어져 있었기 때문에 1초에 30만㎞를 가는 빛의 속도로 달려도 5.6시간이나 걸리는 거리였으니, 보이저1호가 찍은 지구의 모습은 이미 5.6시간 이전의 모습을 촬영한 것이 됩니다. 세계 인류는 1시간에 약 5,000명 정도가 사망한다고 하니 그사이에 유명을 달리한 3만 명 정도는 보이저1호 사진에는 여전히 살아있는 모습으로 보이게 되겠지요?

'창백한 푸른 점'이라 명명된 그 사진상으로 고작 1~2㎜ 지름의 창백한 점 속에 지배와 복종의 처절한 전쟁의 역사가 있었고, 사랑과 기쁨, 비극과 환난, 사랑하는 사람과 미운 사람, 나의 부모 형제와 가족, 왕과 농부, 살인자와 성직자, 부처와 예수는 물론 저마다의 시대와 환경에 맞서 가슴 시린 삶을 영위했던 모든 인류의 삶이 있었다는 것이 아닙니까?

이것이 우리들이 그토록 애지중지했던 '나'라는 인생의 무대였던 것입니다. 저 한 점 사진이 찍힐 때 이미 이 땅에 태어났던 독자 여러분이나 저는 어디에서 어떤 삶을 살아가고 있었던 것일까요?

저 사진을 보며, 아니 우주 전체의 실상을 바로 보며, '나는 누구인가?', '나는 어디에서부터 왔는가?'를, 늘 깨어 있는 마음으로 성찰하면서도 이 육신은 거짓으로 이루어진 허상의 그림자임을 알아가는 것이 곧 금강반야의 증득이며, 해탈·열반의 준비된 길이라 믿고 따라야 하겠습니다.

중요 용어

✿ 여시여시(如是如是) : 경상도 말로 하면 '하모하모', 즉 옳고도 옳다는 뜻.

✿ 무유소법가득(無有少法可得) : 얻을 수 있는(가득 可得), 작은 법이 있을
게(유소법 有少法) 없다(무 無).

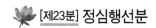 **[제23분] 정심행선분**

단락	구분	원문 및 한글번역
		정심행선분[淨心行善分] : 맑은 마음으로 선을 행하라
1	원문	復次 須菩提 是法平等無有高下 是名阿耨多羅三藐三菩提
	한글 토	부차 수보리 시법평등무유고하 시명아뇩다라삼먁삼보리
	한글번역	또한 수보리여, 이 진리는 평등하여 높고, 낮음이 없으니 이름을 아뇩다라삼먁삼보리라 하는 것이니라.
2	원문	以無我 無人 無衆生 無壽者 修一切善法 卽得阿耨多羅三藐三菩提
	한글 토	이무아 무인 무중생 무수자 수일체선법 즉득아뇩다라삼먁삼보리
	한글번역	이에 나라는 관념도 없고, 사람이라는 관념도 없고, 중생이라는 관념도 없으며, 목숨이라는 관념도 없이 온갖 좋은 법을 수행하면 바로 아뇩다라삼먁삼보리를 얻게 되느니라.
3	원문	須菩提 所言善法者 如來說 卽非善法 是名善法
	한글 토	수보리 소언선법자 여래설 즉비선법 시명선법
	한글번역	수보리여, 여래가 말한 좋은 법이라 한 것은 좋은 법 아님을 설함이며, 그 이름이 좋은 법일 뿐이니라.

　독자 여러분 모두가 이미 파악하셨겠지만, 금강경에는 4상을 버리고, 언어와 방편에 빠지지 말 것이며, 이름 지어진 허명에 경도되어 공하고도, 공한 진리의 실상을 그르치는 것을 반복적으로 경계하고 있습니다. 상에 집착하여 평등의 이치를 모르면 반드시 특별한 법이 있을 것이라는 법집에 빠지게 됩니다.

　진리는 이미 진리 자체이니 설명할 수도 없고, 보태거나 뺄 것도 없거니와 보편적 절대성의 원리로 만유에 평등하게 존재합니다. 그러니 '이것이 법이다.'라고 하면 이미 법이 아니게 되는 것처럼, 법은 얻을 바 없는 법을 얻는 법이라는 발상의 전환을 해보면 좋을 듯하군요.

금강경은 일관되게 무아와 무상을 강조하면서 무아와 무상이 곧 위없는 깨달음(무상정각)이라 가리킵니다. 그러면 무아와 무상을 어떻게 견지할 수 있을까요? 그건 아주 간단한데요, 세상 만인, 만물, 만상이 평등하여 그대로 절대적 존재라는 신념을 생활화하는 겁니다. 다시 말해 분별심을 버리는 거지요. 부모 잘 만나 평생을 호의호식하며, 페라리나 포르쉐 같은 좋은 차 타고 다니는 사람 부러워 할 게 아니라, 나도 수억 원 하는 열차와 대형버스 타고 다니니 누가 부자랄 것도 없다고 생각하면 그만입니다.

평등이란 말을 잘못 이해하면 모두가 공평하고, 잘살거나 못사는 사람도 없이 똑같은 행·불행 속에서 살아야 한다는 공산주의 이론을 이상으로 받아들이는 모순에 빠질 수 있습니다. 그러나 금강경에서 가리키는 평등성은 이 세상 제 현상이 그 자체로 필연이어서 절대적으로 완전하다는 뜻이니 인과와 인연으로 완성된 결과는 모두가 평등하다는 진리를 잘 새겨야 됩니다.

평등이란, 차별은 버리되 차이는 철저하게 인정하는 자세가 필요한 것이 아니겠습니까? 비록 외롭고 가난하더라도 나는 남과는 확실히 다른 가치적 존재라는 걸 인식할 때 비교에서 오는 상대적 박탈감에 기인하는 불행에서 놓여나게 됩니다. 요즘 사회에 회자되고 있는 금수저니, 흙수저, 기울어진 운동장 따위는 인간의 오욕이 만들어낸 가지지 못한 자의 자기합리화일 뿐입니다.

모두가 4고8고 108번뇌의 탯줄을 감고 태어난 인간들이니, 우리도 부처님처럼 대자대비한 마음으로 이웃을 살피면 나와 남이 따로 없고, 사람과 중생, 목숨이라는 4상도 여의게 되어 우리 모두 피안의 그늘에서 같은 배를 탄 도반이 되는 것입니다.

인간이라는 몸을 받음 자체가 축복입니다. 혹자는 '인생 자체가 고해라 하셨는데 무슨 축복이냐?' 반문할 수 있겠지만 욕·색·무색계의 모래알처럼 많은 윤회를 거듭하여 인간으로 태어나고, 자기 수행을 통해 부처의 반열까지 승화될 업장을 소멸할 수 있는 절대적 기회의 시공 인연으로 태어난 것이 우리네 인생이니 어찌 축복이 아닐 수 있겠습니까?

다시 언제일지 모르는 억겁 세월의 먼 다음 인연을 기약할 게 아니라 오늘 하루하루를 잘 살면 되는 것입니다. 오늘 하루하루가 꽃피는 봄날임을 깨달아 '수일체선법(修一切善法)' 즉 일체의 선한 법을 실천하면, 꽃이 진 연후에야 봄이었음을 아는 어리석음에서 벗어날 수 있을 것입니다. 장밋빛 희망에도 속지 말고, 자신의 영혼을 송두리째 괴롭히는 회색의 절망에도 속지 말아야 합니다.

외롭다, 슬프다, 가난하다 따위의 소모적 자탄에 젖을 게 아니라, 나라는 존재는 삼라만상에 오직 하나뿐인 인연의 결과물임을 알아 누구도 대신 걸어줄 수 없는 삶의 행로에서 온갖 번뇌를 금강저(金剛杵)로 물리치면서, 무소의 뿔처럼 홀로 가는 존재임을 깨달으면 자신이 무상정등각을 얻어 부처가 되는 것이 아니겠습니까?

금강경은 이처럼 현생의 자아를 바로 보게 하여 무엇이 진정한 행복이며, 어떻게 인간승리의 해탈로 업그레이드를 이루어내느냐 하는 구체적 방법을 밝힌 보편적 인류의 자기 계발서인 것입니다. 현생이 가난한 것은 전생엔 부자였는데, 가난한 사람 업신여기고 인색한 인연이라 믿고, 더 많은 적선과 공덕을 쌓아나가면 될 터이고, 지금 남이 우러를 만큼 부와 명예와 행복이 보장되었다면, 지난 생애에 가난하지만 적선의 자비행을 이룬 인연의 결과물임을 깨달아 더욱 겸손하여, 자리이타행을 하면 모두들 내생은 따놓은 당상이니 이 얼마나 공평한 인과이겠습니까?

잘생긴 사람일수록 늙는 게 슬프고, 부와 권력을 가진 사람일수록 죽는 게 억울한 법입니다. 분별을 여의고 아상이 타파되면 인상, 중생상, 수자상은 자동으로 소멸하게 되어 있습니다. 그러면 그 길이 바로 무상정각을 이루어 아뇩다라삼먁삼보리를 증득하는 통로이니 어렵게 팔만사천법문 통달하느라 까만 밤을 하얗게 지새울 필요도 없는 것이 부처님의 법입니다.

문자니 방편이니, 어려운 이론으로 도배된 경전에 통달한 자만이 해탈을 구할 수 있다면 불교대학 교수나 수제자들만이 해탈에 이를 것이니 그런 불경은 한낱 분리 배출해야 할 출판물의 파지조각이라 아니할 수 없겠지요. 본문으로 들어가 봅니다.

"부차 수보리 시법평등무유고하 시명아뇩다라삼먁삼보리(復次 須菩提 是法平等無有高下 是名阿耨多羅三藐三菩提)" 풀이하면 "또한 수보리여. 이 진리는 평등하여 높고, 낮음이 없으니 이름을 아뇩다라삼먁삼보리라 하는 것이니라." 문장 그대로입니다. 위없는 깨달음은 절대 평등이라 높고, 낮음이 없으며 그러기 때문에 또한 위없는 깨달음이란 것입니다. 위없는 바르고 원만한 깨달음에는 상이 개입할 수 없습니다.

현상적으로는 나의 몸, 나의 마음이란 것이 있지만 이 모든 심신의 일체 상은 오온이 서로 상합(相合)하여 이루어진 가상(假相)일 뿐, 항존하는 나의 본체는 없기 때문에 아공(我空) 즉 무아가 되는 것입니다. 또한 일체 제법(諸法)이라는 것도 인연에 의해 일어나는 것으로, 그 본성은 비어 있으므로 불변하는 법체는 없기 때문에 법공(法空)이라 하는 것이지요.

아공(我空)이라?! 참 막연하고, 해량 불가의 공허한 단어가 아닐 수 없습니다. 이쯤에서 다시 '나(我)'란 무엇인가? 하는 원론적인 문제에 부딪쳐보도록 하겠습니다. 인간을 구성하는 원소는 탄소, 산소, 질소, 무기질 등 생화학적 차원의 분류 요소가 있지만, 자연계와의 비교 차원에서 살펴보면 대체로 지수화풍(地水火風)의 물질적 인자 위에 공간의 '공(空)'과 인식의 요소인 '식(識)'이 더해진 6대 인자로 나눌 수 있겠습니다.

인체의 근육과 골격은 지(地), 혈액이나 땀 같은 체액은 수(水), 체온과 열에너지는 화(火), 호흡과 산소 공급 같은 기전은 풍(風)으로 보는데, 공은 신체의 기색이나 기혈 등을 나타냅니다. 이들 지수화풍공 5대 요소는 자율신경계로 연결되어 교감신경과 부교감신경이 상호 억제하기도 하고, 촉진 작용을 반복하여 혈색을 나타내거나 호흡, 순환, 대사, 체온, 소화, 분비, 생식 등 생명 활동의 기본이 되는 기능을 끊임없이 수행하기 때문에 인체는 항상성을 유지하게 됩니다.

내가 의식적으로 맥박과 심장 박동을 멈추게 하거나, 혈액의 흐름을 빨리 또는 더디게 흐르게 할 수 없으며, 위장 운동을 멈추게 할 수도 또한 빠르게 할 수도 없는, 그야말로 자율적 항상운동이 주인인 나도 모르게 무시로 일어나는 것이 보잘것없는 육신이란 겁니다. 내 몸을 내 마음대로 할 수 있는 게 아무것도 없다는 말과 다름 아닙니다.

이러한 생리기전만 보아도 '나'라는 자아가 끼어들 수 있는 불변하는 실체가 없으니 무아라 하는 것을 알 수 있습니다. 물론 참선과 호흡 수련 등을 통하여 혈압을 내리고, 호흡과 맥박 수가 깊어져 수면 상태인 델타파에 도달하는 뇌파를 유도할 수는 있지만 육체라는 것은 이처럼 자성이 없고 춥다, 덥다, 고프다, 아프다 등 외부의 조건에 따라서만 반응하는 아주 간사한 존재인 것입니다.

그러나 여기서 감각의 영역을 넘어 마음의 단계인 정신의 영역으로 진입하면 의식의 흐름을 통한 매우 복잡하고 난해한 영적 차원의 공간 질서가 펼쳐지게 됩니다. 우리는 이미 제3분 대승정종분에서 전5식과 6식, 제7식인 말나식과 제8식 아뢰야식에 대해 살펴보았으므로 긴 설명은 생략하겠습니다만, '나'란 존재의 아공(我空)과 무아를 다시 한번 상기해 보는 차원에서 다뤄본 것이 장황한 이론이 되지나 않았는지 모르겠습니다.

아무튼 본 정심행선분의 대의는 위로 부처와 아래로 미물에 이르기까지 모두다 불성을 지니고 있음에 모두 평등하여 고하가 없을지니, 상을 버리고 선법(善法)을 닦되 과보를 바라지 않으면 그것이 아뇩다라삼먁삼보리를 단번에 즉득(卽得)하는 길임을 강조하신 가르침이라 상기해 두시기 바랍니다.

중요 용어

❀ 시법평등무유고하(是法平等無有高下) : 진리는 그 자체가 절대적 평등성으로 편재되었으므로 위도 없고 아래도 없다는 뜻.

❀ 소언선법자(所言善法者) : '좋은 법이라 말한 것'이란 뜻으로, 여기서 '자(者)'는 의존명사로 '~한 것'이란 뜻으로 쓰였습니다.

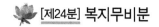 **[제24분] 복지무비분**

단락	구분	원문 및 한글번역
복지무비분(福智無比分) : 복과 지혜는 비교할 수 없다		
1	원문	須菩提 若三千大千世界中所有諸 須彌山王 如是等七寶聚 有人 持用布施
1	한글 토	수보리 약삼천대천세계중소유제 수미산왕 여시등칠보취 유인 지용보시
1	한글번역	수보리여. 만약 삼천대천세계 가운데에 있는 모든 수미산왕과 같은 칠보 무더기로 누군가 보시한다고 하고,
2	원문	若人 以此般若波羅蜜經 乃至 四句偈等 受持讀誦 爲他人說
2	한글 토	약인 이차반야바라밀경 내지 사구게등 수지독송 위타인설
2	한글번역	또 만약 어떤 이는 이 금강경 내지 사구게 등을 지니고 읽고 외우며, 남을 위해 설명해 준다면
3	원문	於前福德 百分不及一 百千萬億分 乃至 算數譬喩 所不能及
3	한글 토	어전복덕 백분불급일 백천만억분 내지 산수비유 소불능급
3	한글번역	앞의 복덕은 백 분의 일에도 미치지 못할 뿐 아니라 백천만억 분의 일에도 미치지 못하니, 숫자로는 헤아려 비유하고 미칠 수 없느니라.

　본 복지무비분에서 다시 보시 복덕과 금강경을 지니고 읽고 외우며, 사구게 등을 남을 위해 설명해 주는 두 개의 보시에 대한 가치 비교가 전개되고 있습니다. 삼천대천세계 가운데에 있는 수미산왕 같은 칠보 무더기로 보시하는 것(A)과 금강경을 지니고 읽고 외우며, 사구게 등을 남을 위해 설명해 주는 것(B)을 견주었을 때, (A)는 (B)에 비해 백 분의 일은 고사하고 백천만억 분의 일에도 미치지 못할 뿐 아니라 아예 숫자로는 비교할 수 없을 만큼 (B)의 공덕이 크다는 말씀입니다. 즉 재물로 하는 재시(A)는, 법으로 하는 법시(B)하고는 게임도 안 된다는 말씀이로군요.

다시 한번 유위복과 무위복의 차이는 반딧불과 태양광 정도로 차이가 나는 것임을 알 수 있겠는데, 이러한 설법의 흐름은 지금까지의 금강경 설법에서 무수히 다뤄진 점은 새삼스러울 게 없습니다. 그렇습니다. 제8분 의법출생분과 제11분 무위복승분을 비롯하여 수없이 반복하여 강조하신 부분이기도 한데요. 그만큼 금강경을 내 것으로 받아들이고 생활화하는 것이 절대적 비교 불가의 복덕임을 누누이 당부하신 것이라 하겠습니다.

여기서 복습을 겸해 금강경의 수지·독송과 남을 위해 금강경을 설명해 주는 공덕이 얼마나 큰 것인가 깊이 새겨보는 발심으로, 지금까지 인용된 비슷한 내용의 부분을 도표로 정리해 보겠습니다.

〈재시와 법시를 비교한 본문 구조〉

출전 분단	비교 내용		형식
	구체적 비교대상(A)	금강경의 법시(B)	
제8분 의법출생분	삼천대천세계에 가득한 칠보로 보시	사구게 등을 지니거나 남을 위해 설명하는 보시	(A) 〈 (B)
제11분 무위복승분	갠지스강 모래알 수만큼의 삼천대천세계에 가득한 칠보로 보시	"	"
제12분 존중정교분	으뜸가는 놀라운 법의 경지를 성취하는 것	금강경을 수지·독송하는 것	(A) = (B)
제13분 여법수지분	갠지스강 모래알 수만큼의 목숨으로 보시	사구게 등을 지니거나 남을 위해 설명하는 보시	(A) 〈 (B)
제14분 이상적멸분	부처의 지혜로써 한량없고 가없는 공덕의 성취	금강경을 수지·독송하는 것	(A) = (B)
제15분 지경공덕분	생각할 수도 없고 헤아릴 수도 없는 가없는 공덕의 성취	금강경을 베끼고 수지·독송하며 남을 위해 설명하는 것	(A) = (B)
제16분 능정업장분	악도에 떨어질 사람임에도 죄업을 소멸하고 무상정등각을 얻는 것	금강경을 수지·독송하는 것	(A) = (B)
제24분 복지무비분	삼천대천세계 가운데의 모든 수미산왕과 같은 칠보 무더기로 보시	사구게 등을 지니거나 남을 위해 설명하는 보시(B가 A보다 백천만억배 큼)	(A) 〈 (B)

표로 정리하고 보니 어떠한 물질적 보시도 금강경을 수지·독송하거나, 남을 위해 설명해 주는 공덕(위타인설 爲他人說)과는 아예 비교조차도 안 된다는 강조를 수없이 하신 걸 알 수 있겠네요. 금강경이 중반을 향해 갈수록 경을 지니고 사경하며, 남을 위해 설명해 주는 공덕의 위대함을 반복적·계속적으로 강조하시는데요. 특히 사구게에 비중을 두어 이를 지니고 남을 위해 설명해 주는 공덕을 적극 주문하고 있습니다.

제24분까지만 나온 금강경의 수지·독송과 사구게 등을 남을 위해 설명해 주는 공덕을 강조한 분만도 전체의 1/4을 할애하고 있군요. 그 비교의 강도도 본 24분 복지무비분에 와서는 어떤 숫자로도 헤아리는 비유로는 사구게 등을 받아 지니거나 읽고 외우며, 남을 위해 설명해 주는 복덕에는 아예 미치지 못할 것이라며 최상급의 강조를 하십니다.

여기서 중요한 부분은 남을 위해 설명해 준다는 것인데, 구슬이서 말이라도 꿰어야 보배라는 말처럼, 아무리 빠르고 쉬운 길이 있어도 중생에게 알리지 않으면 언제까지고 고난의 길을 가게 할 수밖에 없을 것이기 때문에 대승의 큰 복덕은 무너지고 말 것입니다.

우리들이 일반적으로 생각하는 설명이란, 학습을 떠올리기 쉽지만 부처님의 뜻은, 설명하는 자가 아인사상을 버리지 못하고 집착하게 되면 이 경을 수지·독송할 수 없고, 남을 위한 설명도 불가능하다는 것입니다〈제15분 지경공덕분〉.

금강경은 알음알이를 증득해 가는 학술서적이 아니고, 공하고도 공한, 무아의 이치를 깨달아가는 이정표와 나침반이라 할 수 있습니다. 길 아는 자가 모르는 자를 대신하여 서울에 가 줄 수 없듯이, 참나무가 도토리더러 참나무 되는 법을 가르칠 수도 없는 것이니다. 참나무는 자신이 참나무임을 자랑하지 않으며, 다만 도토리라는 무위(無爲)의 종자를 통하여 참나무가 될 수밖에 없는 진리의 길을 묵묵히 가게 할 뿐입니다.

이러한 무상한 질서의 길이 금강경의 요체라 하겠습니다. 작고 보잘것없는 도토리지만 아름드리 수수 미터의 참나무로 자라날 수 있는 솔성이 함장되어 있는 것처럼, 우리들 모두에게는 부처님으로의 무상정등각을 이룰 불성이 내재되어 있습니다. 그러나 길눈 어두운 자가 이정표를 보지 못하듯, 눈앞의 길을 두고도 바른길을 찾지 못하는 것은 다름 아닌 무명의 마장 때문인 것입니다. 눈 밝은 자가 장님을 인도하듯, 이토록 상을 여의고 적멸로 가는 빠른 길을 입력해 둔 해탈표 내비게이션인 금강경의 활용법을 남을 위해 설명해 주는 공덕이야말로 무엇으로 견줄 수 있겠습니까?

이렇듯 행복의 원천을 찾아가는 빠른 길을 안내해 둔 금강경이지만 생활에 응용하지 못하고, 잘못 안 지식으로 남을 인도하거나, 안다고 해도 '내가 냈데' 하는 아상에 붙들려 공염불을 한다면, 서울로 가는 사람에게 부산 가는 길을 가리키는 업을 짓게 되는 것입니다. 그러면 어떻게 하면 금강경의 지혜를 나는 물론, 이웃과 모든 인류가 실생활에서 행복의 에너지로 전환할 수 있을까요? 그것은 아주 간단한데요. 옳게 알고, 바르게 행하면 됩니다.

우리는 일생을 살아가는 동안 수없는 고난과 환란, 고통을 겪지 않을 수 없습니다. 남과의 비교 분별에서 오는 상대적 박탈감과 자본주의 사회에서 필히 파생될 수밖에 없는 빈부의 격차와 거기에서 오는 소외감 그리고 지능적·신체적 차이 때문에 받아야 하는 열등감 같은 많고 많은 불평등 속에서 살아가야 합니다. 주변을 둘러봐도 행복해서 죽겠다는 사람보다, '힘들어 죽겠다.', '장사가 안돼 죽겠다.', '빚에 쪼들려 죽겠다.', '자식이 속을 썩여 죽겠다.' 등등 그야말로 고해의 한마당 잔치판 같은 것이 이 세상이란 느낌이 들지 않습니까?

더 가관인 것은 재산, 명예, 건강 모든 걸 갖추고도 돈 한 푼 쓸 줄 모르고, 더 가지려 노심초사 걱정과 불안에 일생을 고통으로 장식하는 사람도 있더군요. 행복과 불행을 대하는 금강경의 정신은 무엇일까요? 금강경에서는 '나'라는 자체가 거짓으로 이루어진 조건의 결과물인 만큼 과거, 현재, 미래심 어느 것 하나 붙들 수 없으니 '나'라는 자체가 가짜인 줄 알면 불행도, 고통도 원래 공하여 없다는 무아의 실상을 강조합니다. 다시 말해 내가 죽어야 내가 산다는 말씀인데요. 내가 없으면 나의 고통도 없으니 아인사상을 멸하는 것이 곧 행복의 지름길이요, 생활 속에서 아뇩다라삼먁삼보리를 증득할 수 있게 됩니다.

제가 아는 이웃 사람의 이야기 하나 해 보도록 하겠습니다. 이 사람은 그야말로 보는 사람마다 '귀신은 뭐 하나!' 하는 말이 절로 나올 만치 인간 말종의 대표주자 격인 위인이었는데, 놀부 귀신도 그 앞에서는 오줌을 지린다는 타이틀을 보유한 사람이었습니다. 그런데 어느 날 덜컥 중병에 걸려 사경을 헤매게 됩니다. 백약이 무효인데, 평소의 아성에 걸맞게 '나 죽는다!'는 고함이 담을 넘어 온 마을에 생활 소음 기준 10배에 달하는 괴성을 질렀으니 사람들은 이구동성으로 '사는 것도 지랄 같더니 죽을 때도 지랄 같이 죽는다.'라며 수군거렸었지요.

그런데 어느 날 이 위인이 그야말로 지랄같이 멀쩡하게 살아난 겁니다. 사람들은 속으로 '귀신 있다는 말도 거짓말이네.', '또 저 인간의 행패를 어찌 봐줄꼬.' 등등을 읊조렸는데 아니! 이게 어찌 된 일입니까? 만나는 사람마다 제 놈이 먼저 인사하고, 온 동네 궂은일이며 힘든 일 가리지 않고 자신의 일처럼 하질 않나, 자선과 정의의 사도로 180도 탈바꿈된 것입니다.

생각해 보면 나 죽는다고 고래고래 소리를 지를 그때 자신을 짓누르고 있던 거짓의 자신은 죽어버리고 참된 나의 주인인 나를 찾은 것입니다. 기독교에서는 이 경우 주님이 길 잃은 양에게 내린 환란의 역사하심이 성령의 은혜로 돌아온 양이 되어 나타난 것이라 할 테지만, 금강경의 지혜를 빌려보면 자아로써 자아를 이긴 이상(離相)의 승리라 해석할 수 있겠습니다. 해탈이나, 무상정등각이 생활을 떠나 심산유곡의 토굴이나 선방에서만 찾을 수 있다면 일체중생에게 금강경의 진리는 박물관의 보검에 지나지 않을 것입니다. 불경이기 전 금강경은 시대를 초월하여 인류의 잠자고 있는 무궁한 솔성을 깨우치게 하는 인간계발서이며, 바쁜 걸음 멈추고 자신과 이웃을 둘러보게 하는 철학이 담긴 교양서이기도 합니다. 내가 받고 있는 부당한 대우는 반드시 인과의 결과물임을 알고, 나를 박해하는 상대방이 나로 인하여 새로운 업장을 짓지 않을까를 먼저 염려한다면 내가 받을 고통이 어떻게 남을 수 있겠습니까?

중요 용어

❀ 수미산왕(須彌山王) : 수미산은 힌두교 및 불교의 세계관에서 세계의 중심에 솟아 있다는 상상의 산인데, 불교 문헌에 나오는 수미산은 황금과 은, 유리, 수정 등으로 이루어져 있으며 산의 중턱에는 사천왕, 정상에는 제석천이 있습니다.

❀ 산수비유 소불능급(算數譬喩 所不能及) : 숫자로는 헤아려 비유할 수 없어 미치지 못할 것이라는 뜻. 이 부분을 진제 번역본에서는 '위력품류상응비유 소불능급(威力品類相應譬喩 所不能及)' 즉, '위대한 힘의 종류에 상응하는 비유로도 능히 미치지 못하는 것이다.'로 번역하였습니다.

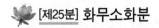 [제25분] 화무소화분

화무소화분[化無所化分] : 교화하되 교화된 중생이 없다		
단락	구분	원문 및 한글번역
1	원문	須菩提 於意云何 汝等勿謂如來作是念 我當度衆生 須菩提 莫作是念
	한글 토	수보리 어의운하 여등물위여래작시념 아당도중생 수보리 막작시념
	한글번역	수보리여. 그대 생각은 어떠한가? 여래께서 생각하기를 내가 마땅히 중생을 제도했다는 생각을 하리라 말하지 말라. 수보리여. 그렇게 생각해서는 안 되느니라.
2	원문	何以故 實無有衆生如來度者
	한글 토	하이고 실무유중생여래도자
	한글번역	왜냐하면 실제로 여래가 제도한 중생이 없기 때문이니라.
3	원문	若有衆生如來度者 如來 卽有我人衆生壽者
	한글 토	약유중생여래도자 여래 즉유아인중생수자
	한글번역	만약 여래가 제도한 중생이 있다고 한다면 이는 여래에게 곧 아인중생수자상에 대한 집착이 있게 되는 것이라.
4	원문	須菩提 如來說有我者 卽非有我 而凡夫之人 以爲有我 須菩提 凡夫者 如來說 卽非凡夫 是名凡夫
	한글 토	수보리 여래설유아자 즉비유아 이범부지인 이위유아 수보리 범부자 여래설 즉비범부 시명범부
	한글번역	수보리여. 여래가 나에 대한 집착이라 한 것은 곧 나에 대한 집착이 아닌 것을 설함이니라. 그런데도 어리석은 사람들은 집착하는 것이니라. 수보리여. 범부라는 것도 여래가 곧 범부 아님을 설함이며, 그 이름이 범부인 것이니라.

갠지스강의 모래알 수만큼 많은 중생을 제도하신 부처님이 실제로 제도한 중생이 없다고 하시는군요. 언뜻 이해가 되지 않는 말씀 같기도 한데요, 불교의 궁극적 이상의 경지인 무아는 자신의 존재를 철저히 부정하여 아상을 멸하는 데 있습니다. '나'라는 존재는 원래 없었던 것인데, 인연과 조건의 결합으로 잠시 인간의 육체와 의

식을 갖춘 외형적 집합체로 성장하게 됩니다.

인체를 구성하는 화학적 성분은 수소, 산소, 질소, 칼슘 같은 원소들이지만, 그 어느 것도 '나'라고 할 만한 고정된 실체가 있을 수 없습니다. 그러하니 상(相)이 없어야 할 무아의 나를 향해 내가 너를 제도했노라고 말하는 자체가 아상에 사로잡히게 되는 것이 아니겠습니까? 거듭 강조드리지만 부처님이 얼마나 아상의 집착을 경계하셨는지 알 수 있는 대목이기도 합니다.

부처님의 가르침은 분명 있지만 가르침 자체가 성불케 하는 것이 아니고 결국 깨우쳐야 하는 것은 나 자신일 수밖에 없습니다. 저 길로 가면 반드시 목적지에 도달하는 길이 있건만 가리키는 손가락만 쳐다보는 것과 같다고나 할까요. 스스로 발심하고, 스스로가 정진함에 있어 자력(自力)으로 해탈의 길을 가야 합니다. 부모나 사랑하는 사람이라 해도 나의 길을 대신 갈 수 없듯, 부처님을 외쳐 부른다고 부처님이 대신 가주지 않습니다.

기독교에서는 그리스도를 믿고 부르기만 하면 곧 하늘나라에 임한다고 가리키지만, 불교는 이렇듯 냉혹하고 어찌 보면 잔인한 종교라고도 할 수 있을 만큼 자성(自性)을 강조하며, 멸아(滅我)를 통해 자신을 구하라고 가리킵니다. 지금 우리가 이 글을 읽고 있는 동안에도 인체 내의 화학적 반응은 무시로 일어나고, 이미 나의 육신은 붙잡을 수 없는 과거의 그림자가 되고 말 뿐입니다.

그러나 우리 중생들은 내 몸이 '나'라고 착각하여 온갖 보약이며 뭐며, 애지중지 아끼고 보살피게 됩니다. 그러고도 생명이 다하면 그 애착의 연장선상에서 영혼이라는 존재를 부여하면서까지 영원한 '나'에 대한 집착을 지닙니다. 그런데 이 영혼이란 것도 숙생을 두고 쌓아왔던 전전생의 업과들이 결합하여 조건에 맞는 생명체의 의식 속으로 들어온 반사적 인과의 결과물일 뿐입니다.

거기에는 나 자신의 어떠한 의지도 개입될 수 없으니 예를 들어 심장의 박동을 내 의지대로 멈출 수 없고, 뇌파의 발산을 임의로 중단하거나 계속할 수 없는 것처럼, 엄격하게 보면 육신이든 영혼이든 내 것이라고 할 만한 것은 아무것도 없습니다. 인체의 모든 반응, 이를테면 우리의 생각과 언동, 자율적으로 일어나는 신체의 생물·화학적 모든 반응의 결과는 우주상에 고유의 기 에너지 형태로 남아 다음 결과물로의 인연의 윤회를 하게 되는 거지요. 예를 들어 장작을 태우면 궁극에는 재만 남게 되지만, 장작이 지니고 있던 고유의 에너지는 열에너지로 치환되어 우주상에 남아 대기를 구성하는 일부분이 됩니다. 재는 다시 토양의 일정 성분이 되어 식물을 기르는 에너지가 되기도 하여, 그 식물을 섭취한 동물의 신체 원소로도 작용하게 됩니다. 또한 생각과 감각은 제6식과 7식인 말나식을 거쳐 제8식인 아뢰야식에 도달하면 그 인연 있는 생명체에 입태되어 영속적 삶을 이어가게 되지요.

순간의 말실수나 나쁜 생각 하나까지 고유의 파장을 지닌 채 미래 인연의 종자가 됨으로, 그래서 한 생각이 일어나 업장을 만들기 때문에 '일체유심조'라 하는 것입니다. 생각이든, 행위든, 작용이든 모든 원인과 결과는 형태를 달리할 뿐 지속적인 고유한 에너지를 지니고 있기 때문에 '부증불감'이며, 인연 있는 생명체로 영속적 윤회를 계속하기 때문에 '불생불멸'이라고 가리키신 겁니다.

현상적 안목으로 보면 탄생이 있고 죽음이 있지만, 이렇듯 '나'라는 것은 불변하는 실체가 있을 수 없는 공(空)함 속에서, 윤회의 원(圓)운동을 계속하기 때문에 실로 내 것이라고 붙잡을 수 있는 고정된 자아란 애초에 존재할 수가 없는 것입니다. 그 공(空)함을 깨우쳐

'나'라는 망상을 타파하는 것이 곧 성불일진대, 그 깨우침의 주체는 오직 자신일 뿐 부처님이 대신 깨우쳐줄 수가 없습니다.

모든 중생 범부에게도 이미 다이아몬드 같은 찬연히 빛나는 불성이 있으나 삼독(三毒)과 무명의 마장에 가려 스스로 자신의 보석을 보지 못할 뿐이니 범부라는 것도 실은 범부 아닌 것을 말함이며, 그 표현이 범부라는 설법으로 본 25분을 닫고 있습니다.

원래 구마라집 번역본에는 그 이름이 범부라는 '시명범부(是名凡夫)'는 생략되어 있는데, 의미로 보면 '시명범부'로 이어지는 게 맞고, 타 번역본에도 '시명범부'로 번역되고 있습니다. 범부란 사실 언젠가는 부처가 될 사람이니 범부란 표현은 다만 임시적 표현일 뿐입니다.

아상의 집착을 내려놓고 중생을 바라보면 부처 아님이 없다고 하였습니다. 그래서 '대인즉불(對人卽佛)' 즉 지금 대하고 있는 사람이 바로 부처라는 거지요. 중생과 부처의 본성은 평등하며, 모두 미래불이 될 성불의 근기가 있기 때문에 부처님이 중생을 제도했다고 하면 부처를 비방하는 것이 되고, 제도되지 못한 것과 제도된 것과의 차별이 존재하니 곧 아상에 집착하는 것이 될 것입니다.

부처와 중생의 경계는 아상의 집착을 버려 무아를 이루었느냐, 아니냐의 차이입니다. 그러면 이러한 금강경의 지혜를 우리의 일상에서는 어떻게 행복의 에너지로 승화할 수 있을까요? 글자 그대로 나를 버리면 됩니다. 불교 화두의 단골 메뉴로 나오는 조주선사의 선문답 '방하착(放下着)' 그러니까 집착을 내려놓으란 말씀인데, 이와 관련하여 불교계에 전해 내려오는 일화가 있지요.

옛날 눈먼 장님이 길을 가다가 발을 잘못 디뎌 낭떠러지로 굴렀지만 간신히 바위틈에 자라난 나뭇가지를 부여잡고 대롱대롱 매달려

지나가는 사람을 향해 살려달라고 소리치는 것이었습니다. 마침 어느 스님이 탁발을 가다가 이 소리를 듣고는 벼랑 쪽을 바라보니 장님이 나뭇가지에 매달려 죽을힘을 다해 살려달라고 소리치며 나뭇가지를 놓치지 않으려고 사투를 벌이고 있는 게 아니겠습니까.

그런데 스님이 가만히 보니 장님이 잡고 있는 나뭇가지와 바닥까지는 사람 키 하나도 안 되는 그야말로 떨어져도 아무런 부상도 입지 않을 높이였습니다. 그래서 스님은 장님을 향해 큰소리로, 잡고 있는 그 손을 놓으면 당신은 살 수 있다고 외쳤지만 천 길 낭떠러지로만 알고 있는 눈먼 장님은 그 손을 놓을 수가 없었겠지요.

사람이 죽어가는 데도 구해주지는 못할망정 잡고 있는 손을 놓으라는 스님을 향해 애원과 원망, 저주를 퍼붓던 장님은 급기야 잡고 있던 팔의 힘이 빠지면서 바닥으로 떨어지고 말았습니다. 그 장님 기분 한번 멋쩍었겠지요?

우리 중생들의 삶이 이와 하나도 다르지 않습니다. 놓아야 살아갈 길이 기다리고 있는데, 눈멀고 어리석어 그 하나를 놓지 못하고 삶 전체를 환란 속에서 불행으로 마감하는 예가 너무도 많습니다. 갈비뼈를 물고 가던 개가 다리 위에서 물에 비친 자신이 물고 있는 갈비뼈를 탐해 짖다가 본래 제 것까지 떨어뜨리듯, 허상의 그림자에 불과한 하나를 더 잡으려다가 가지고 있던 모든 것을 잃기도 하는 것이 중생의 욕심이고 어리석음입니다.

열심히 사는 것과 자신을 돌아보며 자아를 참구하는 여유를 갖는 것은 별개의 차원입니다. 죽자고 앞만 보고 달려 2등을 제쳐 봤자 여전히 2등일 뿐입니다. 불교에서 나를 버리라는 말은 자신의 직업, 가정, 교우관계, 취미생활, 재산, 배우자, 연인 등을 맹목적으로 내동댕이치라는 말이 아니라 불필요한 것을 가지고자 집착하지 말라는 말입니다. 남에게 피해 주지 않고 열심히 노력해서 축적한 재물은 값지고 고귀한 것입니다.

법구경에도 이르기를 "깨끗한 행실도 닦지 못하고 젊어서 재물을 쌓지 못하면 고기 없는 빈 못을 속절없이 지키는 늙은 따오기처럼 쓸쓸히 죽는다."라고 하였습니다. 그런 만큼 국가사회의 건전한 일원으로서 책무를 다하고, 정당한 대가를 받아 재물도 쌓아둘 줄 알아야 합니다. 그러나 그 재물을 좋은 곳에 공익을 위해 사용하지 못하고, 더 많은 재산을 긁어모으기 위한 사행성 투기에 사용하거나, 한 푼이라도 늘리기 위해 이웃의 아픔을 외면함은 물론, 자신의 일용도 아까워 발발 떠는 수전노가 된다면 그때는 재물이 아니라 독이 묻은 화살이 되어 언제든 자신을 과녁으로 겨냥하여 날아오는 독화살이 될 것입니다.

혹자는 남의 형편 다 봐주고, 쓰고 싶은 것 다 쓰면서 언제 재물을 쌓을 수 있겠느냐 하실 것입니다. 물론 자신의 살점을 베어 배고픈 이웃의 한 끼니 식사 공양을 베풀 수는 없습니다. 전국시대 진나라의 개자추가 진 문공을 도와 왕에 등극시키기까지 갖은 고초를 겪으며, 문공의 허기를 면해주기 위해 자신의 허벅지 살을 베어 국을 끓여주었다는 일화가 실제로 전해오지만, 그런 개자추도 왕이 된 진 문공이 자신을 중용하지 않자 면산으로 들어가 생을 마쳤으니 그의 살점 공양도 대가를 바란 조건적 유위공양이 아니었습니까?

우리는 지금껏 금강경의 진리의 바다를 항해해 오는 동안 수없이 유위복과 무위복에 대한 부처님의 설법을 들었습니다. 수미산왕보다 더 많은 칠보로 보시하는 것보다도 금강경을 수지·독송하고 남을 위해 설해주는 공덕은 아예 비교할 수조차 없는 큰 공덕이라 하시지 않았습니까?

금강경의 정신대로 팽팽한 진리의 끈을 붙잡고, 열심히 살아가는 일상에서도 '나는 누구인가?', '나는 어디에서 왔는가?', '내가 태어나기 전의 나는 어디에 있었는가?'를 되물으며, 공하고도 공한 반야의 이치를 증득해 나가야 합니다. 비록 고난과 불행이 겹쳐 와도 고난과 불행을 느끼는 내가 없다면 그것은 고통이 될 수 없을 터이니 "불행아! 나한테 와 봐도 너만 헛고생이다."를 외치며 그냥 행복해지면 되는 거지요.

이것이 바로 찬연한 금강경의 다이아몬드 같은 진리인 것입니다. 금강경은 막연한 이념과 말의 성찬을 모아놓은 사상서가 아니라, 정연한 인과의 법칙에서 삶의 행복을 도출해 내는 방법론을 제시한 과학서입니다. 만약 금강경을 공부하면서도 문득 회의가 오거나, 과연 공의 진리대로 아상만 버리면 해탈에 이르는 걸까? 하는 의문이 든다면 그 회의와 의구심마저도 부처님께 바친다는 각오로 반야의 길을 가면 됩니다. 제6분 정신희유분에서 부처님이 강조하시지 않았습니까?

"여래 열반 후 후오백세에 이르도록 계를 지니고 복을 닦는 사람이 있어 이 경전의 말씀을 듣고 능히 믿는 마음을 내어 이를 진실이라 여길 것이니라. 이 사람은 이미 한량없는 천만의 부처님 계신 곳에서 좋은 인연을 맺었기 때문에 이 경전의 말씀을 듣고 일념으로 믿음을 일으키게 될 것이니라."라고 하셨습니다. 이어서 "여래는 이 모든 중생들이 무량복덕을 얻는 것을 부처의 지혜로 모두 알고, 모두 다 보느니라(실지실견 悉知悉見)."란 가르침을 상기해 보시기 바랍니다.〈제6분 정신희유분〉

뭐, 부처님께서 모두 다 알고, 모두 다 보신다고 하셨으니 이미 금강경과 인연 맺은 우리들은 축복받을 공덕을 따 놓은 당상이 아니 겠습니까?

그리고 또 제18분 일체동관분에서는요. "저 하나의 갠지스강에 있는 모래알만큼의 수많은 갠지스강이 있는데, 그 모든 갠지스강에 있는 모래알 수의 부처님 나라에 있는 중생의 갖가지 마음을 여래는 모두 다 아느니라."라고 하셨으니 2,500여 년을 건너온 지금이 바야흐로 후오백세이니까, 이렇듯 우리는 불성으로써 부처님과 하나라는 환희심을 내어 하루하루를, 충만한 연화의 세계로 장식해 가시기 바랍니다. 가수 나훈아가 부른 「공」이란 노래가사 구절을 옮겨 보면서 다음 분으로 나아가도록 할게요.

「공」

노래 : 나훈아

살다 보면 알게 돼 일러주진 않아도
너나 나나 모두 다 어리석다는 것을
살다 보면 알게 돼 알면 웃음이 나지
잠시 왔다가는 인생 잠시 머물다 갈 세상
백년도 힘든 것을 천년을 살 것처럼
살다 보면 알게 돼 버린다는 의미를
내가 가진 것들이 모두 부질없단 것을

중요 용어

⊛ 여등물위여래작시념(汝等勿謂如來作是念) : 여등(그대들은)+물위(말하지 말라)+여래작시념(여래가 생각을 낸다). '그대들은 여래가 생각을 낸다. 말하지 말라.'가 되어 다음 문장의 아당도중생(我當度衆生), '내가 마땅히 중생을 제도하였다.'를 수식하고 있습니다.

⊛ 이범부지인 이위유아(而凡夫之人 以爲有我) : 그럼에도 어리석은 사람들은 집착하는 것이니라. 이(而)는 원래 접속사인데, 여기서는 '그럼에도'라는 뜻의 부사로 쓰였습니다.

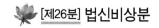 [제26분] 법신비상분

법신비상분 (法身非相分) : 진리(법신)에는 상이 없다		
단락	구분	원문 및 한글번역
1	원문	須菩提 於意云何 可以三十二相 觀如來不
	한글 토	수보리 어의운하 가이삼십이상 관여래부
	한글번역	수보리여. 그대 생각은 어떠한가? 서른두 가지 훌륭한 상을 갖추었다면 여래라 볼 수 있겠는가?
2	원문	須菩提言 世尊 如我解佛所設義 不應以三十二相 觀如來
	한글 토	수보리언 세존 여아해불소설의 불응이삼십이상 관여래
	한글번역	수보리가 말씀드렸다. 세존이시여. 제가 부처님께서 설하신 뜻을 이해하기로는 서른두 가지 훌륭한 모습을 갖추었다고 해도 여래라 볼 수는 없습니다.
3	원문	佛言 如是如是 須菩提 如如所說 不應以三十二相 觀如來 須菩提
	한글 토	불언 여시여시 수보리 여여소설 불응이삼십이상 관여래 수보리
	한글번역	부처님께서 말씀하셨다. 옳고도 옳도다. 수보리여. 그대가 말한 것처럼 서른두 가지 훌륭한 모습을 갖추었다고 여래라 보아서는 아니 되느니라. 수보리여.
4	원문	若以三十二相 觀如來者 轉輪聖王 卽是如來
	한글 토	약이삼십이상 관여래자 전륜성왕 즉시여래
	한글번역	만약 서른두 가지 훌륭한 모습을 갖추었다고 여래라 본다면 전륜성왕은 곧 여래일 것이니라.
5	원문	爾時 世尊 而說偈言
	한글 토	이시 세존 이설게언
	한글번역	그때에 세존께서 게송을 읊으셨다.
6	원문	若以色見我 以音聲求我 是人行邪道 不能見如來
	한글 토	약이색견아 이음성구아 시인행사도 불능견여래

6	한글번역	만약 모양으로 나를 보려 하거나 소리로 나를 찾으려 한다면 이 사람은 삿된 길을 가는 자라 능히 여래를 보지 못하리라

금강경 네 개의 사구게 중 세 번째 사구게가 등장하는 본 26분 법신비상분에서는 소제목과 같이 법신(진리)에는 상이 없다는, 금강경의 이상적멸(離相寂滅)의 기본정신을 더욱 심도 있게 강조하고 있습니다. 금강경은 반복 학습의 전형을 보여주는 경전이기도 한데요, 알고 나면 너무도 쉬운 이치이지만 부처님은 상황에 따라 칠보 비유, 항하사 비유, 32상 비유 같은 교육적 도구를 이용해 근기 다른 피교육자를 다가오게 합니다. 따라서 이 책에서도 내용과 설명이 중복되거나 반복하여 나타나는 부분이 많을 수밖에 없습니다. 그런 부분은 독자 여러분께서 마킹을 해 두시면 다음에 중요 부분을 상기하시는 데 도움이 되리라 믿습니다.

중생들은 경험과 감각으로 뇌리에 저장된 개념을 실체라 느끼게 됩니다. '쇠는 강하며, 모래는 섞이지 않고, 돌은 딱딱하다.' 따위로 고착화된 중생들에게 쇠를 있게 한 용광로의 불과 물은 부드럽고도 차가운 존재로서, 강한 것은 쇠의 자성이 아님을 설명하시자니 이러한 반복적 비유법을 총동원할 수밖에 없었던 것인데요. 특히 본 26분에서처럼 중요한 부분은 음악적 운율을 넣어 게송으로 전달함으로써 이해와 기억을 돕고자 한 부처님의 깊은 배려를 느낄 수 있습니다.

이번 분의 큰 흐름도 진리는 일체의 상을 떠나 있으니 모양과 소리, 냄새, 맛, 감각, 이치에 집착하면 결코 참된 진여의 세계에 다다를 수 없다는 것입니다. 당연한 말씀이기는 한데 매우 중요한 가르침이 아닐 수 없습니다. 소리 한 가지만 놓고 생각을 해 보도록 하겠습니다. 소리는 진동일 뿐 그 자체로는 감미로운 소리, 시끄러운 소리 또는 멜로디 따위의 음색을 지니고 있지 않습니다.

오직 진동주파수로만 전달된 파장을 인간의 감각기관이 고유의 음역대(音域帶)를 분별하여 대뇌에 전기적 신호로 전달하면 비로소 감미로운 멜로디나 고함, 마찰음, 속삭임 따위의 소리로 분류하고 그에 따른 조건반사를 일으키는 인식 작용을 하게 됩니다. 이처럼 인간에게 감각으로 유형화되어 있는 소리라는 개념은 애초에 공허한 진동파가 일으킨 무자성의 실체 없는 허상의 메아리였을 뿐입니다.

성경에서는 하나님이 빛과 소리를 창조한 것으로 되어 있지만, 이 말씀이 정말로 말씀이 안 되는 게, 이 우주에서 인간이 들을 수 있는 가청주파수는 20~20,000Hz(헤르츠) 정도로 극히 제한적인 일부분만 들을 수 있다는 것입니다. 종(從)이 주인의 소리를 알아듣지 못한대서야 어떻게 일을 시킬 수 있겠습니까?

독생자를 통해서 하나님의 역사하심을 이루시려면 인간이 신(神)의 가청주파수 영역을 지녔어야 할 터인데, 인간은 사람 뇌파의 주파수에서부터 지구의 진동주파수는 물론 행성과 항성이 발산하는 어떠한 진동주파수도 소리로써 느낄 수 없게 되어 있습니다. 만약 인간이 지구가 자전하면서 내는 엄청난 굉음과 행성이 돌아가는 소리 그리고 뇌에서 발산하는 미세한 뇌파의 진동까지를 듣거나 느낄 수 있다면 어떻게 될까요? 아마 단 1초도 견디지 못하고 인류는 멸망하고 말았을 것입니다. 같은 크기의 소리라 해도 먼 곳, 가까운 곳으로 공간을 달리하면 소리는 들리기도 하고, 들리지 않기도 합니다. 그 공간이 진공이라면 소리의 파장은 전달되지 않습니다.

원자, 전자, 소립자에 이르기까지 독립적으로 항존, 불변하는 고유의 자성을 지닌 실체가 없기 때문에 우주는 공하고도 공하여, 그 공한 것까지 공하니 감각으로 형상화된 의식의 집합은 '무색성향미촉법(無色聲香味觸法)'이라 하신 거지요. 소리는 소리가 아니라 그 이름이 소리일 뿐입니다. 그러나 굶주리고 상처 입어 통증과 신열에 고통받는 사람에게 "네 육신은 거짓으로 이루어진 가식의 너이기 때문에 네가 받는 고통은 애초에 공하여 없는 것이다."라는 말을 하라는 것은 아닙니다.

목마른 자에겐 물을 주고, 상처 입은 자는 치료를 하여 그 육신의 굴레에서 반야를 증득하되 어디에도 걸리지 않게 아인사상을 버린다면 무상정등각에 이른다는 것이 금강경의 하나 된 가르침인 것입니다. 상처가 소중해서가 아니고, 갈증을 대우해서가 아니라 상처가 깊어지면 아상을 버려 궁극적 깨우침을 담을 그릇을 잃기 때문입니다. 중생이 본래 모두 부처이니 제(諸) 생명을 상하게 하거나, 살생치 말라는 이유가 곧 중생이 상하면 부처의 법기가 상하는 것이 되고, 그만큼 또 성불은 요원해지는 것이니까요.

그러면 온갖 관계와 관계 속에서 생존의 경쟁을 일상으로 살아가야 하는 우리들은 어떤 자세로 금강경의 정신을 생활의 신조로 삼으며 살아가야 할까요? 무엇보다 그 마음을 내야 합니다. 어떤 마음일까요? 바로 깨달음의 마음인데요, 불교 용어를 빌리면 보리심을 낸다는 거지요. 곧 발보리심(發菩提心)을 일으킨다는 말인데, 항상 나 자신이 부처라는 마음을 내어 내가 짓는 한 가지 그릇된 행동이나 생각까지도 필유인과로 삼공법계를 더럽힐지니 그 업을 과연 부처인 내가 지을 수 있는 일일까를 늘 자성하고 행동하면 됩니다.

화엄경 「약찬게」와 「법성게」에서 '초발심시변정각(初發心時便正覺)'

즉 처음 발심한 때가 문득 바른 깨달음이라 하지 않았습니까? 예불과 보시 잘하고 참회 기도하는 불제자의 신행(信行)도 중요하지만, 나를 대하는 모두가 부처라는 큰마음을 내면 하시는 사업도 순탄해지면서 애증과 원한, 희비애락의 분별심으로부터 시나브로 자유로워질 것입니다.

불행이 와도, 기쁨이 와도 모든 걸 부처님께 바치라는 가르침이 이러한 맥락이라 이해해 주시기 바랍니다. 청춘이라는 아름다운 세월도 그 고귀함을 알아 헛되이 낭비하지 않고 노력하는 사람에게만 주어지는 계절이듯, 부처의 경지도 무아의 경지에서 끊임없이 수행하는 자에게만 주어지는 경계임을 본 분을 공부하면서 다시 한번 새기도록 하여야겠습니다. 그러면 본문으로 들어가 부처님이 질문을 통해 수보리로 하여금 이끌어내고자 했던 진리의 답이 무엇인가를 짚어보도록 하겠습니다.

"수보리여. 그대 생각은 어떠한가? 서른두 가지 훌륭한 상을 갖추었다면 여래라 볼 수 있겠는가?" 수보리가 답합니다. "세존이시여. 제가 부처님께서 설하신 뜻을 이해하기로는 서른두 가지 훌륭한 모습을 갖추었다고 해도 여래라 볼 수는 없습니다."

얼굴은 마음의 거울이라는 말이 있기는 하지만 겉으로 드러난 상으로 어떻게 마음을 볼 수 있겠습니까? 어떠한 모양(색)으로도 부처를 볼 수 없다는, 이미 결론 지어진 번연한 답을 부처님은 주문하고 있습니다. 아인사상을 떠나면 진여(부처)의 마음을 구할 수 있다는 말씀인데, 우리들은 오랜 인식의 습성에 얽매여 있었기 때문에 거짓인 '나'를 홀연히 버리고 무상, 무주에 이르기는 참으로 어려운 길이 아닐 수 없습니다.

미추를 구별하고, 즐겁고 괴로운 것을 선택하는 데 최적화되어 있는 것이 인간의 감각적 분별력임을 너무도 잘 아시는 부처님이, 진정한 여래를 볼 수 있는 처방전을 제시한 부분이 본 26분이라 보면 되겠습니다. 32상이란 중생과 다른 뛰어난 부처님의 서른두 가지 상호를 의미하는 것이지만 여기서는 구체적 32상이라기보다, 추상적 의미의 내면적 상을 이른 것인데, 보이는 것으로 보이지 않는 것을 이기려는 노력만큼 어리석은 일은 없을 것입니다.

아름다운 미모에 이끌려 사랑에 빠진 사람은 늙고, 추해지는 세월이라는 조건 앞에 스스로 무너지게 됩니다. 진정한 사랑이란 상대방의 미추를 초월하여 늙고, 병들어 죽음에 이르도록 사랑할 때 참사랑의 진여자성이 열리는 것처럼, 상으로 여래를 구할 수 없다는 것이 본 법신비상분의 큰 뜻이라 하겠습니다.

또한 돈으로 사랑을 구하면 돈이라는 조건의 상에 얽매여, 아침 이슬 같은 돈이라는 허상이 사라지면 사랑이 오히려 원한과 원망의 대상이 되는 것처럼 말입니다. 아름다운 것도, 미운 것도 원래는 없었던 것입니다. 깃발이 나부끼는 것도 아니요, 바람이 나부끼는 것도 아닌, 내 마음이 나부낄 뿐이라 하지 않았습니까?

부처님이 비유로 든 전륜성왕은 이상적 통치와 정의 구현으로 인하여, 출가하지 않은 부처의 반열에 있으며 32상을 갖춘, 세계를 통치할 수 있는 성인인데도 불구하고, 이러한 외형적 조건만으로는 여래를 볼 수 없다는 우회적 기술도 담고 있으시네요. 사구게 전문을 다시 옮겨봅니다.

약이색견아(若以色見我) : 만약 모양으로 나를 보려 하거나

이음성구아(以音聲求我) : 소리로 나를 찾으려 한다면

시인행사도(是人行邪道) : 이 사람은 삿된 길을 가는 자라

불능견여래(不能見如來) : 능히 여래를 보지 못하리라

부처님께서 모양이나 소리로 '나'를 구하려는 자는 사도를 가는 사람이라 정의하고 있으시네요. 그토록 아상을 멸할 것을 강조하셨는데, 여기서는 나를 구할 수 없을 것이라며 1인칭 시점으로 번역되고 있습니다. 여기서의 1인칭 '나(我)'는 곧 부처를 관찰자 시점에서 바라본 여래의 법신을 의미하기 때문에 오해가 없어야 하겠습니다.

보리류지 역본도 구마라집 역본과 같고, 진제본도 '불응득견아(不應得見我), 마땅히 나를 볼 수 없다.'로 번역하였으며, 급다본 또한 '불아견피(不我見彼)'로, 현장은 '불능당견아(不能當見我)'로 번역하면서 모두 '나를 볼 수 없을 것이다.'로 번역하고 있습니다. 구마라집 번역본에서는 법신비상분이 사구게로 끝이 나지만 급다, 진제, 유지 등의 번역본에서는 법신이 제 부처이며, 여래라는 설명이 이어진다는 것도 참고로 알아두시기 바랍니다.

중요 용어

🎴 32상 80종호(32相 80種好) : 부처님이 인간과는 다른 믿음에서 성립된 것으로 부처님을 조각상으로 나타낼 때 부처님만의 형상을 작게는 32가지, 크게는 80가지의 특징으로 나타낸 것입니다. 부처님만 지니고 있다는 이마 한가운데의 점이나, 황금빛 신체 등의 서른두 가지 특징은 전생에 공덕을 많이 쌓았기 때문에 나타나는 것이라고 하는데 석가모

니의 제자 마하가섭은 이 중 일곱 가지를 갖추었다고 전해집니다.

❀ 전륜성왕(轉輪聖王) : 인도 신화에서 통치의 수레바퀴를 굴려, 세계를 통일, 지배하는 이상적인 제왕을 이릅니다.

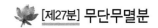 [제27분] 무단무멸분

무단무멸분 (無斷無滅分) : 끊어짐도 없고 멸함도 없다		
단락	구분	원문 및 한글번역
1	원문	須菩提 汝若作是念 如來 以具足相故 得阿耨多羅三藐三菩提 須菩提 莫作是念
1	한글 토	수보리 여약작시념 여래 이구족상고 득아녹다라삼먁삼보리 수보리 막작시념
1	한글번역	수보리여. 그대는 여래가 훌륭한 모습을 갖춤으로써 아녹다라삼먁삼보리를 얻은 것이라고 만약 생각한다면, 수보리여 그런 생각은 말지니라.
2	원문	如來 不以具足相故 得阿耨多羅三藐三菩提
2	한글 토	여래 불이구족상고 득아녹다라삼먁삼보리
2	한글번역	여래는 훌륭한 모습을 갖춤으로써 아녹다라삼먁삼보리를 얻은 것이 아니니라.
3	원문	須菩提 汝若作是念 發阿耨多羅三藐三菩提心者 說諸法斷滅 莫作是念
3	한글 토	수보리 여약작시념 발아녹다라삼먁삼보리심자 설제법단멸 막작시념
3	한글번역	수보리여. 그대가 만약 아녹다라삼먁삼보리심을 낸 사람은 모든 법의 끊어짐과 없어짐을 설한다고 생각하는 그런 생각은 하지 말지니라.
4	원문	何以故 發阿耨多羅三藐三菩提心者 於法不說斷滅相
4	한글 토	하이고 발아녹다라삼먁삼보리심자 어법불설단멸상
4	한글번역	왜냐하면 아녹다라삼먁삼보리심을 낸 사람은 법에 대해 끊어짐과 없어짐의 관념을 설하지 않기 때문이니라.

제26분의 설법 내용과 연장선상에서 이루어진 법문이라 생각하시면 좋겠습니다. 이미 32상 같은 훌륭한 모습만으로는 여래를 볼 수 없음을 누누이 강조하셨고, 색과 소리로써 여래를 구하려는 것은 삿된 길을 가는 것이라며 사구게를 읊으신 직후에 이어진 법문으로, 다시 한번 수보리에게 현상적 안목에 경도된 상에 머물지 말

것을 주문하고 있습니다.

여기에서 중요한 것은 법신에 상이 없다는 가르침을 중생들이 자칫 잘못 이해하면 법과 부처가 아예 없다고 생각하여, 모든 것이 무의미하다는 단견(斷見)에 빠지기 쉽다는 것입니다. '공'이란 것은 극단의 '유'와 '무'를 떠난 존재론적 의미를 초월한 세계로서, 중도실상을 아우르는 절대적 진리이기 때문에 6식의 판단에 따른 분별의 대상이 될 수 없습니다. 불교를 잘못 받아들이면 허무주의적 비실재(非實在)에 경도되어 모든 것이 헛되고, 무의미한 것이란 가치 전도에 빠질 수 있습니다.

설익은 수행자가 기인, 괴승(怪僧)을 흉내 내며, 자신의 육신이 거짓으로 이루어진 가치 없는 헛된 존재라고 여겨, 타락과 자기학대의 길로 빠지는 것도 이러한 단견의 일종인데요. 불교는 오히려 부모의 은혜를 강조하며, 자신의 몸을 온전히 감싸야만 성불의 바탕이 될 수 있다고 가리킵니다. 육신이 환란이라는 가르침은 쓸모없음이 아니라 육신의 안락으로부터 오는 수행 정신의 피폐함을 막자는 것이 아니겠습니까? 육신은 성불의 정신을 담는 그릇이기도 하니까요.

완전한 무아와 무상에 이르지 못한 채, 모든 것이 없다는 단멸상(斷滅相)에 빠지게 되면 그 경지에 집착하는 새로운 아상을 낳게 됩니다. 깨달았다면 깨달았다는 사실조차도 멸해야 하는데, '있다(상견 相見). 없다(단견 斷見).'의 극단의 치우친 견해로, 새로운 집착에 빠지는 것을 경계하라는 가르침이 본 27분 무단무멸분의 요체라 하겠습니다.

끊어짐도 없고, 멸함도 없다는 뜻인데, 달리 해석하면 끊어짐과 소멸함이 없어진 경계를 이릅니다. 상에 집착하는 것도 안 되지만 상에 집착하지 않으려는 것에 집착하는 것도 경계하라는 말씀입니다. 그렇다면 도대체 어떻게 하라는 말씀인가 하는 질문이 가능해 지는군요.

'공'의 개념을 다시 한번 생각해 보도록 하겠습니다. 일체의 현상 과 행위는 모든 것이 일정한 에너지를 지닌 채 고유의 파장을 발산 하고 있습니다. 이것이 불교의 요체인 인과의 산물입니다. 현재의 나 김 아무개는 인과의 조건으로 태어났을 뿐 원래 김 아무개라는 불변하는 고정된 실체가 없으며, 그 이름이 오직 김 아무개일 뿐이 라는 전개 방식은 헤아릴 수 없이 이어져 왔지만, 이 진리를 단견으 로 받아들이면 '나'가 없기 때문에 어떠한 나쁜 짓을 하거나, 착한 일이라도 실체가 없기 때문에 설령 살인을 한들 행위의 상 자체가 공하므로 죄가 안 된다는 전도(顚倒)된 몽상에 빠질 수 있습니다.

불교가 비논리적이며 언어의 해체를 통한 비실증적이고, 추상적 인 교리에 경도되어 있다는 일부 불교 배척론자의 주장도 일견 일 리가 없는 것은 아닙니다. 실제로 불교에서 언어는 세 치 혀가 뿜어 내는 입 안의 도끼이며 독(毒)이라 설하지만, 언어가 독이 될 수 있 으니 자중하라는 가르침을 전하는 도구 또한 언어가 아닐 수 없습 니다. 애초에 불교는 매우 논리적이며, 실증적 인간학을 탐구하는 이성적 종교였으나, 달마를 초조로 하는 중국 선불교가 뿌리를 내 리면서부터는 불립문자와 교외별전의 언어 해체와 함께 추상적 신 비주의의 색채가 짙어지게 됩니다.

'뜰 앞의 잣나무'니, '이 뭣꼬(시삼마 是甚麼)?' 같은 동문서답의 화두 는 노자와 공자를 비조로 하는 중국의 무위자연과 중용철학에 절 묘하게 습합되면서, 오늘날 우리 한국 불교의 근간을 이루게 된 것 인데요. 동양의 종교라면 유+불+도(선) 3교를 분리해서는 이해하기 가 불가능하리만치 불교 자체의 정체성이 이들 종교와 혼용되는 과정에서 원시 근본불교와는 상당 부분 차이를 보이게 됩니다.

부처님이 꽃 한 송이를 들어 미소로써 가섭존자에게 이심전심의 진리의 뜻을 전하신 것처럼, 말과 글만으로는 진리의 정신을 모두 전하는 것이 불가능할 것입니다. 그래서 교외별전이라 하였으나 선종(禪宗)은 다분히 중국화된 불교라 할 수 있고 선험적이며, 실증적인 언어논리에 대한 적대적 개념으로 이루어진 이념적 동양의 불교가 되면서 대승불교라는 파격적 종교 구도(構圖)를 탄생시킨 것입니다.

사실 불교가 지향하는 종착역은 극락 입격이나 내세의 좋은 과보를 받기 위해 다음 생애에 올인하는 것이 아니라, 현세 이익 추구의 인간 개발 종교가 되어야 합니다. 살아생전 이 생에서 구하지 못했던 극락을 죽어서 체험한들 학습되지 못하고 경험한 바 없는 극락의 경지를 어떻게 느끼며 즐겨볼 수 있겠습니까? '극락'이라는 단어는 구마라집이 세계에서 최초로 한자어로 번역한 말인데, 즐거움이 극에 달하면 곧 고통이 온다는 불교적 윤회관을 담은 용어로서, 기독교에서의 천당과 지옥처럼, 지옥의 반대되는 개념이 아닙니다.

대승불교가 중생 구제라는 포괄적 박애 정신을 모토로 하고 있으나 형이상학적 신비주의에 젖어 부처를 신격화하여, 기복신앙화하는 포교 자세는 맹목적 의타 신앙으로 불교의 격을 하락시키는 것이나 아닌지 모르겠습니다. 불교 교리의 최고 핵심이라는 반야심경이나 금강경 어디를 보아도 반야의 지혜로 수행하여 고통과 미혹에 물들지 않는 피안의 세계로 가라고 하였을 뿐 어디에도 천 배, 만 배 절하고 기도하여 신의 가피로 극락에 가라는 말은 없습니다.

반야심경에서 오온개공도라 하셨지만 오온이 공한 것일 뿐 반야바라밀 자체가 결코 공한 것이 아닙니다. 반야바라밀은 능히 일체의 고통을 제거하니 진실하며, 허무한 것이 아니기 때문에 '능제일체고 진실불허(能除一切苦 眞實不虛)'라 강조하셨잖습니까? 금강경의 핵심이 '공'이라는 한 글자로 귀결되지만, '공'에 집착하는 것도 공사상에서 한참을 멀어지는 것인 만큼 아뇩다라삼먁삼보리심을 낸 사람은 존재(법)에 대해 끊어짐과 없어짐의 관념을 설하지 않는다는 것입니다.

끊어짐도 없고, 멸함도 없다는 '무단무멸'의 가르침이 얼마나 중요한 진리인지를 알 수 있겠습니다. 그래서 늘지도 않고, 줄지도 않는 것(부증불감)이라 하셨던 겁니다. 중도의 진리 또는 중용의 도라고 해도 좋을 것 같군요. 오늘날 세계 도처에서 왜곡된 종교적 신념이 무자비한 테러와 전쟁으로 이어지는 것도 이러한 극단의 단견(斷見-無)과 상견(相見-有)이 극한의 이념 대립을 일으킨 결과라 하겠습니다.

바람(無)도 아니고, 깃발(有)도 아닌 마음(中道)이 나부끼는 것인데, 사람들은 바람과 깃발만의 ○× 답을 요구하고 있잖습니까? 이것이 우리 중생의 한계입니다. 모든 것을 현상적 경계의 차원에서 '있다. 없다.' 또는 '맞다. 틀리다.' 등으로 훈습된 개념이 습으로 저장되어, 수많은 윤회를 거듭해 오는 동안 고정관념의 가치의 틀을 깨는 것이 너무나 어려운 인습(因習)의 종자가 되어버린 것입니다.

그래서 이렇듯 고착된 관념의 틀을 깨고, 유무의 아상을 버리면 일거에 무명을 여의고 니르바나에 이를 수 있도록 준비된 부처가 또한 우리들 중생이기도 합니다. 이것이 있음에 저것이 있는 것인데, 이것과 저것의 독립적 정답을 구하려고 하니 진리의 문턱을 넘어서지 못하는 것입니다.

우리들 생활 속의 이웃이나 직장 주변에서 만나는 사람들의 면

모를 살펴보면 의외로 외골수 고집불통인 인성의 소유자를 많이 접할 수 있습니다. 보편적 교양과 사회성이 결여된 사람일수록 남의 의견을 깡그리 무시해버리고, 끝까지 자기주장만을 고집하는 경우가 많거니와 이들이 단견에 치우친 아집의 끝판왕이라 할 수 있겠습니다.

이런 사람들은 자기가 듣고 싶은 것만 듣고, 보고 싶은 것만 보는, 어찌 보면 오늘날 우리 대한민국 국민의 집단지성의 현주소를 보는 것 같아 씁쓰름한 기분인데요. 독서와 명상을 통한 자기계발을 학교에서 배우지 못하고, 합리적 사고에 입각한 이성적 판단보다는 사지선다형의 퀴즈와 암기로, 아름다운 청소년기를 보내다 보니 성숙한 민주시민으로서의 인성 회로가 퇴화된 것이나 아닌지 걱정입니다.

그래서 원만한 토론과 타협보다는 감정의 극한 대립을 초래하는 현상이 사회의 각 분야에서 병리 현상으로 나타나는 것입니다. 감정이 앞서다 보니 자신의 잘못은 생각할 겨를도 없이 상대방 탓으로 돌리게 되고, 불리해지면 온갖 '카더라' 루머까지 동원하며 거짓말에 관대한 거대한 사회적 병동을 만들게 됩니다.

우리가 이웃 나라 일본을 '섬나라 쪽바리'라며 정신승리에 도취해 있는 동안 일본은 물리, 화학, 생리·의학상 등 기초과학 분야에서 22명의 노벨상 수상자를 배출하였고 문학, 평화상과 일본 출신 외국 국적자의 수상까지를 포함하면 수상자가 무려 30명에 달하는 '넘사벽' 국가인데, 일본을 우습게 보는 유일한 국가가 대한민국이라는군요.

참! 우리나라에도 노벨상 수상자가 있었군요. 숨 쉬는 것도 거짓으로 쉰다는 사람으로 알고 있는데, 그 사람 스스로 자신은 평생

단 한 번도 거짓말을 한 적이 없고, 다만 약속을 지키지 못한 것뿐이라며, 거짓을 덮기 위한 거짓의 마왕 역할까지 자처한 위대(?)한 한국인이 아니었습니까?

우리 국민의 DNA에 반일의 아이콘이 생래적으로 함장되어 있음은 어쩌면 당연한 일일지 모르겠습니다. 그러나 중요한 것은 이만가는 이불 속의 안방 여포가 될 게 아니라 역사에서 배우고 다시는 뼈아픈 과거를 되풀이하지 않기 위한 기술과 국력을 다지는 일이 아니겠습니까?

여러분께서는 과학 시간에 배웠던 원소주기율표를 기억하실 겁니다. 1869년 러시아의 화학자 멘델레예프가 화학 원소를 성질의 규칙성에 따라 체계적으로 분류한 것이었는데, 이 연구가 현대과학 발전에 밑거름이 되었지요. 이러한 문명 발전의 세계사적 여명기에 우리 조선은 열강들의 그물이 좁혀오는 줄도 모르고, 대원군과 고종, 중전 민씨 사이에는 권력 찬탈의 목숨 건 드라마가 연출되고 있었고, 병인양요와 신미양요를 겪으면서도 왕비란 여자는 궁 안에 무당을 며칠이 멀다 하고 불러들여 푸닥거리를 하곤 억! 소리가 날 만큼의 국가 예산을 무당에게 화끈하게 뿌려대던 시절이 아니었습니까?

제가 원소주기율표를 언급한 것은 일본은 벌써 지금까지 알려진 지구상의 118개 원소 중에서 113번째의 원소를 발견하고 당당히 그 원소의 이름에 니호늄이라는 일본의 국가명을 붙여 불변의 이름표를 당당히 달아준 기술 선진국이라는 점입니다. 우리는 아직도 원소주기율표에 국명이나 한국인의 이름을 얹지 못했고요. 그래도 일본과 대한민국의 사기범죄 통계를 비교해 보면 우리가 14배나 많다는 점에서는 두뇌 회전 빠른 한민족의 긍지를 지녀도 되려나요?

무지하면 사고력이 뒷받침되지 않으니 먼저 행동할 수밖에 없고 그러니 무식하면 용감해지기 때문에 부끄러움을 모르고, 후안무치와 '내로남불'의 극치를 보이는 것이지요. 공자도 『중용』에서 "홀로 걷더라도 그림자에게 부끄러움이 없어야 한다."라고 하였습니다. 그러나 이들은 나의 길은 무조건 정의고, 상대방은 무조건 불의라는 이른바 선택적 정의를 자신들의 이념으로 확립해 가는 데 주저하지 않습니다.

그보다 더 문제인 것은 이러한 사람일수록 자신만을 믿는 확고한 신념을 지닌다는 점입니다. 무식한 사람이 어쩌다 시류에 편승하여 높은 자리에 앉거나, 나쁜 머리로 신념을 갖게 되면 그것은 곧 재앙이 되어 자신만 망치는 게 아니라, 세상과 나라까지를 망치는 역사를 우리는 수없이 되풀이 봐 왔습니다. 작금의 한국의 정치 현실이 이러한 우려에서 초연할 수 있는 상황인지는 여러분들의 판단으로 남겨두겠습니다.

금강경 27분을 해설하다 말고 왜 뜬금없이 콜콜한 세상사를 들고 나왔냐고 불만을 가질 필요가 없는 것이, 여기에도 부처님의 설법이 최적의 담방약 법문이 된다는 겁니다. 무명과 미혹에서 벗어나 '나'라는 아상을 타파하고 부디 지혜로워지라는 말씀인데요. 우주 만유의 진리인 중도실상(中道實相)의 경지에서, 있는 것에도 집착하지 않으며(유집 有執), 텅 빈 것에도 집착하지 않는(공집 空執), 반야를 증득하면 내가 곧 부처요, 대인(對人)이 모두 부처이니 어찌 성냄이 있을 것이며, 어찌 거짓으로 부처인 타인(對人卽佛)을 기망할 수 있겠습니까?

우리가 애써 금강경을 배우고 익히는 것도 복을 받기 위해서가 아니라, 미혹의 습을 맑혀 좀 더 반야에 가까이 가는 보살도를 닦자는 데에 있는 것입니다. 오늘날 우리 사회의 병리 현상을 치유하고 보다 성숙된 이상적 민주국가로 도약하는 데에도 금강경을 공부하여 수지·독송하고, 남을 위해 설명해 주는 공덕이야말로 최선의 지름길이 되리라 저는 확신합니다.

중요 용어

⚟ 이구족상고(以具足相故) : '훌륭한 모습을 갖추었다 해서'라는 뜻으로 읽히는데, 이어지는 아뇩다라삼먁삼보리를 얻은 것이라는 생각을 말라는 문장의 조건절로 쓰였습니다.

⚟ 설제법단멸(說諸法斷滅) : 직역하면 제법의 끊어짐과 없어짐을 설한다는 뜻인데, 여기서 제법의 의미는 법 자체가 아니라 현상계의 존재 전체를 의미한다고 보아야 할 것입니다.

⚟ 불설단멸상(不說斷滅相) : 그러니까 '설명하지 않는다. 무엇을?' '끊어짐과 없어짐(단멸 斷滅)을', '무엇에 대해?' '존재(어법 於法)에 대해'로 연결됩니다.

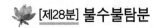 **[제28분] 불수불탐분**

불수불탐분 (不受不貪分) : 받지도 않고 탐하지도 않는다		
단락	구분	원문 및 한글번역
1	원문	須菩提 若菩薩 以滿恒河沙等世界七寶 持用布施
	한글 토	수보리 약보살 이만항하사등세계칠보 지용보시
	한글번역	수보리여. 만약 어떤 보살이 갠지스강의 모래알 수와 같은 세계에 칠보를 가득 채워 그것으로 보시한다 하고
2	원문	若復有人 知一切法無我 得成於忍 此菩薩 勝前菩薩所得功德
	한글 토	약부유인 지일체법무아 득성어인 차보살 승전보살소득공덕
	한글번역	또한 어떤 보살이 있어 일체 법(모든 존재)이 무아인 줄 알아 득생법인(무생법인)을 이루었다면 뒤의 보살이 얻는 공덕이 앞의 보살이 얻는 공덕보다 뛰어나니라.
3	원문	何以故 須菩提 以諸菩薩 不受福德故
	한글 토	하이고 수보리 이제보살 불수복덕고
	한글번역	왜냐하면 수보리여, 모든 보살은 복덕을 받지 않기 때문이니라.
4	원문	須菩提白佛言 世尊 云何菩薩 不受福德
	한글 토	수보리백불언 세존 운하보살 불수복덕
	한글번역	수보리가 부처님께 여쭈었다. 세존이시여. 어찌하여 보살이 복덕을 받지 않습니까?
5	원문	須菩提 菩薩 所作福德 不應貪着 是故說 不受福德
	한글 토	수보리 보살 소작복덕 불응탐착 시고설 불수복덕
	한글번역	수보리여. 보살은 지은 복덕을 탐내거나 집착하지 않기 때문에 이런 까닭으로 복덕을 받지 않는다고 설하느니라.

항하사, 삼천대천세계, 수미산왕, 칠보 보시 같이 물질 보시를 비유로 든 용례는 본 28분까지 벌써 다섯 번이나 등장하고 있습니다. 지금까지는 삼천대천세계에 가득한 칠보 보시나 갠지스강의 모래알 수와 같은 세계에 칠보를 가득 채워 보시하는 따위의 재시(A)보다,

금강경을 수지·독송하거나 사구게 등을 남을 위해 설해주는 법시(B)는 비교할 수 없을 만치 그 공덕이 크다고 누차 강조하셨는데요.

본 분에서도 재시(A)와 법시(B)의 공덕을 비교하시면서 이번에는 금강경의 법시를 비교하는 대신 '지일체법무아 득성어인(知一切法無我 得成於忍)' 그러니까 '일체 법(모든 존재)이 무아인 줄 알아 득생법인(무생법인)을 이루었다면 이 보살이 얻는 공덕이 앞의 보살이 얻는 공덕보다 뛰어나니라.'라고 하십니다. 여기서는 '무생법인(無生法忍)'을 이룸이 으뜸의 공덕이라는 말씀인데, 무생법인에 밑줄을 좍 긋고 주목할 필요가 있겠습니다.

무생법인이란 일체 만유에 존재하는 모든 것은 태어난 바가 없다는 깨달음의 확신을 의미하는데, 무생인(無生忍)·무생인법(無生忍法)·수습무생인(修習無生忍) 등으로 표현하기도 합니다. 한자로는 참을 '인(忍)' 자를 썼지만 이때의 뜻은 알 '인(認)'으로 읽어서 진리 그대로 이해하고 받아들인다는 뜻을 지니고 있습니다. 참는다는 말 또한 어떤 것에도 흔들리지 않으며, 자신으로부터 일어나는 성냄의 이상을 끊는다는 뜻이기도 합니다. 무생의 법을 증득하면 어디에도 태어남이 없으니 죽음도 당연히 없다는 '불생불멸(不生不滅)'의 공성(空性)을 깨닫게 되고, 이것이 곧 일체 법이 무아인 줄 아는 것이니, 이와 같이 득생법인(무생법인)을 이루었다면 이 보살이 얻는 공덕이 앞의 보살이 얻는 공덕(갠지스강의 모래알 수와 같은 세계에 칠보를 가득 채워 그것으로 보시하는 것)보다 뛰어나리라고 하시네요.

앞 장 제24분 복지무비분에서 그 이전의 비교설법을 도표로 분석해 본 바와 같이 어떠한 재시(財施)도 금강경의 사구게 등을 수지·독송하거나 남을 위해 설명해 주는 공덕에는 미치지 못한다고 하셨으나, 본분에서는 그 비교 대상을 '지일체법무아 득성어인(知一切法無我

得成於忍' 그러니까 일체의 존재(법)가 무아인 줄 아는 공덕이야말로 칠보 보시공덕 따위로는 견줄 '깜'이 안 된다는 말씀입니다.

다시 원론적 논지로 돌아갑니다만, 태어남이 없다는 말씀 즉 무생(無生)이라는 가슴 떨리고, 세포 속속들이 경악할 만한 이 야속(?)한 가르침을 어떻게 받아들여야 할까요? 이미 존재론적 현상 때문에 생겨난 자아를 일격에 부정한다는 것이 과연 타당한 일일까를 생각지 않을 수 없습니다. 인식을 바탕으로 하는 자아가 없다면 상대적 개념인 무아를 어떻게 수용할 수 있을 것이며, 무엇으로 무생법인의 인가(認可)를 이끌어낸단 말입니까?

그렇다고 기독교의 논리처럼 무조건 믿으면 그것이 곧 믿음이 된다는 피동적 사역설(使役說)로 해석할 수도 없는 일인데요. 금강경의 진리의 문턱을 넘어서는 데는 우리들이 습식(習識)으로 고착화된 개념의 벽을 허물어버리지 않으면 안 됩니다. 그리고 우리들의 6식을 담고 있는 육체를 거부해서도 아니 됩니다. 인식의 작용이 일어나지 않으면 제7식과 제8식으로의 의식의 확장 자체도 일어날 수가 없기 때문입니다.

몇몇 스님과 불교학자들이 인간의 육체와 의식 자체를 환란으로 정의하고, 업장을 소멸하고 무명을 밝혀 니르바나에 이르는 길에 육신은 한낱 미혹의 고깃덩이에 불과하다는 설법을 펴는 걸 보았습니다. 틀린 말은 아닙니다만, 우주 만물의 현상 세계가 모두 오온이 일시적으로 모여 이루어진 것이기 때문에 영원히 존재하는 실체가 없다는 불교의 우주관으로 볼 때, 그 고깃덩이가 오온의 집합체이듯, 깨달음의 세계도 또한 오온의 집합일 뿐이라는 것이 짧은 저의 생각이기도 합니다.

깨닫고 나면 깨달았다는 경계에 머물지 않듯, 고깃덩이로 있으면서도 고깃덩이의 경계를 버리고, 허물을 벗고 날아오르는 우화(羽化)의 단계도 필요하지 않겠습니까? 대승불교로 들어오면서 부처님을 신격화하는 경향이 두드러집니다만, 부처님이 애초에 지향하신 최고의 진리는 절대적 존재와 불변하는 고정된 실체의 배척이었습니다.

그 설법의 과정에 방편으로 등장한 명제가 무아일 뿐, 부처님 스스로는 사람의 아들로서 자아를 인정한 거로 저는 믿습니다. 무아라는 이상을 실현하기 위해서는 자아라는 현상적 존재를 인정하지 말라는 말씀이 아니라, 자아의 함정에 스스로 갇히는 걸 경계하라는 가르침이라 해야겠지요. 따라서 태어남이 없다는 것은 태어남이 없는 것이 아니라 다만 그 이름이 태어남이 없다는 것입니다.

부처님이 금강경의 설법의 바다를 항해하는 동안 대중들의 눈높이에 맞는 적절한 법문의 단어 구사를 위해 얼마나 많은 고심을 하셨을지가 충분히 읽히는 대목이기도 합니다. 그러니 우리도 부처님 가르침대로 금강경의 정신으로 살아가면서 무주, 무상으로 복을 지으면 그 계량을 초월하여 공덕은 무한대로 확장될 것입니다.

우리는 작은 보시를 하면서도 '나'라는 아상이 작용하기 때문에 당연히 보상을 받고 싶어 하고, 그 연장선상에서 자신의 존재를 인정받고 싶어 하게 됩니다. 심지어 법당에서 달랑 지폐 한 장 복전함에 넣으면서, 오늘 내기골프에서 꼭 이기게 해달라는 사람도 있고, 이번 주에는 꼭 복권에 당첨케 해 주십사 하는 만년 복권구입광도 있을 것 같지 않습니까? 여러분께서도 늘 느끼는 일일 테지만 우리들 주변에 보면 수많은 사회봉사단체가 있고, 내로라하는 많은 사람들이 봉사활동과 기부의 천사인 양 많은 매체를 통해 자신의 선행을 홍보하면서, 이미지 선양에 올인하는, 그야말로 의도가 번연한 많은 케이스를 봅니다.

그런데 저는 장학사업이나 봉사단체에 몸담았던 사람치고 선출직 정치인이나 관변단체의 한 자리 명함을 얻기 위해 줄 대지 않는 사람을 잘 보질 못했습니다. 동기와 저의가 복보(福報)를 바라는 것이기 때문에 어떻게 하면 사람들의 눈과 뇌리에 자신의 행위를 선량으로 각인시킬 수 있을 것인가에만 초점을 맞추다 보니 사진 찍고 생색내기에만 집중하게 되는 거지요.

돼지의 눈에는 돼지만 보이고, 부처의 눈에는 부처님만 보인다는 이성계와 무학대사의 일화처럼, 제 눈이 돼지라서 그런 사람들만 보이는 건지는 모르겠으나, 하나를 내놓고 열을 취하려는 세인들이 이 금강경의 불수불탐 정신을 조금만 알고 살아갔으면 하는 부질없는 희망을 가져봅니다.

논지를 조금은 벗어나지만 제가 아는 지인의 경우 이런 분이 있습니다. 지난날 자신도 넉넉지 못할 때 정말로 어려움에 처한 친구를 자신의 적잖은 재산을 쥐여주다시피 하여 도운 결과 그 친구는 부와 권력까지 갖게 되었고, 도와준 사람은 급전직하 끼니를 걱정하는 형편이 되었더랬지요.

이후는 대충 예견할 수 있는 스토리로 전개되는데, 어려워도 이분은 내 돈 돌려달라고 독촉하지도 않았고, 친구의 출세를 자랑스럽게 주변에 이야기하곤 하였는데도, 그 친구란 사람은 은혜를 갚기는커녕 오히려 도움받은 사실을 수치로 여겨 원수처럼 험담하고 비난하더라는 겁니다. 지위가 올라가니 보잘것없는 친구의 존재가 자신의 명예에 장애가 되었을까요?

이후 극적 반전은 오래지 않아 일어나는데, 그 친구는 뇌물사건으로 사법처리 되는 바람에 사업체가 부도나 거리에 나앉는 신세가 되었고, 이분은 먹고살 길이 막막하여 큰 목장의 목부로 들어갔었는데, 그의 성실성을 인정받아 자식이 없던 목장주로부터 많은 초지를 양도받게 됩니다. 마침 그 땅이 개발붐을 타고 땅값이 천정부지로 오르는 바람에 거부가 되었던 거지요.

이후 자신은 과분한 부를 얻었다며, 그야말로 보이지 않는 기부와 선행을 하면서 어려운 친구의 살길도 마련해 주는 등 무주상보시를 실천한 분이기도 한데요. 그런데도 도움을 받은 친구는 이분의 땅을 뺏고자 갖은 모략과 고소 등을 일삼는 등 이런 사람도 있다는 것입니다.

벌은 본디 꽃을 좋아하고, 파리는 똥을 좋아하게 되는 것처럼, 사람의 본성도 타고난 바탕을 벗어나기가 실로 어려운 것인가 봅니다. 원수는 물에 새기고, 은혜는 돌에 새기라는 말이 있습니다만, 은혜를 원수로 갚거나, 한 푼의 베풂을 열 배, 백 배의 이익으로 보상받으려는 것 모두 금강의 정신에서 한참을 멀어지는 아상의 집착 그 자체가 아닐 수 없습니다. 그러니 보살은 복덕에 탐착하지 않고, 그러기 때문에 복덕을 받지 않는다는 대답을 수보리에게 들려줍니다.

오직 보살은 모든 존재(법)가 무아인 줄 알아 일체 만유에 존재하는 모든 것은 태어난 바가 없다는 깨달음의 확신을 의미하는 '무생법인'을 추구할 뿐 그 복덕은 탐하지 않는다로 읽으면 쉬울 듯하군요. 올바른 운동선수는 경기에 최선을 다할 뿐 사이다, 콜라에 연연하지 않는다는 비유는 좀 천박하려나요?

어려움에 처한 이웃을 도와주었는데, 잘되고 나니 사람을 아는 척도 않더라는 주변의 하소연은 어렵잖게 들어보셨을 겁니다. 그것은 당연히 해야 할 일을 했기 때문이고, 만약에 그 도움을 주지 않았더라면 그 사람으로부터 강도나 폭행을 당해 크게 상할 인연이었던 거지요.

설령 도움받은 사람이 "당신 덕에 곤경을 면해 크게 잘되었으니 그 은혜를 갚겠다."라고 해도, "그런 일이 있었던가요? 나는 모르는 일이니 전혀 괘념치 말라." 뭐 그렇게 해야 한다는 말씀인데요. 나아가 내가 모른 척해야지 하는 마음조차도 떠오르지 않도록 모든 존재가 무아·무생임을 득인하라 하시니 참, 보살도란 조자룡 헌 칼 쓰는 것도 아니고 멀고 먼 길임은 확실한 것인가 봅니다.

본 28분의 불수불탐을 글자대로 해석하여, '그냥 받지도 않고 탐하지도 않으면 되는 것이구나.'라며 도덕 과목의 한 시간이라 생각해서는 안 됩니다. 무생법인을 깨닫고 아인사상을 버리면 세상 일체 법이 진리가 되니 보시와 공덕에 탐착할 게 없어지고, 선악의 경계도 없어져 완전한 절대성의 존재로 우리의 인생이 업그레이드된다는 말씀인데요. 그러면 사업을 해도 승승장구요, 가정과 직장에서도 인정받으며, 사회에 필요한 존재가 되기 싫어도 될 수밖에 없는, 행복 바이러스 전도사로 거듭나게 될 것입니다.

저는 깨달음과 해탈이 별것이 아니라고 믿고 있습니다. 바로 이런 정신과 행동이 해탈이 아니라면, 꼭 절해고도의 토굴이나 무문관 선방 또는 세속을 버리고 가사염의를 둘러야만 찾는 것이라 할진대, 그런 해탈을 70억 속세간의 인류가 어떻게 이루어 낼 수 있겠습니까? 누구나 불성이 있고, 누구나 부처가 될 수 있다는 불교의 근본 가르침과는 한참을 멀어지는 것이란 생각도 무리는 아닐 것 같군요.

중요 용어

❀ 득성어인(得成於忍) : 글자 그대로 해석하면 '참음을 이루는 걸 얻었다.'
로 읽히지만, 여기서는 모든 존재(법)가 무아인 줄 알아 일체 만유에 존
재하는 모든 것은 태어난 바가 없다는 깨달음의 확신을 의미하는 '무
생법인'을 이루었음을 의미합니다. 보리류지 번역본에는 그대로 '지일
체법무아 득무생법인'으로 번역하여 무생법인을 얻는다로, 진제본에는
'어일체법무아·무생·득무생인'으로 번역되고 있습니다.

❀ 소작복덕 불응탐착(所作福德 不應貪着) : 지은 복덕을 탐내거나 집착하
지도 않는다.

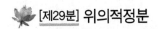 **[제29분] 위의적정분**

위의적정분 (威儀寂靜分) : 고요하고 맑은 거룩한 부처님		
단락	구분	원문 및 한글번역
1	원문	須菩提 若有人言 如來 若來 若去 若坐 若臥 是人 不解我所說義
	한글 토	수보리 약유인언 여래 약래 약거 약좌 약와 시인 불해아소설의
	한글번역	수보리여. 어떤 사람이 말하기를 여래는 오기도 하고, 가기도 하며, 앉기도 하고, 눕기도 한다면 이 사람은 내가 설한 뜻을 이해하지 못한 것이니라.
2	원문	何以故 如來者 無所從來 亦無所去 故名如來
	한글 토	하이고 여래자 무소종래 역무소거 고명여래
	한글번역	왜냐하면 여래란 어디로부터 오는 것도 아니며 또한 가는 것도 아니기 때문이니라. 그런고로 여래라 이름하느니라.

　본문 글자 수가 43자의 한자로 번역되어 금강경 32분 중 가장 짧은 분이지만, 그 담고 있는 사상은 심대한 뜻을 담고 있다 하겠습니다. 우선 우리가 금강경에서만도 여러 번을 들은 '여래'란 명칭에 대한 참뜻을 다시 한번 짚고 넘어가도록 하겠습니다.

　부처님을 호칭하는 10가지 이름 중의 하나인 대명사로서의 여래는 진여(眞如)의 세계에서 오신 분이란 뜻을 지닙니다. 진여란 우주만유를 평등하고 차별 없이 있는 그대로의 모습으로 보는 참되고 한결같은 마음을 가리키는 용어로서, 반야 지혜의 총체적 진리라는 뜻이기도 합니다.

　범어로는 타타아가타(tatha-gata)라고 하는데, 타타아는 여시(如是) 또는 여실(如實)이라는 뜻이니 진실의 뜻이 있고, 가타(gata)는 '가다(서:逝)'라는 뜻이 있으며, 아가타(agata)는 '도달한다' 또는 '오다'라는 뜻으로도 읽힙니다. 그러므로 여래는 '여실히 오는 자'란 뜻이고, '진여(眞如)에서 오는 자라는 뜻이기도 하며, 세상을 진여의 세계로 교화한 뒤에 사라져 가는 이로서 곧 부처를 뜻하는 낱말이라 할 수 있습니다.

원래 부처님 자신은 스스로 여래란 표현을 삼가셨지만 후대에 와서는 아미타여래, 약사여래, 대일여래, 석가여래 등으로 부르며, 여래를 '불(佛)' 곧 부처와 같은 뜻을 가진 낱말로 인식하게 된 것입니다.

본 29분의 설법을 이해하기 위해서는 법신, 보신, 화신 삼신불의 개념을 다시 한번 상기할 필요가 있을 것 같군요. 이 책 제1부 제3장 금강경의 내용을 소개하는 단원에서 이미 짚어본 것처럼, 수보리와 수많은 대중들 앞에서 금강경을 설하고 있는 부처님은 중생들의 요청에 응하여, 인간의 몸으로 이 땅에 오셔서 법을 펴는 응신불(또는 화신불)로서의 부처님이라 할 수 있습니다.

몸소 사위성으로 나가 탁발을 하시고 공양을 드신 뒤 발을 씻고, 자리를 펴고 앉으시는(반사흘 수의발 세족이 부좌이좌 飯食訖 收衣鉢 洗足已 敷座而坐) 등, 당연히 가고 옴과 머물며, 앉고, 눕는 행주좌와(行住坐臥)의 절제된 행동 양식이 있습니다만, 중생들이 이를 여래의 본모습이라 말하는 것은 부처의 뜻을 바로 이해하지 못한 것이라는 말씀입니다.

부처님의 상호는 32상 80종호의 위의(威儀)를 갖추셨지만 상(相)으로써 여래를 구할 수 없음은 금강경 전편에 넘쳐흐를 만큼 반복하여 강조하셨는데요. 이러한 설법을 수기설법(隨機說法) 또는 대기설법(對機說法)이라 하는데, 부처님이 수행자의 근기에 맞게 적재적소의 비유와 상징을 동원하여 눈높이에 맞는 설법을 펴는 과정에서 본 29분에서는 행주좌와 하는 화신으로서의 여래가 아닌, 진리 그 자체로서의 여래를 보라는 가르침으로 이해하면 되겠습니다.

그러나 법신과 화신이 현실적 개념과 이상적 개념의 이원론적인 것도 아니고, 가고 옴이 없고, 앉고 눕는 것이 없는 것도 아닙니다. 부처님은 무상, 무아로서 어디에도 걸림이 없는 완전한 절대적 경계의 여래이기 때문에 행주좌와 부처님의 위의는 전혀 무관하게 되는 것이지요. 본 분의 이해를 돕는 데 그야말로 부합되는 혜능 육조대사의 게송을 가져와 봅니다.

여래란 오는 것도 아니요
가는 것도 아니며
그렇다고 오지 않는 것도 아니고
가지 않는 것도 아니다.
이와 같이 행주좌와
이 네 가지 위의 가운데
항상 공적(空寂)하게 있는 것이
곧 여래니라.

여러분께서도 잘 아시다시피 불법의 핵심은 만물은 모두 실체가 없고, 상주(常住)가 없다는 것입니다. 공적(空寂)이란 그 어느 것도 예외 없이 형상이 없으니 그것이 곧 공이요, 그러므로 일어나거나 스러짐이 없기 때문에 적(寂)이 되는 본질을 이룹니다. 혜능대사의 시에서처럼 오고 감을 초월한 여래는 어느 곳에도 없고, 아무 곳에나 있는 존재이기도 합니다. 우주 만유에 편재되어 절대성으로 존재하는 진리는 그 자체로 상이 있을 수 없습니다.

우리가 시간 속에서 살지만 시간을 만질 수가 없듯이, 걸림이 없는 초월의 세계에서 추상과 현실의 벽이 허물어진 부처님에게는 정형화된 신체적 위의나 행주좌와가 무슨 의미가 있겠습니까? 마치 태양이 만물을 두루 비춰 생명의 빛을 나눠주지만 대가를 바라지 않듯 또한 바람은 모나고 둥근 것을 가리지 않고 골고루 불어오되, 칼날에 부딪쳐도 상처를 입지 않듯, 조건 없는 원력으로 중생을 제도하는 부처님의 자비심에는 가고 멈춤이 있을 수 없습니다.

태양빛이 산과 들을 가리지 않고 어디라도 비추는 것처럼, 부처님의 가피는 모든 중생이 받을 수 있는 절대성의 원칙입니다. 그래서 그러한 가피를 입은 누구에게나 불성이 미치고, 누구나 다 부처가 될 수 있다고 말씀하신 것이지요.

우리들 의식에 개념화되어 있는 부처님은 굳게 다문 입술과 지그시 감은 인자한 눈 그리고 볼까지 내려오는 큰 귀에 가부좌를 하고 선정에 잠긴 외형으로서의 시각화된 부처님이 있습니다. 따라서 감히 형용할 수 없는 그 엄숙한 존상 때문에 신이한 기적을 낳고 초월적 절대성을 가진 신으로 경배하고 싶은 마음을 가지게도 됩니다.

그러나 부처님은 매일같이 걸어서 사위성으로 들어가 탁발을 하시고 대중들과 똑같이 식사를 하며, 지극히 평범한 수행자로서의 일과를 보내십니다. 부처님이 위대한 것은 하늘이나 절대자에 의해 피동적 깨달음을 이룬 것이 아니라, 사람의 아들로서 저 높은 우주의 진리를 스스로의 고행을 통해 깨우쳤다는 점입니다. 기독교에서는 하늘의 진리를 깨우친 대리자는 오로지 하늘의 아들 예수그리스도 한 사람밖에는 없다고 하지만, 부처님은 70억 인류 누구나 니르바나에 이르러 부처가 될 수 있다며 인간해방의 횃불을 드높이 밝힌 것입니다.

저의 좁은 견해일 뿐입니다만, 해탈과 부처의 경계가 아득히 높아 잡을 수 없고, 차원을 달리하는 별세계에 있는 것은 결코 아니라고 믿습니다. 우리가 밥을 먹고 에너지를 섭취하여 그 에너지로 가고 싶은 곳을 가고, 생산적인 일을 하는 것도 도(道)요, 씨 뿌려 가꾸고 땀 흘려 수확한 농산물을 이웃에 나누는 것도 도입니다. 도란 그 이름이 높은 것이지 너무나 평범한 일상의 지혜가 곧 도가 되는 것입니다.

해탈이니 열반이니 하는 것 또한 중용을 지키며, 일상적 지혜의 연장선상에서 구해야 하는 것일 뿐입니다. 중생들은 종교와 신앙에는 그로 인해 얻는 특별한 체험과 신이한 기적 같은 초능력이 있으리라는 고정관념에 젖어 있는 경우가 많습니다.

예배당이나 법당에서 절하고 기도하면 깨달음이나 구원이 높은 곳에서부터 나의 내부로 내려온다는 강림사상이 중생근기의 한계이기도 합니다. 그러나 금강경은 우리들이 절대적으로 애지중지하는 '나'라는 실체가 있다는 고정관념과 부처란 저 높은 곳에만 존재한다는 선입견을 버리라는 철학서이며, 이상적 삶을 이어주는 생활 지혜서입니다.

금강경의 지혜를 내 것으로 만들어 번뇌의 본질과 마음이 어디에서 오는 것인가를 알면, 가고 오는 것과 앉고 눕는 것의 경계가 없어질 것입니다. 그래서 본문에 보면 '여래라고 하는 것도 어디로부터 오는 것도 없고 또한 가는 것도 없기 때문에 여래라고 표현하느니라.'라고 설하시는 겁니다. 원래 있지도 않았던 '나'인데 생겨날 것도, 없어질 것도 없기 때문에 불생불멸이 되니 비록 역경에 처하더라도 그 고통조차도 놓아버릴 줄 알면 그가 곧 여래가 아니겠습니까?

중요 용어

⊛ 위의(威儀) : 글자 그대로 위엄 있는 용모와 행동을 이르는데, 가고(行), 머무르며(住), 앉고(坐), 눕는(臥) 행주좌와(行住坐臥)를 사위의(四威儀)라 고 합니다.

⊛ 적정(寂靜) : 열반적정의 준말로 모든 고통을 버리고 크게 고요한 열반 에 듦.

⊛ 무소종래 역무소거(無所從來 亦無所去) : 오는 바도 없고 또한 가는 바도 없다. 이 부분을 보리류지본에는 '무소지거 무소종래(無所至去 無所從來)' 로, 진제본에는 '무소행거 역무소종래(無所行去 亦無所從來)'로 번역하였 으나 뜻은 같습니다.

⊛ 고명여래(故名如來) : 그런고로 여래라고 표현하느니라. 즉 여래는 오는 바도 없고, 또한 가는 바도 없기 때문에 여래라고 표현한다는 뜻. 진제 본에는 '시고명여래응공정변각지(是故名如來應供正遍覺知)' 그러니까 '여래 는 오는 바도 없고, 또한 가는 바도 없기 때문에 여래·응공·정변각지라 고 칭한다.'로 번역한 바 있습니다. 여래·응공·정변각지는 부처님의 다 른 이름입니다.

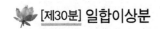 **[제30분] 일합이상분**

일합이상분 (一合理相分) : 하나로 합한 이치의 상		
단락	구분	원문 및 한글번역
1	원문	須菩提 若善男子善女人 以三千大千世界 碎爲微塵 於意云何 是微塵衆 寧爲多不
	한글 토	수보리 약선남자선여인 이삼천대천세계 쇄위미진 어의운하 시미진중 영위다부
	한글번역	수보리여, 어떤 자질이 뛰어난 선남자, 선여인이 삼천대천세계를 부수어 티끌로 만든다면 그대는 어떻게 생각하느냐? 이 티끌들이 많다고 하겠느냐?
2	원문	須菩提言 甚多世尊 何以故 若是微塵衆實有者 佛則不說 是微塵衆
	한글 토	수보리언 심다세존 하이고 약시미진중실유자 불즉불설 시미진중
	한글번역	수보리가 말씀드렸다. 매우 많습니다, 세존이시여. 왜냐하면 이 티끌들이 참으로 있는 것이라면, 부처님께서 티끌들이라 하시지 않았을 것이기 때문입니다.
3	원문	所以者何 佛說微塵衆 則非微塵衆 是名微塵衆
	한글 토	소이자하 불설미진중 즉비미진중 시명미진중
	한글번역	왜냐하면 부처님께서 말씀하신 티끌들은 티끌들이 아니기 때문입니다. 그래서 그 표현이 티끌일 뿐입니다.
4	원문	世尊 如來所說 三千大千世界則非世界 是名世界
	한글 토	세존 여래소설 삼천대천세계즉비세계 시명세계
	한글번역	세존이시여, 여래께서 말씀하신 삼천대천세계도 세계가 아닌 것을 말씀하심이며, 그 표현이 세계라는 것입니다.
5	원문	何以故 若世界 實有者 則是一合相 如來說一合相 則非一合相 是名一合相
	한글 토	하이고 약세계 실유자 즉시일합상 여래설일합상 즉비일합상 시명일합상
	한글번역	왜냐하면 세계가 만약 실제로 있는 것이라면 곧 이것이 하나로 합쳐진 모습일 것이기 때문입니다. 여래께서 설하신 하나로 합쳐진 모습은 하나로 합쳐진 모습이 아니라고 말씀하심이며, 그 표현이 하나로 합쳐진 모습입니다.
6	원문	須菩提 一合相者 則是不可說 但凡夫之人 貪着其事
	한글 토	수보리 일합상자 즉시불가설 단범부지인 탐착기사
	한글번역	수보리여, 하나로 합한 모양이란 것은 곧 이것이 말로 표현할 수 없는 것인데도, 다만 어리석은 사람들이 그것을 탐내고 집착하느니라.

'하나로 합한 이치의 상'으로 소제목의 해제를 붙였습니다만, 사실 제30분의 '일합이상' 네 글자를 한글로 풀이하기는 쉽지 않습니다. 일합(一合)이란 다시 말하면 하나로 합쳐진 집합체의 덩어리를 말하는데, 현상계의 모든 근원은 그 존재의 양상을 불문하고 하나의 모양이란 뜻입니다. '하나를 위한 전체, 전체를 위한 하나!'란 표현도 가능할 것 같군요.

실제로 많은 금강경 해설서와 번역서에서도 가장 많은 이견(異見)이 분분한 부분이 본 일합이상분이기도 합니다. 미진의 세계나 일합상의 경계를 설명하는 데는 그만큼 논리적인 어려운 설명이 따라야 하기 때문인데요. 우선 본문의 '삼천대천세계 쇄위미진(三千大千世界 碎爲微塵)'부터 살펴보도록 하겠습니다.

부처님께서는 헤아릴 수 없는 무량대수를 설법할 때 곧잘 갠지스강의 모래알에 비유하셨던 건 잘 알고 있지만, 본 분에서는 삼천대천세계로 그 비유 대상을 무한대로 확장하고 있습니다. 물론 제8분 의법출생분에서도 삼천대천세계에 가득 찰 칠보로 보시하는 공덕보다 금강경을 수지·독송하며, 사구게 등을 남을 위해 설명해 주는 공덕이 더 크다는 비유를 하신 바 있지만, 본 분에서는 우주법계 전체의 땅을 분쇄하여 티끌로 만든다면 그 티끌들이 많지 않겠는가를 수보리에게 묻습니다.

뭐 당연한 답을 유도하신 셈인데 그 당연한 비유에서 놀라운 결론을 도출해 내는 부처님의 교수법이 준비되어 있음을 알아야 하겠습니다. 제8분 의법출생분에서 살펴본 것처럼, 삼천대천세계란 불교의 우주관을 나타내는 술어인데, 현대 천문학이 밝혀놓은 태양계와 은하계 그리고 수천 개의 은하계를 포함하는 팽창우주 이론과 너무나 흡사한 데 놀라지 않을 수 없습니다.

반복하여 설명 드리지만, 수미산을 중심으로 지금의 태양계에 해당하는 해와 달의 공간세계를 일세계라 부르고, 그 일세계가 1,000개 합쳐진 공간을 소천세계라 하며, 그 소천세계가 1,000개 모여 중천세계가 되지요. 또한 중천세계 1,000개가 모여 대천세계가 되는데, 소중대 3천이 겹쳐졌기 때문에 삼천대천세계라 부름은 이미 살펴보았습니다.

불교는 결국 이 삼천대천세계를 교화 대상으로 삼습니다. 그러나 이렇게 광활한 우주법계의 전체 땅을 가루로 분쇄한다 해도 이것조차 실재하는 것이 아니라, 그 이름이 티끌일 뿐이라는 것을 수보리의 답변을 통해 설명하고 있습니다. 현상적 안목으로서는 미진의 세계가 있을 것이지만, 이치와 작용면에서 보았을 때는 그 또한 공하므로 상을 여의고 일심으로 마음을 항복시키면 허상과 실상의 경계가 없어지니 이를 중도실상이라 하는 것입니다.

우리들 눈앞에 나무나 꽃, 책 등이 있다고 할 때 과연 그것들이 실존하는 것이라 말할 수 있을까요? 우리의 대뇌가 인식하는 것은 그 물질의 빛이 발산하여 되돌아오는 파장의 허상을 보는 것이기 때문에 그것은 신호일 뿐 물질로 의식에 저장되는 것은 아닙니다. 그 허상을 바로 보는 것이 실상을 보는 것이요, 불교 사상의 핵심이 되는 것입니다.

인생에 있어 고통의 원인은 무명(無明)에 있고, 무명을 있게 하는 근본은 아상에 있습니다.

아상을 버리라는 말도 곧 허상과 실상의 경계를 허무라는 말과 같습니다. 일합이상분을 바르게 이해하기 위해서는 현대 원자물리학을 인용하는 것도 중요한 비교가 될 것 같아 간단히 설명해 보도록 하겠습니다.

누구나 다 아는 과학지식인데요. 모든 물질은 기본 입자인 원자로 이루어지며, 원자는 다시 양(+)전하를 띤 원자핵과 음(-)전하를 띤 전자로 나누어지고, 원자핵은 다시 양(+)전하를 띤 양성자와 전하를 띠지 않는 중성자로 나눌 수 있지요. 이렇게 세분화되고 마지막에 더 이상 나눌 수 없는 가장 작은 알갱이에 이르게 되는데 이를 소립자(쿼크)라고 합니다.

소립자는 현재까지 발견된 물질을 구성하는 가장 작은 단위의 입자라 할 수 있습니다. 물질이란 해당 특성에 맞는 성질을 나타내는 것이므로 양성자, 중성자, 전자만으로는 표현될 수 없고 이들이 결합된 원자에서 비로소 해당 물질의 특성들이 나타나기 때문에 물질의 기본단위를 원자로 정의하는 것입니다.

물질을 구성하는 입자

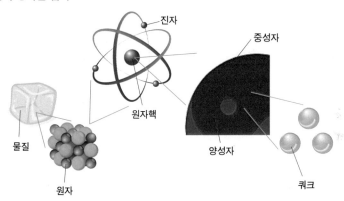

부처님이 말씀하신 미진중(微塵衆) 즉 티끌 먼지들이 곧 소립자의 세계인데, 이 소립자 속에 또한 삼천대천세계가 들어 있으니 그것이 바로 일합상의 진리인 것입니다. 법성게의 '일미진중함시방(一微塵中含十方), 하나의 티끌 가운데 세계가 있고, '일중일체다중일 일즉일체

다즉일(一中一切多中一 一卽一切多卽一), 하나 가운데 많은 것이 있으며, 많은 것 가운데 하나가 있다.'를 상기해 보시기 바랍니다.

 그러나 이 부분을 논리로 해석하면 티끌은 개개의 별개이기 때문에 아무리 모여도 그것은 티끌의 집합체일 뿐 세계가 되지 않는다는 풀이가 가능해집니다. 반대로 세계는 세계로 이름 지어졌기 때문에 아무리 잘게 부수어도 그것은 세계이지 티끌이 되지 않게 됩니다. 그러니 이들 미진중이나 삼천대천세계 또한 상으로서는 실체가 없으며, 다만 그 표현이 티끌이나 세계가 되는 것이라 설하시는 것입니다. 본문의 한글 해석 전문을 옮겨보겠습니다.

 "수보리여, 어떤 자질이 뛰어난 선남자, 선여인이 삼천대천세계를 부수어 티끌로 만든다면 그대는 어떻게 생각하느냐? 이 티끌들이 많다고 하겠느냐?"

 "수보리가 말씀드렸다. 매우 많습니다, 세존이시여. 왜냐하면 이 티끌들이 참으로 있는 것이라면, 부처님께서 티끌들이라 하시지 않았을 것이기 때문입니다."

 "왜냐하면 부처님께서 말씀하신 티끌들은 티끌들이 아니기 때문입니다. 그래서 그 표현이 티끌일 뿐입니다."

 "세존이시여, 여래께서 말씀하신 삼천대천세계도 세계가 아닌 것을 말씀하심이며, 그 표현이 세계라는 것입니다."

 "왜냐하면 세계가 만약 실제로 있는 것이라면 곧 이것이 하나로 합쳐진 모습일 것이기 때문입니다. 여래께서 설하신 하나로 합쳐진 모습은 하나로 합쳐진 모습이 아니라고 말씀하심이며, 그 표현이 하나로 합쳐진 모습입니다."

 "수보리여, 하나로 합한 모양이란 것은 곧 이것이 말로 표현할 수 없는 것인데도, 다만 어리석은 사람들이 그것을 탐내고 집착하느니라."

 '티끌은 티끌이 아니다. 그래서 티끌이라 한다.' 그렇습니다. 금강경의 사유 방식은 제1부에서 살펴본 것처럼 'A는 A가 아니다. 그래서 A라고 하는 것이다.'였었습니다. 따라서 한 덩어리로 합한 일합상이란 것도 말로 표현할 수 없는 것인데도 다만 어리석은 사람들이 그것을 탐착한다고 하십니다.

일합상을 쉽게 표현하면 중생들이 사는 현실 사바세계를 일컫는 말인데, 티끌 같은 인연의 종자가 집합하여 이루어진 것이기 때문에 하나로 뭉쳐진 집합체란 뜻의 일합상(一合相)이 된 것입니다. 미진이 합하여 색을 이루고, 오온이 합한 것이 인간이기 때문에 일합상이라고 『화엄경대소연의초』에서 밝히고 있으나, 본 일합이상분에서 일합상은 탐착을 버리라는 설법으로 이어집니다.

세계와 중생 그리고 한 톨 먼지가 별개의 세계가 아닙니다. 우주 법계에 충만한 모든 인연과 조건화합이 필연의 질서로 움직이거늘 그 절대성의 진리를 부처님의 지혜를 빌려 한 방에 깨우치면 이 이름만 남은 허상의 실체를 바로 볼 수 있을 것이며, 그 경계가 일합상의 중도실상을 아우르는 해탈의 문을 여는 순간이 될 것입니다.

우리가 살고 있는 지구라는 공간은 앞 장 제22분 무법가득분에서 블루 플래닛이란 사진과 함께 설명 드린 바 있지만, 우주 전체로 볼 때는 삼천대천세계를 부수어 가루를 낸 먼지 한 톨보다도 보잘 것없는 미진중의 티끌일 뿐입니다. 이 속에서 우리는 온갖 애증과 희비 원망이 교차하는 아상에 젖어 원래 없는 '나'라는 허상을 부여잡고 찰나를 영원이라 착각하며 살아가는 것이란 생각을 해 볼 필요가 있습니다.

조건으로 이름 지어진 모든 것은 허망한 것임에도 끊임없이 부여잡고 내 것, 내 몸뚱이, 내 재산·명예, 내 가족, 내 사랑 등등 한 조각 구름 같은 허상을 좇아 일생을 바치는 것이 우리들 중생이 아닙니까? 그럴 때마다 우리들은 미진중에도 못 미치는 지구에 또한 미진중에도 못 미치는 인간의 존재를 생각해 보아야 합니다.

대체로 원자의 크기는 1㎝의 길이에 1억 개의 공이 밀집해 있는 것 중의 하나로 보면 됩니다. 그리고 원자가 가로세로 200m의 경기장 크기라면, 그 속에 있는 몸길이 2㎜의 개미 한 마리에 불과한 것이 바로 원자핵인 것입니다. 이처럼 초미립자세계에서 지금도 팽창을 계속하고 있는 광대무변의 우주법계까지를 모두 부수어 가루를 낸다고 한들 그것이 어떤 실체일 수가 있겠습니까? 다만 조건이고 이름일 뿐입니다.

우리나라에서 보면 서해바다가, 중국에서 보면 동해바다가 되고, 우리의 동해는 일본에서 보면 서해가 되는 것이잖습니까? 안드로메다은하, 마젤란성운, 토성, 목성, 한때 목숨 바쳐 사랑했던 갑순이 그리고 만나기만 하면 골백번 죽여 버리고 싶은 원수 아무개까지 모든 게 잠시 우주법계의 인연으로 결합된 인식의 표현일 뿐입니다. 그래서 부처님께서는 이 모든 항존(恒存)하지 않는 우주의 질서를 관하신 후 제행무상이요, 제법무아라 하신 겁니다. 이 일합상으로부터 삼천대천세계에 이르는 우주법계의 진리를 깨닫고, 나를 내려놓을 줄 아는 대해탈의 자유인이 되는 것이 불교인 것입니다.

중요 용어

🟤 쇄위미진(碎爲微塵) : 티끌 먼지처럼 부순다는 뜻. 이 부분은 역본에 따라 많은 차이를 보이는데, 보리류지본에는 '쇄위미진아승기(碎爲微塵阿僧祇)' 즉 '부수어 아승기 수만큼의 미진으로 만든다면'으로 번역하였고, 진제본은 '삼천대천세계의 지대(地大)의 미진들을 불태워(소성회말 燒成灰

末) 재의 분말로 만들고'로 번역하였는가 하면, 현장본에서도 '삼천대천
세계의 지극히 미진과 같은 수량으로, 한 세계와 이와 같은 무수한 세
계를 다시 지극히 미세한 것으로 모은다면'으로 번역하는 등 번역자가
의도적으로 의미를 설명한 것들이 보입니다. 그러나 그 통사의 사상적
맥락은 '쇄위미진'으로 통합할 수 있겠습니다.

❀ 실유자(實有者) : '참으로 있는 것이라면'의 뜻. 이때의 자(者)는 '것'이라
는 의존명사로 쓰였습니다.

❀ 일합상(一合相) : 일합상을 쉽게 표현하면 중생들이 사는 현실 사바세계
를 일컫는 말인데, 티끌 같은 인연의 종자가 집합하여 이루어진 것이기
때문에 하나로 뭉쳐진 집합체란 뜻의 일합상(一合相)이 된 것입니다. 미
진이 합하여 색을 이루고, 오온이 합한 것이 인간이기 때문에 일합상
이라고 『화엄경대소연의초』에서 밝히고 있으나, 본 일합이상분에서의
일합상은 탐착을 버리라는 설법으로 이어집니다.

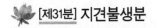 **[제31분] 지견불생분**

단락	구분	지견불생분 (知見不生分) : 지견을 내지 말라
		원문 및 한글번역
1	원문	須菩提 若人言 佛說 我見 人見 衆生見 壽者見 須菩提 於意云何 是人解我所說義不
	한글 토	수보리 약인언 불설 아견 인견 중생견 수자견 수보리 어의운하 시인해아소설의부
	한글번역	수보리여. 어떤 사람이 부처님께서 나라는 견해, 사람이라는 견해, 중생이라는 견해, 목숨이라는 견해를 설하였다고 한다면 수보리여. 그대 뜻은 어떠한가? 이 사람은 내가 말한 뜻을 바르게 이해한 것이겠느냐?
2	원문	不也 世尊 是人 不解如來所說義 何以故 世尊說 我見 人見 衆生見 壽者見 卽非我見 人見 衆生見 壽者見 是名 我見 人見 衆生見 壽者見
	한글 토	불야 세존 시인 불해여래소설의 하이고 세존설 아견 인견 중생견 수자견 즉비아견 인견 중생견 수자견 시명 아견 인견 중생견 수자견
	한글번역	아닙니다. 세존이시여. 이 사람은 여래께서 설한 뜻을 이해하지 못한 것입니다. 왜냐하면 세존께서 설하신 나라는 견해, 사람이라는 견해, 중생이라는 견해, 목숨이라는 견해는 곧 나라는 견해, 사람이라는 견해, 중생이라는 견해, 목숨이라는 견해가 아니라고 하신 것이며, 그 이름이 나라는 견해, 사람이라는 견해, 중생이라는 견해, 목숨이라는 견해인 때문입니다.
3	원문	須菩提 發阿耨多羅三藐三菩提心者 於一切法 應如是知 如是見 如是信解 不生法相
	한글 토	수보리 발아뇩다라삼먁삼보리심자 어일체법 응여시지 여시견 여시신해 불생법상
	한글번역	수보리여. 가장 높고 바르며, 원만한 깨달음의 마음을 낸 사람은 모든 가르침을 대함에 있어서 마땅히 바르게 알고, 바르게 보며, 바르게 믿고 이해하여 가르침이라는 관념을 일으키지 말아야 하느니라.
4	원문	須菩提 所言法相者 如來說卽非法相 是名法相
	한글 토	수보리 소언법상자 여래설즉비법상 시명법상
	한글번역	수보리여. 가르침이라는 관념이라고 말한 것은 여래가 가르침이라는 관념이 아닌 것을 설함이며, 그 이름이 가르침이라는 관념인 것이니라.

　　지견(知見)이란 단어의 사전적 정의는 '지식과 견해'로 풀이할 수 있겠으나 지식과 견해야말로 분별심의 거름이 되어 법상(法相)을 키

우는 아인사상의 종자가 되기 때문에 경계하라는 가르침이 본 '지견불생분'입니다. 본 분에는 아인사상의 집착과 잘못된 견해를 경계하는 설법으로 이어지면서 용어의 난해함이나, 이원적 해석을 필요로 하는 비유적 문장도 별로 없어 설법 그대로의 문맥으로 이해하시면 되겠습니다.

불법을 깨우치는 데는 대학에서 학문을 연마하듯 실험하고 연구하는 학구적 자세가 아니라, 크게 공한 우주법계의 이치를 궁구하여, 애초에 없는 아상을 여의는 담대한 발심이 중요하거니와 결코 알음알이를 증득하여 지식의 탑을 쌓아가는 것이 아닙니다.

지식 자체가 나쁜 것이 아니라 지식과 법의 경지에 경도되다 보면 많은 공부를 했다는 아만(我慢)에 빠지거나, 법을 깨쳤다는 법집(法執)에 빠져 불법을 분석적이며 비평적 분별심으로 제7식에 쌓아 놓게 됩니다. 윤회는 제8식 아뢰야식에 저장된 생각, 행위, 언사 등의 모든 훈습된 인과가 안개처럼 뭉쳤다가 인과를 바탕으로 새로운 인연의 형태로 탄생하는 것입니다. 그런데 이 7식은 6식으로 인식된 경험과 학습이 진실된 것으로 믿고, 8식인 아뢰야식과 6식 사이를 넘나들며, 고착된 무명의 아상을 만들어 문제를 일으킵니다. 불교를 많이 공부하고 연구한 학자나 스님 중에서 경전이 곧 불법인 줄 아는, 법집에 빠지는 사례가 나오는 이유가 이 때문입니다. 그러니 우리가 지견을 내더라도 아인사상을 버리고 중생의 견해를 멸해야 하는 것인데요.

중생의 견해가 뭐다? 그건 바로 중도실상을 모르는 거지요. 앞에서도 중도실상은 많은 부분 언급되고 인용되었습니다만, 한마디로 마음에 지혜의 눈을 틔우는 겁니다. 선입견과 분별심을 버리고 사물의 핵심을 바로 보는 거지요. 서울에 가려면 서울 가는 길을 바르게 알아내서 그 길로 가면 됩니다.

많은 사람들이 서울로 갔던 길을 알아보고, 믿을 만한 이정표를 확인하여 그 길을 가야겠지요. 그런데 서울 가는 이정표의 재질이 나무인지 돌인지, 글씨의 서체는 어느 시대의 것인지, 과연 이 이정표가 진품인지 가짜인지, 그것을 분석하고 아무리 연구해봐야 서울 가기는 '날 샌 블루스'가 아닙니까?

어리석은 도둑이 훔친 보물을 숨길 데가 없어 뒷산에 구덩이를 파고 묻었지만 아무리 생각해도 다른 사람이 캐갈 것이 걱정이 되자 한 가지 꾀를 생각해 냅니다. "여기에 보물 안 묻혔음"이란 팻말을 써 붙이고 돌아서니 한결 마음이 놓이는 것이 아니겠습니까? 그런데 돌아오는 길에 곰곰이 생각해 보니 세상 온통 못 믿을 사람들뿐이라(제 놈부터 도둑이니 누굴 믿을 수 있었겠습니까?) 다시 그 자리로 가서는 이번엔 "여기 절대로 보물이 안 묻혔음"이라고 표시하고는 그제야 마음 편히 돌아갔다는 말씀!

이런 게 바로 지견인 거지요. 이 도둑이 글자를 안 것은 지식인데, 바른 견해와 지혜가 없었던 겁니다. 짧은 지식이 뇌를 점령한 경우라 하겠습니다. 큰 도(道)를 이루는 거나 진리에 이르는 길에는 정해진 길이나 방식이 있을 수 없습니다. 그래서 '대도무문(大道無門)'이라 하는데, 도둑도 큰 도둑은 아무리 큰 울타리나 대문이 있어도 자유자재로 드나든다니 그들도 '대도무문(大盜無門)'이라 하나봅니다.

불교의 수행법 중에는 스스로 자신의 몸을 학대하여 번뇌의 발현을 끊고 해탈에 이르고자 하는 정진법이 있는가 하면, 오랜 세월 눕지 않는 장좌불와에, 자신의 몸을 불에 태워 부처님께 바치는 소신공양 같은 극단적 해탈행이 있습니다. 역사적으로 그런 큰 스님의 족적이 후대에 전해지고 있습니다만, 제 생각으로는 그러한 극단적 수행도 중도를 그르친 잘못된 전도(顛倒)가 아닐까 생각해 봅니다.

구약성서 창세기 22장에는 하나님이 아브라함의 신심을 시험하기 위해 그의 아들, 이삭의 불고기를 바치라고 요구하셨지만, 언제 부처님께서 중의 몸뚱이로 불고기 요리를 해 달라 하셨던가요? 생사를 초월한 그 원대한 발심은 훼손되면 안 되겠지만 마음 안에서 찾지 못한 해탈을 육신을 조작해서 얻는다는 것도 중도는 아닐 것 같습니다. 그러한 발심을 하신 스님 정도라면 역사에 몇 안 될 이미 해탈을 이룬 큰 스님일진대 해탈했다는 희열의 경지에 다시 집착하여 새로운 해탈을 이루려는 또 다른 집착이 아닌지 모르겠습니다.

부처님도 성도 이후 몸을 학대하는 것이 수행의 바른길이 아님을 설파하신 것처럼, 마음 밖에 법이 없다고는 하나, 마음을 담는 그릇 또한 몸이기 때문에 상처가 나면 상처가 소중해서 치료를 하는 게 아니라, 깨우침으로 가는 방편의 그릇이 몸이기 때문에 감싸는 것이 아니겠습니까?

불법 수행도 지나치면 오히려 독이 될 터입니다. 중도를 설명할 때 자주 인용되는 불교 설화 하나를 인용해 봅니다. 부처님 당시 소나라는 비구가 있었습니다. 그는 열심히 공부하며 밤낮을 눕지도 않고 수행하였으나 깨달음을 얻지 못했다고 하네요. 스스로도 자신은 깨달음의 그릇이 아니라 생각하며, 환속을 하여 보시공덕이나 닦을까를 생각하게 됩니다. 그의 번민을 아신 부처님이 그를 불러 묻습니다.

"소나여. 그대는 세속에서 거문고를 잘 탔다고 하는데 사실이냐?"
"예. 사실이옵니다."

"그러면 그 거문고를 탈 때 거문고 줄을 많이 죄면 좋은 소리가
나더냐?"

"그렇지 않습니다."

"그러면 느슨하게 조이면 좋은 소리가 나느냐?"

"그렇지도 않습니다. 너무 느슨하지도 않고, 너무 조이지도 않아
야 좋은 소리가 납니다."

"그렇다 소나여, 불도를 수행하는 것도 꼭 그러하니라. 너무 자신
을 혹사하면 지쳐서 평정이 깨어지고, 너무 느슨하면 게을러 해이
해지느니 만일 중도를 정행하면 속세의 미혹을 없애고 깨달음을 얻
을 것이니라."

부처님의 수기설법과 대기설법은 최고의 교수법임을 다시 한번 실
감하게 되는군요. 이 가르침을 따라 소나는 스스로를 조절하여 마
침내 큰 깨달음을 성취하게 됩니다. 중도실상을 이해하는 데 매우
유용한 인용이 되었으리라 생각합니다.

그러나 우리 중생들의 감각기관인 안이비설신(眼耳鼻舌身)의 감각
과 지식의 통로인 의식을 통하여 개념화된 6식은 하나의 정답에 최
적화되어 '맞다'와 '틀리다' 또는 '밝다'와 '어둡다'처럼, 두 개의 대극
적인 가치의 체계로 일반화되어 있습니다. 중도의 차원에서 있는
그대로의 실상을 봐야 하는데, 그날그날의 감정과 조건의 지배하
에 편견에 빠지거나, 좋고 싫음과 무덤덤한 감각이 무시로 일어나
게 됩니다.

예를 들어 아름다운 절세의 미인을 보면 안식(眼識)은 실시간 미인
이 발산하는 색의 파장을 대뇌에 전기적 신호로 전달하게 되고, 대
뇌는 의식의 창고에 아름답다는 관념을 저장하여, 안아보고 싶고,

사랑하고 싶은 조건반사를 일으키게 됩니다. 이 단계에서 중도를 그르치게 되면 맹목적인 사랑에 탐닉하게 되어 납치를 하거나, 목숨을 버리는 따위의 극단적 선택을 하게도 되지요. 사랑이 오히려 장애고, 재앙의 종자이며, 증오와 원한의 씨앗이 될 수도 있는 것입니다.

사랑을 하지 말라는 말이 아니라 사랑을 하되 사랑을 거스르지도 말고, 사랑에 탐닉하지도 말라는 말인데요. 원래 나의 의식에는 아무것도 없었는데, 조건으로 연기된 거짓 색의 파장만 들어와 있을 뿐입니다. 내 몸뚱이, 내 마음 하나 내 것이 아닌데, 의식의 한편을 밀고 들어와 그림자로 저장된 타인의 거짓 환영이야 말해서 무엇 하겠습니까? 우리들이 살아가는 욕망의 세계가 하나같이 이러할진대 이 실체 없는 빛의 허상인 전기적 신호에 내 마음이 무너지지 않는다면 내가 바로 부처인 것입니다.

본문 내용을 살펴보겠습니다. '수보리 발아뇩다라삼먁삼보리심자 어일체법 응여시지 여시견 여시신해. 불생법상(須菩提 發阿耨多羅三藐三菩提心者 於一切法 應如是知 如是見 如是信解. 不生法相)' 뜻은 '수보리여. 가장 높고 바르며, 원만한 깨달음의 마음을 낸 사람은 모든 가르침을 대함에 있어서 마땅히 바르게 알고, 바르게 보며, 바르게 믿고 이해하여, 가르침이라는 법상의 관념을 일으키지 말아야 하느니라.' 즉 바르게 보는 지견으로 믿고 이해하여, 법상을 일으키지 말라는 말씀이로군요.

여기서는 '법상(法相)'이라는 용어에 주목해 주시기 바랍니다. 법상이란 법에 대한 지견을 이름인데, 실상을 있는 그대로 바로 보면 잘못된 지견이 일어날 수 없고, 감각에 끌려가지 않는 무위의 삶을 살아갈 수가 있습니다. 고착화된 관념의 법에 얽매이지 말라는 말씀입니다. 우리 사회의 법도 최소한의 규범에 그쳐야 하는데 얼마나 많은 법이 상충하며, 국민의 자유를 제한하고 있습니까? 정말로 '법으로써 법 만드니 법 만날까 두렵다.'라는 말이 나올 법도 하군요.

부처님이 본 분에서 설하신 '바르게 알고, 바르게 보며, 바르게 믿고 이해하여, 가르침이라는 법상의 관념을 일으키지 말아야 하느니라.'는 우리가 제21분 비설소설분에서 살펴본 것처럼, 일체의 상(相)을 떠나 있는 부처님으로서는 설하고, 설하지 않음의 경계가 있을 수 없고, 아니 온 듯 다녀가는 것처럼, 설하되 설한 바가 없으니 그 안에 법(진리)이 존재한다는 생각이 있을 수 없습니다.

그야말로 상(相)을 떠난 상(相)인 '이상지상(離相之相)'이라 하겠습니다. 중생들이 깨달음을 증득해 가는 데는 어차피 알음알이를 통해서 견해를 정립하고 군건한 믿음으로, 자신을 깨우침으로 이끌고 가는 지견(知見)과 신해(信解)의 실천적 수행이 수반되어야 합니다. 쉽게 풀이하면 아는 만큼(知) 보이니(見), 믿게 되어(信) 깨우친다(解)가 되는군요. 정리하면 아인사상을 버릴 때 바른 지견과 신해(信解)가 되어 법상에 빠지지 않는다는 것입니다.

중요 용어

※ 해아소설의부(解我所說義不) : 직역하면 "내가 말한 뜻을 바르게 이해한 것이겠느냐?" 즉 앞의 문장, "어떤 사람이 부처님께서 나라는 견해, 사람이라는 견해, 중생이라는 견해, 목숨이라는 견해를 설하였다고 한다면 수보리여. 그대가 보기에 그 사람이 내 말뜻을 알아들은 것이냐"의 뜻.

※ 법상(法相) : 우주 만유 그대로의 이치와 현상의 모습으로서, 이에 대한 지견을 내는 것을 말하는데, 여기서도 중도실상의 지견을 내지 못하면 다만 법을 위한 법, 법에 의한 법이 되어 법상의 관념에 빠진다는 것입니다.

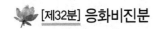 **[제32분] 응화비진분**

\multicolumn{3}{c}{응화비진분 (應化非眞分) : 조건 따라 보인 것은 참이 아니다}		
단락	구분	원문 및 한글번역
1	원문	須菩提 若有人 以滿無量阿僧祇世界七寶 持用布施
	한글 토	수보리 약유인 이만무량아승기세계칠보 지용보시
	한글번역	수보리여. 만약에 어떤 사람이 한량없는 아승기 세계에 가득 찰 칠보로써 보시한다 하고
2	원문	若有善男子 善女人 發菩薩心者 持於此經 乃至 四句偈等 受持讀誦 爲人演說 其福勝彼
	한글 토	약유선남자 선여인 발보살심자 지어차경 내지 사구게등 수지독송 위인연설 기복승피
	한글번역	또 만약 어떤 뛰어난 선남자나 선여인으로 보살심을 낸 사람이 이 금강경을 받아 지니어 읽고 외우며, 사구게 등을 남을 위해 가르쳐준다면 이 사람의 복이 앞의 사람보다 뛰어나리라.
3	원문	云何爲人演說 不取於相 如如不動 何以故
	한글 토	운하위인연설 불취어상 여여부동 하이고
	한글번역	어떻게 다른 사람을 위해 가르쳐주어야 하겠는가? 상(관념)에 집착하지 아니하면 변함없는 한결같은 마음으로 할 수 있으리라. 왜 그러한가?
4	원문	一切有爲法 如夢幻泡影 如露亦如電 應作如是觀
	한글 토	일체유위법 여몽환포영 여로역여전 응작여시관
	한글번역	인연의 화합으로 이루어진 모든 것은 꿈과 환상, 물거품과 그림자 같은 것 이슬과 같고 번갯불과 같은 것이니 마땅히 이와 같이 살펴야만 할지니라.
5	원문	佛說是經已 長老 須菩提 及諸比丘 比丘尼 優婆塞 優婆夷 一切世間 天人 阿修羅 聞佛所說 皆大歡喜 信受奉行
	한글 토	불설시경이 장로 수보리 급제비구 비구니 우바새 우바이 일체세간 천인 아수라 문불소설 개대환희 신수봉행
	한글번역	부처님이 이 경을 설하여 마치시니 장로 수보리와 더불어 모든 비구 비구니, 우바새 우바이 그리고 모든 세상의 천신·사람·아수라가 부처님 말씀을 듣고 모두가 크게 기뻐하며, 믿고 받들어 행하였다.

금강경 제1분 법회인유분에서 시작된 대장정은 이제 마지막 32분 응화비진분까지 이어져 왔습니다. 저도 본 원고를 시작한 때가 정확히 언제였던지 아득한 생각에 더하여, 과연 천학비재한 제가 위대한 인류의 지혜서 금강경 해설의 대미를 맞을 수 있을지조차 스스로 두려웠고, 지난 세월 열심히 닦아오지 못한 존재의 가벼움에 무시로 부딪치며, 한없이 나약해지는 회의감이 밀려올 때가 한두 번이 아니었습니다.

　그러나 쭉정이 저의 알량한 견해로나마 나름대로는 중도실상에서 금강경을 바로 보고자 했었고 그러한 발심이 지금의 대미를 맞을 수 있게 한 근간이 되지 않았을까 하는 환회심에도 젖어봅니다.

　본 32분을 유통분으로 하여 금강경은 대단원의 막을 내립니다만 더욱 새로운 각오로 무상과 무아의 금강 지혜를 밝히는 장이 되도록 금강경의 첫 페이지를 여는 초심으로 가까이 다가가 보도록 하겠습니다.

　설법의 발단은 제2분 선현기청분에서 수보리가 부처님에게 "가장 높고 바르며, 원만한 깨달음(아뇩다라삼먁삼보리심)을 얻고자 하는 마음을 내었다면 어떻게 발심해야 하며, 어떻게 수행하고, 어떻게 그 마음을 항복받아야 하겠습니까?" 하고 질문하는 데서부터 비롯되었습니다. '아뇩다라삼먁삼보리심'이니, '항복받는다'는 등의 일상어가 아닌 생소한 용어가 등장하지만, 아주 쉽게 수보리의 질문을 요약하여 현대인에게 적용한다면 "부처님. 우찌 사는 것이 참되고 지혜로운 삶이겠습니껴?" 하고 묻는 말에 다름 아닙니다. 금강경은 신령한 진언(眞言)이 들어 있는 비결도 아니며, 종교인들의 신행(信行)의 발심을 견고히 하기 위한 교조적(敎條的) 교범도 아닙니다.

　금강경은 시대를 초월하여 현재를 살아가는 중생들이 어떻게 하면 무명과 번뇌를 버리고, 참된 진리의 길에서 저 강 건너의 피안에 이를 것인가를 밝힌 인간 계발서이며, 보편적 인류의 행복학 교과서인 것입니다. 그 설법의 장정에서 무수히 강조하고 반복 당부하신, 상(相)을 버리라는 가르침이 32분에서도 아낌없이 등장하고 있습니다.

상(相)! 다시 한번 상에 대하여 깊은숨을 몰아쉬듯 재음미해 봅니다. 한자로는 나무 목(木)에, 눈 목(目)을 써서, 서로 또는 바탕, 관상 등의 의미로 쓰입니다만, 금강경에서는 변화하고 분별로 나타난 현상계의 모습으로서, 의식에 고착화된 관념의 덩어리를 상으로 보고 있습니다.

오온(五蘊)이 일시적 인연으로 모여서 이루어진 '나'를 영원한 실체라고 집착하는 아상(我相)으로부터, '나'는 사람이라는 관념으로 지옥 중생이나 축생들과는 다르다고 집착하여 일체만물 위에서 우월감에 젖는 인상(人相), 부처와 중생을 구별하여 부처는 아득한 곳에 존재하므로, 나 같은 중생은 부처가 될 수 없으니 스스로 타락하고 포기하여 향상이 없는 관념인 중생상(衆生相) 그리고 목숨과 수명에 대한 오래 살려는 집착인 수자상(壽者相) 이렇게 4상을 아인사상이라 함은 익히 아시리라 믿습니다.

그런데 이 4상 중 아상을 끊는 것이야말로 지구를 한 손바닥으로 들어 옮기는 것보다 어려우니, 아상을 멸하면 나머지 세 가지 상은 종속적으로 소멸되어 상을 버리고 마음을 항복받는 이상복심(離相伏心)에 이른다고 하였습니다. 원래부터 없는 나를, 없는 내가 찾으려니 무명의 노예가 되어 채워도, 채워도 채울 수 없는 욕망의 굴레가 번뇌를 만들고 세세연연 윤회의 인과로 거듭나게 되는 것입니다.

내 몸의 주인은 자아도 아니고, 운명도 아니라 다만 오온의 조건이 결합된 일시적 인연의 결과물이라는 것이 불교사상의 일관된 핵심입니다. 꼬집으면 아프고, 뺏기면 분노하며, 부를 쌓아 남 위에 군림하면 충만한 자존감에 스스로 우쭐해지고, 사랑하는 사람과 정을 통하면 행복의 꽃비가 오는 듯 황홀해지는 분명히 있는 '나'를 버리라니 그러면 인생에서 남는 게 무엇이냐고 누군가 물으신다면, 사랑은 눈물의 씨앗이라는 답이 아니라, 바로 다음과 같은 답을 여러분은 준비해 두시기 바랍니다.

'그중에 영원한 것이 무엇이 있더냐고?'라는 대답 말입니다. 아프다고 느낀 것도 대뇌가 실시간으로 느낀 때는 시간상으로 이미 과거의 아픔이며, 지금 행복이라고 보고 있는 '나'는 이미 잡을 수 없는 과거의 '나'라고 말입니다. 끝나지 않는 잔치도 없고, 멈추지 않는 고통도 없습니다. 엄격히 보면 공간의 일부인 시간에서는 정지된 현재는 있을 수 없기 때문입니다.

내가 보고 있는 사물의 모습이 나에게 비치기까지는 이미 거리와 빛의 속도만큼의 시간을 건너온 과거의 형상일 뿐입니다. 그래도 '나는 지금도 행복하고 앞으로도 행복할 거야!'라는 사람이 있거나, '나는 지금도 괴롭고 앞으로도 괴로울 거야. 내 팔자가 이 모양이니 어쩌겠어!'라는 사람이 있다면 그냥 축하나, 위로의 술 한 잔 받아주면서 그냥 그대로 살라고 축원해주면 그뿐입니다.

현재라는 자체가 없는데 어떻게 현재의 '나' 아상이 있을 수 있겠습니까? 그래서 부처님께서는 과거심 불가득, 현재심 불가득, 미래심 불가득이라 하신 거지요. 이 가르침을 우리들 삶에 적용하면 과거, 현재, 미래도 없으니 그냥 막 살라는 말씀이 아니라, 이미 흘러간 과거의 영광이나 아픔이 현재의 나를 바꿀 수 없음이요, 아직 오지 않은 미래가 나의 실체에 예정된 숙명으로 다가오는 것도 아니라는 말씀입니다. 달리 말하면 희망에도 속지 말고, 절망에도 속지 말라는 가르침인 것입니다.

'나는 누구인가? 나는 어떤 존재인가?'를 끊임없이 자문하고, 내가 중생과 세상을 위해 어떤 복을 지을까를 명상하며, 이 모두를 부처의 이름으로 행한다면 무아행(無我行)은 당연하고, 내가 곧 부처가 아닐 수 없게 될 것입니다. 본문 내용으로 들어가 봅니다.

"수보리여. 만약에 어떤 사람이 한량없는 아승기 세계에 가득 찰 칠보로써 보시한다 하고, 또 만약 어떤 뛰어난 선남자나 선여인으로, 보살심을 낸 사람이 이 금강경을 받아 지니어 읽고 외우며, 사구게 등을 남을 위해 가르쳐준다면 이 사람의 복이 앞의 사람보다 뛰어나리라. 어떻게 다른 사람을 위해 가르쳐주어야 하겠는가? 상(관념)에 집착하지 아니하면 변함없는 한결같은 마음으로 할 수 있으리라."

아승기 세계에 가득 찰 칠보 보시와 금강경의 법공양 복덕을 비교하셨습니다. 이미 이에 따른 비교는 많은 부분 인용되었지만 이번엔 아승기 세계에 가득 찰 칠보 보시입니다. 잘 아시다시피 아승기는 구체적 숫자로는 10의 56승을 말하지만, 그야말로 숫자로는 다 표현할 수 없는 많은 수를 이를 때 쓰는 용어로서, 그런 세계를 칠보로 가득 채운다 해도 금강경을 수지독송하고, 사구게 등을 남을 위해 설명해 주는 복덕에는 미치지 못한다는 말씀이네요.

앞 장에서 여러 번 비유로 인용했던 문장이라 아주 익숙하게 다가오지만 여기서는 남에게 설명해 줄 때의 자세에 대한 가르침이 나오고 있습니다. 이처럼 수승한 가르침을 펼 때에도 아상(관념)을 버리고, 여여(如如)하게 움직이지 말라(여여부동 如如不動)고 하십니다.

여기서 여여부동을 주목해 주시기 바랍니다.

여여란 같고도 같다는 뜻인데 곧 진여(眞如)를 이름이고, 진리의 세계에서 움직임이 없다는 뜻입니다. 그런 자세로 금강경을 설해야 한다는 것입니다. 마치 천둥소리에 놀라지 않는 사자와 같다고나 할까요? 금강경을 설명하는 것이 아승기 세계를 다 채울 칠보 보시보다 공덕이 크긴 하지만 상을 내지 말고, 어떠한 허상에도 빠지지 말며, 진리의 세계에서 벗어남이 없을 때 비로소 금강의 정신에 부합한다는 말씀입니다.

이 부분을 보리류지 번역본에는 '운하위인연설이불명설 시명위설(云何爲人演說而不名說 是名爲說)' 즉 '다른 사람을 위하여 어떻게 설하겠는가? 설한다고 할 수 없는 이것을 이름하여 설한다고 한다.'로 번역하고 있습니다. 그러니 설한 바 없이 설하고, 이름일 뿐인 것에 대하여 상을 두지 말라는 말과 상통된다 하겠습니다. 본 32분의 소제목은 응화비진분(應化非眞分)인데 왜 마지막 장에서 응화비진분이 되었는지를 생각해 보아야겠습니다.

이 책 제1부 제3장 금강경의 내용과 형식 편에서 법신불·보신불·화신(응신)불에 대해서 읽은 기억이 나실 겁니다. 진리의 법 자체인 법신불(비로자나불)과 보신불(노사나불), 진리의 화신으로 중생의 요청에 응해 화현하였다 해서 석가모니불을 화신불 또는 응신불이라 부르게 된 거지요.

그리고 제26분 법신비상분에서 32상호를 두루 갖추었다고 해도 여래를 볼 수 없다고 하였는데, 응화비진분과 같이 조건 따라 보이는 형이하학적 모습은 참된 여래상이 아니라는 점을 강조하기 위해 32분 대단원의 제목을 이렇게 정한 게 아닐까 생각해 봅니다. 그러면 금강경의 클라이맥스인 마지막 사구게의 깊은 울림을 가슴 깊이 새겨보도록 하겠습니다.

一切有爲法	(인연의 화합으로 이루어진 모든 것은)
如夢幻泡影	(꿈과 환상, 물거품과 그림자 같은 것)
如露亦如電	(이슬과 같고 번갯불과 같은 것이니)
應作如是觀	(마땅히 이와 같이 살펴야만 할지니라)

먼저 일체유위법에 대한 개념을 다시 한번 정리해 봅니다. 유위법이란 한마디로 조건으로 인해 변화되거나, 인위적 행위에 의해 현실적 가상(假相)을 맺는 모든 존재와 감각 등을 통칭하는 개념인데, 이에 반대되는 개념이 무위법입니다. 무위법은 어떤 조건(인연)에 의해 조작되지 않은 것으로, 생겨나지도 않고 없어지지도 않는 불생불멸(不生不滅)과 항상 그대로 변함이 없는 상주불변(常住不變)하는 법 자체를 뜻한다고 보면 되겠습니다.

제7분 무득무설분에서 부처님이 깨달음이라고 표현할 만한 고정된 진리가 없고, 말씀하셨다고 할 고정된 진리도 없으니 이를 깨달음의 경지로 인한 무위법의 다른 표현이기 때문이라는 수보리의 답변을 상기해 보시기 바랍니다. 이것이 법이라고 하는 순간 인위적 유위법이 되기 때문에 법은 말과 글로써 전할 수 있는 것이 아니지만 방편으로써 피안에 이르는 법을 가르칠 수밖에 없는 것이지요.

부처님이 제행무상이라고 하신 것은 인연과 연기조건으로 인하여 생겨난 유위법의 제행을 말하는 것입니다. 그러니 이처럼 인연과 조건에 의해 탄생한 모든 존재와 행위, 감각 등 이를테면 모양, 소리, 감각, 사물 등 만유에 존재하는 제 물상은 물론, 생각과 사상 등의 일체의 유위법은 꿈과 환상 같고 또한 물거품과 그림자 같은 것이라고 설하십니다.

　인연으로 생겨난 모든 것은 인연으로 인하여 멸한다는 말씀인데요. 다시 말해 유위법은 유한하다는 것입니다. 꿈속에서 보면 현실 세계가 꿈의 세계입니다. 꿈과 현실을 혼동하여 뜬구름 잡듯 꿈에 취하여 일생을 허비하는 사람을 취생몽사(醉生夢死)한다고 하지요. 프로이트는 하루의 잔상(殘像)이 곧 꿈이 된다고 하여, 꿈은 경험한 것이 기억으로 옮겨가는 과정이라 설명했지만, 현대의 정신의학에서도 꿈에 대한 정확한 기전과 학설은 정립되어 있지 않습니다.

　꿈이란 단어는 동사 '꾸다'의 명사형인데, 인류가 구사해온 언어 담론 중에 꿈만큼 많이 회자된 단어도 드물 것입니다. 꿈을 이야기할 때 곧잘 회자되는 고사가 장자의 나비 꿈이란 '호접지몽(胡蝶之夢)'입니다. 어느 날 장자가 꿈을 꾸었는데, 나비가 되어 이 꽃에서 저 꽃으로 훨훨 날아다니며 향기에 흠뻑 취했다가 문득 깨어보니 꿈이었다는 이야기. 꿈을 깨어 장자는 "내가 나비 꿈을 꾼 것일까? 아니면 나비가 나의 꿈을 꾼 것인가?" 하며 '부지(不知)!' 곧 알 수 없는 일이라고 술회하였습니다. 그러나 장자가 꾼 그 나비는 꿈을 깬 후의 현실 세계에서는 다시는 볼 수 없는 나비입니다. 물론 같은 종류의 나비를 볼 수는 있지만, 꿈속의 세계에서 환영으로 보았던 그 나비는 될 수 없으니 말입니다.

　금강경의 지혜로 세상을 바라보면 어느 순간, 자신의 육신과 정신이 그토록 집착했던 물질이나 명예 그리고 사랑과 증오에 불같이 타올랐던 자신의 탐착들이 한낱 가물거리는 아지랑이처럼 보이게 될 것입니다. 사랑과 명예, 부와 권력이 나쁜 것이라서가 아니라, 갈애와 욕망의 고삐는 자칫 인간의 고귀한 영혼에 무명의 먹구름을 몰고 와, 바닥없는 마장(魔障)의 함정으로 인도하는 마약과 같은 것이 될 수 있기 때문입니다.

그러니 이 현상계의 모든 유위법을 꿈처럼 보고 아지랑이처럼 대하라는 말씀입니다. 우리들의 눈에는 분명히 아지랑이가 있지만 결코 만질 수도, 잡을 수도 없는 것이 아지랑이가 아니겠습니까? 여기서 불교를 논리적으로 비평하는 부류에서는 이러한 반론이 나올 수도 있겠습니다. "일체유위법이 꿈과 같으면 고통받는 중생의 고액(苦厄) 또한 꿈과 같을 것, 그러니 꿈은 꿈일 뿐이니 그냥 두면 깨어나 사라질 것이 아닌가?" 하는 궤변 말이지요.

참, 어디에나 바리새인 교도 같은 치들은 있나 봅니다. 그런 사람에게 무위법의 항존 불변하는 반야 지혜를 설명하기란 쉽지는 않겠군요. 사물에 빛을 비추면 그림자가 나타나고, 물이 부딪치면 물거품이 일어나지만 그림자가 사물의 실체가 아니듯, 물거품 또한 물의 실체가 아닙니다.

우리의 인생을 순간에 비유하여 '초로 같은 인생'이라고 합니다. 풀잎에 맺힌 이슬은 잠시 영롱한 색을 띠지만 태양이 비치면 이내 사라질 수밖에 없는 것처럼, 그렇게 사라져 가야 하는 것이 우리들이 그토록 애써 잡으려 하는 '나'라는 환영인 것입니다.

번갯불에 콩 구워 먹는다는 속담이 있습니다만, 섬광같이 번쩍이는 찰나의 순간이 보잘것없는 우리네 인생이 아닙니까? 그러니 모든 일체의 유위법은 거짓으로 이루어진 인연화합의 허상이니 마땅히 이와 같이 살펴서 무상(無相), 무주(無住), 무위(無爲)의 대도를 이루라는 사구게를 읊으신 겁니다. 그러자 수보리와 더불어 사부대중은 물론, 일체 세간의 천신·사람·아수라가 크게 환희하고 믿고 받들어 행하였다는 유통분을 끝으로 금강경 32분의 대장정은 끝을 맺습니다.

중요 용어

❀ 법신·보신·화신(法身·補身·化身) : 2,600여 년 전 이 땅에 생명체로 화현한 진리의 화신이 석가모니 부처님이기에 '화신불'이라 하며(중생들의 요청에 응해서 탄생했다 하여 응신불이라고도 하지요), 그 석가모니 부처님의 원형이 되는 부처가, 진리 그 자체인 산스크리트어의 바이로차나를 음역한 '골고루 비추는 빛'을 뜻하는 비로자나불(큰 태양과 같다는 뜻으로, 일명 대일여래大日如來라고도 합니다)로서, 법신불에 해당합니다. 그런데 비로자나불을 주존으로 모신 대적광전에서처럼, 비로자나불은 크게 고요하여 빛을 두루 비추는 법 자체이므로, 석가모니 부처와 연결해줄 수 있는 소프트웨어가 필요하게 되니 그를 보완하는 보신불이 노사나불인 것입니다. 쉽게 설명 드리자면 비로자나불=하드웨어, 노사나불=소프트웨어, 석가모니불=입력자 또는 운영자로 생각하셔도 되겠습니다. 그러니 이 삼신불은 1불이면서 3불이 되며, 3불이면서 또 1불이 되는 것이지요.

❀ 아승기(阿僧祇) : 구체적 숫자로는 10의 56승이지만 불교에서 셀 수 없이 많은 수를 지칭할 때 사용하는 용어임.

❀ 여여부동(如如不動) : 여여란 같고도 같다는 뜻인데 곧 진여(眞如)를 이름이고, 진리의 세계에서 움직임이 없다는 뜻입니다. 그런 자세로 금강경을 설해야 한다는 것입니다.

❀ 사부대중(四部大衆) : 비구(比丘 : 남자 스님), 비구니(比丘尼 : 여자 스님), 우바새(優婆塞 : 남자 신도), 우바이(優婆夷 : 여자 신도)를 일컬음.

❀ 천인아수라(天人阿修羅) : 6도윤회하는 욕계(欲界)의 지옥, 아귀, 축생, 아
수라, 인간, 하늘 중 좋은 편에 속하는 세 가지 세계라 하여 삼선도(三
善道)라고도 합니다.

후기

금강경의 여정을 뒤돌아보며

　'금강경과 함께하는 참 나로의 행복여행'이라는 부제로, 금강경 해설서인 졸고 『산은 물 물은 산』의 집필을 시작한 지가 햇수로 어언 3년을 넘겼나봅니다. 무릇 형상 지어진 일체의 상은 모두가 허망한 것이니 제(諸) 상(相)이, 상(相)이 아님을 같이 본다면 곧 여래를 볼 것이라고 하신 금강경 반야 제1게의 울림은 미혹의 무명 속을 방황해 오던 저에게는 너무나 신선하고 큰 충격이었습니다.

　한 생각 바꾸기만 하면 내가 곧 부처요, 이 세상이 극락이란 가르침에 큰 위안을 삼고, 잘못 살아온 과거사를 속죄하는 발심으로, 저의 작은 노력도 인간 존재의 실존 문제로 갈등하는 현대인에게 반딧불만 한 빛이라도 될 수 있겠다는 무모한 도전으로 이 글은 쓰였습니다. 스스로 금강경 바이러스의 보균자라도 된 듯, 그 깊은 진여의 바다를 항해해 오는 동안 때로는 두려움에 가까운 환희심에 젖기도 했고, 현상적 삶에 급급하여 자기 수행을 게을리한 저 자신의 천박한 능력과 알량한 그릇 됨됨이에 수없이 절망하기도 하였습니다.

그런 저의 재주인 탓에 삼계의 최고 스승이시고, 영원한 인류의 사표(師表)이신 거룩한 부처님의 가르침을 왜곡하여, 대자대비의 숭고한 큰 뜻을 어지럽히는 문업(文業)을 쌓은 것이나 아닌지 붓을 놓는 이 순간까지 그러한 두려움으로부터 자유롭지 못합니다.

또한 저의 지난 삶이 이웃과 세상을 위해 무슨 아름다운 덕적(德積)의 삶을 살아온 게 있다고 이처럼 금강의 진리를 깨우친 선지자인 양 불교와 타 종교의 교리를 분석·비평하고, 인간의 영성과 삶의 자세에 대해 요설을 늘어놓을 수 있는 것인지, 내부에서 들려오는 자평의 소리에 스스로 자세를 낮추며 겸허한 성찰의 끈도 놓지 않고 있습니다.

그러나 쭉정이 저의 알량한 지견으로나마 나름대로는 중도실상에서 금강경을 바로 보고자 혼신의 노력을 기울였고, 발심의 순수성을 지키기 위해 마지막 페이지에 이르기까지 초심의 진정성을 한시도 놓지 않았다는 조심스러운 자부심도 가져봅니다.

부처님께서도 이르기를 "설한 바 없이 설해야 하고, 설한다고 할 수 없는 이것을 이름하여 설한다고 한다."라고 하신 것처럼, 이토록 창울하고 광대무변한 금강경의 진리를 어찌 필설로 다 전달할 수가 있겠습니까? 또한 중생심을 지닌 필부로써 지어내는 어떠한 논지에도 완성이나 완벽은 없을 것입니다.

우리의 인생을 멀리 보면 시작도 없고, 끝도 없는 '무시무종(無始無終)'의 결과물일진대, 이 책으로 인연하여 만난 여러분과의 고귀한 만남은 더 나은 윤회의 탑을 쌓는 데 한 장의 벽돌이 되리란 희망은 놓지 않겠습니다.

이제 저의 졸저는 제 손을 떠나 넓은 세상을 향해 나아갑니다. 마지막 바람이 있다면 아무쪼록 이 책이 금강경의 우뚝한 반야정신을 백억만 나유타 분의 일이라도 전달하여, 혼미한 이 세상이 불국으로 가는 데에 작디작은 등불이라도 되어주기를 부처님 전 엎드려 두 손 모으는 것뿐입니다. 끝으로 충만한 금강의 지혜가 불은의 자비광명으로 타올라, 온 누리를 비추일 것을 삼보전 축원 드리며, 여러분께 깊은 감사의 은혜를 돌립니다.

성불하십시오.

◆　◆　◆

맑은 물 돌아가는 굽이
산 그림자 아득하니
본래 무일물(無一物)에
산수(山水) 어찌 둘이겠나

그림자가 밟고 선
허상의 나를 찾아
오랜 세월 꿈속에서
먼먼 길을 헤맸구나

마음 하나 씻어내어
창공에 걸어두고
미망의 세상사를
홀연히 내려 보면

이 땅에 남길 자취
하나도 없는 것을

부처가 다져놓은
진여(眞如)의 강가에서
금강의 심법(心法)으로
피안을 굽어보며
산이 곧 물이 되고
물이 다시 산이 되는
만유(萬有)의 공(空)한 이치
영혼 깊이 새겨보네

졸시 「산은 물, 물은 산」

- 불기 2564년 庚子年 立秋節 無極 鄭英和 합장

1. 금강경 원문 대역본

[제1분]

법회인유분[法會因由分] : 법회가 열린 인연		
단락	구분	한자 원문과 한글번역
1	원문	如是我聞 一時 佛 在舍衛國 祇樹給孤獨園 與大比丘衆千二百五十人俱
	한글 토	여시아문 일시 불 재사위국 기수급고독원 여대비구중천이백오십인구
	한글번역	나는 이렇게 들었다. 한때 부처님께서 사위성의 기수급고독원에서 천이백오십 명의 훌륭한 비구들과 함께 계셨다.
2	원문	爾時 世尊 食時 着衣持鉢 入舍衛大城
	한글 토	이시 세존 식시 착의지발 입사위대성
	한글번역	이때 세존께서는 공양 시간이 되자 가사를 입고, 발우를 드시고 사위대성에 들어가셔서,
3	원문	乞食 於其城中 次第乞已 還至本處 飯食訖 收衣鉢 洗足已 敷座而坐
	한글 토	걸식 어기성중 차제걸이 환지본처 반사흘 수의발 세족이 부좌이좌
	한글번역	그 성안에서 밥을 비시는데, 차례로 비신 후 본래 계시던 곳으로 돌아와 공양을 하신 다음 가사와 발우를 정리하신 뒤 발을 씻고 자리를 펴고 앉으셨다.

[제2분]

단락	구분	원문 및 한글번역
		선현기청분[善現起請分] : 수보리존자가 설법을 청함
1	원문	時 長老 須菩提 在大衆中 卽從座起 偏袒右肩 右膝着地 合掌恭敬 而白佛言
	한글 토	시 장로 수보리 재대중중 즉종좌기 편단우견 우슬착지 합장공경 이백불언
	한글번역	그때 장로 수보리가 대중 가운데서 곧 자리에서 일어나 오른쪽 어깨를 드러내고 오른쪽 무릎을 땅에 꿇고 합장 공경하는 자세로 부처님께 사뢰어 말씀드렸다.
2	원문	希有世尊 如來 善護念諸菩薩 善付囑諸菩薩
	한글 토	희유세존 여래 선호념제보살 선부촉제보살
	한글번역	놀라운 일입니다. 세존이시여! 여래께서는 모든 보살을 잘 보살펴 주시옵고 또한 모든 보살에게 가르침을 잘 전수해 주십니다.
3	원문	世尊 善男子善女人 發阿耨多羅三藐三菩提心 應云何住 云何修行 云何降伏其心
	한글 토	세존 선남자선여인 발아뇩다라삼먁삼보리심 응운하주 운하수행 운하항복기심
	한글번역	세존이시여! 자질이 뛰어난 남자나 여인이 가장 높고 바르며, 원만한 깨달음을 얻고자 하는 마음을 내었다면 마땅히 어떻게 머물며, 어떻게 수행하여 어떻게 그 마음을 다스려야 하는지요?
4	원문	佛言 善哉善哉 須菩提 如汝所說 如來 善護念諸菩薩 善付囑諸菩薩
	한글 토	불언 선재선재 수보리 여여소설 여래 선호념제보살 선부촉제보살
	한글번역	부처님께서 말씀하셨다. 훌륭하고도 참으로 좋은 질문이로다. 수보리여. 그대 말처럼 나 여래는 모든 보살을 잘 염려하여 보호하고, 가르침을 잘 일러주노라.
5	원문	汝今諦聽 當爲汝說 善男子 善女人 發阿耨多羅三藐三菩提心
	한글 토	여금제청 당위여설 선남자 선여인 발아뇩다라삼먁삼보리심
	한글번역	그대는 이제 잘 듣도록 하라. 의당 내 그대를 위해 설명하노니, 자질이 뛰어난 남자나 여인이 가장 높고 바르며, 원만한 깨달음을 얻고자 마음을 내었다면
6	원문	應如是住 如是修行 如是降伏其心
	한글 토	응여시주 여시수행 여시항복기심
	한글번역	마땅히 다음과 같이 머물러야 하고, 다음과 같이 수행하며, 다음과 같이 그 마음을 항복받아야 할지니라.
7	원문	唯然世尊 願樂欲聞
	한글 토	유연세존 원요욕문
	한글번역	알겠습니다. 세존이시여. 바라옵건대 기쁜 마음으로 듣고자 하옵니다.

[제3분]

단락	구분	원문 및 한글번역
	대승정종분[大乘正宗分] : 대승의 가장 중요한 가르침	
1	원문	佛告須菩提 諸菩薩摩訶薩 應如是降伏其心
	한글 토	불고수보리 제보살마하살 응여시항복기심
	한글번역	부처님이 수보리에게 말씀하셨다. 보살은 응당 이렇게 그 마음을 항복시켜야 되나니,
2	원문	所有一切衆生之類 若卵生 若胎生 若濕生 若化生 若有色 若無色 若有想 若無想 若非有想非無想
	한글 토	소유일체중생지류 약난생 약태생 약습생 약화생 약유색 약무색 약유상 약무상 약비유상비무상
	한글번역	존재하는 일체중생 무리에 알로 생긴 것, 태로 생긴 것, 습기로 생긴 것, 변화로 생긴 것, 모양 있는 것, 모양 없는 것, 생각 있는 것, 생각 없는 것, 생각이 있는 것도 아니요, 없는 것도 아닌 것들을
3	원문	我皆令入 無餘涅槃 而滅度之
	한글 토	아개영입 무여열반 이멸도지
	한글번역	내가 모두 완전한 열반에 들게 하여 제도하겠노라고 해야 하느니라.
4	원문	如是滅度 無量無數 無邊衆生 實無衆生得滅度者
	한글 토	여시멸도 무량무수 무변중생 실무중생득멸도자
	한글번역	비록 보살이 이토록 한량없고, 끝없이 중생을 열반에 들게 했을지라도 실로 중생을 열반에 들게 했다는 생각이 없어야 하느니라.
5	원문	何以故 須菩提 若菩薩 有我相 人相 衆生相 壽者相 卽非菩薩
	한글 토	하이고 수보리 약보살 유아상 인상 중생상 수자상 즉비보살
	한글번역	왜냐하면 수보리여. 만약 보살이 나라는 관념과 사람이라는 관념, 중생이라는 관념, 목숨이라는 관념을 가지게 되면 곧 보살이라 할 수 없기 때문이니라.

[제4분]

단락	구분	원문 및 한글번역
	묘행무주분(妙行無住分) : 집착 없는 뛰어난 수행	

단락	구분	원문 및 한글번역
1	원문	復次須菩提 菩薩於法 應無所住 行於布施
	한글 토	부차수보리 보살어법 응무소주 행어보시
	한글번역	그리고 또 수보리여. 보살은 대상(법)에 대해 마땅히 집착함이 없이 베풀어야 할 것이다.
2	원문	所謂 不住色布施 不住聲香味觸法布施
	한글 토	소위 부주색보시 부주성향미촉법보시
	한글번역	이를테면 색(모양)에 집착하는 보시가 아닐 것이며 소리, 냄새, 맛, 감촉, 이치도 초월한 보시를 해야 한다는 말이니라.
3	원문	須菩提 菩薩 應如是布施 不住於相
	한글 토	수보리 보살 응여시보시 부주어상
	한글번역	수보리여. 보살은 마땅히 이와 같이 보시할 것이며, 관념(상)에도 얽매이지 말아야 할 것이다.
4	원문	何以故 若菩薩 不住相布施 其福德 不可思量
	한글 토	하이고 약보살 부주상보시 기복덕 불가사량
	한글번역	왜냐하면 만약 보살이 상에 집착하지 않는 보시를 한다면 그 복덕이 헤아릴 수 없을 만치 크기 때문이니라.
5	원문	須菩提 於意云何 東方虛空 可思量不?
	한글 토	수보리 어의운하 동방허공 가사량부
	한글번역	수보리여, 그대 생각은 어떠한가? 동방허공을 생각으로 헤아릴 수 있겠느냐?
6	원문	不也世尊 須菩提 南西北方 四維上下虛空 可思量不
	한글 토	불야세존 수보리 남서북방 사유상하허공 가사량부
	한글번역	불가합니다. 세존이시여. 수보리여. 그렇다면 남서북방과 사유의 상하 허공을 생각으로 헤아릴 수 있겠느냐?
7	원문	不也世尊 須菩提 菩薩 無住相布施福德 亦復如是 不可思量
	한글 토	불야세존 수보리 보살 무주상보시복덕 역부여시 불가사량
	한글번역	불가합니다. 세존이시여. 수보리여. 보살이 상에 집착하지 않는 보시의 복덕도 이와 같아서 헤아릴 수가 없느니라.
8	원문	須菩提 菩薩 但應如所教住
	한글 토	수보리 보살 단응여소교주
	한글번역	수보리여. 보살은 반드시 이러한 가르침대로 머물러야만 할 것이다.

[제5분]

여리실견분[如理實見分] : 가르침대로 참되게 보라		
단락	구분	원문 및 한글번역
1	원문	須菩提 於意云何 可以身相 見如來不?
	한글 토	수보리 어의운하 가이신상 견여래부?
	한글번역	수보리여. 그대 생각은 어떠한가? 훌륭한 신체적 특징을 갖추었다면 여래라 볼 수 있겠는가?
2	원문	不也世尊 不可以身相 得見如來
	한글 토	불야세존 불가이신상 득견여래
	한글번역	그렇게 볼 수 없습니다. 세존이시여. 훌륭한 신체적 특징을 갖추었다고 해서 여래라고 볼 수는 없습니다.
3	원문	何以故 如來所說身相 卽非身相
	한글 토	하이고 여래소설신상 즉비신상
	한글번역	왜냐하면 여래께서 말씀하신 훌륭한 신체적 특징을 갖추었다는 말씀은 곧 훌륭한 특징을 갖추지 아니함을 말씀하셨기 때문입니다.
4	원문	佛告須菩提 凡所有相 皆是虛妄 若見諸相非相 卽見如來
	한글 토	불고수보리 범소유상 개시허망 약견제상비상 즉견여래
	한글번역	부처님께서 수보리에게 말씀하셨다. 무릇 존재하는 모든 모습이란 그 모두가 허망한 것이니 모양과 모양 아님을 함께 본다면 곧 여래를 볼 수 있을 것이니라.

[제6분]

단락	구분	원문 및 한글번역
	\[title\]	정신희유분[正信希有分] : 바른 믿음은 고귀하다
1	원문	須菩提 白佛言 世尊 頗有衆生 得聞如是言說章句 生實信不?
	한글 토	수보리 백불언 세존 파유중생 득문여시언설장구 생실신부?
	한글번역	수보리가 여쭈었다. 세존이시여. 이러한 말씀을 듣고 참다운 믿음을 내는 중생이 조금이라도 있겠습니까?
2	원문	佛告須菩提 莫作是說 如來 滅後 後五百歲 有持戒修福者 於此章句 能生信心 以此爲實
	한글 토	불고수보리 막작시설 여래 멸후 후오백세 유지계수복자 어차장구 능생신심 이차위실
	한글번역	수보리여. 그런 말을 하지 말라. 여래가 열반 후 후오백세가 되어도 계를 지니고 복을 닦는 사람이 있어서 이 경전의 말씀을 들어 능히 믿는 마음을 내고 이를 진실이라 여길 것이니라.
3	원문	當知是人 不於一佛二佛三四五佛 而種善根
	한글 토	당지시인 불어일불이불삼사오불 이종선근
	한글번역	마땅히 알지니라. 이런 사람은 하나 둘 셋 넷 다섯 부처님께만 좋은 인연을 심은 것이 아니라
4	원문	已於無量千萬佛所 種諸善根 聞是章句 乃至一念生淨信者
	한글 토	이어무량천만불소 종제선근 문시장구 내지일념생정신자
	한글번역	이미 한량없는 천만의 부처님 계신 곳에서 좋은 인연을 맺었기 때문에 이러한 말씀을 듣고 이에 한마음만으로도 깨끗한 믿음이 생길 것이니라.
5	원문	須菩提 如來悉知悉見 是諸衆生 得如是無量福德
	한글 토	수보리 여래실지실견 시제중생 득여시무량복덕
	한글번역	수보리여. 여래는 이 모든 중생들이 이러한 한량없는 복덕을 얻을 것을 모두 다 알고, 모두 다 보고 있노라.
6	원문	何以故 是諸衆生 無復我相 人相 衆生相 壽者相 無法相 亦無非法相
	한글 토	하이고 시제중생 무부아상 인상 중생상 수자상 무법상 역무비법상
	한글번역	왜냐하면 이 중생들은 더 이상 나라는 관념, 사람이라는 관념, 중생이라는 관념, 목숨이라는 관념이 없으며, 법이라는 관념도 없고, 법이 아니라는 관념도 없기 때문이라.
7	원문	何以故 是諸衆生 若心取相 卽爲着我人衆生壽者 何以故 若取法相 卽着我人衆生壽者

7	한글 토	하이고 시제중생 약심취상 즉위착아인중생수자 하이고 약취법상 즉착 아인중생수자
	한글번역	어찌 그러한가. 이 모든 중생이 만약 마음에 상(相)을 가진다면 곧 아상, 인상, 중생상, 수자상에 집착하는 것이 된다. 왜냐. 만약 진리(法相)라는 관념을 가져도 곧 아상, 인상, 중생상, 수자상에 집착하는 것이 되고,
8	원문	若取非法相 卽着我人衆生壽者
	한글 토	약취비법상 즉착아인중생수자
	한글번역	만약 진리가 아니라는 관념을 가져도 아상, 인상, 중생상, 수자상에 집착하는 것이 되기 때문이니라.
9	원문	是故 不應取法 不應取非法
	한글 토	시고 불응취법 불응취비법
	한글번역	그런고로 마땅히 진리(법)에 집착하지 말고, 진리 아닌 것에도 집착하지 말지니라.
10	원문	以是義故 如來常說 汝等比丘 知我說法 如筏喩者 法尙應捨 何況非法
	한글 토	이시의고 여래상설 여등비구 지아설법 여벌유자 법상응사 하황비법
	한글번역	이런 뜻인바, 여래는 그대 비구들에게 나의 설법을 뗏목에 비유하여 늘 설하는 뜻을 알아야 할 것이다. 진리도 오히려 버려야 할진대 하물며 진리 아닌 것에 있어서랴.

[제7분]

무득무설분[無得無說分] : 얻을 수도 설명할 수도 없다		
단락	구분	원문 및 한글번역
1	원문	須菩提 於意云何 如來得阿耨多羅三藐三菩提耶 如來有所說法耶
	한글 토	수보리 어의운하 여래득아뇩다라삼먁삼보리야 여래유소설법야
	한글번역	수보리여. 그대 생각은 어떤가? 여래가 아뇩다라삼먁삼보리를 얻었느냐? 또한 진리(법)에 대해 설한 바가 있느냐?
2	원문	須菩提言 如我解佛所說義 無有定法名 阿耨多羅三藐三菩提 亦無有定法如來可說
	한글 토	수보리언 여아해불소설의 무유정법명 아뇩다라삼먁삼보리 역무유정법여래가설
	한글번역	수보리가 말씀드렸다. 제가 부처님께서 설하신 뜻을 이해하기로는 아뇩다라삼먁삼보리라고 할 만한 고정된 진리가 없으며, 또한 여래께서 설하셨다고 할 고정된 진리도 없나이다.
3	원문	何以故 如來所說法 皆不可取 不可說 非法 非非法
	한글 토	하이고 여래소설법 개불가취 불가설 비법 비비법
	한글번역	왜냐하면 여래께서 설하신 진리는 어느 것도 가질 수 없으며, 설명할 수도 없고, 진리도 아니며, 진리 아닌 것도 아니기 때문입니다.
4	원문	所以者何 一切賢聖 皆以無爲法 而有差別
	한글 토	소이자하 일체현성 개이무위법 이유차별
	한글번역	왜냐하면 현인이나 성인들이란 모두 깨달음의 경지로 인한 다른 표현이기 때문입니다.

[제8분]

단락	구분	원문 및 한글번역
		의법출생분[依法出生分] : 가르침을 따르면 깨닫는다
1	원문	須菩提 於意云何 若人滿三千大千世界七寶 以用布施 是人所得福德 寧爲多不
	한글 토	수보리 어의운하 약인만삼천대천세계칠보 이용보시 시인소득복덕 영위다부
	한글번역	수보리여. 그대 생각은 어떠한가? 만약 어떤 사람이 삼천대천세계에 가득 찬 칠보로 보시한다면 이 사람의 복덕이 어찌 많지 않겠느냐?
2	원문	須菩提言 甚多世尊 何以故 是福德 卽非福德性 是故 如來說 福德多
	한글 토	수보리언 심다세존 하이고 시복덕 즉비복덕성 시고 여래설 복덕다
	한글번역	수보리가 아뢰었다. 매우 많습니다. 세존이시여. 왜냐하면 이 복덕이란 곧 복덕의 성품이 아닌 것이기 때문에 여래께서는 복덕이 많다고 말씀하시는 것입니다.
3	원문	佛告須菩提 若復有人 於此經中受持 乃至 四句偈等 爲他人說 其福勝彼
	한글 토	불고수보리 약부유인 어차경중수지 내지 사구게등 위타인설 기복승피
	한글번역	부처님께서 수보리에게 말씀하셨다. 만약 또 어떤 사람이 이 경을 지니거나, 또는 사구게 등을 남을 위해 설명한다면 그 복은 앞의 칠보 보시(삼천대천세계에 가득 찬 칠보 보시)보다 나을 것이니라.
4	원문	何以故 須菩提 一切諸佛 及諸佛得阿耨多羅三藐三菩提法 皆從此經出
	한글 토	하이고 수보리 일체제불 급제불득아뇩다라삼먁삼보리법 개종차경출
	한글번역	왜냐하면 수보리여, 모든 부처님과 아울러 모든 부처님들의 가장 높고 바르며, 원만한 깨달음의 진리가 모두 이 경으로부터 나온 것이기 때문이니라.
5	원문	須菩提 所謂佛法者 卽非佛法 是名佛法
	한글 토	수보리 소위불법자 즉비불법 시명불법
	한글번역	수보리여, 소위 부처님의 진리라는 것은 곧 부처님의 진리 아닌 것을 말함이며, 그 표현의 이름이 부처님의 진리일 뿐이니라.

[제9분]

단락	구분	원문 및 한글번역
	일상무상분[一相無相分] : 깨달음에는 자취가 없다	

단락	구분	원문 및 한글번역
1	원문	須菩提 於意云何 須陀洹 能作是念 我得須陀洹果不
	한글 토	수보리 어의운하 수다원 능작시념 아득수다원과부
	한글번역	수보리여. 그대 생각은 어떠한가? 수다원의 경지에 이른 사람이 나는 수다원과를 얻었다고 스스로 생각하겠느냐?
2	원문	須菩提言 不也世尊 何以故 須陀洹 名爲入流 而無所入 不入色聲香味觸法 是名須陀洹
	한글 토	수보리언 불야세존 하이고 수다원 명위입류 이무소입 불입색성향미촉법 시명수다원
	한글번역	수보리가 말씀드렸다. 아닙니다. 세존이시여. 왜냐하면 수다원이란 명칭이 입류(성자의 경지에 들어간 사람)라고나 하지만, 실로는 들어간 곳이 없으니 색성향미촉법에 들지 않은 것을 이름하여 수다원이라 부르는 때문입니다.
3	원문	須菩提 於意云何 斯陀含 能作是念 我得斯陀含果不
	한글 토	수보리 어의운하 사다함 능작시념 아득사다함과부
	한글번역	수보리여. 그대 생각은 어떠한가? 사다함이 생각하기를 내가 사다함의 과를 얻었다고 생각하겠느냐?
4	원문	須菩提言 不也世尊 何以故 斯陀含 名一往來 而實無往來 是名斯陀含
	한글 토	수보리언 불야세존 하이고 사다함 명일왕래 이실무왕래 시명사다함
	한글번역	수보리가 말씀드렸다. 아닙니다. 세존이시여. 왜냐하면 사다함이란 일왕래(인간세계에 한 번만 돌아올 사람)라고는 하지만, 그러나 실제로는 돌아온다는 생각이 없으므로 그 명칭을 사다함이라 할 때문입니다.
5	원문	須菩提 於意云何 阿那含 能作是念 我得阿那含果不
	한글 토	수보리 어의운하 아나함 능작시념 아득아나함과부
	한글번역	수보리여. 그대 생각은 어떠한가? 아나함의 경지에 이른 사람이 내가 아나함과를 얻었다고 생각하겠느냐?
6	원문	須菩提言 不也世尊 何以故 阿那含 名爲不來 而實無不來 是故 名阿那含
	한글 토	수보리언 불야세존 하이고 아나함 명위불래 이실무불래 시고 명아나함
	한글번역	수보리가 말씀드렸다. 아닙니다. 세존이시여. 왜냐하면 아나함은 불래(인간세계에 다시 오지 않을 사람)라고는 하지만, 실제로 다시 오지 아니함이 없으므로 그 이름을 아나함이라 할 뿐입니다.

7	원문	須菩提 於意云何 阿羅漢 能作是念 我得阿羅漢道不
	한글 토	수보리 어의운하 아라한 능작시념 아득아라한도부
	한글번역	수보리여. 그대 생각은 어떠한가? 아라한의 경지에 이른 사람이 내가 아라한의 도를 얻었다고 생각하겠느냐?
8	원문	須菩提言 不也世尊 何以故 實無有法 名阿羅漢
	한글 토	수보리언 불야세존 하이고 실무유법 명아라한
	한글번역	수보리가 말씀드렸다. 아닙니다. 세존이시여. 왜냐하면 진실로 아무것도 존재에 대한 걸림이 남아 있지 않음을 아라한이라고 이르기 때문입니다.
9	원문	世尊 若阿羅漢作是念 我得阿羅漢道 卽爲着我人衆生壽者
	한글 토	세존 약아라한작시념 아득아라한도 즉위착아인중생수자
	한글번역	세존이시여. 만약 아라한이 나는 아라한의 도를 얻었다고 생각한다면 그것은 곧 아인중생수자상에 집착하는 것이 될 것입니다.
10	원문	世尊 佛說我得無諍三昧人中 最爲第一 是第一離欲阿羅漢 世尊 我不作是念 我是離欲阿羅漢.
	한글 토	세존 불설아득무쟁삼매인중 최위제일 시제일이욕아라한 세존 아부작시념 아시이욕아라한
	한글번역	세존이시여. 부처님께서 저를 일러 무쟁삼매를 얻은 사람 중 제일 뛰어나고, 욕망을 떠난 아라한 중 첫째가는 아라한이라고 말씀하셨지만, 세존이시여. 저 스스로는 욕망을 떠난 아라한이라 생각지 않습니다.
11	원문	世尊 我若作是念 我得阿羅漢道 世尊 卽不說 須菩提 是樂阿那那行者
	한글 토	세존 아약작시념 아득아라한도 세존 즉불설 수보리 시요아란야행자
	한글번역	세존이시여. 제가 만약 나는 아라한의 도를 얻었다고 생각한다면 세존께서는 수보리는 아란야행(평화로운 삶)을 즐기는 사람이 아니라고 말씀하셨을 테지만
12	원문	以須菩提實無所行 而名須菩提 是樂阿蘭那行
	한글 토	이수보리실무소행 이명수보리 시요아란야행
	한글번역	그러나 제가 실로 그렇게 생각하지 않았기 때문에 세존께서는 수보리는 아란야행을 좋아하는 자라고 말씀하신 것입니다.

[제10분]

	장엄정토분[莊嚴淨土分] : 장엄하고 청정한 정토	
단락	구분	원문 및 한글번역
1	원문	佛告須菩提 於意云何 如來昔在燃燈佛所 於法有所得 不
	한글 토	불고수보리 어의운하 여래석재연등불소 어법유소득 부
	한글번역	부처님께서 수보리에게 말씀하셨다. 수보리여, 그대 생각은 어떠하냐? 여래가 옛날 연등불 처소에 있을 때 법에 대해 얻은 바가 있겠느냐?
2	원문	不也世尊 如來在燃燈佛所 於法 實無所得
	한글 토	불야세존 여래재연등불소 어법 실무소득
	한글번역	그렇지 않습니다. 세존이시여. 여래께서 연등불 처소에 계실 때 진리(법)에 대해 실로 얻은 바가 없습니다.
3	원문	須菩提 於意云何 菩薩莊嚴佛土不
	한글 토	수보리 어의운하 보살장엄불토부
	한글번역	수보리여. 그대 생각은 어떠하냐? 보살이 불국토(부처님의 세계)를 장엄(건설)하느냐?
4	원문	不也世尊 何以故 莊嚴佛土者 卽非莊嚴 是名莊嚴.
	한글 토	불야세존 하이고 장엄불토자 즉비장엄 시명장엄
	한글번역	그렇지 않습니다. 세존이시여. 왜냐하면 불국토를 건설함은 곧 건설 아닌 것을 뜻하심으로 다만 그 이름이 장엄한다는 것이기 때문입니다.
5	원문	是故 須菩提 諸菩薩摩訶薩 應如是生淸淨心 不應住色生心 不應住聲香味觸法生心 應無所住 而生其心
	한글 토	시고 수보리 제보살마하살 응여시생청정심 불응주색생심 불응주색성향미촉법생심 응무소주 이생기심
	한글번역	이런 까닭에 수보리여. 모든 위대한 보살들은 마땅히 이렇게 청정심을 일으켜야 할지니. 마땅히 색(모양)에 집착하는 마음을 일으키지 말 것이며, 마땅히 소리, 냄새, 맛, 감촉, 이치에 집착하는 마음을 일으키지 말고, 마땅히 머무는 바 없이 그 마음(청정심)을 일으켜야 하느니라.

6	원문	須菩提 譬如有人 身如須彌山王 於意云何 是身爲大不	
	한글 토	수보리 비여유인 신여수미산왕 어의운하 시신위대부	
	한글번역	수보리여, 예컨대 어떤 사람의 몸이 수미산왕과 같다면 그대의 생각에 그 몸이 크다고 하겠는가?	
7	원문	須菩提言 甚大世尊 何以故 佛說大身 卽非大身 是名大身	
	한글 토	수보리언 심대세존 하이고 불설대신 즉비대신 시명대신	
	한글번역	수보리가 아뢰었다. 매우 큽니다. 세존이시여. 왜냐하면 부처님이 큰 몸이라 하신 것은 곧 큰 몸이 아닌 것을 말씀하심이며, 그 이름이 큰 몸이기 때문입니다.	

[제11분]

\multicolumn{3}{c}{무위복승분[無爲福勝分] : 최상의 복}
단락	구분	원문 및 한글번역
1	원문	須菩提 如恒河中所有沙數 如是沙等恒河 於意云何 是諸恒河沙 寧爲多不
	한글 토	수보리 여항하중소유사수 여시사등항하 어의운하 시제항하사 영위다부
	한글번역	수보리여, 갠지스강에 있는 모래알 수와 같은 갠지스강이 있다면 그대 생각은 어떠하냐? 그 많은 갠지스강의 모래알 수는 많다고 하겠느냐?
2	원문	須菩提言 甚多世尊 但諸恒河 尙多無數 何況其沙
	한글 토	수보리언 심다세존 단제항하 상다무수 하황기사
	한글번역	수보리가 말씀드렸다. 매우 많습니다. 세존이시여. 다만 모든 갠지스강만 해도 무수히 많은데 하물며 그 모래알 수는 얼마나 많겠습니까?
3	원문	須菩提 我今實言告汝 若有善男子 善女人 以七寶滿爾所恒河沙數 三千大千世界 以用布施得福多不
	한글 토	수보리 아금실언고여 약유선남자 선여인 이칠보만이소항하사수 삼천대천세계 이용보시득복다부
	한글번역	수보리여, 이제 내가 진실된 말로써 이르노니, 만약 어떤 선남자, 선여인이 저 갠지스강의 모래 알갱이만큼 많은 삼천대천세계에 가득한 칠보로 보시한다면 얻는 복이 많지 않겠느냐?
4	원문	須菩提言 甚多世尊
	한글 토	수보리언 심다세존
	한글번역	수보리가 아뢰었다. 매우 많습니다. 세존이시여.
5	원문	佛告須菩提 若善男子善女人 於此經中 乃至受持四句偈等 爲他人說 而此福德 勝前福德
	한글 토	불고수보리 약선남자선여인 어차경중 내지수지사구게등 위타인설 이차복덕 승전복덕
	한글번역	부처님께서 수보리에게 말씀하셨다. 만약 어떤 선남자나 선여인이 이 경전 중에서 사구게 등이라도 받아 지니고 남에게 설명해 준다면 이 복덕은 앞의 복덕(칠보 보시를 지칭)보다 뛰어난 것이니라.

[제12분]

		존중정교분[尊重正教分] : 바른 가르침은 존중받는다
단락	구분	원문 및 한글번역
1	원문	復次須菩提 隨說是經 乃至四句偈等
	한글 토	부차수보리 수설시경 내지사구게등
	한글번역	또한 수보리여. 이 경이나 사구게 등을 남을 위해 설명해준다면
2	원문	當知此處 一切世間 天人 阿修羅 皆應供養 如佛塔廟
	한글 토	당지차처 일체세간 천인 아수라 개응공양 여불탑묘
	한글번역	마땅히 알아야 할 것이니라. 이런 사람이 있는 곳에는 반드시 모든 일체 세상의 천신, 사람, 아수라가 모두 부처님의 사리탑과 같이 공양할지니
3	원문	何況有人 盡能受持讀誦?
	한글 토	하황유인 진능수지독송
	한글번역	어찌 하물며 어떤 사람이 모두 능히 받아 지니고 독송함이겠느냐?
4	원문	須菩提 當知是人 成就最上第一希有之法
	한글 토	수보리 당지시인 성취최상제일회유지법
	한글번역	수보리여. 마땅히 알라. 이 사람은 가장 높고 으뜸가는 놀라운 법을 성취하리라.
5	원문	若是經典所在之處 卽爲有佛 若尊重弟子
	한글 토	약시경전소재지처 즉위유불 약존중제자
	한글번역	만약 이 경전이 있는 곳이라면 곧 부처님이 있는 것과 같으며 또 부처님의 존중받는 제자가 있는 것과 같느니라.

[제13분]

		여법수지분[如法受持分] : 가르침대로 받들어 수행하라
단락	구분	원문 및 한글번역
1	원문	爾時 須菩提白佛言 世尊 當何名此經 我等云何奉持
	한글 토	이시 수보리백불언 세존 당하명차경 아등운하봉지
	한글번역	그때에 수보리가 부처님께 여쭈었다. 세존이시여. 이 경의 이름은 무엇이 합당하며, 저희들이 어떻게 받들어 지녀야 하오리까?
2	원문	佛告須菩提 是經 名爲金剛般若波羅蜜 以是名字 汝當奉持
	한글 토	불고수보리 시경 명위금강반야바라밀 이시명자 여당봉지
	한글번역	부처님께서 말씀하셨다. 이 경의 이름은 금강반야바라밀이니 이 이름으로 그대들은 받들어 지니도록 하라.
3	원문	所以者何 須菩提 佛說般若波羅蜜 卽非般若波羅蜜 是名般若波羅蜜
	한글 토	소이자하 수보리 불설반야바라밀 즉비반야바라밀 시명반야바라밀
	한글번역	무슨 까닭인가? 수보리여. 부처가 설한 반야바라밀은 반야바라밀이 아닌 것을 말함이며, 그 표현(이름)이 다만 반야바라밀이기 때문이니라.
4	원문	須菩提 於意云何 如來有所說法不 須菩提白佛言 世尊 如來無所說
	한글 토	수보리 어의운하 여래유소설법부 수보리백불언 세존 여래무소설
	한글번역	수보리여. 그대 생각은 어떠한가? 여래가 법(진리)을 설한 일이 있는가? 수보리가 부처님께 아뢰었다. 세존이시여. 여래께서는 법을 설한 일이 없사옵니다.
5	원문	須菩提 於意云何 三千大千世界所有微塵 是爲多不 須菩提言 甚多世尊
	한글 토	수보리 어의운하 삼천대천세계소유미진 시위다부 수보리언 심다세존
	한글번역	수보리여. 그대 생각은 어떠한가? 삼천대천세계에 있는 티끌이 많다고 하겠는가? 수보리가 아뢰었다. 실로 많습니다. 세존이시여.
6	원문	須菩提 諸微塵如來說 非微塵 是名微塵 如來說世界 非世界 是名世界
	한글 토	수보리 제미진여래설 비미진 시명미진 여래설세계 비세계 시명세계
	한글번역	수보리여. 여래가 설한 모든 티끌이라 함은 티끌 아닌 것을 말함이며, 그 이름이 티끌인 것이니라. 여래가 설한 세계란 것도 세계가 아닌 것을 말함이며, 그 이름이 세계일 뿐이니라.
7	원문	須菩提 於意云何 可以三十二相見如來不 不也世尊 不可以三十二相得見如來
	한글 토	수보리 어의운하 가이삼십이상견여래부 불야세존 불가이삼십이상득견여래

7	한글번역	수보리여. 그대 생각은 어떠한가? 서른두 가지 훌륭한 모습으로 여래를 볼 수 있겠느냐? 볼 수 없습니다. 세존이시여. 서른두 가지 훌륭한 모습으로 여래를 볼 수는 없나이다.
8	원문	何以故 如來說三十二相 卽是非相 是名三十二相
	한글 토	하이고 여래설삼십이상 즉시비상 시명삼십이상
	한글번역	왜냐하면 여래께서 설한 서른두 가지 훌륭한 모습이란 곧, 이것이 훌륭한 모습이 아님을 말씀하신 것으로서 그 이름이 서른두 가지 훌륭한 모습이기 때문입지요.
9	원문	須菩提 若有善男子 善女人 以恒河沙等身命布施
	한글 토	수보리 약유선남자 선여인 이항하사등신명보시
	한글번역	수보리여. 만약 어떤 뛰어난 자질의 남자나, 뛰어난 자질의 여인이 갠지스강 모래알 수만큼의 목숨으로써 보시하고,
10	원문	若復有人 於此經中 乃至 受持四句偈等 爲他人說 其福甚多
	한글 토	약부유인 어차경중 내지 수지사구게등 위타인설 기복심다
	한글번역	만약 또 어떤 사람이 이 경 가운데 사구게등이라도 지니고 남을 위해 설명한다면 이 사람의 복이 (갠지스강 모래알 수만큼의 목숨으로써 보시한 것보다) 훨씬 많을 것이니라.

[제14분]

단락	구분	원문 및 한글번역
	이상적멸분[離相寂滅分] : 상을 초월하면 적멸에 든다	
1	원문	爾時 須菩提 聞說是經 深解義趣 涕淚悲泣 而白佛言
	한글 토	이시 수보리 문설시경 심해의취 체루비읍 이백불언
	한글 번역	그때 수보리가 본 설법을 듣고 그 깊은 뜻을 알고 감격의 눈물을 흘리며, 부처님께 고하기를
2	원문	希有世尊 佛說 如是甚深經典 我從昔來所得慧眼 未曾得聞 如是之經
	한글 토	희유세존 불설 여시심심경전 아종석래소득혜안 미증득문 여시지경
	한글 번역	놀라운 일입니다. 세존이시여. 이렇게 깊고 깊은 경전의 법을 설해주시니 제가 지혜의 눈을 뜬 이후로 일찍이 이와 같은 법문을 들어보지 못하였나이다.
3	원문	世尊 若復有人 得聞是經 信心淸淨 則生實相 當知是人 成就第一 希有功德
	한글 토	세존 약부유인 득문시경 신심청정 즉생실상 당지시인 성취제일 희유공덕
	한글 번역	세존이시여. 만약 또 어떤 사람이 이 법문을 듣고 믿는 마음이 깨끗하여 진실한 지견을 낸다면 이 사람은 가장 뛰어나고 놀라운 공덕을 성취할 것임을 마땅히 알아야 할 것입니다.
4	원문	世尊 是實相者 卽是非相 是故 如來說名實相
	한글 토	세존 시실상자 즉시비상 시고 여래설명실상
	한글 번역	세존이시여. 이 진실한 지견이라는 것도 이것이 지견 아닌 것을 말하심이며, 이런 까닭에 여래께서는 진실한 지견이라고 이름하여 말씀하시는 것입니다.
5	원문	世尊 我今得聞如是經典 信解受持 不足爲難
	한글 토	세존 아금득문여시경전 신해수지 부족위난
	한글 번역	세존이시여. 제가 지금 이 법문을 듣고서 믿고 이해하며, 지니기는 어렵지 않습니다.
6	원문	若當來世 後五百歲 其有衆生 得聞是經 信解受持 是人 卽爲第一希有
	한글 토	약당래세 후오백세 기유중생 득문시경 신해수지 시인 즉위제일회유
	한글 번역	만약 다가올 세상 후오백세에 어떤 중생이 있어 이 경을 믿고 이해하여, 받들어 지닌다면 그 사람은 곧 가장 놀라운 사람이 될 것입니다.
7	원문	何以故 此人 無我相 無人相 無衆生相 無壽者相 所以者何 我相 卽是非相 人相 衆生相 壽者相 卽是非相
	한글 토	하이고 차인 무아상 무인상 무중생상 무수자상 소이자하 아상 즉시비상 인상 중생상 수자상 즉시비상

7	한글 번역	왜냐하면 이 사람은 나라는 관념(相), 사람이라는 관념, 중생이라는 관념, 목숨이라는 관념이 없을 것이기 때문에 그런 까닭으로 '나라는 관념이 곧 관념이 아니며, 사람이라는 관념, 중생이라는 관념, 목숨이라는 관념이 곧 관념이 아니게 됩니다.
8	원문	何以故 離一切諸相 卽名諸佛
	한글 토	하이고 이일체제상 즉명제불
	한글 번역	왜냐하면 모든 부처님이란 일체의 상(또는 관념)으로부터 벗어난 것을 곧 이름한 것이기 때문입니다.
9	원문	佛告須菩提 如是如是 若復有人 得聞是經 不驚不怖不畏 當知 是人 甚爲希有
	한글 토	불고수보리 여시여시 약부유인 득문시경 불경불포불외 당지 시인 심위희유
	한글 번역	부처님께서 말씀하셨다. 수보리여. 옳고도 옳도다. 만약 다시 어떤 사람이 이 경을 듣고 놀라지도 않고, 겁내지 아니하며, 두려워하지도 않는다면 의당 이 사람은 매우 놀라운 사람임을 알아야 할 것이니라.
10	원문	何以故 須菩提 如來說第一波羅蜜 卽非第一波羅蜜 是名第一波羅蜜
	한글 토	하이고 수보리 여래설제일바라밀 즉비제일바라밀 시명제일바라밀
	한글 번역	왜냐하면 수보리여. 여래가 설한 최고의 바라밀이란 곧 최고의 바라밀 아님을 말함이며, 다만 그 이름이 최고의 바라밀이니라.
11	원문	須菩提 忍辱波羅蜜如來說 非忍辱波羅蜜
	한글 토	수보리 인욕바라밀여래설 비인욕바라밀
	한글 번역	수보리여. 여래가 설한 인욕바라밀 또한 인욕바라밀이 아니라고 말했느니라.
12	원문	何以故 須菩提 如我昔爲歌利王 割截身體 我於爾時 無我相 無人相 無衆生相 無壽者相
	한글 토	하이고 수보리 여아석위가리왕 할절신체 아어이시 무아상 무인상 무중생상 무수자상
	한글 번역	왜냐하면 수보리여. 내가 옛날에 가리왕에게 몸이 베이고 잘리게 된 것과 같기 때문이니라. 그때 나에게는 나라는 관념, 사람이라는 관념, 중생이라는 관념, 목숨이라는 관념이 없었느니라.
13	원문	何以故 我於往昔節節支解時 若有 我相 人相 衆生相 壽者相 應生嗔恨
	한글 토	하이고 아어왕석절절지해시 약유 아상 인상 중생상 수자상 응생진한
	한글 번역	왜냐하면 내가 옛날 그때, 마디마디 사지가 잘릴 때에 만약 아상 인상 중생상 수자상이 있었다면 마땅히 성내고 원망하는 한을 내었을 것이기 때문이니라.
14	원문	須菩提 又念過去於五百世 作忍辱仙人 於爾所世 無我相 無人相 無衆生相 無壽者相

	한글 토	수보리 우념과거어오백세 작인욕선인 어이소세 무아상 무인상 무중생 상 무수자상
	한글 번역	수보리여. 또 생각하건대 과거 오백세 동안에 인욕의 스승이었는데, 그 세상에 서도 아상 인상 중생상이 없었고, 수자상 또한 없었느니라.
15	원문	是故 須菩提 菩薩 應離一切相 發阿耨多羅三藐三菩提心 不應住色生心 不 應住聲香味觸法生心 應生無所住心
	한글 토	시고 수보리 보살 응이일체상 발아뇩다라삼먁삼보리심 불응주색생심 불 응주성향미촉법생심 응생무소주심
	한글 번역	그런고로 수보리여. 보살은 마땅히 일체의 상을 버리고, 아뇩다라삼먁삼보리 심을 내야 하나니, 마땅히 색에 집착하는 마음을 내지 말 것이며, 마땅히 소 리, 향기, 맛, 감촉, 이치에 집착하지 않는 마음을 내야 하느니라. 마땅히 머무 는 바 없이 마음을 내야 하리라.
16	원문	若心有住 卽爲非住 是故 佛說 菩薩 心不應住色布施
	한글 토	약심유주 즉위비주 시고 불설 보살 심불응주색보시
	한글 번역	만약 마음에 집착이 있으면 곧 바른 경지가 아니니 이런 까닭에 부처가 이 르기를, '보살은 색에 집착하지 않는 마음으로 보시해야 한다.'라고 하느니라.
17	원문	須菩提 菩薩 爲利益一切衆生 應如是布施 如來說一切諸相 卽是非相 又說 一切衆生 卽非衆生
	한글 토	수보리 보살 위이익일체중생 응여시보시 여래설일체제상 즉시비상 우설 일체중생 즉비중생
	한글 번역	수보리여. 보살은 모든 중생을 이익되게 하기 위하여 마땅히 이와 같이 보시해 야 하느니라. 여래가 설한 일체의 모든 관념(相)이 곧 관념(相)이 아니며, 또한 설명한 것과 같이 일체의 중생도 곧 중생이 아니니라.
18	원문	須菩提 如來 是眞語者 實語者 如語者 不狂語者 不異語者 須菩提 如來所 得法 此法無實 無虛
	한글 토	수보리 여래 시진어자 실어자 여어자 불광어자 불이어자 수보리 여래소 득법 차법무실 무허
	한글 번역	수보리여. 여래는 참된 말을 하는 자이며, 실다운 말을 하는 자이고, 한결같 은 말을 하는 자이며, 속이는 말을 하지 않는 자이고, 다른 말을 하지 않는 자이니라. 수보리여. 여래가 깨닫고 설한 법에는 이 법이 실함도 없고 허망함 도 없느니라.
19	원문	須菩提 若菩薩 心住於法 而行布施如人入闇 卽無所見 若菩薩 心不住法 而 行布施 如人有目 日光明照 見種種色
	한글 토	수보리 약보살 심주어법 이행보시여인입암 즉무소견 약보살 심부주법 이 행보시 여인유목 일광명조 견종종색
	한글 번역	수보리여. 만약 보살이 마음을 이치(사물 또는 상)에 집착하여 보시한다면 마 치 사람이 어두운 곳에서 아무것도 보지 못하는 것과 같으며, 만약 보살이 이 치에 집착하지 않고 보시를 한다면, 눈 밝은 사람이 밝은 햇빛 아래서 갖가지 색을 보는 것과 같으니라.

20	원문	須菩提 當來之世 若有 善男子 善女人 能於此經 受持讀誦 卽爲如來 以佛智慧 悉知是人 悉見是人 皆得成就 無量無邊功德
	한글 토	수보리 당래지세 약유 선남자 선여인 능어차경 수지독송 즉위여래 이불지혜 실지시인 실견시인 개득성취 무량무변공덕
	한글 번역	수보리여. 다가오는 세상에 만약 어떤 자질이 뛰어난 남자나, 자질이 뛰어난 여인이 능히 이 경을 받아 지녀 읽고, 외우면 곧 여래가 부처의 지혜로써 이 사람을 다 알고, 이 사람을 다 보게 되어 모두가 한량없고 끝없는 공덕을 성취하게 될 것이니라.

[제15분]

지경공덕분[持經功德分] : 경을 지니는 한량없는 공덕		
단락	**구분**	**원문 및 한글번역**
1	원문	須菩提 若有善男子善女人 初日分 以恒河沙等身布施 中日分 復以恒河沙等身布施 後日分 亦以恒河沙等身布施 如是無量百千萬億劫 以身布施
	한글 토	수보리 약유선남자선여인 초일분 이항하사등신보시 중일분 부이항하사등신보시 후일분 역이항하사등신보시 여시무량백천만억겁 이신보시
	한글 번역	수보리여. 만약 어떤 자질이 뛰어난 남자나 자질이 뛰어난 여인이 아침나절에 갠지스강의 모래알 수만큼의 목숨으로 보시하고, 점심나절에 다시 갠지스강의 모래알 수만큼의 목숨으로 보시하며, 저녁나절에 역시 갠지스강의 모래알 수만큼의 목숨으로 보시하여 이렇게 한량없는 백천만억겁을 보시한다 해도
2	원문	若復有人 聞此經典 信心不逆 其福勝彼. 何況書寫受持讀誦 爲人解說
	한글 토	약부유인 문차경전 신심불역 기복승피 하황서사수지독송 위인해설
	한글 번역	만약 다시 어떤 사람이 이 경전을 듣고 믿는 마음으로 비방하지만 않아도 그 복이 앞의 것보다 뛰어난 것이거늘 하물며 베끼고 받아 지니며, 읽고 외우고 남을 위해 설명해 주는 것이겠느냐?
3	원문	須菩提 以要言之 是經 有不可思議 不可稱量 無邊功德 如來 爲發大乘者說 爲發最上乘者說
	한글 토	수보리 이요언지 시경 유불가사의 불가칭량 무변공덕 여래 위발대승자설 위발최상승자설
	한글 번역	수보리여. 요약해서 말할라치면 이 경에는 생각할 수도 없고, 헤아릴 수도 없는 가없는 공덕이 있나니 여래가 보살행을 결심한 사람을 위해 이 경을 가르치며, 최상승의 뜻을 세운 사람을 위해 가르치는 것이니라.
4	원문	若有人 能受持讀誦 廣爲人說 如來 悉知是人 悉見是人 皆得成就 不可量 不可稱 無有邊 不可思議功德 如是人等 卽爲荷擔 如來 阿耨多羅三藐三菩提
	한글 토	약유인 능수지독송 광위인설 여래 실지시인 실견시인 개득성취 불가량 불가칭 무유변 불가사의공덕 여시인등 즉위하담 여래 아뇩다라삼먁삼보리
	한글 번역	만약 어떤 사람이 능히 이 경을 받아 지녀 읽고, 외우며, 널리 남을 위해 설명해 준다면 여래가 이 사람을 모두 다 알고, 모두 다 보리니 모두가 한량없고, 일컬을 수 없으며, 가없고, 생각할 수 없는 공덕을 성취하리라. 이러한 사람들은 곧 여래의 가장 높고 바르며, 원만한 깨달음을 감당할 것이니라.
5	원문	何以故 須菩提 若樂小法者 着我見 人見 衆生見 壽者見 卽於此經 不能聽受讀誦 爲人解說
	한글 토	하이고 수보리 약요소법자 착아견 인견 중생견 수자견 즉어차경 불능청수독송 위인해설

5	한글번역	왜냐하면 수보리여. 만약 믿고 받아들이는 능력이 부족한 중생은 나라는 견해, 사람이라는 견해, 중생이라는 견해, 목숨이라는 견해에 집착하므로 곧 이 경을 듣고 받아들이거나, 읽고 외우거나, 남을 위해 설명하지도 못하기 때문이니라.
6	원문	須菩提 在在處處 若有此經 一切世間 天, 人, 阿修羅 所應供養 當知此處 卽爲是塔 皆應恭敬 作禮圍繞 以諸華香 而散其處
	한글 토	수보리 재재처처 약유차경 일체세간 천, 인, 아수라 소응공양 당지차처 즉위시탑 개응공경 작례위요 이제화향 이산기처
	한글 번역	수보리여. 어떠한 곳이라도 만약 이 경이 있다면 모든 세상의 천신, 사람, 아수라가 당연히 공양할 것이니라. 마땅히 알아야 할지니 이 경이 있는 곳은 곧 부처님의 사리탑처럼 되어 모두가 마땅히 공경하여 예배하고, 주위를 돌며 온갖 꽃과 향으로써 그곳에 뿌릴 것이리라.

[제16분]

단락	구분	능정업장분(能淨業障分) : 능히 마음의 업장을 맑힌다 원문 및 한글번역
1	원문	復次 須菩提 善男子 善女人 受持讀誦此經 若爲人輕賤
	한글 토	부차 수보리 선남자 선여인 수지독송차경 약위인경천
	한글 번역	그리고 수보리여. 자질이 뛰어난 남자나 자질이 뛰어난 여인이 이 경을 받아 지니고 읽고 외우는데도 불구하고 혹 다른 사람으로부터 무시당하고 천대받는다면,
2	원문	是人 先世罪業 應墮惡道 以今世人輕賤故 先世罪業 卽爲消滅 當得阿耨多羅三藐三菩提
	한글 토	시인 선세죄업 응타악도 이금세인경천고 선세죄업 즉위소멸 당득아뇩다라삼약삼보리
	한글 번역	이 사람은 지난 세상에 지은 죄업으로 인하여 악도에 떨어졌어야 마땅하지만, 금생에 남으로부터 무시되고 천대받음으로써 전생의 죄업이 곧 소멸되고 반드시 가장 높고 바르며, 원만한 깨달음을 얻게 되리라.
3	원문	須菩提 我念過去無量阿僧祇劫 於燃燈佛前 得値八百四千萬億那由他 諸佛 悉皆供養承事 無空過者
	한글 토	수보리 아념과거무량아승기겁 어연등불전 득치팔백사천만억겁나유타 제불 실개공양승사 무공과자
	한글 번역	수보리여. 내가 과거 한량없는 아승기겁을 돌이켜 생각건대, 연등부처를 만나기 전 팔백사천만억나유타 제 부처를 만나 모두 공양하고, 받들어 섬기어 그냥 지나친 분이 없었노라.
4	원문	若復有人 於後末世 能受持讀誦此經 所得功德 於我所供養諸佛功德 百分不及一千萬億分 乃至算數譬喻 所不能及
	한글 토	약부유인 어후말세 능수지독송차경 소득공덕 어아소공양제불공덕 백분불급일천만억분 내지산수비유 소불능급
	한글 번역	만약 누군가 이후 말법 세상에 능히 이 경을 지녀 읽고 외우면, 그가 얻는 공덕은 내가 모든 부처님께 공양한 공덕으로는 백분의 일에도 미치지 못할 것이며, 천억분이나 더 나아가 숫자로 헤아려서는 비유할 수 없을 만큼 미약한 것이니라.
5	원문	須菩提 若善男子 善女人 於後末世 有受持讀誦此經 所得功德 我若 具說者 或有人聞 心卽狂亂 狐疑不信
	한글 토	수보리 약선남자 선여인 어후말세 유수지독송차경 소득공덕 아약 구설자 혹유인문 심즉광란 호의불신
	한글 번역	수보리여. 만약 자질이 뛰어난 남자나 자질이 뛰어난 여인이 다음 말법 세상에서 이 경을 받아 지니고 읽고 외운다면, 그 얻게 될 공덕을 내가 자세하게 설명한다 해도 내 말을 듣는 사람은 마음이 미친 듯 어지러워 의심하고 믿지 않을 것이니라.

6	원문	須菩提 當知 是經義 不可思議 果報 亦不可思議
	한글 토	수보리 당지 시경의 불가사의 과보 역불가사의
	한글 번역	수보리여, 마땅히 알아야 할지니, 이 경은 뜻도 생각할 수 없지만 그 과보 또한 생각할 수 없을 것이니라.

[제17분]

단락	구분	원문 및 한글번역
		구경무아분[究竟無我分] : 끝내 나라고 할 것이 없다
1	원문	爾時 須菩提白佛言 世尊 善男子 善女人 發阿耨多羅三藐三菩提心 云何應住 云何修行 云何降伏其心
	한글 토	이시 수보리백불언 세존 선남자 선여인 발아뇩다라삼먁삼보리심 운하응주 운하수행 운하항복기심
	한글번역	그때 수보리가 부처님께 말씀드렸다. 세존이시여. 선남자, 선여인이 가장 높고 바르며, 원만한 깨달음의 마음을 내었다면 마땅히 어떻게 머물며, 어떻게 수행하고, 어떻게 그 마음을 항복받아야 합니까?
2	원문	佛告須菩提 若善男子 善女人 發阿耨多羅三藐三菩提心者 當生如是心 我應滅度一切衆生
	한글 토	불고수보리 약선남자 선여인 발아뇩다라삼먁삼보리심자 당생여시심 아응멸도일체중생
	한글번역	부처님께서 말씀하셨다. 수보리여. 만약 선남자, 선여인이 가장 높고 바르며, 원만한 깨달음의 마음을 냈다면 의당 '나는 모든 중생을 열반에 들게 할 것이다.'라는 이러한 마음을 내야 하느니라.
3	원문	滅度一切衆生已 而無有一衆生 實滅度者
	한글 토	멸도일체중생이 이무유일중생 실멸도자
	한글번역	모든 중생을 열반에 들게 한 뒤에는 참으로 열반에 들게 했다는 생각이 없어야 할지니라.
4	원문	何以故 須菩提 若菩薩 有我相 人相 衆生相 壽者相 卽非菩薩
	한글 토	하이고 수보리 약보살 유아상 인상 중생상 수자상 즉비보살
	한글번역	왜냐하면 수보리여. 만약 보살이 나라는 관념, 사람이라는 관념, 중생이라는 관념, 목숨이라는 관념이 있다면 곧 보살이 아니기 때문이니라.
5	원문	所以者何 須菩提 實無有法 發阿耨多羅三藐三菩提心者
	한글 토	소이자하 수보리 실무유법 발아뇩다라삼먁삼보리심자
	한글번역	무슨 까닭이냐 하면 수보리여. 실제로는 가장 높고, 바르며, 원만한 깨달음을 내었다고 할 만한 법이 없기 때문이니라.
6	원문	須菩提 於意云何 如來 於燃燈佛 所有法得阿耨多羅三藐三菩提不
	한글 토	수보리 어의운하 여래 어연등불 소유법득아뇩다라삼먁삼보리부
	한글번역	수보리여. 그대 생각은 어떠냐? 여래가 연등불 처소에 있을 적에 가장 높고 바르며, 원만한 깨달음을 얻은 법이 있었겠느냐?

7	원문	不也世尊 如我解佛所說義 佛於 燃燈佛所 無有法得阿耨多羅三藐三菩提
	한글 토	불야세존 여아해불소설의 불어 연등불소 무유법득아뇩다라삼먁삼보리
	한글번역	아닙니다. 세존이시여. 제가 부처님께서 말씀하신 뜻을 이해하기로는 부처님께서 연등불 처소에서 가장 높고 바르며, 원만한 깨달음을 얻은 법이 없습니다.
8	원문	佛言 如是如是 須菩提 實無有法如來得阿耨多羅三藐三菩提 須菩提 若有法如來得阿耨多羅三藐三菩提者 燃燈佛 卽不與我授記 汝於來世 當得作佛 號釋迦牟尼
	한글 토	불언 여시여시 수보리 실무유법여래득아뇩다라삼먁삼보리 수보리 약유법여래득아뇩다라삼먁삼보리자 연등불 즉불여아수기 여어내세 당득작불 호석가모니
	한글번역	부처님께서 말씀하셨다. 옳고도 옳도다. 수보리여. 진실로 여래가 가장 높고 바르며, 원만한 깨달음을 얻은 법이 없느니라. 수보리여. 만약 여래가 가장 높고 바르며, 원만한 깨달음을 얻은 법이 있다면, 연등불께서 나에게 '그대는 내세에 마땅히 부처가 되어 석가모니라고 이름할 것이다.'라는 수기를 주지 않으셨을 것이니라.
9	원문	以實無有法得阿耨多羅三藐三菩提 是故 燃燈佛 與我授記 作是言 汝於來世 當得作佛 號釋迦牟尼
	한글 토	이실무유법득아뇩다라삼먁삼보리 시고 연등불 여아수기 작시언 여어내세 당득작불 호석가모니
	한글번역	진실로써 가장 높고 바르며, 원만한 깨달음을 얻은 법이 없는 까닭에 연등불께서 나에게 수기를 주시어 '그대는 내세에 마땅히 부처가 되어 석가모니라고 이름할 것이다.'라고 말씀하신 것이니라.
10	원문	何以故 如來者 卽諸法如義 若有人言 如來得阿耨多羅三藐三菩提 卽爲謗佛 不能解我所說故
	한글 토	하이고 여래자 즉제법여의 약유인언 여래득아뇩다라삼먁삼보리 즉위방불 불능해아소설고
	한글번역	왜냐하면 여래란 곧 모든 존재의 참된 모습이란 뜻이니라. 만약 어떤 사람이 여래가 가장 높고 바르며, 원만한 깨달음을 얻었다고 말한다면 곧 부처를 비방하는 것이니 내가 말한 참된 뜻을 모르기 때문이니라.
11	원문	須菩提 實無有法 佛得阿耨多羅三藐三菩提
	한글 토	수보리 실무유법 불득아뇩다라삼먁삼보리
	한글번역	수보리여. 실제로는 부처가 가장 높고 바르며, 원만한 깨달음을 얻은 법이 없느니라.
12	원문	須菩提 如來所得阿耨多羅三藐三菩提 於是中 無實無虛
	한글 토	수보리 여래소득아뇩다라삼먁삼보리 어시중 무실무허

	한글 번역	수보리여. 여래가 얻은 가장 높고 바르며, 원만한 깨달음에는 참됨도 없고, 허황됨도 없나니
13	원문	是故 如來說一切法 皆是佛法
	한글 토	시고 여래설일체법 개시불법
	한글번역	그래서 여래는 모든 법이 모두 불법이라고 설하는 것이니라.
14	원문	須菩提 所言一切法者 卽非一切法 是故 名一切法 須菩提 譬如人身長大
	한글 토	수보리 소언일체법자 즉비일체법 시고 명일체법 수보리 비여인신장대
	한글번역	수보리여. 모든 법이란 곧 모든 법이 아님을 말함이며, 그런고로 모든 법이라 표현하는 것이니라. 수보리여. 비유컨대 어떤 사람이 몸이 무척 크다고 하는 것과 같으니라.
15	원문	須菩提言 世尊 如來說人身長大 卽爲非大身 是名大身
	한글 토	수보리언 세존 여래설인신장대 즉위비대신 시명대신
	한글번역	수보리가 말씀드렸다. 여래께서 사람의 몸이 무척 크다고 하신 것은 곧 큰 몸이 아님을 설한 것이며, 다만 그 이름이 큰 몸일 뿐입니다.
16	원문	須菩提 菩薩 亦如是 若作是言 我當滅度 無量衆生 卽不名菩薩
	한글 토	수보리 보살 역여시 약작시언 아당멸도 무량중생 즉불명보살
	한글번역	수보리여. 보살도 이와 같아서 '내가 마땅히 모든 중생을 열반에 들게 했다.'라고 만약에 말을 한다면 곧 보살이라고 표현할 수 없느니라.
17	원문	何以故 須菩提 實無有法 名爲菩薩 是故 佛說一切法 無我無人 無衆生 無壽者
	한글 토	하이고 수보리 실무유법 명위보살 시고 불설일체법 무아무인 무중생 무수자
	한글번역	왜냐하면 수보리여. 진실로 보살이라고 표현할 만한 법이 없으며, 이런 까닭에 부처는 모든 법에는 내가 없고, 사람이 없으며, 중생이 없고, 목숨이 없다고 설하는 것이니라.
18	원문	須菩提 若菩薩 作是言 我當莊嚴佛土 是不名菩薩
	한글 토	수보리 약보살 작시언 아당장엄불토 시불명보살
	한글번역	수보리여. 만약 보살이 '내가 마땅히 불국토를 건설하겠노라.'라고 말한다면 이는 보살이라 부를 수 없으니
19	원문	何以故 如來說莊嚴佛土者 卽非莊嚴 是名莊嚴
	한글 토	하이고 여래설장엄불토자 즉비장엄 시명장엄
	한글번역	왜냐하면 여래가 말한 불국토를 건설한다는 것은 곧 건설 아닌 것을 말함이며, 그 이름이 장엄한다는 일일 뿐이니라.

20	원문	須菩提 若菩薩 通達無我法者 如來說 名眞是菩薩
	한글 토	수보리 약보살 통달무아법자 여래설 명진시보살
	한글번역	수보리여. 만약 보살이 모든 법에 실체가 없음을 확실히 깨닫는다면 여래는 이 사람을 참 보살이라고 일컬을 것이니라.

[제18분]

단락	구분	원문 및 한글번역
		일체동관분[一體同觀分] : 지혜는 하나의 몸과 같다
1	원문	須菩提 於意云何 如來有肉眼不 如是 世尊 如來有肉眼.
	한글 토	수보리 어의운하 여래유육안부 여시 세존 여래유육안
	한글번역	수보리여. 그대 생각은 어떠한가? 여래에게 육신의 눈이 있겠느냐? 그렇습니다. 세존이시여. 여래께서는 육신의 눈을 가지셨습니다.
2	원문	須菩提 於意云何 如來有天眼不 如是 世尊 如來有天眼
	한글 토	수보리 어의운하 여래유천안부 여시 세존 여래유천안
	한글번역	수보리여. 그대 생각은 어떠한가? 여래에게 하늘의 눈이 있겠느냐? 그렇습니다. 세존이시여. 여래께서는 하늘의 눈을 가지셨습니다.
3	원문	須菩提 於意云何 如來有慧眼不 如是 世尊 如來有慧眼
	한글 토	수보리 어의운하 여래유혜안부 여시 세존 여래유혜안
	한글번역	수보리여. 그대 생각은 어떠한가? 여래에게 지혜의 눈이 있겠느냐? 그렇습니다. 세존이시여. 여래께서는 지혜의 눈을 가지셨습니다.
4	원문	須菩提 於意云何 如來有法眼不 如是 世尊 如來有法眼
	한글 토	수보리 어의운하 여래유법안부 여시 세존 여래유법안
	한글번역	수보리여. 그대 생각은 어떠한가? 여래에게 진리(법)의 눈이 있겠느냐? 그렇습니다. 세존이시여. 여래께서는 진리(법)의 눈을 가지셨습니다.
5	원문	須菩提 於意云何 如來有佛眼不 如是 世尊 如來有佛眼
	한글 토	수보리 어의운하 여래유불안부 여시 세존 여래유불안
	한글번역	수보리여. 그대 생각은 어떠한가? 여래에게 부처의 눈이 있겠느냐? 그렇습니다. 세존이시여. 여래께서는 부처의 눈을 가지셨습니다.
6	원문	須菩提 於意云何 如恒河中所有沙佛說是沙不 如是 世尊 如來說是沙.
	한글 토	수보리 어의운하 여항하중소유사불설시사부 여시 세존 여래설시사
	한글번역	수보리여. 그대 생각은 어떠한가? 저 갠지스강에 모래알이 있는데 부처가 모래알에 대해 설한 바 있었느냐? 그렇습니다. 세존이시여. 여래께서 그 모래알에 대해 말씀하셨습니다.
7	원문	須菩提 於意云何 如一恒河中所有沙 有如是沙等恒河 是諸恒河所有沙 數佛世界 如是寧爲多不 甚多世尊
	한글 토	수보리 어의운하 여일항하중소유사 유여시사등항하 시제항아소유사 수불세계 여시영위다부 심다세존

7	한글번역	수보리여. 그대 생각은 어떠하냐? 저 하나의 갠지스강에 있는 모래알만큼의 수많은 갠지스강이 있는데, 그 모든 갠지스강에 있는 모래알 수의 부처님 나라가 있다면 이것을 많다고 하겠느냐? 매우 많습니다. 세존이시여.
8	원문	佛告 須菩提 爾所國土中所有衆生 若干種心 如來悉知
	한글 토	불고 수보리 이소국토중소유중생 약간종심 여래실지
	한글번역	부처님께서 말씀하셨다. 수보리여. 이 많은 나라에 있는 중생들의 갖가지 마음을 여래는 다 알고 있느니라.
9	원문	何以故 如來說諸心 皆爲非心 是名爲心
	한글 토	하이고 여래설제심 개위비심 시명위심
	한글번역	왜냐하면 여래가 설한 모든 마음이란 모두가 마음이 아니라 그 이름이 마음이라고 하기 때문이니라.
10	원문	所以者何 須菩提 過去心不可得 現在心不可得 未來心不可得
	한글 토	소이자하 수보리 과거심불가득 현재심불가득 미래심불가득
	한글번역	무슨 까닭이겠는가? 수보리여. 과거의 마음도 얻을 수 없고, 현재의 마음도 얻을 수 없으며, 미래의 마음도 얻을 수 없기 때문이니라.

[제19분]

단락	구분	원문 및 한글번역
		법계통화분[法界通化分] : 법계를 두루 교화하는 법
1	원문	須菩提 於意云何 若有人 滿三千大千世界七寶 以用布施 是人 以是因緣 得福多不
	한글 토	수보리 어의운하 약유인 만삼천대천세계칠보 이용보시 시인 이시인연 득복다부
	한글번역	수보리여. 그대 생각은 어떠한가? 어떤 사람이 삼천대천세계에 가득 찬 칠보로써 보시한다면 이 사람이 그 인연으로 얻는 복이 많다 하지 않겠느냐?
2	원문	如是世尊 此人 以是因緣 得福 甚多
	한글 토	여시세존 차인 이시인연 득복 심다
	한글번역	그렇습니다. 세존이시여. 이 사람이 그 인연으로 얻는 복이 심히 많습니다.
3	원문	須菩提 若福德有實 如來不說 得福德多 以福德無故 如來說 得福德多
	한글 토	수보리 약복덕유실 여래불설 득복덕다 이복덕무고 여래설 득복덕다
	한글번역	수보리여. 만약 복덕이 참으로 있다면 여래가 얻는 복덕이 많다고 말하지 않겠지만, 복덕이 없는 까닭에 여래가 얻는 복덕이 많다고 설하는 것이니라.

[제20분]

단락	구분	원문 및 한글번역
		이색이상분[離色離相分] : 색과 상으로는 여래를 볼 수 없다
1	원문	須菩提 於意云何 佛可以具足色身見不
	한글 토	수보리 어의운하 불가이구족색신견부
	한글번역	수보리여. 그대 생각은 어떠한가? 완전한 몸을 갖추었다고 부처라 볼 수 있겠는가?
2	원문	不也世尊 如來 不應以具足色身見
	한글 토	불야세존 여래 불응이구족색신견
	한글번역	아니옵니다. 세존이시여. 완전한 몸을 갖추었다고 여래라 볼 수 없습니다.
3	원문	何以故 如來說 具足色身 卽非具足色身 是名具足色身
	한글 토	하이고 여래설 구족색신 즉비구족색신 시명구족색신
	한글번역	왜냐하면 여래께서 완전한 몸을 갖추었다고 하신 말씀은 곧 완전한 몸을 갖추지 않음을 말씀하심이며, 그 이름이 완전한 몸을 갖추었다는 것이기 때문입니다.
4	원문	須菩提 於意云何 如來 可以具足諸相見不
	한글 토	수보리 어의운하 여래 가이구족제상견부
	한글번역	수보리여. 그대 생각은 어떠한가? 모든 상호를 갖추었다면 여래라 볼 수 있겠느냐?
5	원문	不也世尊 如來 不應以具足諸相見
	한글 토	불야세존 여래 불응이구족제상견
	한글번역	아니옵니다. 세존이시여. 모든 상호를 갖추었다고 하여 여래라 볼 수 없습니다.
6	원문	何以故 如來說諸相具足 卽非具足 是名諸相具足
	한글 토	하이고 여래설제상구족 즉비구족 시명제상구족
	한글번역	왜냐하면 여래께서 모든 상호를 갖추었다 함은 곧 갖추지 않음을 말씀하심이며, 그 이름이 모든 상호를 갖추었다는 것이기 때문입니다.

[제21분]

단락	구분	원문 및 한글번역
	**비설소설분[非說所說分]** : 설하되 설한 바가 없다	
1	원문	須菩提 汝勿謂如來作是念 我當 有所說法 莫作是念
1	한글 토	수보리 여물위여래작시념 아당 유소설법 막작시념
1	한글번역	수보리여, 그대는 여래가 「내가 설한 법이 당연히 있다.」라는 생각을 하리라고 말하지 말라.
2	원문	何以故 若人言 如來有所說法 卽爲謗佛 不能解我所說故
2	한글 토	하이고 약인언 여래유소설법 즉위방불 불능해아소설고
2	한글번역	왜냐하면, 어떤 사람이 말하기를 「여래께서 말씀하신 법이 있다.」 한다면 이는 곧 부처를 비방하는 것이니, 나의 참뜻을 모르기 때문이니라.
3	원문	須菩提 說法者 無法可說 是名說法
3	한글 토	수보리 설법자 무법가설 시명설법
3	한글번역	수보리여, 법을 설한다지만 설할 수 있는 법이 없으며, 그 표현이 법을 설한다는 것이니라.
4	원문	爾時 慧命須菩提白佛言 世尊 頗有衆生 於未來世 聞說是法 生信心不
4	한글 토	이시 혜명수보리백불언 세존 파유중생 어미래세 문설시법 생신심부
4	한글번역	그때 혜명 수보리가 부처님께 아뢰어 말씀드렸다. 세존이시여, 먼 훗날에 이 가르침을 듣고 믿음의 마음을 내는 중생이 조금이라도 있겠습니까?
5	원문	佛言 須菩提 彼非衆生 非不衆生
5	한글 토	불언 수보리 피비중생 비불중생
5	한글번역	부처님께서 말씀하셨다. 수보리여, 그들은 중생이 아니며, 중생 아닌 것도 아니니
6	원문	何以故 須菩提 衆生衆生者如來說 非衆生 是名衆生
6	한글 토	하이고 수보리 중생중생자여래설 비중생 시명중생
6	한글번역	왜냐하면, 수보리여. 중생이라고, 중생이라고 하는 것은 여래가 중생 아닌 것을 설함이며, 그 표현이 다만 중생이기 때문이니라.

[제22분]

		무법가득분[無法可得分] : 얻을 수 있는 진리가 없다
단락	구분	원문 및 한글번역
1	원문	須菩提 於意云何 如來得阿耨多羅三藐三菩提耶?
	한글 토	수보리 어의운하 여래득아뇩다라삼먁삼보리야?
	한글번역	수보리여. 그대 생각은 어떠한가? 여래가 아뇩다라삼먁삼보리를 얻었는가?
2	원문	須菩提言 不也世尊 無有少法 如來得阿耨多羅三藐三菩提
	한글 토	수보리언 불야세존 무유소법 여래득아뇩다라삼먁삼보리
	한글번역	수보리가 말씀드렸다. 아닙니다. 세존이시여. 여래께서 아뇩다라삼먁삼보리를 얻은 조그마한 법도 없습니다.
3	원문	佛言 如是如是 須菩提 我於阿耨多羅三藐三菩提 乃至 無有少法可得 是名 阿耨多羅三藐三菩提
	한글 토	불언 여시여시 수보리 아어아뇩다라삼먁삼보리 내지 무유소법가득 시명 아뇩다라삼먁삼보리
	한글번역	부처님께서 말씀하셨다. 옳고도 옳도다. 수보리여. 내가 아뇩다라삼먁삼보리법에서 조그마한 법도 얻을 수 없으니 그 이름이 아뇩다라삼먁삼보리라 하느니라.

[제23분]

		정심행선분[淨心行善分] : 맑은 마음으로 선을 행하라
단락	구분	원문 및 한글번역
1	원문	復次 須菩提 是法平等無有高下 是名阿耨多羅三藐三菩提
	한글 토	부차 수보리 시법평등무유고하 시명아뇩다라삼먁삼보리
	한글번역	또한 수보리여. 이 진리는 평등하여 높고, 낮음이 없으니 이름을 아뇩다라삼먁삼보리라 하는 것이니라.
2	원문	以無我 無人 無衆生 無壽者 修一切善法 卽得阿耨多羅三藐三菩提
	한글 토	이무아 무인 무중생 무수자 수일체선법 즉득아뇩다라삼먁삼보리
	한글번역	이에 나라는 관념도 없고, 사람이라는 관념도 없고, 중생이라는 관념도 없으며, 목숨이라는 관념도 없이 온갖 좋은 법을 수행하면 바로 아뇩다라삼먁삼보리를 얻게 되느니라.
3	원문	須菩提 所言善法者 如來說 卽非善法 是名善法
	한글 토	수보리 소언선법자 여래설 즉비선법 시명선법
	한글번역	수보리여. 여래가 말한 좋은 법이라 한 것은 좋은 법 아님을 설함이며, 그 이름이 좋은 법일 뿐이니라.

[제24분]

복지무비분(福智無比分) : 복과 지혜는 비교할 수 없다		
단락	구분	원문 및 한글번역
1	원문	須菩提 若三千大千世界中所有諸 須彌山王 如是等七寶聚 有人 持用布施
	한글 토	수보리 약삼천대천세계중소유제 수미산왕 여시등칠보취 유인 지용보시
	한글번역	수보리여. 만약 삼천대천세계 가운데에 있는 모든 수미산왕과 같은 칠보 무더기로 누군가 보시한다고 하고,
2	원문	若人 以此般若波羅蜜經 乃至 四句偈等 受持讀誦 爲他人說
	한글 토	약인 이차반야바라밀경 내지 사구게등 수지독송 위타인설
	한글번역	또 만약 어떤 이는 이 금강경 내지 사구게 등을 지니고 읽고 외우며, 남을 위해 설명해 준다면
3	원문	於前福德 百分不及一 百千萬億分 乃至 算數譬喩 所不能及
	한글 토	어전복덕 백분불급일 백천만억분 내지 산수비유 소불능급
	한글번역	앞의 복덕은 백 분의 일에도 미치지 못할 뿐 아니라 백천만억 분의 일에도 미치지 못하니, 숫자로는 헤아려 비유하고 미칠 수 없느니라.

[제25분]

	화무소화분[化無所化分] : 교화하되 교화된 중생이 없다	
단락	**구분**	**원문 및 한글번역**
1	원문	須菩提 於意云何 汝等勿謂如來作是念 我當度衆生 須菩提 莫作是念
	한글 토	수보리 어의운하 여등물위여래작시념 아당도중생 수보리 막작시념
	한글번역	수보리여. 그대 생각은 어떠한가? 여래께서 생각하기를 내가 마땅히 중생을 제도했다는 생각을 하리라 말하지 말라. 수보리여. 그렇게 생각해서는 안 되느니라.
2	원문	何以故 實無有衆生如來度者
	한글 토	하이고 실무유중생여래도자
	한글번역	왜냐하면 실제로 여래가 제도한 중생이 없기 때문이니라.
3	원문	若有衆生如來度者 如來 卽有我人衆生壽者
	한글 토	약유중생여래도자 여래 즉유아인중생수자
	한글번역	만약 여래가 제도한 중생이 있다고 한다면 이는 여래에게 곧 아인중생수자상에 대한 집착이 있게 되는 것이라.
4	원문	須菩提 如來說有我者 卽非有我 而凡夫之人 以爲有我 須菩提 凡夫者 如來說 卽非凡夫 是名凡夫
	한글 토	수보리 여래설유아자 즉비유아 이범부지인 이위유아 수보리 범부자 여래설 즉비범부 시명범부
	한글번역	수보리여. 여래가 나에 대한 집착이라 한 것은 곧 나에 대한 집착이 아닌 것을 설함이니라. 그런데도 어리석은 사람들은 집착하는 것이니라. 수보리여. 범부라는 것도 여래가 곧 범부 아님을 설함이며, 그 이름이 범부인 것이니라.

[제26분]

단락	구분	원문 및 한글번역
	법신비상분 (法身非相分) : 진리(법신)에는 상이 없다	
1	원문	須菩提 於意云何 可以三十二相 觀如來不
	한글 토	수보리 어의운하 가이삼십이상 관여래부
	한글번역	수보리여. 그대 생각은 어떠한가? 서른두 가지 훌륭한 상을 갖추었다면 여래라 볼 수 있겠는가?
2	원문	須菩提言 世尊 如我解佛所說義 不應以三十二相 觀如來
	한글 토	수보리언 세존 여아해불소설의 불응이삼십이상 관여래
	한글번역	수보리가 말씀드렸다. 세존이시여. 제가 부처님께서 설하신 뜻을 이해하기로는 서른두 가지 훌륭한 모습을 갖추었다고 해도 여래라 볼 수는 없습니다.
3	원문	佛言 如是如是 須菩提 如如所說 不應以三十二相 觀如來 須菩提
	한글 토	불언 여시여시 수보리 여여소설 불응이삼십이상 관여래 수보리
	한글번역	부처님께서 말씀하셨다. 옳고도 옳도다. 수보리여. 그대가 말한 것처럼 서른두 가지 훌륭한 모습을 갖추었다고 여래라 보아서는 아니 되느니라. 수보리여.
4	원문	若以三十二相 觀如來者 轉輪聖王 卽是如來
	한글 토	약이삼십이상 관여래자 전륜성왕 즉시여래
	한글번역	만약 서른두 가지 훌륭한 모습을 갖추었다고 여래라 본다면 전륜성왕은 곧 여래일 것이니라.
5	원문	爾時 世尊 而說偈言
	한글 토	이시 세존 이설게언
	한글번역	그때에 세존께서 게송을 읊으셨다.

[제27분]

단락	구분	원문 및 한글번역
	무단무멸분 (無斷無滅分) : 끊어짐도 없고 멸함도 없다	
1	원문	須菩提 汝若作是念 如來 以具足相故 得阿耨多羅三藐三菩提 須菩提 莫作是念
	한글토	수보리 여약작시념 여래 이구족상고 득아뇩다라삼먁삼보리 수보리 막작시념
	한글번역	수보리여. 그대는 여래가 훌륭한 모습을 갖춤으로써 아뇩다라삼먁삼보리를 얻은 것이라고 만약 생각한다면, 수보리여 그런 생각은 말지니라.
2	원문	如來 不以具足相故 得阿耨多羅三藐三菩提
	한글토	여래 불이구족상고 득아뇩다라삼먁삼보리
	한글번역	여래는 훌륭한 모습을 갖춤으로써 아뇩다라삼먁삼보리를 얻은 것이 아니니라.
3	원문	須菩提 汝若作是念 發阿耨多羅三藐三菩提心者 說諸法斷滅 莫作是念
	한글토	수보리 여약작시념 발아뇩다라삼먁삼보리심자 설제법단멸 막작시념
	한글번역	수보리여. 그대가 만약 아뇩다라삼먁삼보리심을 낸 사람은 모든 법의 끊어짐과 없어짐을 설한다고 생각하는 그런 생각은 하지 말지니라.
4	원문	何以故 發阿耨多羅三藐三菩提心者 於法不說斷滅相
	한글토	하이고 발아뇩다라삼먁삼보리심자 어법불설단멸상
	한글번역	왜냐하면 아뇩다라삼먁삼보리심을 낸 사람은 법에 대해 끊어짐과 없어짐의 관념을 설하지 않기 때문이니라.

[제28분]

불수불탐분 (不受不貪分) : 받지도 않고 탐하지도 않는다		
단락	구분	원문 및 한글번역
1	원문	須菩提 若菩薩 以滿恒河沙等世界七寶 持用布施
	한글 토	수보리 약보살 이만항하사등세계칠보 지용보시
	한글번역	수보리여. 만약 어떤 보살이 갠지스강의 모래알 수와 같은 세계에 칠보를 가 득 채워 그것으로 보시한다 하고
2	원문	若復有人 知一切法無我 得成於忍 此菩薩 勝前菩薩所得功德
	한글 토	약부유인 지일체법무아 득성어인 차보살 승전보살소득공덕
	한글번역	또한 어떤 보살이 있어 일체 법(모든 존재)이 무아인 줄 알아 득생법인(무 생법인)을 이루었다면 뒤의 보살이 얻는 공덕이 앞의 보살이 얻는 공덕보 다 뛰어나니라.
3	원문	何以故 須菩提 以諸菩薩 不受福德故
	한글 토	하이고 수보리 이제보살 불수복덕고
	한글번역	왜냐하면 수보리여, 모든 보살은 복덕을 받지 않기 때문이니라.
4	원문	須菩提白佛言 世尊 云何菩薩 不受福德
	한글 토	수보리백불언 세존 운하보살 불수복덕
	한글번역	수보리가 부처님께 여쭈었다. 세존이시여. 어찌하여 보살이 복덕을 받지 않 습니까?
5	원문	須菩提 菩薩 所作福德 不應貪着 是故說 不受福德
	한글 토	수보리 보살 소작복덕 불응탐착 시고설 불수복덕
	한글번역	수보리여. 보살은 지은 복덕을 탐내거나 집착하지 않기 때문에 이런 까닭으 로 복덕을 받지 않는다고 설하느니라.

[제29분]

		위의적정분 (威儀寂靜分) : 고요하고 맑은 거룩한 부처님
단락	구분	원문 및 한글번역
1	원문	須菩提 若有人言 如來 若來 若去 若坐 若臥 是人 不解我所說義
	한글 토	수보리 약유인언 여래 약래 약거 약좌 약와 시인 불해아소설의
	한글번역	수보리여, 어떤 사람이 말하기를 여래는 오기도 하고, 가기도 하며, 앉기도 하고, 눕기도 한다면 이 사람은 내가 설한 뜻을 이해하지 못한 것이니라.
2	원문	何以故 如來者 無所從來 亦無所去 故名如來
	한글 토	하이고 여래자 무소종래 역무소거 고명여래
	한글번역	왜냐하면 여래란 어디로부터 오는 것도 아니며 또한 가는 것도 아니기 때문이니라. 그런고로 여래라 이름하느니라.

[제30분]

일합이상분 (一合理相分) : 하나로 합한 이치의 상		
단락	구분	원문 및 한글번역
1	원문	須菩提 若善男子善女人 以三千大千世界 碎爲微塵 於意云何 是微塵衆 寧爲多不
	한글 토	수보리 약선남자선여인 이삼천대천세계 쇄위미진 어의운하 시미진중 영위다부
	한글 번역	수보리여, 어떤 자질이 뛰어난 선남자, 선여인이 삼천대천세계를 부수어 티끌로 만든다면 그대는 어떻게 생각하느냐? 이 티끌들이 많다고 하겠느냐?
2	원문	須菩提言 甚多世尊 何以故 若是微塵衆實有者 佛則不說 是微塵衆
	한글 토	수보리언 심다세존 하이고 약시미진중실유자 불즉불설 시미진중
	한글 번역	수보리가 말씀드렸다. 매우 많습니다, 세존이시여. 왜냐하면 이 티끌들이 참으로 있는 것이라면, 부처님께서 티끌들이라 하시지 않았을 것이기 때문입니다.
3	원문	所以者何 佛說微塵衆 則非微塵衆 是名微塵衆
	한글 토	소이자하 불설미진중 즉비미진중 시명미진중
	한글 번역	왜냐하면 부처님께서 말씀하신 티끌들은 티끌들이 아니기 때문입니다. 그래서 그 표현이 티끌일 뿐입니다.
4	원문	世尊 如來所說 三千大千世界則非世界 是名世界
	한글 토	세존 여래소설 삼천대천세계즉비세계 시명세계
	한글 번역	세존이시여, 여래께서 말씀하신 삼천대천세계도 세계가 아닌 것을 말씀하심이며, 그 표현이 세계라는 것입니다.
5	원문	何以故 若世界 實有者 則是一合相 如來說一合相 則非一合相 是名一合相
	한글 토	하이고 약세계 실유자 즉시일합상 여래설일합상 즉비일합상 시명일합상
	한글 번역	왜냐하면 세계가 만약 실제로 있는 것이라면 곧 이것이 하나로 합쳐진 모습일 것이기 때문입니다. 여래께서 설하신 하나로 합쳐진 모습은 하나로 합쳐진 모습이 아니라고 말씀하심이며, 그 표현이 하나로 합쳐진 모습입니다.
6	원문	須菩提 一合相者 則是不可說 但凡夫之人 貪着其事
	한글 토	수보리 일합상자 즉시불가설 단범부지인 탐착기사
	한글 번역	수보리여, 하나로 합한 모양이란 것은 곧 이것이 말로 표현할 수 없는 것인데도, 다만 어리석은 사람들이 그것을 탐내고 집착하느니라.

[제31분]

지견불생분 (知見不生分) : 지견을 내지 말라		
단락	구분	원문 및 한글번역
1	원문	須菩提 若人言 佛說 我見 人見 衆生見 壽者見 須菩提 於意云何 是人解我所說義不
	한글 토	수보리 약인언 불설 아견 인견 중생견 수자견 수보리 어의운하 시인해아소설의부
	한글번역	수보리여. 어떤 사람이 부처님께서 나라는 견해, 사람이라는 견해, 중생이라는 견해, 목숨이라는 견해를 설하였다고 한다면 수보리여. 그대 뜻은 어떠한가? 이 사람은 내가 말한 뜻을 바르게 이해한 것이겠느냐?
2	원문	不也 世尊 是人 不解如來所說義 何以故 世尊說 我見 人見 衆生見 壽者見 卽非我見 人見 衆生見 壽者見 是名 我見 人見 衆生見 壽者見
	한글 토	불야 세존 시인 불해여래소설의 하이고 세존설 아견 인견 중생견 수자견 즉비아견 인견 중생견 수자견 시명 아견 인견 중생견 수자견
	한글번역	아닙니다. 세존이시여. 이 사람은 여래께서 설한 뜻을 이해하지 못한 것입니다. 왜냐하면 세존께서 설하신 나라는 견해, 사람이라는 견해, 중생이라는 견해, 목숨이라는 견해는 곧 나라는 견해, 사람이라는 견해, 중생이라는 견해, 목숨이라는 견해가 아니라고 하신 것이며, 그 이름이 나라는 견해, 사람이라는 견해, 중생이라는 견해, 목숨이라는 견해인 때문입니다.
3	원문	須菩提 發阿耨多羅三藐三菩提心者 於一切法 應如是知 如是見 如是信解 不生法相
	한글 토	수보리 발아뇩다라삼먁삼보리심자 어일체법 응여시지 여시견 여시신해 불생법상
	한글번역	수보리여. 가장 높고 바르며, 원만한 깨달음의 마음을 낸 사람은 모든 가르침을 대함에 있어서 마땅히 바르게 알고, 바르게 보며, 바르게 믿고 이해하여 가르침이라는 관념을 일으키지 말아야 하느니라.
4	원문	須菩提 所言法相者 如來說卽非法相 是名法相
	한글 토	수보리 소언법상자 여래설즉비법상 시명법상
	한글번역	수보리여. 가르침이라는 관념이라고 말한 것은 여래가 가르침이라는 관념이 아닌 것을 설함이며, 그 이름이 가르침이라는 관념인 것이니라.

[제32분]

단락	구분	원문 및 한글번역
		응화비진분 (應化非眞分) : 조건 따라 보인 것은 참이 아니다
1	원문	須菩提 若有人 以滿無量阿僧祇世界七寶 持用布施
	한글 토	수보리 약유인 이만무량아승기세계칠보 지용보시
	한글 번역	수보리여, 만약에 어떤 사람이 한량없는 아승기 세계에 가득 찰 칠보로써 보시한다 하고
2	원문	若有善男子 善女人 發菩薩心者 持於此經 乃至 四句偈等 受持讀誦 爲人 演說 其福勝彼
	한글 토	약유선남자 선여인 발보살심자 지어차경 내지 사구게등 수지독송 위인 연설 기복승피
	한글 번역	또 만약 어떤 뛰어난 선남자나 선여인으로 보살심을 낸 사람이 이 금강경을 받아 지니어 읽고 외우며, 사구게 등을 남을 위해 가르쳐준다면 이 사람의 복이 앞의 사람보다 뛰어나리라.
3	원문	云何爲人演說 不取於相 如如不動 何以故
	한글 토	운하위인연설 불취어상 여여부동 하이고
	한글 번역	어떻게 다른 사람을 위해 가르쳐주어야 하겠는가? 상(관념)에 집착하지 아니하면 변함없는 한결같은 마음으로 할 수 있으리라. 왜 그러한가?
4	원문	一切有爲法 如夢幻泡影 如露亦如電 應作如是觀
	한글 토	일체유위법 여몽환포영 여로역여전 응작여시관
	한글 번역	인연의 화합으로 이루어진 모든 것은 꿈과 환상, 물거품과 그림자 같은 것 이슬과 같고 번갯불과 같은 것이니 마땅히 이와 같이 살펴야만 할지니라.
5	원문	佛說是經已 長老 須菩提 及諸比丘 比丘尼 優婆塞 優婆夷 一切世間 天人 阿修羅 聞佛所說 皆大歡喜 信受奉行
	한글 토	불설시경이 장로 수보리 급제비구 비구니 우바새 우바이 일체세간 천인 아수라 문불소설 개대환희 신수봉행
	한글번역	부처님이 이 경을 설하여 마치시니 장로 수보리와 더불어 모든 비구 비구니, 우바새 우바이 그리고 모든 세상의 천신·사람·아수라가 부처님 말씀을 듣고 모두가 크게 기뻐하며, 믿고 받들어 행하였다.

2. 중요 용어 색인표